KB190801

무슬림이 예수를 믿는 일은 아주 어렵다? 하나님은 무슬림과의 만남에서 자신의 존재를 드러내시는 데 역부족이다? 이민자와 무슬림을 향한 우리 사회의 적대감과 혐오감이 줄어들 줄을 모른다. 이런 상황에서 『알라를 찾다가 예수를 만나다』는 우리를 향해 차분하게 말을 건다. 평이하고 조용한 어조로 한 무슬림의 회심 여정을 서술하는 이 책은, 파키스탄계 미국 이민자 가정 출신의 남성이 예수를 알아가는 과정, 그것도 일상 속에서 예수를 알아가는 과정을 짚어주고 있다.

나빌이 개종하기까지, 그가 갖게 된 합리적 의심과 진실을 알기 위해 수행된 치열한 연구, 그의 친구 데이비드와의 열린 대화, 세 번의 꿈을 통한 하나님의 계시 등이 이 책에서는 자세히 묘사된다. 이는 무슬림의 회심 과정에 등장하는 가장 전형적인 도구들이다. 나는 이 책을 통해 독자들이 무슬림과 이민자의 일상 속에서, 한 인격체의 지정의(知情意)를 건드리면서 대화하시는 하나님을 만날 수 있으면 좋겠다.

김동문

중동 선교사

파워풀한 책이다. 책의 첫 장을 펼치는 순간 당신은 이 책을 손에서 놓지 못할 것이다. 저자는 자신의 사적 이야기 속으로 독자를 강력하게 끌어들인다. 이야기의 흡인력뿐 아니라 임팩트에 있어서도 파워풀하다. 독자는 저자의 이야기를 읽으면서 낯선 무슬림의 사상과 생활 세계 안으로 들어간다. 이렇게 흥미로운 이슬람 안내서를 읽은 적이 없다. 또한 저자의 회심 과정과 그 과정에서 저자가 벌이는 지적이고 영적인 고투의 기록은 독자로 하여금 자신을 돌아보게 한다. 과연 우리의 믿음이 모든 것을 잃고 얻을 만한 것임을 확인시켜준다. 일독을 강추한다.

김영봉
와싱톤사귐의교회 담임목사

전형적인 간증문학인 이 책은 예수 그리스도의 십자가 죽음을 복음의 핵심이라고 주장하는 기독교 신앙이 모든 종교의 불완전과 결함을 다 극복하고 채운다고 보는 성취주의적 입장을 잘 드러낸다. 저자 나빌 쿠레쉬는 이슬람을 비하하거나 비난하지 않으면서도 예수 그리스도의 십자가 죽음의 복음이 가진 궁극적 진리성을 잘 옹호하고 있다. 이 책은 세 가지 이유로 읽을 만한 가치가 있다. 첫째, 모두 114장으로 된 코란에서 시작된 이슬람 종교의 공동체성과 종교적 경건성의 원동력이 무엇인지를 알려준다. 이슬람의 매력을 이해하도록 도와주는 동시에 그 한계도 상기시킨다. 코란은 그 자체의 창조 및 구속의 드라마가 없다. 구약과 신약의 구원 드라마를 이어받아 반(反)삼위일체론적 절대 유일신 신앙을 극력 옹호한다. 이슬람이 무함마드가 최후의 궁극적 예언자라고 주장하는 이유는 그가 절대적 유일신 신앙을 최후적으로 회복하고 완성시켰다고 믿기 때문이다. 쿠레쉬는 하나님의 절대 유일성을 강조하는 이슬람의 케리그마와 비교하여 기독교의 케리그마는 당신의 독생자를 십자가에서 죽게까지 하면서도 인간을 사랑하시는 하나님의 사랑이라고 주장한다(롬 10:9). 둘째, 이 책은 기독교 복음의 핵심인 예수의 십자가 죽음과 부활이 얼마나 엄청난 선교적 동력이며 변증적 위력의 원천이 되는가를 잘 보여준다. 마지막으로 이 책은 하나님의 초자연적인 개입과 복음의 내적 논리에 의해 점차로 하나님을 알아가는 회심 과정을 조밀하게 묘사함으로써 기독교적 구원의 장엄미를 음미하도록 도와준다. 전체적으로 이 책은 기독교 복음이 온 인류에게 전파되어야 할 소식임을 새삼스럽게 일깨워준다.

김회권
숭실대학교 기독교학과 교수

철저한 무슬림 이민 1세와 미국에서 태어난 2세 자녀 사이의 "문명 갈등"을 배경으로 한 이 책은 이민 2세인 무슬림 나빌 쿠레쉬가 어린 시절부터 십대를 지나 대학생활을 거치는 동안 문화적·종교적 격랑을 겪으면서 어떻게 기독교 신앙을 발견하게 되었는지를 자전적 내러티브로 담담하게 써 내려가고 있다. 갈등하고 고뇌하며 때론 강렬하고 강력하게 진리를 추구하는 한 무슬림의 "하나님을 향한 거룩한 여정"을 담아내고 있는 책이기에 감동적이다. 이 책은 이슬람에 대한 이해를 넓혀주는 동시에 예수를 따르기 위해 치러야 할 값에 대한 진솔한 간증으로 다문화·다종교 사회 속의 한국교회 젊은이들에게 일독을 강권하고 싶다.

류호준
백석대학교 신학대학원 구약학 교수

이 책은 한 신실한 무슬림이 이슬람에 대한 깊은 갈등과 고민에서 나온 농축된 질문들을 통해 삼위일체 하나님을 발견하고 복음을 변증하는 놀라운 내용을 담고 있다. 이를 통해 오늘날 복음에 대한 확고한 자신감을 상실해가고 있는 교회와 그리스도인들에게 삼위일체 하나님의 창조와 구속, 그리고 복음의 경이로움을 구체적으로 보여주며, 복음의 변증이란 예수 그리스도를 향한 진정한 회심과 그분을 따르려는 삶의 변화를 통해 이루어진다는 사실을 효과적으로 보여준다. 이런 측면에서 회심의 의미가 변질되고 진정한 삶의 변화로부터 괴리되어가는 한국교회와 그리스도인들에게 심각한 경종을 울림과 동시에 이슬람에 대한 공포를 극복하고 담대하고 겸손하게 복음을 증거하라는 강력한 외침을 들려주는 책이라고 할 수 있다. 이슬람에 대한 이해와 선교를 위한 필독서다.

최형근
서울신학대학교 선교학 교수

이 책은 알라를 찾기 위해 최선을 다했으나 결과적으로 그리스도를 사랑하게 된 어느 진실한 아흐마드파 무슬림 청년의 매력적인 회심 이야기다. 나는 이 책이 그리스도인으로 하여금 수많은 무슬림을 위해 기도하도록, 그들이 예수 그리스도를 만나게 되기를 기도하도록 강력한 동기를 부여하리라고 믿는다.

마크 가브리엘 Mark Gabriel
카이로 알-아자르 대학교 강사 및 저자

『알라를 찾다가 예수를 만나다』는 진실하고 도전적인 메시지를 전하는 눈부신 책이다. 나빌 쿠레쉬가 들려주는 예수를 향해 나아가는 여정의 기록은 의심 어린 조사에서 시작해서 아름다운 변화로 끝나는 강렬한 이야기다. 예수가 우리의 어떤 질문도 마다하지 않으신다는 진리에 대한 힘찬 찬양인 것이다! 독자들은 이 책을 손에서 내려놓기 힘들 것이다.

루이 지글리오 Louie Giglio
패션 시티 교회 목회자 및 패션 회의 설립자

신선하고 충격적이다. 깨우치는 바가 크다. 자주 마음을 울리는 쿠레쉬의 이야기는 천 권의 교과서만 한 가치가 있다. 추상적인 무슬림 집단뿐 아니라 우리의 무슬림 친구와 시민들에게 깊은 관심을 가진 모든 이가 읽어야 할 책이다.

오스 기니스 Os Guinness
저자 및 사회비평가

나빌 쿠레쉬의 이야기는 지금까지 내가 들어본 간증 중 세 손가락 안에 드는 가장 독특한 이야기다. 그의 진리 추구에는 몇 가지 예외적인 특징이 한결같이 드러난다. 고도로 명석한 지성, 보기 드문 정직함, 독창적인 연구, 그리고 어떤 증거가 나오든 그것이 이끄는 대로 기꺼이 따르려는 마음. 그의 추구는 죽은 자 가운데서 부활하신 예수 그리스도와 그분의 십자가로 인도되었다.

개리 하버마스 Gary R. Habermas
리버티 대학교 특훈연구교수

나빌은 전 세계 수백만 무슬림의 가슴속에 자리한 갈망을 묘사하고 있다. 그리스도의 희망을 무슬림과 나누려고 하는 모든 이들이 읽어야 할 필독서다.

푸아드 마스리 Fouad Masri
"초승달 프로젝트" 대표

무슬림 이웃과 동료들을 이해하고자 하는 사람이라면 이 책을 반드시 읽어야 한다. 이 책을 통해 우리는 내면에서 바깥으로 여정을 떠난다. 깊은 영성, 가족 사랑과 공경, 헌신적인 무슬림 가정 안에서 한 사람이 어떻게 "보고" "느끼는지" 가까이서 보게 된다. 복음과 이슬람의 주장 사이의 핵심적 차이점을 정교하게 보여주는 깊이 있는 책이다. 적극 추천한다.

스튜어트 맥칼리스터 박사 Dr. Stuart McAllister
"래비 재커라이어스 국제 선교단" 미주 대표

눈을 뗄 수 없는 이야기이자 긴급하게 필요한 책이다. 저자는 오늘날의 선정적인 세계에 만연해 있는 불안감 조장이나 섣부른 비난을 모두 피하면서도 복음을 능숙하게 변론하되, 무슬림 가족과 그 유산 역시 아름답게 그려낸다. 나는 일말의 주저도 없이 이 책을 모두에게 추천한다. 당신이 책장을 넘기는 사이에 이 책은 여러분의 마음과 지성을 살찌울 것이다!

조쉬 맥도웰 Josh D. McDowell
저자 및 강연가

저자는 진리를 추구하는 과정에서 신앙을 분석적으로 연구할 수 있는 길을 제시할뿐더러 다수의 이슬람교 하디스 문헌과 초기 기독교 문서를 구체적으로 인용하여 기독교 논증과 이슬람 논증의 차이를 예리하게 구분해놓았기에 독자들은 이제 그 분석의 논리적 발전 과정을 볼 수 있다. 동시에 이 책은 서구에서 성장한 어느 젊은 무슬림의 가슴 아프고 눈시울을 적시는 지극히 개인적인 인생 서사시이기도 하다. 손에서 놓을 수 없는 매혹적인 자서전이다.

쩨임스 투어 James M. Tour
라이스 대학교 이공학부 교수

처음에 쿠레쉬는 기독교를 의심하고 이를 입증하기 위해 성경을 공부하기 시작했다. 하지만 놀랍게도 그 결과로 그는 예수를 만나게 되었다. 저자의 독특하고 마음을 사로잡는 이야기가 책으로 나온 것을 보니 무척 기쁘다. 당신도 이 책에서 깊은 위로와 큰 도전을 받게 될 것이다. 반드시 진리의 시험을 거쳐야 하는 다양한 세계관들이 범람하는 우리 시대에 참으로 필요한 책이 아닐 수 없다.

래비 재커라이어스 Ravi Zacharias
저자 및 강연가

Seeking Allah, Finding Jesus

A Devout Muslim Encounters Christianity

Nabeel Qureshi

알라를 찾다가 예수를 만나다

나빌 쿠레쉬 지음 | 박명준 옮김

Holy
WavePlus

이 책을 부모님께 드립니다.

암미와 압바, 내가 두 분께 죄를 지었다고 생각했을 때에도 나를 향한 두 분의 사랑은 변함이 없었습니다. 자기 자녀를 향한 하나님의 사랑 외에 어느 사랑이 그러하겠습니까? 하나님의 사랑에는 아무런 조건이 없으며 그분께서 우리 모두에게 용서를 베푸셨음을 알게 되시는 날이 오기를 기도합니다. 그날에 그분의 구속을 받아들이셔서 부모님과 제가 다시 한 번 가족을 이루게 되기를 기도합니다. 마음 다해 두 분을 사랑합니다.

차례

누군가 여러분 마음 깊이 자리한 신앙의 핵심에 도전해 온다면 어떻게 하겠습니까? 여러분이 가장 소중하게 여기는 전통에 의문을 제기한다면 어떻게 반응하겠습니까?

이 책은 현 상태를 유지하라는 어마어마한 압박에도 불구하고 자신의 선입견을 제쳐두고 인생과 신앙이라는 가장 중차대한 사안에 대한 답을 찾아 나선 한 사람의 매혹적인 이야기입니다.

이천 년 전 본디오 빌라도는 자신의 세계가 흔들렸을 때 코웃음을 치면서 "진리가 무엇이냐?"라고 묻고는 손을 씻음으로 그 일에 책임을 지지 않으려고 했습니다. 하지만 내 친구 나빌 쿠레쉬는 개인적으로 어떤 희생이 따르더라도 굴하지 않고 지적인 성실함을 유지하며 진리를 추적한 용감한 사람입니다.

이어지는 페이지에서 여러분은 자신의 지성과 영혼을 만족시키는 우여곡절 많고 초자연적이기까지 한 여정을 묘사하는 나빌을 만나게 될 것입니다. 여러분은 이슬람 문화에 깊이 잠겨 있던 한 사람이 하나님이 참으로 어떤 분이신지 알기 위해 자신의 모든 것을 건다는 게 무엇을 의미하는지 경험하게 될 것입니다. 이 책은 가족과 친구 그리고 신앙에 관한 개인적 이야기이자, 여러분으로 하여금 무슬림 세계를 새롭게 이해하도록 도와줄 이슬람에 대한 통찰이 어우러진 책입니다.

나는 나빌의 견고한 지성을 가까이서 보아왔습니다. (그는 의학박사이자 두 개의 석사학위를 갖고 있으며 현재 박사과정 중에 있습니다.) 나는 그의 인정 많고 긍휼 넘치는 마음씨도 잘 알고 있습니다. 그는 진실을 밝히기 위해 주도면밀한 질문을 던지는 특출한 능력의 소유자입니다. 하지만 나는 그가 누군가를 겁주거나 괴롭히기 위해 자신의 지성을 사용하는 것을 본 적이 없습니다. 그는 어느 신앙이 참으로 본향으로 인도하는지 발견하고자 애쓰는 사람들에게 언제든 도움의 손길을 내밀기 때문입니다.

나는 자신의 기본적인 신념의 토대가 흔들린다는 게 무엇을 의미하는지 압니다. 나 자신이 무신론자였을 때 나는 기독교에 믿을 만한 구석이 하나라도 있는지 조사해보는 데 나의 언론 경력과 법률 교육을 사용하라는 도전을 받았습니다. 그리고 그때 발견한 것이 내 인생을 180도 바꿔놓았습니다.

그래서 나는 불편한 질문을 마다하지 않고 쉬운 대답에 만족하지 않는 나빌의 여정을 이해합니다. 그는 역사의 증거를 꼼꼼히 살필 뿐 아니라 철학과 신학의 미로 속에서 노련하게 길을 찾아갑니다. 그는 어린 시절부터 자신의 인생을 지배해온 신념을 약화시키는 발견 앞에서도 집요하며 위축되지 않습니다.

여러분이 신앙의 길 어디쯤에 있든 관계없이, 나는 여러분이 나빌의 이야기를 읽음으로써 깊은 유익을 얻게 되리라 예견합니다. 여러분은 자신이 배운 것을 기꺼이 나눠주고 여러분을 다독여 영적 여정에서 전진할 수 있도록 세심하게 배려하는 친구 같은 나빌을 보게 될 것입니다. 확신하건대, 나빌의 모험담은 진리를 소중히 여기며 하나님을 인격적으로 알기 위해 아픔을 겪고 있는 모든 이들이 두루 읽어야 할 책이 틀림없습니다.

그러니 읽어가면서 하나님께서 어떻게 나빌의 이야기로 여러분의 이야기를 빚으시는지 발견하기 바랍니다.

리 스트로벨
『예수 사건』『은혜 사건』저자

감사의
말

이 과제를 완수할 수 있도록 도움과 지도를 아끼지 않은, 하나님께서 보내주신 경이로운 인물들 앞에 겸손히 마음을 추스르게 됩니다. 우선 이 책의 일부분을 읽고 조언해준 사랑하는 가족과 친구들에게 고마움을 표하고 싶습니다. 그들의 격려와 충고는 더없이 소중했습니다. 도움이 절실히 필요할 때마다 다양한 의견을 제시해준 칼슨 와이트나우어와 내 누이 바지(Baji)에게 특히 고마운 마음을 전합니다.

또한 마크 스위니와 매디슨 트래멀이 보여준 우정과 그들의 전문가적 조언에 감사를 표합니다. 그들의 부단한 수고가 없었다면 이 책은 빛을 볼 수 없었을 것입니다.

이 책이 받은 큰 복 가운데 여러 놀라운 지성들의 조언은 단연 으뜸이라고 할 수 있습니다. 빛나고 진심 어린 통찰을 제공해준 리 스트로벨(Lee Strobel), 댄 월러스(Dan Wallace), 에드 코모저스키(Ed Komoszewski), 랍 바우먼(Rob Bowman), 키스 스몰(Keith Small), 개리 하버마스(Gary Habermas), 조쉬 맥도웰(Josh McDowell)에게 큰 빚을 졌습니다. 그들을 알게 된 것만도 엄청나게 큰 복인데 하물며 그들 모두를 친구로 두게 되었으니, 나는 참으로 복 받은 사람입니다.

남은 감사는 압두 머리(Abdu Murray)에게 돌려야 마땅합니다. 그는 이 책에 필요한 조언을 해주었을 뿐 아니라 멀리서도 지속적인 사귐과 영적인 지원을 아끼지 않았습니다. 나보다 몇 해 앞서 이슬람교에서 기독교로 회심하는 전투를 벌였던 그가 보여준 통찰은 너무도 소중했습니다. 형이 없는 나에게 그는 마치 친형과 같은 사람입니다.

마찬가지로, 지난 수년간 나의 멘토였던 마이크 리코나(Mike Licona)는 내가 사상적으로나 학문적인 면에서 성장하도록 도왔습니다. 그가 아니었다면 이 책은커녕 내가 감당해온 사역 대부분이 불가능했을 것입니다.

이 책이 나오는 데 있어 조언 이상의 훨씬 중대한 영향을 끼친 또 한 사람이 있으니 바로 데이비드 우드(David Wood)입니다. 열성적인 무슬림 청년에게 다가가기 위해 온갖 역경을 무릅쓰고 자신의 소명을 신실하게 붙든 그에게 나는 영원히 빚진 사람입니다. 우리의 우정과 사역은 다만 시작에 불과하기에 영원까지 이어지기를 기도합니다.

만일 이 사람이 없었다면 이 책은 분명 쓰이지 못했을 텐데, 바로 마크 미텔버그(Mark Mittelberg)입니다. 그는 내게 이 책을 쓰도록 처음 제안했을 뿐 아니라 출판 중개인을 알아보고 출판사를 골라주었으며, 나로 하여금 펜을 들게 하고, 책에 대한 의견을 개진하며, 직접 홍보까지 했습니다. 이 책이 나오는 데 있어 내가 한 일이 과연 얼마나 되는지 의문이 들 정도입니다! 마크, 자네의 완벽한 조언과 우정은 내게 영감을 주고 내가 할 수 있는 한 최선의 내가 되도록 해준다네. 평생을 갚아도 못 갚을 빚을 자네에게 지고 있네.

마지막으로, 나의 신부인 미셸에게 고마움을 표하고 싶습니다. 집필을 끝마칠 수 있도록 여러 주 동안 내가 혼자 있도록 배려했을 뿐만 아니라 집필된 초교를 밤늦도록 부지런히 읽어주었습니다. 조금도 흔들림 없는 사랑을 타락한 사내에게 베풀면서도 일절 불평한 적이 없었으니, 당신의 사랑을 결코 갚을 수 없을 거야. 우리가 온 삶을 함께하기로 한 것이 나로서는 얼마나 다행스러운 일인지 모르겠어!

집필 과정에 여러 모습으로 참여하고 이 책의 출간을 지지해준 모든 친구와 가족 여러분, 이루 다 표현할 수 없을 만큼 소중한 도움을 여러분에게 받았습니다. 주님께서 여러분 모두에게 갚아주시기를 기도합니다.

　이 책에는 나의 개인적인 생각과 가장 강렬한 기억
들이 담겨 있다. 내 심장으로 쓴 글이라 할 수 있다. 이
책을 읽으면서 당신은 내 가족과 친구들 속으로 들어와,
이슬람교도로 지낸 내 복된 젊은 날에 동참하고, 미국에
서 태어난 한 무슬림이 겪은 문화충격을 나와 함께 고스
란히 겪게 될 것이다. 또한 내 어깨 너머로 당신은 이슬
람의 눈에 공격적으로 보이는 기독교의 모습을 엿보고,
복음의 역사적 사실성을 두고 씨름하기 시작하고, 내가
이슬람교의 감춰진 진실에 서서히 눈떠가면서 경험한
토대의 흔들림을 느끼게 될 것이다. 나의 개인적인 기록
을 읽으면서 당신은 내가 하나님의 말씀인 성경에 다가
가기 위해 필요했던 영적 확신을 심어준 환상과 꿈과 조
우하게 될 것이다.
　이 이야기를 읽어나가면서 여러분은 나와 함께 인
생을 여행하고 나를 친밀히 알게 될 텐데, 바라기는 살아
계신 하나님을 만남으로써 여러분 역시 변화되기를 기도

한다. 내가 그랬던 것처럼.

이 책의 목적

하지만 이 책은 그저 나 자신의 증언만은 아니다. 집필하는 내내 다음 세 가지 목적을 염두에 두었다.

1. 이슬람교도가 아닌 독자들에게 무슬림의 마음과 생각을 내부자 관점에서 전달하여 벽을 허문다. 단순히 몇 가지 사실을 전해 듣는 것만으로 수십억의 마음을 사로잡고 있는 이슬람의 신비한 아름다움을 제대로 이해할 수는 없다. 내 소망은, 이 책을 통해 그리스도인들이 나의 세계에 들어와 무슬림 이웃을 이해하게 되고, 결과적으로 예수께서 그들을 사랑하신 것처럼 그들을 사랑할 수 있게 되는 것이다. 책의 처음 두 부분은 이 목적에 맞게 구상했다. 이 부분이 이슬람교에 호의적인 것으로 보인다면 나의 이전 신앙에 대한 과거의 사랑이 제대로 전달된 것이니 목적을 달성한 셈이리라.

2. 독자들에게 사실과 지식을 전달하고 복음 논증이 이슬람 논증과 비교해 설득력이 있음을 보여준다. 역사는 복음의 토대를 떠받치는 핵심 주장들, 즉 예수의 십자가 죽음, 죽은 자 가운데서 다시 사신 그의 부활, 자신이 하나님이라는 그

의 주장을 강력하게 증거하고 있다. 이런 증거를 통해 역사는 이슬람교의 토대를 떠받치는 핵심 주장들, 즉 코란의 신적 기원 및 신의 예언자 무함마드에 기초를 둔 나의 이슬람 신학에 도전했다. 이슬람에 대해 주의 깊게 연구하면서 알게 된 내용들은 내 세계를 세차게 흔들었는데, 무함마드나 코란이 하나님에 관해 진실을 말한다고 믿을 만한 마땅한 이유가 없었다. 물론 이 짧은 책에서 수년간에 걸쳐 내가 깨달은 모든 사실과 주장을 다룰 수는 없기에, 자세한 내용에 관심 있는 사람들을 위해 또 다른 책『하나님 한 분 외에 다른 신이 없다: 알라인가, 예수인가?』(*No God but One: Allah or Jesus?*;『알라인가, 예수인가?』로 표기함―편집자 주)를 썼으니 참고하기 바란다. 이 책의 3-8부에서 나는 내가 이해한 내용뿐 아니라 그것이 어떻게 나로 하여금 이슬람교를 떠나 예수께로 향하게 했는지 개략적인 윤곽을 제시했다.

3. 복음을 붙들고 씨름하는 무슬림들의 한없는 내적 분투와 그로 인한 희생과 회의를 그려낸다. 9부와 10부에서 보게 되겠지만, 이런 인간의 분투 한가운데서 하나님은 환상과 꿈을 통해 자신을 직접 드러내시고 우리에게 다가오신다.

이 책을 읽는 방법

프롤로그   이 부분은 반드시 읽고 가야 한다!

용어 정리   책을 읽어나가면서 당신은 많은 이슬람 용어를 알게 될 것이다. 각 용어가 본문에 처음 사용될 때마다 그 뜻을 정의해두었다. 용어 정리 부분에서는 본문에 나온 모든 용어를 한꺼번에 찾아볼 수 있다.

전문가 기고문   이 책에 감춰진 보화라고 할 수 있다. 각 부의 끝에 전문가 견해로 연결된 링크를 달아놓았다. 왕성한 복음주의자부터 탁월한 코란 학자에 이르기까지, 무슬림을 긍휼히 여길뿐더러 복음에 열정적인 학자들이 감사하게도 자기 목소리를 이 책에 더해주었고 자신의 학문적 신뢰성과 경험에서 우러난 혜안을 기꺼이 빌려주었다. 사실, 이 학자들 중 세 명은 예수께로 나아가는 나의 여정에서 개인적인 역할을 감당했다. 열 개의 부 말미에 기고문 하나씩을 두었으니 각각의 부를 읽고 나서 곧바로 이들의 견해를 직접 읽어보기를 권한다. 책 뒤쪽의 "전문가 기고문"에서 볼 수 있다.

자전적 이야기에 관한 주   디지털 시대에 접어들어 사람들은 자전적 이야기에 대해 안타깝게도 갈수록 부적절할 정도로 엄격한 기준을 들이대고 있다. 그 정의상 자전적 이야기는 이야기를 할 때 반드시 일종의 자유가 있어야만 한다. 부디 카메라로 찍은 것 같은 정확함을 기대하지 마시기를! 그와 같은 것은 이 책의 의도가 아닐뿐더러 이런 기준을 충족시키기 위해서라면 22년 분량의 비디오가 필요할 것이다. 이는 내 어머니마저 지루한 나머지 사망에 이르게 할 것이다.

내가 인용한 대화는 기껏해야 근사치다. 몇몇 대화는 실제로 여러 번의 만남 속에 있었던 내용을 하나로 응축하여 제시한 것이다. 경우에 따라 어떤 이야기는 주제에 충실하기 위해 시간 순서를 바꾸기도 했다. 또 다른 경우에는 대화의 현장에 있던 사람이지만 이야기를 명확히 전달하기 위해 대화에서 빠진 경우도 있다. 자전적 이야기에서 이는 정상적인 장치다. 실은 인간 기억술의 정상적 활동이다. 부디 이런 성격을 감안하고 읽어주었으면 좋겠다.

마지막 첨언

이 책을 집어든 당신에게 나는 진심으로 감사한다. 하나님에 대한 많은 관점이 있고 그 차이는 모두 중요하다. 하지만 한 분 참하나님 같은 이는 없다! 내가 만일 하나님의 사랑이 얼마나 한없는지 알았다면, 그분의 은혜와 자비가 어떻게 삶을 변화시키는지 알았다면, 그분이 본으로 보이신 삶과 죽음이 어떻게 인류를 해방시키는지 알았다면, 온 힘을 다해 몇 년은 더 일찍 그분께 달려갔을 것이다. 나의 기도하는 바, 이 책을 읽는 독자들이 자신들의 참아버지께 거침없이 달려가게 되기를 빈다. 그것이 곧 예수께서 오신 이유, 곧 우리로 생명을 얻게 하고 더 풍성히 얻게 하려 하심이다 (요 10:10). 내 이야기가 당신의 여정에 보탬이 된다면 내게 그보다 더한 영광은 없다.

알라를 찾아서

나는 이슬람 사원 예배당에 엎드려 하나님 앞에서 비통한 심정을 가눌 수 없었다. 나의 견고했던 세계관과 내가 알고 있던 모든 것이 지난 수년 동안 서서히 허물어졌다. 이날 나의 세계는 완전히 무너져 내렸다. 나는 폐허 가운데 엎드려 알라를 찾고 있었다.

무더운 여름밤이 깊어가는 가운데 멀어져 가는 발걸음 소리만이 모스크의 복도를 따라 울려왔다. 기도를 마친 예배자들은 가족이 기다리는 집으로 발길을 재촉했으나, 내 머릿속은 아직도 혼란스러웠다. 내 전 존재가 나와 씨름을 벌이고 있었다. 나는 두근대는 가슴으로 이마를 바닥에 대고 엎드린 채, 퀴퀴한 냄새가 진동하는 양탄자 위에서 되뇐 말을 하나하나 되새겨보았다.

그것은 새로운 말이 아니었다. 나는 내 이름을 알기 전부터 이 아랍어 구절을 하루도 빠짐없이 132번씩 암송해야 한다고 배웠다. "사즈다"라고 하는 이 기도문은 무슬림들이 알라 앞에 자기 자신을 낮추고 지극히 높으신 알라를 찬미하기 위해 드리는 의례적인 기도의 일부였다. 애쓰지 않아도 입에서 흘러나오던 기도문이었으나, 이날은 달랐다. 내 입술은 암기한 기도문을 외고 있었으나, 내 머리는 하나님에 대해 내가 알고 있다고 생각했던 모든 것에 의문을 제기하고 있었다.

수브하나 랍비 알-알라.
높으신 나의 주여, 영광을 받으소서.

"나의 주여, 영광을 받으소서.…내 주는 누구십니까? 주님, 당신은 누구십니까? 내 아버지와 조상들의 하나님이신 알라이십니까? 내가 언제나 예배해온 그 하나님이십니까? 우리 가족이 항상 예배해온 그 하나님이십니까? 그렇습니다, 당신은 인류를 위해 무함마드鵝[1]를 마지막 예언자로 보내시고 우리를 인도하기 위해 코란을 주신 분입니다. 당신은 이슬람의 하나님, 알라이십니다. 그렇지 않습니까? 아니면 당신은…." 나는 말을 머금었다. 그리고 내 입술에서 터져 나올 신성모독적인 발언에 저항했다. 그러나 만약 신성모독이 아니라 사실이라면?

"아니면 예수님이십니까?"

지옥에 떨어질지도 모를 불경한 생각에 분개한 듯 심장이 얼

---

1 아랍어 관용구 "살 알라후 알라이-히 와-살람"을 나타내는 기호로 "알라의 평화와 축복이 그에게 있기를 원하나이다"라는 뜻이며 무슬림들이 무함마드의 이름을 언급한 다음 이어서 덧붙이는 관용구다(앞으로는 이 기호를 생략한다— 편집자 주).

어붙었다. "알라여, 한 인간이 당신과 같다는 말을 다시는 하지 않겠습니다! 제 말이 그런 뜻이었다면, 저를 용서하시고 불쌍히 여겨주소서. 제 말은 그런 뜻이 아니었습니다. 어떤 인간이 당신과 견줄 수 있겠습니까? 당신은 모든 피조물보다 크고 무한하신 분이십니다. 만물이 당신 앞에 엎드려 절합니다, 알라 수브하나후 와탈라."[2]

"아닙니다, 알라여. 제 말은 당신께서 전능하시다는 뜻이었습니다. 분명 당신께서는 원하시는 피조물 안에 들어오실 수 있습니다. 당신께서 이 땅에 오신 것입니까? 당신께서 인간이 되신 것입니까? 그 인간이 예수였던 것입니까?"

"알라여, 성경이 옳을 리가 없습니다. 그렇지 않습니까?"

만나지 않는 두 평행선마냥, 내 입술은 쉴 새 없이 사즈다 기도를 올렸으나 내 머릿속 싸움은 수그러들 줄 몰랐다. 사즈다 기도를 마무리하려면 아랍어 관용구를 두 번 더 암송해야 했다.

수브하나 랍비 알-알라.

높으신 나의 주여, 영광을 받으소서.

"하지만 만물보다 높으신 알라께서 이 세상에 들어오신다고

---

2 "수브하나후 와탈라"는 알라의 이름 뒤에 종종 반복적으로 사용되는 관용구로, "영광과 높임을 받으소서"라는 뜻이다.

어찌 상상이나 할 수 있겠습니까? 이 세상은 더럽고 죄악된 곳이어서 모든 영광과 찬양을 받으시기 합당한 분께서 거하실 곳이 못 됩니다. 그런데 어떻게 위대하고 장엄하신 창조주께서 소녀의 몸을 빌려 이 세상에 태어나셨다고 감히 말할 수 있겠습니까? 아우드후 빌라,[3] 역겨운 일이 아닐 수 없습니다! 먹고, 피곤하고, 땀과 피를 흘리고, 마침내 십자가에 못 박혀 죽다니. 있을 수 없는 일입니다. 하나님이라면 마땅히 그 이상의 대우를 받으셔야 합니다. 하나님은 그보다 훨씬 큰 영광을 받으셔야 합니다."

"하지만 만일 하나님이 자신의 영광보다 자신의 자녀를 더 중요하게 여기신다면?"

수브하나 랍비 알-알라.
높으신 나의 주여, 영광을 받으소서.

"물론 우리가 하나님께 중요한 존재이기는 하지만 우리의 죄를 사하기 위해 알라께서 죽으실 필요는 없습니다. 알라는 전능하시기에 원하는 대로 우리를 쉽게 용서하실 수 있습니다. 알라는 '알-가파르'이시며 '아르-라힘'이십니다![4] 용서는 알라의 본성입

---

3 "알라께로 피합니다"라는 뜻으로, 수치스럽거나 신성모독적이거나 부정적 의미의 발언이 있었을 때 덧붙여 말하는 무슬림의 관용구다.
4 주류 이슬람교는 알라에게 아흔아홉 가지 이름이 있다고 이해한다. 이 두 이름은 각각 "용서하는 분", "자비로운 분"으로 번역된다.

니다. 알라께서 이 세상에 와서 십자가에 달려 죽는 것이 내 죄와 무슨 상관이 있습니까? 알라께서 십자가에서 죽으시다니 얼토당토않습니다. 알라께서 죽으셨다면 누가 우주를 통치하고 있었습니까? 수브하나알라,[5] 알라는 죽으실 수 없습니다! 이 또한 그분의 영광입니다. 그런 가식적 행동은 필요 없습니다. 알라는 보좌에서 간단히 용서하실 수 있습니다."

"그러나 알라께서 임의로 '간단히 용서하신다'면 어찌 정의로울 수 있겠습니까? 하나님은 임의로 행하지 않는, 전적으로 정의로운 분입니다. 임의로 용서한다면 어찌 의롭다 할 수 있겠습니까? 하나님은 결코 '원하는 대로 용서하지' 않습니다. 내가 지은 죄의 값은 반드시 치러야 합니다."

나는 바닥에서 일어나 몸을 세우며 "타크비르"를 암송했다.

알라-후-아크바르.
하나님은 위대하시다.

"하나님, 나는 당신이 위대한 실체이심을 압니다. 하지만 거룩한 코란의 일부 가르침은 위대함과는 거리가 멉니다. 도무지 이해하지 못하겠습니다. 알라여, 부디 제게 자비를 베푸소서. 당신을

---

5 "알라께 영광을"을 뜻하는 매우 흔히 쓰이는 관용구로, 좋은 소식을 듣거나 긍정적인 일이 있을 때 종종 감탄사처럼 사용된다.

의심할 뜻은 없습니다. 내 지식과 이해의 부족함을 불쌍히 여겨주시기 바랄 따름입니다. 부디 알라여, 이 모든 의심이 당신의 분노를 일으키지 않게 하소서. 내가 분명 무언가를 잘못 이해한 것이겠지만, 선하고 사랑 많으신 당신께서 코란에 나타난 일부 명령들을 우리에게 주셨을 리 없습니다. 코란에서 저는 너무도 많은 폭력과 경멸을 발견했습니다. 당신의 말씀이기에 내가 매일 읽고 사랑한 그 책에서 말입니다."

"혹시 코란이 당신의 말씀이 아님을 제게 보이시려는 것인가요? 그 책에 대해 제가 배운 것의 많은 부분이 거짓으로 드러났습니다. 코란은 결코 바뀐 적이 없다고 배웠으나, '하디스'(hadith; 전승으로 기록되어 내려오는 무함마드의 언행록)와 역사는 반대의 사실을 보여줍니다. 과학과 미래에 관한 초자연적 지식이 코란에 담겨 있다고 배웠으나, 그것을 내 눈으로 보게 해달라고 당신께 구했을 때 저는 아무것도 발견할 수 없었습니다. 제가 코란에 대해 알고 있다고 생각한 많은 것들이 사실이 아니었던 것입니다. 그런데도 당신의 책이 정말 맞습니까? 알라여, 나를 불쌍히 여기소서."

"당신은 누구십니까?"

아트-타히야투 릴라히, 와스-살라와투 와트-타이이바투. 아스 살라무 알라이카 아이위하 은-나비위 와 라마툴라히 와 바라카투. 아스 살라무 알라이나 와-알라 이바디 라히 살리힌.

모든 칭송과 기도, 선한 일이 알라에게서 나옵니다. 알라의 평화

와 자비와 축복이 그대 위대한 예언자에게 있기를. 우리와 알라
의 모든 의로운 종들에게 평화가 있기를.

"당신을 찬양하나이다, 알라여. 모든 경의를 당신께 돌림이
마땅하나이다. 하지만 이해할 수 없는 게 너무 많습니다. 기도를
드릴 때 어찌하여 무함마드에게 하는 것입니까? 그는 내 기도를
듣지 못합니다. 죽은 자이니 말입니다! 그가 예언자라 할지라도,
사람에게 기도할 수는 없습니다. 왜 그를 위해 평화를 빌어야 하
는 것입니까? 저는 그를 위해 중보하는 자가 아닙니다. 그가 살아
있는 동안에야 그런 기도가 드려졌을 테지만, 당신의 위대한 예언
자는 자신을 위해 평화를 빌어줄 이가 왜 필요한 것입니까? 당신
께서 그에게 확신과 평화를 주시지 않았을 리 없지 않습니까? 최
고 예언자인 그가 확신과 평화를 가질 수 없다면, 제게는 무슨 희
망이 있겠습니까?"

위대한 예언자의 전통과 우리 부모님이 가르쳐준 대로 나는
집게손가락을 들어 하늘을 가리키며 다음의 선언을 암송했다.

아쉬하두 알라 일라하 일라 라후 와 아쉬하두 안나 무함마단 압
두후 와-라술루.
알라 외에 예배를 받아 마땅한 이 없으며, 무함마드는 알라의 종
이요 사자임을 증언하나이다.

"알라여, 제게 자비를 베푸소서. 무함마드가 당신의 사자임을 제가 어떻게 증거할 수 있겠습니까? 전에는 그게 어렵지 않았습니다! 암미는 제게 무함마드를 흠모하라고 가르쳤습니다. 그는 이 땅에 살았던 누구보다도 위대한 사람으로 그에 버금가는 이는 아무도 없기 때문입니다. 그의 너그러움은 풍성하고 그의 자비는 비교할 데 없으며 인류를 향한 그의 사랑은 측량할 수 없다고 배웠습니다. 그는 '움마'[6]를 지키기 위한 일 외에는 전쟁을 벌인 일이 없으며 여성과 탄압받는 사람들의 지위를 높이기 위해 싸웠다고 배웠습니다. 그는 완벽한 군사 지휘관이었고, 최고의 정치 지도자였으며, 알라의 모범적인 제자였습니다. 그는 '알-인산 알-카밀'(완벽한 사람)이었습니다. 그는 '라마투-릴 알라민'(온 세상을 위한 하나님의 자비의 화신)이었습니다. 이런 사람이 '라술 알라'(하나님의 종)임을 증거하기란 어려운 일이 아니었습니다."

"하지만 이제 나는 그에 대한 진실을 압니다. 감추어두었던 비밀이 너무 큽니다. 그가 받은 첫 계시, 그가 대상(隊商)을 공격한 일, 어린 소녀를 아내로 맞이한 일, 자이나브를 아내로 맞이한 일, 흑마술에 씌인 일, 그가 행한 독살, 암살, 고문, 그리고…."

못 본 척 넘길 수 없는 한 가지 쟁점에 이르자 생각이 멈추어버렸다. "제가 사모하는 예언자 무함마드가 어떻게…**그런 일**을 허락할 수 있었단 말입니까?"

---

6 "공동체"를 뜻하는 아랍어로 무슬림 전체를 지칭한다.

격양된 감정에 휩쓸려 생각은 기도에서 멀리 떠나 있었다. 여전히 나는 코란을 연구하던 중 발견한 난제를 풀고자 씨름하고 있었다. 그가 어떻게 그럴 수가 있지? 나는 희생자들의 입장에 서서 그들이 겪어야 했을 공포를 상상했다. 내 가족에게 그런 일이 벌어진다면? 예언자의 그 유명한 자비는 어디에 있단 말인가?

내가 그곳에 있다고 상상해보았다. 바로 그 순간, 붉게 물든 사막의 하늘 아래 내가 있다고 말이다. 내 동족이 유린당한 잔해를 살피던 나는 갑자기 분노에 휩싸인다. 피와 죽음. 젊은 병사 몇 명이 굶주린 듯 시체 사이를 지나 무함마드 앞으로 다가간다. 병사들은 자신의 잔혹한 욕망을 그 앞에 아뢰며 무함마드의 지도를 구한다. 무함마드의 얼굴은 붉게 상기되더니 이내 땀에 젖는다. 알라께 계시를 받고 있는 것이다.[7] 휘하의 병사들에게 계시를 선포하자 병사들의 얼굴에 악한 흥분이 번진다. 진격을 열망하는 병사들이 각자 자기 막사로 사라진다. 알라가 그들의 행동을 인준한 것이다. 순간 모두가 잠잠하다.

불현듯 견딜 수 없는 소리가 사막의 하늘을 가르며 내 영혼을 찌른다.

어머니다, 어머니의 비명 소리.

---

[7] Sahih Bukhari 6.61.508: "하나님의 계시가 예언자에게 임했다…. 예언자는 붉게 상기된 얼굴로 가쁘게 숨을 몰아쉬더니 이내 평온을 되찾았다." 참조. Sahih Muslim 30.5763: "계시가 임할 때 알라의 사자는 추운 날씨임에도 땀에 흠뻑 젖었다."

눈을 번쩍 뜨며 현실로 돌아왔다. 나는 여전히 모스크 안에서 살라트 기도를 드리는 중이었다. 순간, 무함마드에 대한 주체할 수 없는 혐오감이 즉각적인 참회로 바뀌었다. 알라 앞에 내가 무례했던 것이다. 무함마드는 여전히 나의 예언자였다. 나는 여전히 그에게 충성을 다짐하고 있었다. 내가 지나쳤다.

어떻게 내가 이럴 수 있단 말인가? "아스타그피룰라."[8]

나는 남은 기도를 서둘러 마무리했다. 고개를 좌우로 돌리며 다음의 기도로 끝을 맺었다.

아살라모 알라이쿰 와 라무탈라.
알라의 평화와 자비가 그대에게 있기를.

나는 잠시 멈췄다가 두 손에 얼굴을 묻었다. 눈물이 앞을 가렸다. 정해진 기도는 끝났다. 이제 내 마음의 기도를 드릴 차례.

"하나님, 당신의 평화를 원합니다. 나를 불쌍히 여기시고 당신을 알 때 오는 평화를 주옵소서. 당신이 어떤 분이신지 더 이상 모르겠습니다. 하지만 가장 중요한 분인 것만은 압니다. 당신께서 이 세상을 지으시고 거기에 의미를 부여하셨으니, 당신 없는 삶은 아무런 의미가 없습니다."

"그러니 전능하신 하나님, 당신이 누구신지 내게 말씀해주소

---

8 "알라여, 용서하소서"라는 의미의 공식적인 회개 기도.

서! 오직 당신께만 간구합니다. 당신만이 나를 구하실 수 있습니다. 당신의 발 앞에 내 모든 지식을 내려놓고 내 온 삶을 당신께 드립니다. 나의 기쁨, 나의 친구, 나의 가족, 내 생명까지도 당신이 원하시는 대로 취하소서. 다만 나로 하여금 당신을 얻게 하소서, 하나님."

"제가 걸어야 할 길을 밝혀주소서. 그 길에 아무리 많은 장애물이 있더라도, 수많은 구덩이를 뛰어넘고 기어오르는 일이 있더라도, 가시밭길을 밟고 지날지라도 상관없습니다. 옳은 길로 나를 인도하소서. 그 길이 이슬람이라면, 이슬람이 옳음을 내게 보이소서! 그 길이 기독교라면, 내 눈을 열어 보게 하소서! 사랑하는 하나님, 당신의 길을 보이사 나로 그 길을 가게 하소서."

그때는 알지 못했지만, 내가 절실히 구했던 하나님의 평화와 자비가 곧 내게 임할 터였다. 그분은 꿈과 환상이라는 초자연적 방식으로 나를 인도하셔서 내 마음과 인생의 궤도를 영원히 바꾸실 터였다.

1부

기도로 부름 받다

—
나의 견고한 세계관과
내가 알고 있던 모든 것이….

1장

조상들의 기도

　　이른 새벽, 이슬람 세계 전역에 울려 퍼지는 낭랑한 목소리를 좇아 태양은 지평선 위로 떠오른다. "타크비르"를 시작으로 지붕 위와 뾰족탑에서 무슬림들의 핵심 신앙이 반복해서 선포된다.

　　알라-후-아크바르!
　　아샤도 안-라 일라하 일-알라!
　　아샤도 안-나 무함마드-우르-라술 알라!
　　알라는 위대하시다!
　　나는 알라 외에 다른 신이 없음을 증언한다!
　　나는 무함마드가 알라의 사자임을 증언한다!

　　기도로 부른다는 뜻의 "아잔"(adhan; 무슬림의 기도 시간을 알리는 소리)은 이렇게 시작한다. 이 부름은 무슬림들에게 잠에서 깨어나자마자 자신의 삶을 알라께 바쳐야 함을 상기시킨다. 이따금 드리는 암송 기도에서부터 정성을 다하는 매일의 예배에 이르기까지, 경건한 무슬림이 알라를 기억하고 이슬람 전통을 실천하는 방법은 아주 많다. 아잔은 무슬림을 부르고, 그 마음속에 공명하고, 그들을 결집시키고, 알라 앞에 통일된 자세로 엎드리도록 한다.

외부 관찰자의 눈에 아잔은 밤하늘에 울려 퍼져 어둠과 낮을 가르고 무슬림의 땅과 그 땅의 사람들에게 생기를 불어넣는 그 무엇으로 보일 것이다.

따라서 무슬림이 아잔으로 서로를 깨워 새로운 날을 맞이하게 할 뿐 아니라 새로운 생명에 눈뜨게 하는 것은 놀라운 일이 아니다. 예언자 무함마드의 전승을 기록한 "하디스"에 따르면, 무슬림 집안에 태어난 모든 아기에게는 태어나는 순간 그 귀에 아잔을 들려줘야 한다. 내가 태어날 때 아버지는 내 귀에 대고 부드러운 목소리로 아잔을 속삭여주었는데, 그것은 스물여덟 해 전 아버지의 아버지가 내 아버지의 귀에 대고 속삭였던 바로 그 아잔이었다. 아잔은 내가 태어나서 처음으로 들은 말이었는데, 이는 전통에 따른 것이었다.

우리 집안은 언제나 하디스를 따르는 데 각별한 주의를 기울였다. 누가 뭐래도 우리는 쿠레쉬 가문이며, 쿠레쉬 가문은 무함마드의 지파다. 우리 가문의 영예를 깨달을 만큼 컸을 때 나는 우리 가문이 예언자에게서 그 이름을 직접 물려받았는지 아버지에게 물어보았다.

"압바, 우리 가문이 무함마드처럼 진짜 쿠레쉬 가문이에요?"

"지 메라 베이타." 아버지가 말했다. 우르두어(*Urdu*; 파키스탄의 공용어)로 "그렇단다, 내 아들아"라는 말이었다. "무함마드의 아들들은 모두 어릴 때 죽었단다. 하지만 우리 집안은 하즈라트 우마르의 자손이란다." 우마르는 신의 인도하심에 따라 수니파 내에서 무함마드의 후계자로 인정받은 네 명의 칼리프(*Khalifa*; 무슬림의 최고 지도자를 일컫는 말로, 대개 무함마드를 승계한 네 명의 후계자를 지칭할 때 사용된다) 중 한 명이었다. 진실로 고귀한 혈통이었기에 우리 가문의 유산을 자랑스럽게 여기는 것은 하나도 이상한 일이 아니었다.

아버지가 1970년대에 파키스탄을 떠난 주요 이유는 가족과 전통에 대한 사랑 때문이었다. 아버지는 부모님과 동기들에게 더 나은 삶을 마련해주고자 했다. 미국으로 건너온 아버지는 친형의 충고를 받아들여 미국 해군에 입대했다. 해군으로 복무하면서 받은 월급을 고스란히 고향으로 보냈다. 그렇게 몇 년을 보내고 어머니와의 혼담이 성사된 직후에 잠깐 파키스탄에 돌아왔다.

나의 어머니 암미 역시 가족과 신앙을 위해 헌신적인 인생을 사신 분이다. 어머니는 무슬림 선교사의 딸로 태어났다. 내가 "나나 아부"라고 불렀던 외할아버지는 외할머니 "나니 암미"와 결혼하자마자 인도네시아로 이주했다. 사람들에게 이슬람교를 소개하기 위해서였다. 거기서 어머니가 태어났고, 그 아래로 세 자매가 더 태어났다. 나니 암미는 가족의 생계를 꾸리기 위해 일을 했고 나나 아부는 선교 사역으로 집을 비우는 일이 잦았기에, 어린 동생들을 키우고 그들에게 이슬람교의 도를 가르치는 일은 주로 어머니의 몫이었다.

열 살 무렵, 암미는 나니 암미와 동생들과 함께 파키스탄으로 돌아왔다. 고향 마을은 선교의 소명을 충실하게 수행하는 이 가족에게 큰 존경을 표하며 그들을 맞아주었다. 나나 아부는 현역 선교사로 인도네시아에 계속 머물면서 휴가 때에만 이따금 파키스탄에 돌아왔기에, 고향에 돌아와 있는 암미가 책임져야 할 일은 훨씬 늘었다. 어쨌든 암미는 다섯 명의 동생을 건사해야 했다. 학부를 수석으로 졸업한 후 의과 대학에 진학해 장학금을 받으며 학업을 이어갈 수도 있었으나, 암미는 대학 측의 이런 제안을 거절했다. 나니 암미는 낮 시간의 대부분을 지역 자마트(*jamaat*; 모임, 회합을 일컫는 아랍어로 대개 "단체" 혹은 "교단"을 뜻할 때 사용된다) 사무실에서 비서로 자원봉사를 하는 데 쏟았기 때문에 집안을 돌볼 손길이 필요했다.

나니 암미 역시 이슬람을 위해 온 생애를 바친 것과 다름없이 살았다. 선교사의 아내였을 뿐만 아니라, 암미처럼 그녀도 선교사의 자녀였다. 나니 암미는 우간다에서 태어났는데, 그곳은 아버지가 의사로 섬기면서 사람들을 이슬람의 길로 인도하던 곳이었다. 그녀는 선교사의 자녀로 성장하여 선교사의 아내가 되었고 남은 생애 동안 자마트를 섬기면서 지역사회로부터 큰 존경과 신망을 얻었다. 그 모든 과정을 거치면서 암미는 나니 암미를 인생 최고의 모본으로 삼았던 것 같고 다른 무엇보다 자신의 가문을 통해 내려오는 유산을 계승하기를 바랐다.

당시에는 몰랐지만, 내 귀에 아잔을 속삭여준 이는 자신을 희생하면서 다른 사람을 사랑할 줄 아는, 쿠레쉬라는 존귀한 이름을 가진 사내였다. 그 모든 것을 지켜본 여인은 선교사 부부의 딸로서 이슬람을 섬기려는 뜨거운 소원을 품고 인생의 풍파를 견디고 가정의 온갖 일을 돌보던 여인이었다. 나는 이 두 사람 사이에서 둘째이자 맏아들로 태어났다. 그들은 나를 기도로 부르고 있었다.

2장

어머니의 신앙

나는 물리적·정서적·사회적으로, 그리고 그 밖에 여러 면에서 안전한 어린 시절을 보냈다. 지금 생각해보아도 곱게 자랐다. 그 시절에 받은 상처가 없다고 해도 무방할 정도이며 그나마 생생히 기억나는 몇 가지 상처마저 작은 사고로 몸에 생긴 흉터뿐이다. 가장 큰 흉터는 5센티미터가량 되는데 세 살 무렵 열려 있던 창문이 손 위로 떨어져 생긴 것이다. 그 일이 머릿속에 생생히 남아 있는 것은 바로 그날 어머니의 신앙에 대해 알게 되었기 때문이다.

당시 압바는 버지니아 주 노포크에 배속되어 있었다. 해군에서 11년째 복무 중이었는데, 낮에는 근무하고 밤에는 박사학위를 따기 위해 공부하며 지냈다. 사관학교를 졸업한 후 하사에서 중위로 진급했고 곧바로 자대 배치를 받았다. 물론 당시 내가 이런 사실을 모두 알고 있었던 것은 아니다. 압바가 가족을 위해 열심히 일하신다는 정도만 알고 있었을 뿐이다. 또한 압바의 사랑이 부족하다고 느낀 적은 없지만 원하는 만큼 압바를 볼 수는 없었다.

반면 암미는 항상 곁에서 중심을 잡아주고 우리의 삶에 힘을 불어넣는 원천이었다. 암미는 언제나 모든 것을 할 수 있는 사람 같았다. 요리뿐 아니라 우리가 입을 옷을 짓고 우리에게 아키다(*aqeedah*; 이슬람 신앙의 근간을 이루는 신조)를 가르치는 일까지 도맡아 하면서도 피곤해하거나 불평하는 일이 없었다. 암미에게는 정신 건강을 위해 반드시 우리에게 지키게 하는 두 가지 규칙이 있었다. 밤 아홉 시 이후로 징징대지 말 것, 차를 마시는 동안에는 방해하지 말 것. 암미는 차를 자주 마셨다.

손 대접을 영예로 여겼던 암미는 집에 손님이 오는 날이면 최고의 환대가 어떤 것인지를 손수 보여주었다. 넉넉하게 음식을 차리고 새 집보다 더 깨끗하게 청소했으며, 손이 벨 정도로 빳빳하게 옷을 다림질하고, 손님이 하룻밤 자고 갈 경우를 대비해 다음 날 일정까지 비워두었다. 음식이 떨어지거나 우리가 단정하지 못한 모습을 보일 경우 암미가 손님들에게 정중히 사과하는 일은 우리 집에서 흔한 풍경이었다. 그 역시 손님에 대한 예우의 일부였다. 손님들은 지난 수년간 이렇게 훌륭한 음식을 먹어본 적이 없으며, 천국의 집이라도 이 집보다 더 깨끗할 수 없을 테고, 자기 집 아이가 이 집 아이를 닮았으면 좋겠다는 말로 암미를 안심시킬 줄 알았다. 손님은 근사한 대접을 받았고, 암미는 칭찬을 들었고, 우리 아이들은 어른들 대화의 화제가 되었으니 모두에게 퍽 만족스러운 일이었다.

간혹 우리 집에서 몇 달씩 지내고 가는 손님들이 있었는데 이 경우에도 암미의 환대와 수완은 결코 소홀해지지 않았다. 우리 집에 묵었던 많은 이들을 돌아볼 때 유독 기억에 남는 두 사람이 있는데, 나니 암미와 (우리가 "마마"라 불렀던) 그녀의 누이다. 마마는 몸집이 작지만 마음이 너그럽고 웃음소리가 큰 유쾌한 여인이었다. 아무 때든 마다하지 않고 나의 보드게임 상대가 되어주었으며, 내가 속임수를 써도 언제나 못 본 척하며 세 살짜리 아이를 상대로 한없는 인내심을 보여주었다.

사고가 있던 날, 마마는 우리 집에 있었다. 마마와 암미는 이층에 있었고, 나는 암미가 식료품점에서 칭얼대는 아이에게 사주곤 했던 "뜨거운 바퀴"(Hot Wheels) 장난감 자동차를 가지고 놀고 있었다. 누이 "바지"와 나는 서로 마음이 통했다. 내가 누나가 모으고 있던 "내 사랑 조랑말"(My Little Pony)을 가지고 같이 놀면, 누나도 내가 모으고 있던 "뜨거운 바퀴"를 가지고 같이 놀아주었다. 누나는 자기가 원하는 자동차를 골랐고, 나도 내가 원하는 조랑말을 골랐다. 나는 조랑말을 고른 다음 내가 택한 게 최고라고 뻔뻔스럽게 우기면서 시간을 다 보냈다. 누나는 항상 람보르기니를 골랐는데, 그러면 나는 내 손에 남은 폰티악이 더 좋은 자동차라고 우기면서 시간을 보내곤 했다.

나와 자동차 놀이를 마친 바지가 조랑말 장난감을 가지러 간 사이, 나는 폰티악을 몰면서 마룻바닥과 소파 사이로 달리며 계속

놀고 있었다. 문득 고개를 들어보니, 밀어 올려 여닫는 미닫이 창문이 보였다. 충동적으로 나는 폰티악을 박살내야겠다고 마음먹었다. 창틀을 따라 자동차를 달리다가 최종 마무리를 짓겠다는 심정으로 창유리에다 장난감 차를 쾅 하고 세게 부딪쳤다.

오늘까지도 나는 유리가 깨어져 쏟아지던 기억이 나지 않는다. 기억나는 것이 있다면 살이 찢기는 고통, 터져 나오는 피, 눈물범벅으로 숨을 몰아쉬며 암미를 소리쳐 부르던 내 비명소리뿐이다. 그 후의 일은 생각이 난다.

아래층으로 내려와 사태를 파악한 암미는 울음을 터뜨리려다가 곧바로 감정을 억눌렀다. 해군 남편의 아내로서 암미는 어머니 역할뿐 아니라 아버지 역할까지 할 줄 알았다. 지금은 눈물을 흘리고 있을 때가 아니었다. 두려움은 알라께 맡기고 신속하게 조치를 취했다.

암미는 창문을 들어 올리고 수건으로 내 손을 싸맨 뒤 재빨리 부르카(이슬람 여성들이 얼굴을 비롯해 몸 전체를 휘감는 데 쓰는 천)를 둘렀다. 마마에게 바지를 맡긴 뒤 암미는 나를 차에 태워 병원으로 향했다. 병원으로 가는 내내 암미의 입술은 "두아"(du'aa; 예배 기도인 살라트와 반대로 특정한 상황에서 드리는 무슬림의 기도로, 암송 혹은 즉흥 기도로 드린다)를 읊고 있었다. 암미는 코란의 일부분이나 이미 암송한 하디스의 한 부분, 그리고 마음에서 나오는 즉흥 기도로 두아 기도를 드렸다. 알라께서 돌보아주시리라는 믿음이 그녀에게 힘을 주고 마음을 붙들어주었으며 두려움을 가라

앉혔다.

병원에 도착해서 나는 봉합 수술에 대해 대강의 안내를 받았
다. 의사는 수술 장면을 보지 못하도록 암미를 내보내려 했으나
내가 암미와 떨어지지 않으려 했다. 의사가 내 손을 꿰매는 동안
암미는 의아한 표정을 짓는 의사와 간호사들의 시선 따위는 아랑
곳 않고 소리 내어 계속해서 기도했다. 당시만 해도 미국인 무슬
림이 흔치 않던 시절이었고, 부르카를 두르고 아랍어와 우르두어
로 소리 내어 기도하는, 해군 장교를 남편으로 둔 무슬림 아내는
더더욱 흔치 않던 시절이었다.

비명을 지르는 아이와 달갑지 않은 시선 앞에서도 암미가 보
인 일말의 흔들림도 없는 확고한 두아 기도와 알라에 대한 변함없
는 신뢰는 결코 잊을 수 없는 암미의 신앙의 증거였다. 그 후로 내
가 어린 시절을 보내는 동안 암미는 코란과 하디스에서 뽑은 수많
은 두아를 내게 가르쳤고, 나는 그것들을 마음 깊이 간직했다. 내
가 그 힘을 알고 있었기 때문이다. 나는 두렵고 도움이 필요한 때
에 두아가 그녀에게 힘이 되는 것을 보았다. 그것은 몸에 남은 흉
터보다 더 깊은 흔적을 내게 남겼다.

3장

네 사람의 공동체

커가면서 나는 우리 가족과 나 자신이 주위 사람들과 잘 어울리지 못한다는 생각이 들었다. 그런 생각을 하면 항상 낙심이 되었다. 이슬람 전통을 논외로 하면, 내 인생은 1980년대의 만화, 플라스틱 장난감, 칭얼거림의 혼합체였다. 다른 사내아이들과 잘 어울릴 만도 했건만 그러지 못했다. 안타깝게도, 사람들은 자신이 알지 못하는 것을 두려워한다. 우리 가족의 무슬림 유산은 친구가 될 수 있었을 많은 아이들과 그 가족들로부터 우리를 떨어뜨려 놓았다. 나는 무척 외로웠다.

설상가상으로, 우리는 군인 가족이었던 탓에 얄미울 만큼 정기적으로 이사를 해야 했다. 어디 한군데 뿌리를 내릴 만한 시간이 없었다. 내 어릴 적 기억은 살던 집에서 짐을 꾸려 다른 곳으로 이사하는 장면이거나, 그게 아니면 새로운 거처에 짐을 풀고 그곳을 "집"이라 부르는 데 익숙해지는 장면이 대부분이다. 하지만 이 모든 기억은 지금도 소중하게 남아 있는데, 이를테면 버지니아 주를 떠나 이사하던 일은 지금도 어제 일처럼 생생하게 생각이 난다.

낯선 사람들이 우리 집 가구를 가져가는 것을 보면서 나는 현관문 앞에서 울고 있었다. 이 사람들이 누구이기에 아니면 내가 무슨 잘못을 했기에 이런 슬픈 운명을 맞이해야 하는지 이해할 수 없었던 나는 슬픔에 사로잡혀 엉엉 울었으나 암미는 곁에서 그런 나를 위로해주었다. 암미는 때로 빙그레 미소 짓기도 했는데, 내가 무척 아끼던 의자를 어떤 사람이 내갈 때 무척 괴로웠던 기억이 난다. 하지만 그때 암미가 나를 품에 안고 들려준 위로의 말도 생각난다.

"키아 바아트 하이?" 두 손으로 내 얼굴을 보듬어 안으며 암미가 물었다. "키아 바아트 하이, 메라 베이타?(무슨 일이니, 아들아?)"

"사람들이 의자를 가져갔어요! 딸기가 그려진 저 의자 말예요."

"너한테는 저 의자가 암미보다 더 중요하니? 내가 여기 있잖니. 압바와 바지도 함께 있고. 알라께서 네게 모든 것을 주셨단다! 그런데 뭐가 더 필요하니, 빌루?" 빌루는 우리 부모님만 부르던 내 어릴 적 별명이었는데, 구체적으로 사랑을 표현할 때 사용했다. 부모님은 "사랑한다"라고 직접 말하는 법이 없었다. 전통적인 파키스탄 사람들이 듣기에 사랑한다는 말은 지나치게 성의 없는 표현이었다. 사랑은 은근한 것으로 부모 편에서는 돌봄으로, 자녀 쪽에서는 공경으로 이해되고 표현되기 마련이다.

바로 이런 함축성 때문에 무슬림 문화에서 아이들의 순종이 무엇보다 중요하게 여겨지는 것이다. 내가 십 대일 때 암미는 내 고집을 꾸지람하면서 종종 이렇게 말하곤 했다. "내 말을 듣지 않으면서 사랑한다고 말하는 게 무슨 소용이 있겠니?" 나중에 예수를 따를지를 두고 진지하게 고민할 때 나는 그것이 어마어마한 불순종이 될 수 있는 선택임을 알고 있었다. 부모님은 배신감을 느낄 뿐만 아니라 엄청난 상처를 받게 될 터였다.

하지만 네 살짜리 철부지 아이에게 부모가 받게 될 상처나 가족 간의 갈등 같은 것은 안중에 없었다. 딸기가 그려진 의자를 돌려받고 싶은 생각뿐이었다.

짐을 다 싣고 떠날 준비가 되자 압바는 가족을 불러 모으고 이렇게 말했다. "기도하자." 나는 암미와 압바를 흉내 내어 오므린 두 손을 허리춤까지 올렸다. 우리는 안전하고 신속하게 이사를 마치게 해달라고 알라께 조용히 기도했다.

압바의 새 근무지에 도착하고 보니, 스코틀랜드의 더눈이라는 곳이었다. 이제 돌아보니, 더눈은 처음으로 진짜 집 같은 곳이었다. 학교에서 친구를 사귀었다든지 동네 아이들과 어울려 지냈다든지 해서가 아니다. 딸기 그림이 그려진 의자마저 이사 오는 길에 분실했다. 그럼에도 더눈이 진짜 집인 것은, 거기서 지내는 동안 가족과 더 가까워졌고 신앙이 깊어졌기 때문이다. 내게는 암미와 압바, 그리고 바지가 있었다. 다른 것은 필요하지 않았다. 가족만으로 충분했다.

4장

완벽한 책

스코틀랜드에 도착할 무렵, 나는 아직 영어를 익히지 못한 상태였다. 집에서는 항상 우르두어를 썼고, 만일 글로 쓰인 것을 배우게 된다면 그것은 아랍어가 될 터였다. 그 이유는 간단했다. 코란이 아랍어로 쓰였고, 바지와 나는 반드시 코란을 암기해야 했으니까.

무슬림은 코란의 글자 하나하나가 알라가 대천사 가브리엘을 통해 무함마드에게 전한 말을 그대로 적은 것이라고 믿는다. 그러므로 코란은 그 내용뿐만 아니라 언어라는 더 깊은 층위에까지 영감이 깃든 책이다. 이런 이유로 무슬림은 코란을 번역 불가하다고 본다. 만일 아랍어가 아닌 다른 언어로 옮겨진다면, 그것은 코란이 아니라 코란에 대한 해석이다. 아랍어로 쓰인 코란만이 참된 코란인 것이다.

무슬림이 코란의 글자 하나, 구두점 하나까지 정확히 똑같아야 한다는 믿음을 고수하는 이유가 여기에 있다. 이맘(*imam*; 무슬림 공동체의 종교 지도자로 주로 모스크에서 기도를 인도하는 사람)과 교사들은 무함마드가 가브리엘에게서 듣고 서기관들에게 받아 적게 한 이래로 코란은 수정된 적 없이 완전무결하게 보존되고 전수되어왔음을 수시로 선포한다. 물론 무함마드는 코란을 쓰는 데 일절 관여하지 않았다. 그는 신의 계시를 인류에게 전달한 사자였으며 그 역할을 충실히 수행함으로써 코란의 정확한 형태를 보존했다. 그렇게 하지 않아 그 말씀이 조금이라도 변경되었다면, 코란은 회복 불가능한 상태가 되어 사라지고 말았을 것이다. 그러나 이런 말씀의 훼손은 상상조차 할 수 없는 일이다. 코란이 온전히 전달되었음을 의심하는 사람은 아무도 없었다. 말씀은 완전해야 한다.

그런데 말씀 자체를 강조하다 보니 그 의미를 간과하는 부작용이 발생한다. 정기적으로 코란을 암송하는 사람은 경건한 무슬림으로 인정받지만, 코란의 의미를 묵상하는 사람은 현학적인 사람으로 여겨진다. 경건이 더 큰 영예다. 내가 자라면서 만났던 대부분의 무슬림은 코란의 여러 장을 암송할 줄 알았으나, 그 의미나 해당 구절의 문맥을 설명할 줄 아는 이는 드물었다.

이 점을 염두에 두었던 암미는 우리에게 코란 암송과 그 해석을 모두 가르쳤지만, 암송이 먼저였다. 기억을 더듬어보면, 암미는 매일같이 무슬림 전통의 빵떡모자를 내 머리에 씌워서 옆에 앉힌 후 아랍어 읽는 법을 가르쳤다. 우리는 "알 카에다", 즉 "안내자"라고 하는 책을 가지고 시작했다. 그 책에서 우리는 아랍어 문자와 이형자(異形字), 음가를 배웠다. 스코틀랜드로 이사 간 직후 나는 카에다를 "졸업하고" 코란을 배우기 시작했다.

내가 그 순간을 생생히 기억하는 것은 그날의 기쁨이 전율할 만한 사건으로 인해 급감했기 때문이다. 카에다의 마지막 페이지를 마치자 암미는 옆에 있던 코란을 꺼내서 내게 선물로 주었다. 내 인생의 첫 책, 첫 코란이었다.

나는 신이 나서 바지에게 보여주려고 달려갔다. 바지는 안방 부근의 마룻바닥에서 놀고 있었는데, 나는 자랑하고 싶은 마음에 아래층으로 내려가 바지 앞에 코란을 내려놓았다.

순간, 암미가 내 쪽으로 달려오면서 심장이 멎을 정도로 날카로운 소리를 질렀다. "나빌!" 나는 너무 놀라서 어떻게 반응해야 할지 몰랐다. 암미가 그렇게 소리 지르는 모습을, 그렇게 달리는 모습을 본 적이 없었다. 비호처럼 달려온 암미는 코란을 집어 들고 말했다. "**절대로** 코란을 바닥에 놓지 마라!"

"네."

"코란을 항상 치켜들고 다녀라. 가장 소중한 장소에 두고, 만지기 전에 반드시 먼저 손을 씻어야 하고, 만질 때는 오른손으로 만져야 한다. 코란은 여느 책이 아니라 알라의 말씀이야. 알라께 합당한 존중심으로 코란을 대해야 한다!"

"네."

"자오(가보렴)." 암미는 무척 속이 상했고 나는 지체 없이 자리를 떴다.

그 사건 이후로 나는 코란을 가지고 다닐 때면 언제나 높이 치켜들고 다녔다. 바지도 내가 실수하는 것을 보면서 배웠던 터라, 다음번에 코란을 함께 읽자며 암미가 불렀을 때 우리는 할 수 있는 한 높이 머리 위로 팔을 쭉 뻗어 코란을 들고 왔다. 암미는 미소 짓고 있었다. 암미의 말은 이렇게까지 하라는 뜻은 아니었으나, 아무튼 그녀는 흡족해했다.

바지는 맏이였고, 그래서 항상 먼저였다. 암미가 글자 하나하나를 짚으면 바지는 암미의 손가락을 따라가며 페이지 오른쪽에서 왼쪽으로 천천히 읽어야 했다. 바지는 노래하듯 부드럽게 읽지는 못했다. 우리는 음악적으로 코란을 읽어야 한다고, 할 수 있는 한 아름다운 소리로 암송해야 한다고 배웠다. 암송할 때의 음 높이와 박자, 발음, 가락을 완벽하게 익히는 데 온 삶을 바치는 이들도 있다.

하지만 바지와 나는 능숙하지 못했다. 나보다 몇 년 앞서 시작한 바지는 그런대로 봐줄 만한 정도로 코란을 암송하기 시작한 터였다. 바지의 순서가 끝나고 내 차례가 왔다. 전에 한 번도 코란을 읽어본 적 없었기에 무척 떨렸다.

"빌루, 무슨 일을 하기 전에 먼저 무엇부터 암송해야 하지?"

"비스밀라-이르-라만 아르-라힘."

"그래, 그게 무슨 뜻이니?"

"가장 은혜롭고 가장 자비하신 하나님의 이름으로."

"왜 이 기도를 암송하는 걸까?"

"만물이 알라께 속했음을 기억하기 위해서, 그리고 오직 선을 행하기 위해서요."

"'샤바쉬'(잘했다). 이 기도가 어디서 나온 건지 아니?"

"아뇨."

"코란의 모든 '수라'(surah; 코란의 장[章])의 서두에 나온단다."

"모든 수라에요?"

"모든 수라에, 단 하나만 빼고."

"알라께서는 왜 수라 하나에서는 그것을 빼놓으셨을까요, 암미?"

"알라께서 그 수라에 나오는 사람들에게 무척 화가 나셔서 그 수라에는 '비스밀라'의 축복을 두지 않으셨단다, 베이타(아들아). 하지만 알라께서는 우리를 너무도 사랑하셔서 다른 수라에 축복을 하나 더 주셨지. 수라는 전부 몇 개지?"

"114개요."

"샤바쉬(잘했다). 너도 곧 전부를 읽게 될 게다, 인샬라(알라의 뜻이라면). 바지는 일곱 살이 될 때 코란을 다 떼었는데, 너는 여섯 살에 떼면 좋겠구나. 시작해보자."

하루하루 나는 점점 더 코란을 알아갔다. 코란을 나누는 두 가지 방식을 배웠는데, 하나는 114개의 장으로 나누는 것이고 다른 하나는 서른 개의 부분으로 나누는 방식이다. 후자는 코란이 편찬되고 한참 후에 무슬림들이 만들어낸 방식으로, 주로 "라마단"월

(Ramadhan; 이슬람역으로 9월, 천사 가브리엘이 무함마드에게 코란을 가르친 신성한 달) 30일 동안 코란 전체를 암송하기 편하게 할 목적으로 고안된 체계다. 그러나 내게는 다른 이유로 인해 서른 개의 부분이 중요했으니, 한 부분을 마칠 때마다 암미가 축하 선물을 사주었기 때문이다. 슈퍼 마리오 브라더스가 그려진 쓰레기통이 내 보물 1호였다.

내 암송 속도가 어느 정도 수준에 이를 무렵, 암미와 나 사이에 일종의 리듬이 생겼다. 내가 코란을 들고 자리에 앉아 지난번 읽었던 마지막 페이지를 펼치면, 암미는 그날 내가 끝내야 할 지점을 알려주었다. 무슨 이유에선지 나는 정확히 열여덟 절씩 암송하기를 좋아했다. 암미가 하루치로 그 이상을 짚으면 불평했고, 그보다 적게 짚으면 조금 더 암송하여 암미를 기쁘게 했다.

그렇게 하루하루 시간이 흘렀다. 나는 여섯 살이 되기 직전에 마침내 코란을 끝냈는데, 그것이 암미에게는 크나큰 기쁨이었다. 동시에 암미는 매일 기도 시간마다 코란의 마지막 일곱 수라를 암송하도록 도와주었다. 내가 가장 좋아하는 수라는 112번 "수랏 알-이클라스"였는데, 짧고 운율이 있어 기억하기 쉬웠기 때문이다. 게다가 112번은 내가 처음으로 암송한 수라였다. 나는 하루에도 여러 번 살라트 기도 중 이 수라를 반복해서 되뇌었다. 112번은 암미가 가장 좋아하는 수라 중 하나이기도 했는데 나와는 다른 이유에서였다. 하디스에서 무함마드는 동료들에게 "수랏 알-이클라스"가 무척 중요하고 결정적인 수라이기에, 그것을 암송하는 것은 앉은 자리에서 전체 코란의 3분의 1을 암송하는 것과 맞먹는다고 말한 바 있기 때문이었다.

무함마드가 아주 중요하게 여겼던 메시지는 무엇인가? 핵심은 이렇다. 하나님은 아버지가 아니시며, 따라서 그분에게 아들은 없다.

> 코란에 대한 무슬림들의 견해에 대해 자세히 알고 싶다면 『알라인가, 예수인가?』의 4부, "코란인가, 성경인가?: 서로 다른 두 개의 문서"를 보라.

5장

예언자 이야기

"늦었다, 얼른 가자!"

토요일 아침, 압바는 문가에 서서 우리를 기다리고 있었다. 매주 토요일 우리 가족은 더눈에서부터 글래스고의 자마트 마스지드(*masjid*; 무슬림의 예배처를 일컫는 말로 모스크라고도 한다)로 여행을 떠났다. 대부분 파키스탄의 유산을 간직한 다른 무슬림들과 어울려 지내는 이 시간은 우리 가족에게는 한 주 중 가장 즐거운 시간이었다. 그들도 우리처럼 주변 사회와 잘 어울리지 못했기에, 동병상련을 앓는 우리는 서로 완벽하게 잘 맞았다. 암미는 한 주 내내 이날을 위해 사는 것처럼 보였거니와, 암미가 집 외에 (문자 그대로) 머리를 풀고 편하게 지낼 수 있는 곳은 그곳이 유일했으니 말이다. 무슬림 여인은 다른 무슬림 여인들과 있을 때는 부르카를 푸는데 그럴 때면 대개 패션에 무척 신경을 쓴다.

그토록 고대하던 모임이었으나 암미는 항상 약속 장소에 늦게 도착했다. 늘 그랬다. 파키스탄 문화에서는 정시에 도착하는 것이 서구인에게처럼 중요하지 않다. 정확한 시간보다 중요한 것은 사회적 배려다. 약속 시간을 엄수하는 것은 종종 지나치게 격식을 차리는 것으로 비치고, 초대받은 시간에 딱 맞추어 문 앞에 나타나는 것은 사실상 결례로 간주된다. 손님 맞을 준비를 다 마치지 못했는데 당신이 문을 두드린다면, 그것이야말로 초대한 이의 환대에 먹칠을 하는 셈이다. 15분에서 30분가량 늦게 가는 편이 확실히 안전하다.

반면 압바는 우리 문화의 이런 면을 신병 훈련소에서 버린 터였다. 이제 군인인 그는 가족의 이런 느긋한 태도가 신경에 거슬렸다. 압바는 암미의 방식을 바꾸려고 무던히 애를 썼지만 성공하지 못했다. 암미는 언제나 자신의 방식대로 했고, 그때마다 압바는 자신이 집안의 가장임을 암미에게 상기시켰다. 암미는 잠시 가만히 듣고 있다가 천천히 압바의 마음을 사로잡아 기분을 풀어주는 마법 같은 것을 가지고 있었다. 이런 사랑의 말다툼은 토요일 아침마다 열리는 정규 행사 같았다.

그러나 이번 토요일은 1년에 한 번 있는 특별한 날이었다. 우리 자마트가 "시랏-안-나비", 즉 예언자의 생애를 경축하는 날이었기 때문이다. 무함마드의 탄생 기념일이 아니라 공동체가 함께 모여 무함마드의 생애에 대해 이야기를 나누기로 정한 날이었다.

무슬림은 무함마드의 생애를 본보기로 생각할뿐더러 경건한 무슬림은 어떻게든 무함마드를 본받으려 한다. 이를 위해 무슬림은 "시라"(sirah; 무함마드의 삶을 기록한 전기)와 하디스에 나오는 무함마드의 생애에 대해 배운다. 직접 책을 읽는 경우는 드물고 대개 모스크에서 하는 설교를 통해 이야기를 듣는다. 따라서 하디스에 정통할 뿐 아니라 구체적인 상황에서 이를 적절히 인용하고 암송할 수 있다면 상당한 명망을 얻게 된다. 그러므로 모스크에 가는 것은 신앙적으로나 사회적으로 중요했다.

하지만 우리는 늦었다.

"찰로!(서둘러요!)"

암미와 바지, 그리고 내게 토요일 아침은 거의 각본처럼 흘러갔다. 잠자리에서 일어나 아침 기도를 마친 암미는 나와 바지의 옷과 아침밥을 챙긴 다음 화장을 했다. 기초화장을 끝내고 립스틱을 바르기 전에 암미는 "준비 다 되었어요!"라고 외치곤 했다. 이번 토요일, 암미는 립스틱을 가지고 차에 올라탔다. 곧바로 우리는 글래스고로 향했다.

더눈에서 글래스고에 가려면 "홀리 로크"를 건너야 했다. 냉전 시기에 이 호수는 미국 핵잠수함의 정박지였다. 압바는 잠수함 정비선의 안전 및 환경에 대한 책임을 맡은 장교였다. 물론 내가 당시에 그런 사실까지 알고 있었던 것은 아니다. 호수 양안을 오가는 연락선이 작은 붉은색 배와 큰 검은색 배, 이렇게 두 척 있으며 검은색 배에는 휴게실이 있어 치즈 샌드위치를 먹을 수 있다는 정도가 내가 아는 전부였다. 암미와 압바의 옥신각신 말다툼은 대개 연락선에 오를 무렵에 끝이 났는데, 이날 두 분은 차에서 내리지 않고 우리에게 "시랏-안-나비" 기념일 준비를 시키기로 했다.

암미가 우리에게 문제를 냈고, 바지나 나 둘 중 아는 사람이 답을 했다. "바타오(말해보렴). 무함마드는 언제, 어디서 태어났지?"

"기원후 570년, 메카에서요."

"샤바쉬!(잘했다!) 웁 바타오(자 말해보렴). 그의 아버지는 누구지?"

"그의 이름은 압둘라였어요. 하지만 무함마드가 태어나기 전에 돌아가셨어요."

"어머니는?"

"그녀의 이름은 아미나, 그가 여섯 살 때 돌아가셨죠."

"그러면 어머니가 돌아가신 뒤 누가 무함마드를 돌봐주었지?"

"그의 할아버지인 압둘 무탈립이요. 하지만 겨우 2년 후 돌아가셨어요."

"그다음에는?"

"그의 삼촌 아부 탈립이요. 그는 무함마드가 장성할 때까지 살았죠."

이처럼 판에 박힌 질문들은 어린 무슬림을 바르게 가르치기 위한 이슬람 교육의 일환이었다. 부모들은 자신의 자녀가 이슬람의 역사와 암송문을 알고 있다는 데 자부심을 가졌는데, 암미와 압바도 예외가 아니었다.

"좋아, 이번에는 어려운 질문이야. 어머니가 돌아가시기 전 무함마드에게 있었던 일을 하나 이야기해보렴."

바지가 대답했다. "하루는 무함마드가 다른 아이들과 놀고 있는데 두 천사가 다가와 그의 가슴을 열어젖혔어요. 다른 아이들은 겁을 집어먹고 두 천사가 '진'(*jinn*; 흔히 악마와 동격으로 간주되는 영적 존재들)일 것이라 생각하고 달아났어요. 두 천사는 무함마드의 심장을 꺼내더니 빛날 때까지 깨끗하게 닦았어요. 그러고 나서 심장을 다시 그의 가슴에 집어넣은 뒤 떠나갔어요."[9]

"샤바쉬, 구리야!" 구리야는 암미가 바지를 부를 때 사용한 애칭으로 "인형"이라는 뜻이다. "바지가 정답을 말했으니, 나빌, 이번엔 네가 말해보렴. 무함마드의 첫 번째 아내는 누구였고 두 사람은 어떻게 결혼했지?"

이건 쉬웠다. "무함마드의 첫 번째 아내는 카디자였어요. 부유한 미망인이었는데 무함마드가 그녀 밑에서 상인으로 일했어요. 그가 사업 수완이 있고 돈을 정직하게 다루는 것을 보고 그녀가 청혼을 했어요."

"그때 두 사람은 몇 살이었지?"

"무함마드는 스물다섯 살, 카디자는 마흔 살이었어요."

"잘했다. 하지만 그다지 어렵지 않은 문제였어. 움 바타오, 빌루, 무함마드는 자신이 예언자라는 사실을 어떻게 알게 되었지?"

"동굴에서 기도하고 있었는데 어느 날…."

압바가 끼어들었다. "동굴의 이름은?"

---

[9] Sahih Muslim 1.311.

"히라 동굴이에요. 그가 기도하고 있는데 천사가 다가와서 암송해보라고 했어요. 하지만 무함마드는 암송하는 법을 몰랐고, 천사의 요청은 세 번이나 이어졌어요. 그 후에 천사가 무함마드에게 코란의 첫 몇 구절을 주었어요."

"샤바쉬, 그 수라의 제목을 말해볼래?" 암미가 말을 이었다.

바지도 나도 이 문제에 답하지 못했다. 코란은 연대순으로 되어 있지 않기에 보기보다 어려웠다. 이미 읽은 책에 실린 개별 질문 중에는 이 문제가 없었기에 우리는 특별히 주의를 기울이지 않았던 것이다.

"괜찮아, 걱정하지 않아도 된단다. 오늘 누가 너희에게 묻거든 '수랏 알-알라크'를 기억해두어라."

"자니, 수라의 제목을 물어볼 사람은 아무도 없어요. 중요한 걸 질문해야죠." 잔 또는 자니는 "내 생명"이라는 뜻으로 친밀감을 표현하는 우르두어 단어다. 여기서 압바가 사용한 것처럼 사랑하는 연인 사이에서 쓰일 때 그 의미는 "자기"라는 뜻으로 통한다.

하지만 암미는 고집을 굽히지 않았다. "수라의 이름은 중요하지 않지만 동굴의 이름은? 그래, 이제 가장께서 질문을 하실 거다!"

"알겠어, 내가 하겠소. 찰로, 바타오. 무함마드를 예언자로 받아들인 첫 사람은 누구였지?"

"그의 아내 카디자요."

"남자 중에서는?"

"절친한 친구였던 아부 바크르요."

"아부 바크르의 특별한 점은?"

"무함마드 사후에 초대 칼리프가 되었어요." 이는 시아파 (*Shia*; 이슬람의 양대 교파 중 하나로 시아파의 교리를 따르는 사람들을 말한다)가 동의하지 않는 중요한 문제인데, 바지와 나는 아직 그 사실을 모르고 있었다.

"잘했다. 아이들 중에서 가장 먼저 이슬람 신앙을 받아들인 이는 누구일까?"

"무함마드의 조카 알리요."

"그러면 알리의 특별한 점은?"

"그는 네 번째 칼리프가 되었어요."

"메카의 나머지 주민 대부분은 어떻게 이슬람교를 받아들이 게 되었지?"

"그들은 무슬림을 박해했어요. 여러 해에 걸쳐서 무슬림을 욕하고 공격했어요."

"그래서 어떻게 되었니?"

"무함마드는 메디나로 도망쳐야 했어요."

압바는 말이 없었다. 연락선의 선체가 선착장에 닿으면서 물결이 일었다. 속사포처럼 잇따른 질문 뒤에 찾아온 짧은 침묵으로 분위기는 고조되었다. 압바는 무슨 생각을 하는 것일까?

마침내 압바는 명상하는 듯한, 거의 참회하는 듯한 목소리로 말했다. "빌루, 바타오. 무함마드가 벌인 첫 번째 전투는 무엇이지? 자세히 이야기해보렴."

"바드르 전투였어요. 메카 사람들이 무슬림을 쳐서 없애버리려고 메디나로 공격해왔어요. 천 명의 병사와 수많은 말을 이끌고요. 무슬림은 313명뿐이었고, 무기는 거의 없고 말도 몇 필뿐이었어요."

"누가 이겼지?"

"당연히 우리 편이죠!"

"왜?"

"왜냐하면 우리 편이 더 나았으니까요."

"아니란다, 베이타. 저들이 모든 면에서 우위에 있었지. 우리가 전투에서 이긴 것은 알라께서 도우셨기 때문이란다. 신의 도움이 없었다면 우리는 패했을 테고 무함마드도 전사했을 테지, 아우드후 빌라. 하나님은 언제나 무슬림을 도우신단다. 우리가 그분의 백성이기 때문이지. 그래, 베이티, 이제 네가 말해보렴. 메디나에서 또 어떤 전투가 있었지?"

"우후드 전투, 참호 전투요." 바지가 주제에 비해 너무 활기찬 목소리로 대답했다.

"왜 무슬림이 이런 전투를 한 걸까? 우리가 사람들을 공격한 거였을까?"

"아니요, 압바. 무슬림은 자신을 지켜야 할 때에만 싸워요. 메카 사람들이 무슬림을 공격한 거였어요."

"메카 사람들의 공격을 막기 위해서 무슬림은 어떻게 했지?"

"메카를 정복했어요."

"그에 대한 예언이 어디에 나오지?"

내가 끼어들었다. "성경에요! 신명기에요!"[10] 이슬람 논증에는 "성경 속의 무함마드"라는 분야가 따로 있을뿐더러 우리가 읽은 이슬람 도서에는 무함마드와 관련하여 성경의 예언들을 언급한 구절이 수두룩했다. 나는 그런 것에 매료되어 있었다. 게다가 나는 "신명기"(Deuteronomy)라는 단어의 발음을 좋아했다. 무슨 뜻인지도 모르면서 말이다.

"좋아, 마지막 질문이다. 메카를 함락하고 나서 무함마드가 한 일은?"

"메카 사람들을 모두 용서해주었어요."

"그래…." 압바의 목소리가 다시 잦아들었다. 그리고 나는 이번에는 압바가 뭔가를 열정적으로 말하려고 한다는 것을 알았다. 압바는 때로 이슬람에 대한 애정을 주체할 수 없어 누가 듣든 말든 상관없이 마치 자신이 성직자인 것처럼 말하곤 했다. 자주 있는 일은 아니었지만 나는 압바의 그런 모습이 무척 좋았고 거기에 흠뻑 빠져들었다.

"그래, 그는 모두를 용서했단다. 그들은 무함마드의 삼촌을 죽인 자들이고, 카디자를 죽게 한 자들이고, 오랫동안 무슬림을 박해했을 뿐 아니라 무방비 상태의 공동체를 상대로 전쟁을 벌인 자

---

10 무슬림 변증가들은 종종 신 33:2이 무함마드가 승전하여 메카로 귀환하는 것을 예언한 것으로 해석한다.

들이었는데 말이다. 마침내 그들을 처단할 기회가 왔을 때, 죽어 마땅한 그들 모두에게 그는 자비를 베풀었단다. 무함마드가 '레마 툴라', 곧 알라의 자비라 불리는 게 당연하지 않니?"

압바의 시선은 멀리 수평선 너머로 향해 있었다. 우리는 우리 예언자에 대한 존경심과 자부심으로 가득 차서 압바의 말을 하나 하나 곱씹었다.

"그날 메카 사람들 다수가 무함마드의 자비를 보고 이슬람교 의 아름다움을 전하지 않을 수 없었단다. 아라비아 전역이 무함마 드를 경외했고 그렇게 해서 그들 모두가 무슬림이 되었던 게지. 메시지와 그 사자 모두 불가항력적 매력이 있어서 이내 무슬림 제 국은 스페인에서 인도까지 확장되었단다. 인류가 본 적 없는 가장 거대한 문명이었지. 서구가 암흑 시대에 있는 동안 이슬람은 황금 기를 구가했단다."

"서구 사회는 이슬람에 많은 빚을 졌지. 과학, 의학, 수학, 철 학 등 무슬림은 다방면에 걸쳐 막대한 영향력을 행사했지. 그 모 든 영역에서 아직까지 남아 있는 아랍어 단어를 볼 수 있단다. '대 수'(algebra)와 '연금술'(alchemy) 같은 단어 말이다. 안타깝게도 서구 문명이 정복해 들어오면서 모든 것이 파괴되었단다. 무슬림 학자들은 죽임을 당하고 도서관은 재가 되고, 도시는 폐허가 되었 지. 스페인 종교 재판소는 기독교가 무슬림들을 어떻게 대했는지 를 보여주는 하나의 예에 지나지 않는단다."

"그런데 그리스도인들은 왜 무슬림을 그런 식으로 대했던 거죠?" 나는 궁금해서 소리 높여 물었다. "'하즈라트(*Hazrat*; 귀하다는 의미의 존칭) 이사(*Isa*; 예수의 아랍어 이름)'를 따르지 않았기 때문에요?"

"베이타, 그들은 하즈라트 이사를 따르지 않고 있었단다. 이미 오래전부터 그를 따르지 않았지. 그들은 예수를 신으로 바꿔버렸으니, 그것은 곧 하즈라트 이사를 모욕인 것이자 알라에 대한 신성모독이었지! 그래서 알라는 무함마드와 이슬람교를 온 인류를 위한 최후의 메시지로 보내신 거란다. 이슬람은 알라께서 그동안 보낸 수많은 예언자, 즉 아담, 노아, 아브라함, 이스마엘, 이삭, 모세, 다윗, 엘리야 등을 통해 보내신 모든 메시지를 포괄한단다. 예언자들은 하나같이 알라의 메시지를 자기 백성에게 전했고 백성은 처음에는 그들의 메시지를 받아들였지만 후대에 접어들어서는 그것을 변질시키고 말았지. 근원에서 멀어질수록 빛은 점점 희미해진단다! 오늘날 우리가 성경을 믿을 수 없는 게 이 때문이다. 변질되었거든. 오직 코란만이 완벽하단다. 오직 이슬람교만이 불멸하며 부패하지 않지. 알라는 그 메시지가 전파되어 온 세상 사람들이 무슬림이 될 때까지 코란을 지켜주실 거란다. 그리고 그날은 심판의 날이 될 거야. 이슬람이 최후 승리를 거두는 날이지."

우리는 모두 압바의 이슬람에 대한 사랑과 온 세상을 품는 이슬람교의 미래 비전에 매료되었다. 이슬람교의 승리에는 어떤 폭력도 개입되어 있지 않았다. 옹호와 섭리에 대한 낭만적인 생각이었다.

잠시 후 암미가 우리를 다시 현실로 이끌었다. "찰로, 그만하면 충분해요. 몇 분 후면 마스지드에 도착할 거예요. 준비해야죠." 그녀의 말이 옳았다. 우리는 모스크에 거의 도착하고 있었다. 시간이 멈추었던 듯, 나는 연락선에서 내릴 생각조차 못했다. 나는 종교에 대해 토론하는 게 좋았다. 코란, 알라, 무함마드, 날짜, 이름, 장소 등 그 모두가 내 마음을 사로잡았다. 예수와 성경에 대한 이야기조차 매혹적이었다. 내게 그 모든 것은 인류를 향한 알라의 계획의 일부, 지상에 살았던 어느 누구보다 위대한 사람 무함마드를 통해 결국 성취될 계획의 일부였다. 우리의 마음은 그에게 있었고, 우리의 충성심도 그에게 있었다.

무함마드에 대한 무슬림의 시각에 대해 자세히 알고 싶다면 『알라인가, 예수인가?』의 3부, "무함마드인가, 예수인가?: 서로 다른 두 창시자"를 보라.

6장

기도 의식을 통해 오는 의로움

글래스고 모스크는 어린 시절 내가 가장 좋아하던 장소 중 하나였다. 모스크는 주도로에서 약간 벗어난 곳, 클라이드 강 근처에서 기이한 각도로 만나는 교차로에 자리 잡고 있었다. 초록색 돔이 얹힌 붉은 석조 건물은 여러 층으로 나뉘어 있었고 계단과 문, 복도가 불규칙하게 산재해 있었다. 무슬림 소년들과 술래잡기를 하기에 최적의 장소였다.

아이들의 놀이 외에도 많은 회중 활동이 모스크에서 열렸다. 우리는 성일(聖日)뿐 아니라 축일, 장례식, 결혼식, 소풍, 파티, 그리고 공동체로 모여서 하고 싶은 일이 있을 때면 언제든 함께 모였다. 모스크는 무슬림에게 매우 친밀한 곳으로 특히 고향을 떠나 교제가 절실한 무슬림에게는 더욱 소중했다. 하지만 그 어느 것도 모스크의 제일 목표는 아니었다.

제일 목표는 회중 기도인 살라트(*salaat*; 무슬림의 예배 기도)

다. 살라트는 모든 무슬림이 하루 다섯 번 규정에 따라 드리는 의무적인 기도다. 먼저 바로 서서 허리를 숙여 절을 한 뒤 이마가 땅에 닿도록 잠시 엎드렸다가 일어나 무릎을 꿇고 앉는 동작을 반복하면서 무슬림은 규정에 따라 아랍어로 된 기도문을 암송하며 알라께 기도한다.

하루 다섯 번의 기도를 일컫는 각각의 이름이 있다. 파즈르, 주흐르, 아스르, 마그리브, 이샤. 암송해 드리는 기도문과 기도 자세는 같지만 반복하는 횟수는 다르다. 반복의 횟수를 "라카트"(*rakaat*; 일어서고 절하고 머리를 땅에 조아리고 무릎 꿇고 앉음으로 이어지는 살라트의 횟수를 일컫는 단위)라 한다. 무슬림은 하루에 열일곱 라카트의 기도를 드려야 하며, 이 기도와 함께 다른 기도도 드릴 수 있다. 우리 자마트에서는 할 수 있다면 하루에 서른한 라카트의 기도를 드려야 한다고 가르쳤다.

무슬림에게 기도 시간은 종종 시간표와 같다. 아잔과 더불어 잠을 깨어 파즈르를 드리고, 오전 늦게 일을 멈추고 짬을 내어 주흐르를 드리고, 귀가 전 아스르를 드리고, 저녁식사 전 마그리브를 드리고, 취침 전 이샤를 드린다. 이 기도들을 드리기 전에 무슬림은 우두(*wudhu*; 살라트 전에 행하는 정결 예식)라고 하는 정결 예식을 행하는데, 팔과 얼굴과 발을 씻는 예식이다. 우두를 행하는 동안 그들은 암기하고 있던 두아를 종종 암송한다. 그런 뒤 기도를 드리기 위해 서둘러 회중 속으로 들어간다.

전 세계의 무슬림이 거의 똑같은 방식으로 기도한다. 실제로 그들은 모두 한 방향을 향해, 메카에 있는 검은색 직사각형 건물인 이슬람 신전 카바를 향해 절한다. 이슬람 구전에 따르면 아브라함이 그 아들 이스마엘과 함께 카바를 세웠고, 무함마드가 메디나로 피신했을 때 그의 명령에 따라 무슬림이 카바를 향해 살라트 기도를 드리기 시작했다고 한다. 그 후로 그들은 카바가 있는 대사원 주변에 원을 지어 서 있든, 세계 반대편에서 일렬로 서 있든 관계없이 이 관습을 지켜왔다. 서구의 경우, 기도 시간에 정확한 방향을 찾기 위해 나침반을 꺼내 드는 열성적인 무슬림들을 볼 수 있다. 나는 아예 나침반이 부착된 기도용 융단을 본 적도 있다.

기도는 이맘이라 하는 한 남자의 인도에 따라 드려진다. 남성과 여성은 따로 기도를 드리지만, 여성도 이맘의 기도 인도하는 소리를 들을 수 있을 만큼 적당한 간격을 둔다. 이맘이 인도하는 기도는 침묵 기도나 개별적인 낭송 기도를 드리는 부분과 소리 내어 기도하는 부분으로 나뉜다. 각 기도에는 코란을 낭송하는 부분이 있는데, 이때 이맘은 암송하고 있는 코란 본문을 큰소리로 낭송한다.

기도 중 코란을 낭송하는 방식은 대부분이 문맹이던 7세기 아라비아 사회에서 코란을 전파하는 독창적인 방법이었고 오늘날에도 여전히 효과적인 방법이다. 이것이 코란을 잘 알고 그 대부분을 능숙하게 낭송할 수 있는가 하는 것이 이맘을 세우는 유일하고도 중요한 기준이 되는 이유다. 때때로 이맘도 낭송 중 실수할 때가 있는데 이때 그것을 정정해주는 것이 맨 앞줄에 있는 무슬림들의 의무다. 따라서 살라트 기도를 할 때에는 경건의 위계가 드러나며 연장자와 존경받는 무슬림이 맨 앞줄에 서게 마련이다.

이처럼 작은 예외를 제외하면, 무슬림은 살라트의 평등성에 대해 자부심을 느낀다. 부자에서부터 가난한 자까지, 정치인에서 노동자까지 모든 사람이 나란히 서서 하나가 되어 기도를 드린다. 아무도 말하지 않고, 아무도 기도하는 이 앞을 지나가지 않으며, 아무도 방해하지 않는 장엄한 의식이다.

미국 출신의 버릇없는 다섯 살배기 꼬마만은 예외였다. 간혹 살라트 시간에 예배자들 주변을 뛰어다니던 나는 잘못을 일깨워 주려는 누군가의 손에 엉덩이를 한 대 맞곤 했다. 부모님은 이를 문제 삼지 않았다. 무슬림 아이를 키우기 위해서는 모스크가 필요했고, 우리 자마트의 회원들은 서로를 깊이 신뢰했다.

한번은 살라트 동안 산만하게 꼼지락댄 적이 있었다. 갑자기 누군가 뒤쪽에서 내 엉덩이를 찰싹 때렸다. 나는 범인이 누구인지 보려고 돌아섰지만 내 뒤에는 아무도 없었다. 나는 내 옆에 서 있던 삼촌이 한 것이라 짐작했고, 살라트가 끝나자마자 삼촌이 나를 때렸다고 울며불며 몰아붙였다. 삼촌은 꿈쩍도 않은 채 손가락으로 하늘을 가리키며 말했다. "아니, 알라께서 하신 거야." 나는 깜짝 놀라 눈을 크게 뜨며 중얼거렸다. "좀 더 빨리 돌아보았으면 알라의 손을 볼 수 있었을 텐데! 20년 후 삼촌은 자신이 한 일이라고 솔직히 털어놓았지만, 그때까지 나는 하나님께서 친히 내 엉덩이를 치셨다는 사실을 영광스럽게 여겼다. 그 후로 나는 살라트 시간에 항상 엄숙함을 갖추고 서 있었다.

자세와 말씀을 익히고 외우고 나면,[11] 살라트에 즉흥적인 것이나 특히 개인적인 것은 없다. 대다수 무슬림에게 이는 의무에 따른 행동이지 개인적이거나 마음에서 우러나는 표현은 아니다.

물론 누군가는 자신이 낭송하는 말씀의 의미를 곱씹을 수 있고 그렇게 함으로써 살라트가 좀 더 개인적인 의미를 가질 수도 있겠지만, 매일 열일곱 라카트의 기도를 드리면서 그렇게 할 수 있는 예배자는 드물다. 설령 그리한다 할지라도, 예배자에게 그 말씀은 이질적인데 단지 그것이 외국어이기 때문만은 아니다. 아랍어를 쓰는 예배자에게도 사정은 마찬가지다. 아랍인들은 지역마다 서로 다른 구어체 아랍어를 사용한다. 만일 고전 아랍어에 근접한 아랍어를 알고자 한다면, 그들도 학교에서 배워야만 한다. 매일 드리는 기도의 언어가 어느 누구에게도 사적인 언어는 아닌 것이다.

그렇다면 왜 무슬림이 하루 다섯 번의 기도를 계속해서 드리는지 의아해할 사람들이 있을 것이다. 개인적 의미를 담지 못하면서 똑같은 말씀을 매일 하루 다섯 번씩 낭송하는 이유는 무엇인가? 어릴 적에 나도 그게 궁금해서 압바에게 물어보았다. 압바는 이렇게 말해주었다. "나빌, 알라 앞에서 우리는 모두 더럽기 때문에 우리는 그분의 깨끗게 하심이 필요하단다. 그렇다면 하루에 다

---

11 유일한 예외가 코란 구절들을 선택하는 일이다.

섯 번 목욕한다고 생각해보렴. 얼마나 깨끗해지겠니! 살라트는 깨끗하고 순결하게 자신을 지키도록 알라께서 무슬림에게 주신 영적 목욕과 같은 거란다. 그래서 하루 다섯 번 기도하는 것이지."

기도에 약간의 변화는 있다. 이슬람교의 안식일인 금요일에는 이맘이 설교를 하고 무슬림은 "주마"(*jumaa*; 무슬림의 안식일에 드리는 기도)라고 하는 수정된 형태의 주르(*zuhr*) 기도를 드린다. 주마는 "회중으로 드리는"을 뜻하는 단어로, 세 사람 이상이 모여서 드릴 수 있는 기도다. 아랍어와 우르두어에서 "금요일"이란 단어의 어원이 주마에서 기원할 만큼 주마 기도는 중요하다. 암미와 압바는 주마 기도를 연달아 세 번 놓치면 결코 지워지지 않는 검은 흉터가 가슴에 새겨진다고 말했다.

안타깝게도 우리는 금요일마다 모스크에 갈 수는 없었는데 집에서 멀기도 했거니와 압바의 업무 일정 때문이기도 했다. 또한 우리는 다섯 번의 매일 기도를 드리기 위해 모스크에 갈 수도 없었다. 그래서 대개 집에서 가족끼리 모여 매일의 살라트와 주마 기도를 드렸다. 압바가 훈련에 투입되어 집에 남자가 없을 때면 내가 기도를 인도했고 암미와 바지가 따르곤 했다. 그런 일은 내가 아직 어릴 적에 시작되었지만, 암미는 내가 충분히 컸다고 여겼다.

비록 내가 기도를 인도하길 좋아하고 우리 자마트의 몇몇 이맘의 경우 선율적인 목소리나 위풍당당한 풍채를 지니고 있었지만, 내가 가장 좋아하는 이맘은 항상 압바였다. 그의 템포, 그의 목소리, 그의 선율, 그리고 가족 앞에 섰을 때 그의 자세는 내게 모범처럼 여겨졌다. 지금도 눈을 감으면 코란의 긴 단락을 낭송하던 압바의 낭랑한 음성이 귀에 들리는 듯하다. 내가 그 긴 단락들을 아는 것은 압바가 수없이 반복해서 낭송하는 것을 들었기 때문이다. 살라트는 내 아버지를 나의 영적 지도자로 굳건히 세웠으며 코란을 지워지지 않도록 내 마음속에 새겨주었다. 바로 이것이 살라트의 힘이다.

7장

이슬람의 다양성

1989년은 우리 자마트에 중요한 해였다. 그해는 이슬람 교단 가운데 우리가 속한 아흐마드파 교단(19세기 말 인도에서 아흐마드가 창시한 이슬람 교단)이 세워진 지 100년이 되는 해였고, 전 세계 사람들이 영국에 모여 100주년을 축하할 예정이었다. 우리 가족은 이를 알라의 특별한 은총으로 여겼다. 우리가 영국에 배속받은 때에 이 기념비적 행사가 열리니 말이다. 수만 명의 참석자 속에 우리 가족도 있을 터였다.

축하 행사는 틸포드라는 영국의 시골 마을에서 열렸다. 그곳에 집회장으로 쓸 대형 천막이 세워졌고 사람들이 밟고 지나간 풀밭은 길이 되었다. 기도 장막, 식당 장막, 위성방송 장막, 기념품 판매 장막 등이 있었다. 세계 전역에서 초대받은 외교관과 귀빈들이 회의에 참석했고, 수많은 사람이 와서 관용과 다문화주의에 관한 메시지를 전했다.

여기서는 남성 구역과 여성 구역이 엄격히 분리되어 있었고, 남성 구역에 들어올 수 있는 여성은 오직 여성 외교관뿐이었다. 여성 구역은 남성 구역과 다를 바 없었지만 두 구역은 서로 떨어져 있었다. 나는 아직 어렸기 때문에 사람들을 놀라게 하지 않고도 여성 구역에 들어갈 수 있었고 그래서 그곳에 종종 들락날락했다. 여성 구역은 남성 구역보다 훨씬 생기발랄했다. 여자들은 채색 옷을 입고 크게 소리 내어 웃었으며, 끊임없이 이야기를 나누며 방송으로 들려오는 남성 구역의 설교에는 전적으로 무관심했다. 남성 구역에는 항상 진지한 기운이 넘쳤는데 여섯 살 아이에게 진지함은 곧 지루함이었다.

한번은 주집회 시간에 여성 구역에서 남성 구역에 있는 상점으로 가려고 했다. 100주년을 기념하여 특별 제작한 배지를 거기서 팔고 있었기 때문이다. 가는 길에 한 어른 옆을 지나는데 그가 내 어깨를 꽉 잡았다. 좋지 않은 신호였다. 그는 나를 돌려 세우더니 내 양 어깨를 쥐고 남성 주집회장으로 데려갔다. 그리고 거의 맨 앞줄 자기 옆 자리에 나를 앉혔다. 그렇게 하는 내내 그는 아무 말이 없었고 나를 향해 준엄한 표정만 지어 보일 뿐이었는데, 마치 "앉아서 설교를 들어라"라고 말하는 듯했다. 그가 누구였는지 지금도 알 수 없지만, 자마트 집회에서 어른의 말에 불순종할 만큼 어리석지 않았던 나는 강사의 말에 귀를 기울였다. 배지는 물 건너갔다.

강사는 파키스탄에서 온 선교사였는데 억양 때문에 무슨 말을 하는지 알아듣기가 무척 어려웠다. 그의 모국어는 우르두어와 동족어였지만 파키스탄 시골 지역에서만 통용되는 펀자브어였다. 그는 자신의 펀자브어 억양과 어미변화를 조금도 가감 없이 영어로 가져와 사용하고 있었다. 결과는 불편했다. 다행히 그의 메시지는 내가 전에 우리 자마트에서 열린 집회에서 여러 번 들었던 명확한 내용과 상당 부분 일치했다.

그는 우리가 무슬림이라는 사실을 변호하고 있었다.

"다른 무슬림들은 우리가 무슬림이 아니라고 합니다. 하지만 우리를 이슬람에서 몰아내려고 하는 그들이야말로 누구입니까? 아나스 이븐 말리크(715-795)에 의하면, 무함마드는 '샤하다'(shahada; '알라 외에 다른 신은 없으며 무함마드는 알라의 사자입니다'라는 이슬람의 핵심 신앙고백)를 고백하는 모든 이는 무슬림이라고 했습니다. 샤하다는 명백합니다. '알라 외에 다른 신은 없으며 무함마드는 그분의 사자다.' 오늘날에도 여러분이 샤하다를 낭송하기만 한다면 여러분은 이슬람의 품에 안기게 되는 것입니다."

그는 자리에 앉은 채 자세를 바꾼 외교관들을 향해 이 메시지를 전하려는 듯 보였다.

"모든 사람은 샤하다를 낭송해야만 무슬림이 되는 것입니다. 그리고 무슬림이 되기 위해 필요한 것은 이 고백뿐입니다. 우리의 사랑하는 예언자 무함마드의 아름다운 하디스에 따르면 그렇습니다."

선교사는 점점 더 생기를 띠고 있었다. 수년 후 알게 된 바이지만, 그는 자신의 사랑하는 이들이 다른 무슬림들의 손에 잔혹하게 박해당하는 모습을 직접 목격했다고 한다. 그의 회중 가운데 일부는 죽임을 당하기까지 했다. 그의 수사는 가슴으로 토해내는 쏟아지는 불처럼 호소력이 있었다.

"샤하다를 소홀히 하면 무슬림이 아닙니다. 샤하다를 고백함으로 여러분은 무슬림이 됩니다. 그리고 우리는 샤하다를 고백합니다. 그렇습니다. 우리는 무슬림입니다! 하지만 왜 우리가 무슬림의 경계에 불안하게 서 있는 양 구태여 이 점을 확언해야 하는 것입니까? 이슬람의 규율 중 어떤 것이든 우리가 거부하는 게 있습니까? 없습니다!"

속사포를 쏘아대듯 선교사는 모든 무슬림에게 요구되는 기본 실천 사항인 "이슬람의 다섯 기둥"(Five Pillars of Islam; 모든 이슬람에게 요구되는 기본 실천 사항들)을 열거했다.

"우리는 샤하다를 고백합니다. 우리는 살라트 기도를 드립니다. 우리는 가난한 이들에게 자카트(zakat; 자선의 의무)를 베풉니다. 우리는 라마단월에 금식합니다. 그리고 우리는 하지(hajj; 매년 행하는 메카 순례)를 수행하기 위해 카바로 순례를 떠납니다. 이 다섯 가지는 코란에 기록된 바 알라께서 우리에게 행하라고 명하신 것이며, 우리는 이것을 모두 행합니다. 우리가 무슬림이 아니라고 누가 부인할 수 있겠습니까?"

"우리가 코란과 하디스에 나오는 명백한 증거를 들어 이 점을 그들에게 설명할지라도 그들은 우리를 반대할 방법만 찾기 원하기에 자신들의 주장을 되풀이할 뿐입니다! 그들은 우리에게 말합니다. '당신들은 자신의 행동을 들어 무슬림인 척하지만, 무함마드의 가르침을 믿지 않습니다.' 말해보십시오. 그의 가르침 중에 우리가 믿지 않는 게 무엇입니까?"

선교사는 기본 실천 사항에서 "여섯 가지 교리"(Six Articles of Faith; 무슬림의 기본 교리)라는 것으로 넘어가고 있었다.

"우리는 한 하나님이신 알라를 믿습니다. 우리는 눈에 보이지 않는 영적 존재들을 믿습니다. 우리는 알라께서 예언자들을 이 세상에 보내셨음을 믿습니다. 우리는 그분께서 거룩한 문서를 자기 예언자들에게 주셨음을 믿습니다. 우리는 심판의 날을 믿습니다. 그리고 우리는 알라께서 섭리로 온 우주를 다스리심을 믿습니다! 우리가 믿지 않는 게 무엇입니까?"

"우리가 믿지 않는 게 있다면 거짓뿐입니다! 우리는 시아파처럼 알라께서 실수로 아부 바크르가 칼리프가 되게 하셨다고 믿지 않습니다! 우리는 수니파처럼 알라의 이름으로 무슬림뿐 아니라 다른 사람들을 죽일 수 있다고 믿지 않습니다! 이는 터무니없는 신앙으로, 우리가 이런 것을 믿는다면 이슬람에서 추방당해도 마땅할 것입니다!"

아흐마드파 선교사들은 열정에 사로잡혀 민감한 사안을 다룰 때 유의하는 법은 알지 못했다. 그의 단어 선택은 선동적이었지만 그 안에는 일말의 진실이 담겨 있었다. 그는 이슬람의 대분열, 즉 시아파와 수니파의 분열을 언급하고 있었다. 시아파 이슬람 안에는 세 개의 주요 분파가 있는데, 세 분파를 모두 합할 경우 시아파는 무슬림 세계의 10-15퍼센트가량을 차지한다. 이들은 초기 이슬람의 권위가 무함마드의 혈통을 타고 승계된다고 믿으며 그러므로 무함마드의 사후에 그와 가장 가까운 남성 친인척이 이슬람의 지도자 역할을 승계했어야 한다고 본다. 그렇다면 그는 알리여야 했다. 하지만 무함마드가 사망했을 당시, 정해진 후계자가 없었다. 무슬림들은 아부 바크르를 첫 칼리프로 선출했다. 대체로 아부 바크르를 칼리프로 인정하는 이들이 수니파 이슬람의 네 분파 중 한 분파에 속하며, 이들이 세계 무슬림 인구의 80퍼센트가량을 차지한다.

남은 5-10퍼센트는 양쪽 중 어느 쪽과도 잘 맞아들지 않는다. 우리 교단이 여기 속해 있었다.

"무함마드는 샤하다를 고백하는 자가 곧 무슬림이라고 선포했습니다. 우리는 그렇게 합니다. 코란은 우리에게 다섯 기둥을 수행하라고 명령합니다. 우리는 그렇게 합니다. 이슬람은 여섯 가지 교리를 믿으라고 가르칩니다. 우리는 그렇게 합니다! 그런데 왜 저들은 우리를 카피르(kafir, 불신자, 비무슬림)라고 하는 것일까요?"

"저들이 뻔뻔하게도 우리를 카피르라고 부르는 것은, 우리가 코란의 두 단어를 자기들처럼 해석하지 않기 때문입니다. 두 단어 때문입니다! '카탐 안-나비인'(예언자들의 봉인) 저 난폭하고 무지한 무슬림들이 볼 때 이 두 단어에 대한 해석이 다르다는 것이 이슬람 형제들을 죽일 수 있는 명분이 되는 것입니다, 아스타그피룰라!(알라여, 용서하소서!)"

선교사 이맘은 자신이 무함마드의 뒤를 잇는 예언자라고 한 우리 교단의 창립자인 미르자 굴람 아흐마드의 논쟁적인 주장에 대해 언급하고 있었다. 대부분의 무슬림은 [코란] 33:40이 무함마드 이후로 예언이 종결되었음을 의미한다고 주장한다. 따라서 미르자 굴람 아흐마드는 거짓 예언자가 되고 그를 따르는 이들은 불신자가 되는 것이다. 이런 이유로 파키스탄과 인도네시아 같은 나라에서 (수천 명은 아닐지라도) 수백 명의 아흐마드파 무슬림이 정통 무슬림의 손에 죽임을 당했다.

"저들은 평화의 종교를 피와 폭력의 종교로 변질시켜버렸습니다. 하지만 인샬라(*inshallah*; '알라의 뜻이라면'이라는 의미로 무슬림이 가장 흔히 사용하는 관용구), 알라께서는 아흐마드파를 통해 이슬람교를 회복시키실 것입니다. 알라께서 이미 우리 시대의 이맘, 약속된 메시아를 보내셨고 그의 후계자들은 칼리프로 거룩하게 봉해졌습니다."

여기서 아흐마드의 주장은 한층 강화된다. 아흐마드는 자신이 예언자임을 주장하며 카탐 안-나비인 논쟁에 뛰어든 다음 자신이 새로운 예언자가 절대 아니라고 말함으로써 자신을 일부 변호했다. 그는 많은 믿음의 사람들이 자신의 예언자가 돌아오기를 기다리고 있다고 주장했다. 유대교인은 엘리야를 기다리고, 힌두교도는 크리슈나를 기다리고, 불교도는 부처를 기다리고, 그리스도인은 예수를 기다린다. 아흐마드는 자신이 이 모든 인물을 하나로 포괄하는 자라고 주장했다. 게다가 그의 후계자들은 새로운 칼리프가 세워졌다고 주장했는데, 이는 지금도 마지막 칼리프를 기다리고 있는 전 세계의 무슬림에게 몹시 불쾌한 주장인 것이다.

"누가 알라보다 지혜로울 수 있습니까? 그분은 최고의 기획자이십니다. 그분께서 이슬람교와 아흐마드 운동을 통해 세상에 다시 활력을 불어넣으실 것입니다! 이는 사탄도 바꿀 수 없는 필연적인 사실입니다!"

선교사가 이렇게 말하자 회중 속에서 산발적인 외침이 뿜어져 나왔는데, 모두가 "타크비르!"를 연호했다. 장막에 운집한 수천 명의 남자가 한목소리로 "알라-후-아크바르!"를 외치며 응답했다. 가장 강한 목소리가 다시 승기를 잡으며 크게 울렸다. "타크비르!" 감정이 고조된 온 회중은 "알라-후-아크바르!"를 터뜨렸다. 아흐마드파 사람들은 동의를 표하기 위해 박수를 치기보다는 서로를 향해 알라를 찬양하고 그의 복을 빌라고 도전한다.

"타크비르!"를 외쳤던 사내가 그곳에 모인 무슬림들을 계속해서 선동하여 "이슬람!"을 크게 외치게 했고 그러면 만세라는 뜻의 "진다바드!"라는 반응이 이어졌다. "이슬람!" "진다바드!" "아흐마드파!" "진다바드!" 미지의 목소리가 서로 연호하며 큰 무리의 무슬림으로 하여금 알라를 찬양하도록 이끄는 동안 시간이 멈춘 듯했다. 그 거대한 무리가 평화를 지향하는 무슬림들로 이루어졌음에도 불구하고, 사전 지식이 없이 그 모습을 보았을 관찰자라면 두려움을 가라앉힐 수 없었을 것이다. 수천 명이 연호하는 함성소리는 심장을 멎게 할 듯했다.

할 말을 모두 마친 선교사는 회중에게 감사를 표하고 연설을 마무리했다. 오늘날 이 문제를 생각할 때 내가 깨닫는 것은, 정통과 이단이라는 사안이 다면적이고 무척 복잡하다는 점이다. 많은 무슬림이 아주 작은 일을 가지고 서로를 향해 비무슬림이라 부르고 있는 게 현실이다. 사소한 의견 차이에 대해 너무 쉽게 불신앙이라는 딱지를 갖다 붙인다. 이슬람교 내부의 10여 개 교단 가운데 이단이라는 비난을 받아본 적이 없는 교단이 있기나 한지 모르겠다.

아흐마드파의 창시자는 여러 종파에 거슬리는 대담한 주장을 했다고 한다. 재림 예수라는 주장은 그리스도인과 무슬림 양쪽을 모두 불쾌하게 한다. 예언자에게 합당한 존경을 요구한 일은 무슬림이 쉽게 넘길 수 있는 주장이 아니다. 정통파 일부에서 아흐마드파를 이단으로 간주하는 이유를 이해하기 어렵지 않다.

하지만 내가 보기에 아흐마드파가 무슬림임을 지지하는 사실들이 훨씬 많다. 그 선교사가 말한 대로 아흐마드파 교인들은 이슬람의 핵심 교리와 관습을 충실히 지킨다. 매일의 삶과 신앙을 실천하는 모습을 볼 때, 아흐마드파 교인과 수니파 무슬림을 구분하기란 사실상 불가능에 가깝다. 비슷한 맥락에서, 아흐마드파 교인이었을 때 나는 자신이 아흐마드파보다는 이슬람교와 연결되어 있다고 보았다. 하지만 가장 중요한 점은, 무함마드가 아흐마드파 무슬림에 대해 이렇게 생각하리라는 점이다. "알라 외에 다른 신은 없다고 선언하는 이는 누구든 파문해서는 안 된다."[12]

명심할 교훈은 이슬람교 안에 거대한 차이가 존재한다는 점이다. 한 사람이 무슬림인지 아닌지를 판별하는 최고의 기준은, 그가 알라가 하나님이며 무함마드가 알라의 사자임을 선언하는가 여부에 있다. 이 점을 제외하면, 이슬람교 안에는 엄청난 다양성이 존재한다.

---

12 Sunan Abu Daud 14.2526.

8장

샤리아의 길

샤리아(*sharia*; 이슬람교의 율법)에 이르면, 이슬람의 다양성은 상당한 견해차를 보이기도 한다. 샤리아는 평균적인 무슬림이 잘 알고 있는 분야가 아니다. 내가 이 단어를 처음 들은 것은 우리 자마트가 1년에 한 번 개최하는 대회인 "이즈테마"(*ijtema*)에서였다.

대회는 신앙 부문과 체력 부문, 양쪽으로 열렸다. 신앙 부문에는 코란 암송, 코란 낭송, 아잔 시연, 이슬람 시 낭송, 웅변대회, 하디스 암송, 그리고 신앙 지식 일반에 관한 시험이 포함되었다. 체력 부문에는 어떤 항목이 있는지 잘 모르겠다. 암미는 나를 신앙 부문, 특히 웅변대회에 집중하게 했기 때문이다.

암미는 내가 웅변을 준비하도록 하는 데 빈틈이 없었다. 전체 연설문을 써주었을 뿐 아니라 발표하는 법까지 훈련시켰다. 대회가 얼마 남지 않은 여러 밤 동안, 암미는 이샤 살라트를 마친 다음 나를 세워놓고 실전 연습을 시켰다. 암미는 내가 연설하는 동안 내 뒤에 서서 내가 마치 그녀의 꼭두각시인 양 내 팔과 손을 움직여 적절한 때에 단호한 몸짓을 하게 했다. 암미는 극적 효과를 내기 위해 어디서 말을 멈춰야 하고 언제 고개를 돌려야 하며, 최상의 효과를 얻기 위해 말의 속도와 소리를 어떻게 높여야 하는지 지도했다. 나중에 나는 암미가 파키스탄에서 토론 팀 주장이었다는 사실을 알게 되었는데, 그것을 알고 나니 암미가 압바와의 대화에서 번번이 이기는 까닭이 이해되었다.

이즈테마 당일, 나는 6-8세 연령대에 출전했다. 내 웅변의 제목은 "어떤 경우에도 항상 진리를 말하라"였다. 나는 웅변 종목에서 상을 탔고 그 밖에도 몇 개의 상을 더 받았다. 암미와 압바도 대회에 출전했지만, 청소년 시합에 비해 성인 대회는 언제나 홀가분해 보였다. 대항전의 초점은 대체로 다음 세대에 이슬람을 전파하는 데 있는 것 같았다. 이 목적을 위해 성인 대회는 청소년 대회와 시차를 두고 진행되었고 청소년 대회보다 나중에 끝났는데, 어린 참석자들이 성인 대회를 참관할 수 있도록 하기 위함이었다.

나는 성인 남성들의 즉흥연설 대회를 참관하기로 했다. 이 시합의 지시문에는 "아흐마드파 자마트의 간략한 역사", "우리 자녀들이 이슬람의 길을 걷게 하려면 어떻게 양육해야 하는가?", "예수가 하나님의 아들이 아님을 어떻게 알 수 있는가?" 같은 다양한 주제가 올라와 있었다.

내가 파이잔 삼촌이라 불렀던, 영어를 유창하게 구사하는 사십 대 초반의 사내가 지시문을 뽑았다. "샤리아를 설명하되, 그 근원과 적용까지 해설하라." 그는 자리에서 일어나 청중을 향해 정중하게 인사하는 것으로 연설을 시작했다.

"친애하는 이맘, 존경하는 장로들, 자리를 빛내주신 청중, 그리고 사랑하는 형제 여러분, '아살라모 알라이쿰 와 라흐무탈라 와 바라카아투'(무슬림식 인사의 확장형으로 '알라의 평화와 그의 자비와 은총이 당신에게 있기를'이라는 뜻)."

모두가 한목소리로 "와 알라이쿰 살람" 하고 응답했다.

지시문을 흘끗 내려다보고 파이잔 삼촌은 연설을 시작했다. "오늘 제게 주어진 주제는 샤리아입니다. 샤리아는 이슬람 율법을 말합니다. '샤리아'라는 단어는 '길'을 뜻하며, 우리는 알라의 뜻을 따라 바른길로 걸어가야 합니다."

심사를 맡은 장로들은 감명을 받은 모양이었다. 비아랍계 무슬림이 아랍어 용어를 정확하게 정의할 수 있다는 것은 대항전이든 아니든 간에 항상 보너스 점수를 받기 마련이다.

장로들의 반응에 고무된 파이잔 삼촌은 말을 이었다. "샤리아라는 책은 없습니다. 우리는 '피크흐'(*fiqb*; 이슬람 법학)라고 하는 이슬람 법 해석 과정을 이용해 위계가 정해진 여러 자료에서 율법을 끌어내야 합니다. 가장 중대한 일차 자료는 코란입니다. 그 무엇도 코란을 대신할 수 없는 이유는, 이것이 알라의 말씀이기 때문입니다. 하지만 코란은 이해하기가 쉽지 않습니다. 무슬림으로서 우리가 행하고 믿는 것 중에는 코란에 없는 내용도 상당수 있습니다. 그래서 우리는 두 번째 자료인 하디스로 넘어갑니다."

코란이 불충분하다는 직설적인 발언에 놀라는 회중도 있었다. 엄밀히 말해 그것이 사실이라 해도, 이렇게 노골적으로 말해서는 안 되는 것이었다. 그것은 마치 코란에 부족함이 있어서 수치스럽다는 말처럼 들렸다. 하지만 파이잔 삼촌의 시선은 장로들에게 고정되어 있었고, 장로들은 어떤 미동도 보이지 않았기에 그는 말을 이어갔다.

"하디스가 코란에 나오지 않는 내용을 자세하고 분명하게 설명해주지만, 그렇다고 서로 상충하지는 않습니다. 이슬람교에 모순이란 없습니다. 만일 코란과 상충되는 내용의 하디스가 있다면, 그것은 진정한 하디스가 아니기에 간과해도 됩니다. 만일 어떤 사안에 관한 분명한 지침을 하디스에서 찾을 수 없다면, 우리는 세 번째 자료인 울레마(*ulema*; 무슬림 신학자)에게서 샤리아의 근거를 찾아야 합니다. 지혜로울뿐더러 경험이 많은 무슬림 학자들 말입니다." 파이잔 삼촌은 이맘을 바라보며 공손한 미소를 지었으며 그의 아부 어린 칭송은 효과를 발휘했다.

"샤리아는 거기서 나옵니다. 하지만 우리는 어디서 그것을 볼 수 있을까요? 독실한 무슬림의 삶 곳곳에서 볼 수 있습니다. 어떻게 기도하는지, 언제 금식하는지, 누구와 결혼하는지, 어떤 음식을 기피하는지. 이 모든 기본적인 문제들이 샤리아에서 다루는 내용입니다. 또한 샤리아는 아주 구체적인 문제까지 다루는데, 주택 가격 평가액에 대해 세금(자카트)을 내야 하는가 하는 문제까지 말이죠." 장로들은 빙그레 웃으며 파이잔 삼촌에게 그만 정리하라는 신호를 보냈다.

"지금까지 샤리아의 출처 및 적용에 대해 짧게 설명드렸습니다. 슈크리아(감사합니다)." 장로들이 고개를 끄덕여 허락하자, 그는 이 말을 마지막으로 자리로 돌아가 바닥에 앉았다.

나중에 알게 되겠지만, 이것은 적어도 아흐마드파의 입장에서는 그 질문에 대한 확실한 대답이었다. 아흐마드파는 권위 구조에 관한 한 별다른 선택권이 없기 때문에 샤리아 해석에 관한 한 자마트 지도자들이 전권을 행사한다. 지도자들의 말이 통하는 것이다. 하지만 대부분의 무슬림에게는 그렇지 않다.

다른 무슬림들에게는 선택지가 있다. 예를 들어 수니파의 어느 여인이 남편과 이혼하고자 한다면, 그녀는 권위자한테 승인을 받아야 한다. 최소한 샤리아의 기본 진리를 훈련받은 사람, 즉 한 사람의 무프티(*mufti*; 이슬람 율법 전문가)의 허락을 받아야만 한다. 그녀가 무프티 앞에 소송을 제기하면, 무프티는 자신의 결정 사항을 그녀에게 주는데 이를 파트와(*fatwa*; 무슬림 권위자의 결정 사항 혹은 판결)라 한다. 파트와에 강제적 구속력은 없지만 만일 그녀가 그 결정에 만족하지 않는다면, 그녀는 다른 무프티를 찾아가 조금 더 자기 마음에 드는 파트와를 받을 수도 있다.

무프티는 학파에 따라 서로 판례가 다르며 따라서 서로 다른 학파는 다른 파트와를 내놓는다. 예를 들어 수니파의 몇몇 학파에서는 결혼 전 당사자인 여자의 동의를 얻어야 한다고 주장하지만,

다른 학파에서는 여자는 가족의 바람을 따라야 한다고 주장한다. 아무도 특정 학파에 속해 있지 않기 때문에 여인은 자신이 선호하는 파트와를 기초로 삼는 학파를 선택한다. 비록 이런 "파트와 쇼핑" 관습이 수니파 학자들에 의해 좌절되기도 하지만, 이는 아흐마드파가 자신의 엄격한 권위 구조로 인해 행할 수 없는 일을 보여주는 완벽한 예가 된다.

이 문제가 단순하지 않음을 보여주는 또 다른 예가 있다. 각 교단마다 권위가 있다고 받아들이는 하디스가 각각 다르다. 하디스는 샤리아의 근거가 되는 두 번째로 중요한 자료이기 때문에 이런 견해 차이는 실제적인 결과의 차이로 이어진다. 수니파와 시아파가 이슬람 신앙을 실천하는 방식에서 차이를 보이는 것은 이 문제 때문이다. 하디스를 정리한 책은 이질적인 내용의 모음집이다. 이맘의 권위에 관한 시아파의 입장뿐 아니라 이런 차이로 인해 샤리아에 대한 입장은 심각할 정도로 달라지게 된다.

차이점을 제외하면, 다수의 무슬림들 사이에는 공통분모가 엄청나게 많다는 점에도 주목해야 한다. 예를 들어 수니파에 속한 네 주요 교단과 시아파의 세 주요 교단은 허용되는 상황과 방법의 세부 사항만 다를 뿐, 이슬람을 떠난 배교자는 반드시 죽여야 한다고 가르친다. 오직 무슬림 자유주의자들과 아흐마드파처럼 비주류 그룹만이 유서 깊은 이 관습에 반대할 뿐이다.

나는 이 모든 세세한 내용을 이즈테마에서 배우지 않았으며 그럴 필요도 없었다. 사실, 대부분의 무슬림은 이런 사실에 대해 알지 못한다. 그들이 아는 이슬람이란 그들이 실천하는 선까지이며, 이런 문제는 배운 자들과 관련된 영역이다. 무엇보다 이즈테마를 비롯해서 그와 비슷한 다른 회합들은 우리로 하여금 이슬람을 더 깊이 사랑하고 공동체 속으로 더 깊이 들어가도록 해주었다. 이런 모임은 우리가 해결하지 못한 문제에 대한 답을 갖고 있는 종교 지도자들이 우리 가까이 있음을 상기시킴으로써 우리의 마음을 안심시켰다. 정기적으로 함께 만나 신앙의 문제를 논함으로써 우리는 강한 공동체가 되었다.

> 샤리아에 대해 자세한 내용을 알고 싶다면 『알라인가, 예수인가?』의 1부, "샤리아인가 복음인가?: 서로 다른 두 개의 해결책"을 보라.

9장

신실한 자의 꿈

한번은 그와 같은 회합을 마치고 글래스고에서 더 눈으로 차를 몰고 돌아오는 길이었는데 그날 밤 암미와 압바는 분명 무언가 걱정거리가 있었다. 우리 가족은 시간이 얼마나 흘렀는지 몰랐으며, 우리가 도착했을 때에는 이미 홀리 로크의 양안을 연결하는 연락선이 그날 운행을 마친 터였다. 집에 가려면 호수를 돌아 최소한 두 시간 반은 달려야 했다.

하지만 똑같은 일이 전에 몇 번 있었을 때에도 암미와 압바는 걱정하는 법이 없었다. 다음날은 일요일이었기에 압바는 결근을 걱정하지 않았다. 두 분은 앞좌석에 앉아 뒷좌석에 앉은 우리가 듣지 못할 정도로 작은 소리로 이야기를 나누었지만, 바지와 나는 두 분의 이야기에 스며 있는 긴장감을 느낄 수 있었고 근심의 그림자가 계속 커가고 있음을 알 수 있었다. 뭔가가 잘못되었다.

바지가 먼저 말을 꺼냈다. "압바, 무슨 일이에요?"

"아무 일 아니란다, 베이티. 안전벨트 맸는지 확인하고, 문 잠그고 더 자거라. 잘 시간이 지났잖니. 곧 집에 도착할 거다, 인샬라." 암미는 심란한 눈빛으로 압바를 쳐다보았다. 두 분은 아무 말도 하지 않았다.

잠시 후 내가 재차 물었다. "무슨 일 있어요, 암미?"

"압바 말 들었지? 압바 말씀대로 하거라." 무슨 일이 되었든, 암미와 압바는 우리에게 말하지 않을 터였고, 이제 우리도 잠들 방법이 없었다. 하지만 난처한 상황에 빠지고 싶지도 않았던 터라 바지와 나는 잠든 척했다.

팽팽한 긴장감 속에 몇 분을 더 달리고 나서 암미는 어떤 결심을 한 듯 압바를 향해 몸을 돌리더니 이렇게 말했다. "당신 보기에는 여전히 똑같아 보여요?"

"그렇소, 똑같아 보이오. 실은 더 똑같아 보이오."

"그렇다면 우리 차를 돌려요! 돌아가요! 찰로! 이만하면 됐어요!"

압바에게는 이런 채근이 필요했던가 보다. 압바는 곧바로 차를 돌리더니 글래스고 방향으로 달리기 시작했다. 바지와 나는 아직 어떤 질문도 해서는 안 된다는 것을 알고 있었다. 긴장감은 사라지고 있었지만 분위기는 다를 바 없었다.

"호텔을 찾아볼까?" 압바가 물었다.

"아뇨, 말릭네 집에서 잘 수 있을 거예요. 우리 사정을 이해해 줄 거예요."

그때 내 두려움을 기쁨으로 전환시킬 어떤 말이 있었다면, 암미가 한 바로 그 말이었다. 말릭네 가정은 마스지드 중에서도 우리와 특별히 가까운 집이었다. 나는 말릭 씨를 "삼촌"으로, 말릭 부인을 "이모"로 불렀는데, 이는 파키스탄 문화에서 어른을 일컫는 표준 용어이기도 했거니와 그들이 내게 두 번째 부모와도 같은 분들이었기 때문이다. 내가 최대한 품위 있게 행하든 아니면 헤아릴 수 없을 만큼 문제를 일으키든, 그들은 항상 따뜻한 사랑으로 나를 맞아주었다.

삼촌과 이모에게는 다섯 명의 자녀가 있었는데 우리의 좋은 친구였다. 열세 살이던 첫째 아들은 어린 시절 나의 롤 모델이었다. 그와 함께한다고 생각하니 무척 기분이 좋아졌다. 집으로 가지 못하는 어처구니없는 상황조차 잊힐 정도였다.

이 상황이 더 흥분되었던 이유는 이것이 친구네 집에서 하룻밤을 보내는 첫 기회가 될 터였기 때문이다. 여행이나 친지 방문이 아니라면 우리가 집 밖에서 잔 적은 거의 없었다. "친구네 집에서 자고 오기"는 우리 집에서는 쓰지 않는 표현이었으니, 이는 그럴 만한 친구가 없기도 했거니와 밤새 자신의 통제가 미치지 않는 곳에 우리를 보내는 것이 암미로서는 영 불편했기 때문이다.

그날 밤 우리는 보드 게임을 하고 영화를 보면서 마냥 즐겁게 보냈다. 우리 부모님이 잠자리에 들자, 친구들은 "프레데터"라는 신작 공포영화 한 편을 비디오 플레이어에 넣었다.

앞서 내가 어린 시절에 곱게 자랐다고 말했을 때, 이는 말 그

대로 사실이었다. 몇 분을 보고 나니 나는 그 영화가 너무도 무서 웠다. 친구가 아무리 꾀도 다시 텔레비전 앞으로 돌아갈 수가 없 었다. 나는 침대로 가서 잠을 자려고 노력했다. 그날 밤 나는 인간 사냥과 붉은 점, 참을 수 없는 오스트리아 악센트로 얼룩진 꿈을 꾸었다. 잠을 깨어보니 지난밤 잠들 때보다 훨씬 피곤했다.

다음날 아침, 파키스탄식과 스코틀랜드식이 어우러진 성찬을 먹고 나서 암미는 문가에 서 있는 이모에게 감사를 표했다. 두 분 은 아빠와 삼촌이 말소리가 들리지 않을 만큼 먼 데서 은밀한 이 야기를 마칠 때까지 기다렸다. 암미는 지난밤 내가 잠을 설쳤다는 것을 아는 까닭에 내가 곁에 있는데도 아랑곳하지 않았다. 나는 몸이 안 좋으면 늘 엄마 곁을 떠나지 않았다.

이모가 길가를 바라보며 무척 사무적인 태도로 말했다. "이제 날이 밝았어요. 그가 본 것을 말해보아요."

"어떤 꿈은 낮에도 이야기할 수 없어요."

그러니까 수수께끼의 답은 바로 이것이었다. 압바가 꿈을 꾸 었던 것이다. 우리 문화에서 꿈은 아주 중요한 의미가 있는 것으 로 여겨지는데, 어느 저명한 하디스 스승이 말한 바 "신실한 자들 이 꾸는 꿈은 예언의 능력이 있다"[13]라고 보기 때문이다. 사실 내 가 아는 바에 따르면, 평범한 무슬림이 신의 직접적인 계시를 기 대할 수 있는 유일한 통로는 꿈밖에 없다.

---

13 Sahih Bukhari 9.87.116.

이런 기대를 지지하는 충분한 근거가 있으니, 꿈이 종종 현실이 된다는 것이다. 압바는 예언적 꿈을 많이 꾸었다. 한 예로 압바는 입대할 때 하사관 진급을 위한 시험을 치러야 했다. 시험 당일에 압바는 꿈을 꾸었다. 꿈에서 압바와 그의 다섯 친구들은 포탄이 쏟아지는 전쟁터에 있었다. 멀리 철조망이 보였고, 그 철조망을 넘어가야 비로소 안전할 터였다. 여섯 명 모두가 달렸다. 압바가 일등으로 철조망을 넘었고 다른 친구 한 명이 뒤를 이어 넘어왔다. 나머지 네 친구는 실패했다.

몇 주 후 압바가 좋은 성적을 받았을 때 알게 된 사실이다. 압바의 다섯 친구도 그 시험을 보았고 꿈에 철조망을 넘었던 친구는 현실에서도 시험을 통과했던 것이다.

나니 암미는 부친의 장례를 치른 직후에 반복적인 꿈을 꾼 적이 있었다. 아버지가 비에 흠뻑 젖은 채 그녀의 집 문을 두드리며 도움을 요청하고 있었다. 3일 밤을 연이어 그런 꿈을 꾸고서 암미는 아버지의 묘를 찾아가기로 마음먹었다. 가서 보니, 어떤 동물이 아버지 묘에 구멍을 팠는데 마침 내린 여름 강수로 인해 구멍에 물이 가득 차 있었다.

우리 가족만 해도 병이나 유산, 출생, 죽음, 그리고 허다한 사건을 내다보는 꿈을 꾸었다. 꿈은 결코 가볍게 볼 일이 아니며, 특히 피할 수 있는 재난을 떠올리는 꿈이라면 더욱 그랬다.

이모는 지금 압바가 꾼 꿈에 대해 이야기해보라고 암미에게 말하는 것이었다. 그래서 재차 말했다. "당신네 가족을 위해 사드카(*sadqa*; 주로 불운을 피하기 위해 드리는 자원 예물)를 드리고 기도하고 싶어요. 그가 본 것을 말해봐요."

암미는 동의하며 말했다. "그래요, 말할게요. 하지만 무슨 의미인지 모르겠으니 다른 사람한테는 말하면 안 돼요. 이틀 전 밤에 남편이 꿈을 꿨어요. 우리는 차 안에 있었고, 운전해서 어두운 길을 달리고 있었죠. 길은 무척 좁았고, 길 양 옆에 불이 붙어 있었어요. 빛을 전혀 발하지 않는 어두운 불이었어요. 남편은 아무 것도 볼 수 없었어요. 뒷좌석에서 바지와 나빌이 잘 있는지 살펴보려고 돌아보았는데, 아이들이 없었어요."

암미는 말을 멈추고 차 옆에 서서 이야기하고 있는 압바와 삼촌을 바라보았다. 여전히 사무적인 어조로 이모가 물었다. "무슨 뜻이 있다고 생각해요?"

암미가 대답했다. "아스타그피룰라(알라여, 용서하소서), 생각하고 싶지 않아요!"

"그럼 지난밤 길에서 무슨 일이 있었던 거죠?"

암미는 주저하다가 입을 열었다. "더눈까지 가는 먼 길은 낮에 운전해도 위험한 길이에요. 우리는 그런 생각을 전혀 하지 않고 갔는데, 집까지 절반 정도 갔을 때 가로등이 모두 꺼졌어요. 어두웠고 꿈에서 본 것과 너무 비슷했죠. 그래서 차를 돌린 거예요. 꿈이 의미하는 바가 무엇이든, 저는 알라께서 우리를 거기서 구하셨다고 생각해요."

마침내 이모가 미소를 지으며 암미에게 말했다. "알함도릴라

(*Alhamdolillah*; 무슬림이 '알라를 찬양하라'는 뜻으로 사용하는 문구로, '할렐루야'의 이슬람식 표현). 우리 알라께 감사드려요. 떠나기 전에 두아 기도를 드리고, 사드카를 바치고, 이 일에 대해 더 이상 생각하지 말아요. 집에 도착하면 나한테 전화 줘요. 모두가 무사한지 알 수 있도록요." 암미는 미소로 답하고 이모를 껴안았다. 이모는 진정한 친구였다.

우리 두 가족은 차 주위에 모여서 함께 두아 기도를 올렸다. 우리가 안전하게 속히 집으로 돌아갈 수 있도록 침묵으로 기도했다. 이는 표준적인 절차였지만 그날 아침에는 특별한 의미가 있었다.

우리가 차를 타고 도시를 벗어나자 나는 압바에게 나쁜 꿈을 꾸었는지 물어보았다. 압바는 암미를 곁눈으로 바라보았으나 암미는 아무 말도 하지 않았다. "그래, 베이타."

"저도 어젯밤에 안 좋은 꿈을 꾸었어요, 압바 잔. 별일 없을 거예요."

압바가 빙그레 웃었다. "꿈에는 여러 종류의 꿈이 있단다, 빌루."

"어떤 차이가 있는데요?"

"하나님께서 주시는 꿈을 꾸면 너도 알게 될 거다."

"알라께서 압바에게 자주 꿈을 주시나요?"

"그래, 베이타. 너무 많이 주시는구나." 이것을 마지막으로 우리는 더 이상 꿈에 대한 이야기는 하지 않았다. 며칠 후, 압바는 더 이상 예언적 꿈을 보지 않게 해달라는 기도를 알라께 드리기로 결심했다.

그 후로 20년이 넘는 세월 동안 압바는 그다지 많은 꿈을 받지 않았다. 반면에 나는 꿈을 통해 인도해주실 것을 알라께 구하기 위해 바닥에 엎드려 몇 시간이고 보내는 시기에 접어들고 있었다. 결과적으로 압바의 말이 맞았다. 그 꿈을 꾸었을 때 나는 그분이 주신 꿈임을 바로 알았다.

10장

축복의 달

스코틀랜드에서 보낸 시절은 마법의 시간 같았다. 내 마음은 그 땅과 사람들에게 매혹되었다. 산허리에 자리 잡은 우리 집에서는 추운 날 아침 멀리서 울리는 백파이프 소리를 들을 수 있었다. 더눈을 둘러싼 산들이 그 소리를 전달하기 위해 그런 형세를 갖추었나 싶을 정도였다. 마당에는 블랙베리 덤불이 자랐고, 울타리 너머에서는 양 떼가 풀을 뜯고 있었다. 나는 우리 마을에 단 하나 있는 학교였던 샌드뱅크 초등학교에서 공식 교육을 받기 시작했고, 모스크에서 친구들을 사귀어 아주 가까워졌다. 신호등 아래서 파란 신호를 기다리며 서 있다가 낯선 이들로부터 저녁 초대를 받은 적도 여러 번 있었다. 나는 스코틀랜드가 좋았고, 스코틀랜드에 대한 애정 때문에 심한 스코틀랜드 악센트까지 익혔다.

하지만 냉전이 끝나고 있었다. 이는 더 이상 핵잠수함 기지가 필요하지 않다는 뜻이었다. 우리 가족이 다시 이사할 때가 되었다. 나로서는 스코틀랜드를 떠나는 데 따르는 장점을 딱 하나 생각해낼 수 있었는데, 라마단이 훨씬 쉬워질 것이라는 점이었다.

라마단은 무슬림의 거룩한 달이다. 무슬림은 30일 동안 해가 떠서 질 때까지 금식을 하는데, 모든 음식뿐 아니라 물조차 입에 대지 않는다. 이 관습은 건강한 몸을 가진 모든 무슬림이 지켜야 하는 의무 조항으로, 이슬람의 네 번째 기둥인 것이다. 무슬림은 30일의 라마단 기간 마지막 날을 양대 축일 중 하나인 "에이드 알 피트르"(Eid al-Fitr; 라마단의 종료를 알리는 무슬림의 양대 축일 중 하나)로 경축한다.

스코틀랜드에서는 낮 시간이 지나치게 길어서 라마단을 지키기가 너무 힘들었다. 스코틀랜드의 위치는 아이슬란드의 바로 남쪽의 북단이다. 여름에 스코틀랜드는 새벽 네 시 반에 해가 떠서 밤 열 시가 되어야 진다. 라마단이 여름에 걸리기라도 하면, 우리가 그곳에 살 적에 경험한 바 무슬림은 하루에 열여덟 시간 동안 금식해야 한다. 그렇게 오랫동안 굶기란 최악이거니와 음료조차 금지하다니 가혹한 명령이 아닐 수 없다. 연달아 30일을 견디기란 분명 용기와 신앙의 시험이었다.

하지만 흔히 알고 있는 것처럼 이슬람교가 그렇게 융통성이 없는 것은 아니다. 예를 들어, 금식 명령이 적용되지 않는 몇 가지 예외가 있다. 아프거나 여행 중이거나 금식을 할 수 없는 다른 이유가 있다면, 그 무슬림은 선택을 할 수 있다. 예컨대 그는 가난한 사람에게 식사 한 끼를 대접하는 것으로 자신의 의무를 대신할 수 있으며, 나중에 금식할 수 있는 형편이 되었을 때 앞서 빠뜨린 금식을 보충할 수 있다.

금식이 중요하기는 하지만, 라마단을 말하면서 금식만 이야기하는 것 역시 안타까운 오해가 아닐 수 없다. 무슬림에게 이 거룩한 달은 금식 이상의 의미가 있다. 라마단은 공동체를 세우고, 깨어진 관계를 회복하고, 정결해지기 위해 노력하고, 무엇보다 믿음을 굳게 하는 시간이다. 이 기간 중 무슬림은 일가친척을 초대하고 선물을 준비하고 잔치를 연다. 한 달 동안 이어지는 성탄절처럼, 라마단은 전 세계 무슬림의 땅에서 열리는 한 달 동안의 축제다.

이슬람 달력은 음력을 사용하기에 라마단이 시작하는 때를 정확히 예측하기란 어렵다. 대개는 정확히 어느 순간에 밤이 시작하는지 알 수 없었다. 해마다 압바와 나는 집 밖에 서서 기대와 흥분에 차 하늘을 바라보며 구름이 걷히고 조금이라도 달이 모습을 드러내기를 바랐다. 초승달이 보이면 우리는 고개를 숙이고 암기하고 있던 두아 기도를 낭송했다. 그런 다음 압바는 부엌으로 가서 암미에게 라마단이 시작되었음을 알렸다. 암미가 함께 밖에서 달을 기다리던 기억은 없는데, 암미는 항상 다음날 음식을 준비하고 있었기 때문이다. 준비할 것이 무척 많았다.

우리는 보통 해가 뜨기 한 시간 전에 일어났다. 우두를 행하고 자신이 선택한 여덟 라카트의 기도를 드린 다음 자리에 앉아서 식사를 했다. 해 뜨기 전에 먹는 식사를 세리(sebri; 무슬림이 금식 전에 먹는 식사)라고 하는데, 거기에는 하루를 살아낼 힘을 주고 교제 가운데 하루를 시작하도록 한다는 두 가지 뜻이 담겨 있었다. 암미는 부엌에서 음식을 준비하면서 노래를 흥얼대곤 했는데, 대개 알라나 무함마드를 찬양하는 곡이었다. 암미는 우리 전통 음식으로 식탁을 차렸다. 세리의 고정 요리인 요거트와 계란뿐 아니라 이집트콩, 편두, 치킨 케밥, 시리얼, 우유, 주스, 그리고 암미 생각에 아침 식사를 보충할 만하다 싶은 것은 무엇이든 식탁에 올라왔다.

우리가 부엌에 들어갈 즈음에 암미는 파키스탄식 납작빵인 로티나 파라타를 만들기 시작했다. 암미는 우리가 새로 만든 따뜻한 납작빵을 먹어야 한다고 고집했다. 암미는 언제나 식사 준비하는 일을 즐겼으며, 가족을 위해 세리를 차리면서는 어느 때보다 행복해했다. 우리가 식사를 마칠 때까지 암미는 자리에 앉는 일이 없었고 모두가 신선한 빵을 충분히 먹을 수 있도록 했다.

세리를 먹을 때 우리는 시계에 눈을 고정하고 먹었다. 냉장고 앞에 라마단 달력을 붙여두는데 거기에는 정확한 일출 시간이 쓰여 있어서 이를 보고 언제 식사를 멈춰야 하는지 알 수 있었다. 해가 뜨기 직전에 나는 기도용 융단에 가서 아잔을 외쳤다. 아잔이 끝날 때까지 우리 가족은 식사를 하곤 했다.

어느 아침 내가 아잔을 해야 할 시각이 되었을 때 암미는 반농담으로 이렇게 말했다. "빌루, 오늘 아잔은 천천히 하렴. 밥 먹을 시간이 부족하구나!" 아잔은 엄숙하게 드려야 했지만 나는 할 수 있는 한 서둘러 했고, 식탁에서 암미의 악의 없는 불평을 기꺼이 들곤 했다. "나빌! 어떻게 엄마에게 이럴 수 있니? 부끄러운 줄 알아라!"

낮 시간 동안에 바지와 나는 대개 학교에 있었는데, 금식이 우리의 학교생활에 방해가 될 것을 염려한 암미는 우리가 금식하는 것을 허락하지 않았다. 우리의 무슬림 친구들은 학교에서도 금식한다고 지적했을 때, 암미의 대답은 이러했다. "내가 그 애들의 엄마는 아니잖니? 어른이 될 때까지는 금식하지 않아도 된단다. 그리고 너희는 아직 아이야. 너희는 그저 연습하는 거란다. 다른 엄마들은 자기 아이가 어른이라고 생각하는 모양인지 모르겠다만, 다른 아이들과 너희를 비교하지 말거라." 암미는 화가 난 척했지만 우리는 암미가 금식하려는 우리의 마음에 대해 실은 화가 난 것이 아님을 알고 있었다.

대부분의 무슬림처럼 암미는 라마단 기간 동안 행복하기 위해 무던히 노력했고 실제로 효과가 있었다. 암미는 라마단 기간 중 코란을 암송하고 기도를 드리면서 낮 시간을 보냈고 그렇게 함으로써 활력을 되찾는 듯했다. 암미는 라마단 기간 중 코란을 두 번씩 읽곤 했는데, 전체 서른 부분 중 하루에 두 부분씩 읽는 식이었다.

저녁 때 우리 가족은 종종 우리 모스크 사람들의 가정에서 차린 이프타르(*iftar*; 무슬림이 금식을 끝내고 여럿이 모여서 먹는 저녁 식사) 만찬에 가곤 했다. 이프타르는 금식의 중단을 의미하며 온 공동체가 모여 함께 축하하는 시간이다. 하디스에 보면, 무함마드는 대추야자를 먹는 것으로 금식을 중단했다고 하는데, 그래서 전 세계의 무슬림도 그와 똑같이 한다. 물론 늦는 경우가 종종 있었기에 우리는 이프타르 만찬에 가는 차 안에서 대추야자를 먹곤 했다.

대추야자 하나로 금식을 중단한 다음, 공동체는 다함께 제대로 된 식사를 하기 전에 마그리브 기도를 드린다. 잠시 교제의 시간을 가진 다음 아잔을 불러 이샤 기도를 준비한다. 이샤 후에는 라마단 기간 중 사람들이 드리는 일련의 선택 기도를 일컫는 타라위(*taraweeb*; 라마단 기간 중 자원해서 드리는 밤 기도) 기도를 드린다. 모스크에서 열리는 이프타르 만찬에서는 대개 코란 전체를 통째로 외고 있는 하피즈(*bafiz*; 코란 전체를 암송하고 있는 사람)가 이맘 역할을 한다. 라마단 기간 중 타라위 기도를 드리는 동안 코란 전체를 낭송하는 것이 이 이맘의 목표다. 그래서 매일 밤 기도 시간은 종종 한 시간이나 두 시간 동안 지속된다. 기도 시간 동안 예배자들은 서서 조용히 손을 모은 채 암송되고 있는 말씀에 귀를 기울인다. 타라위가 끝나면 몇 시간 자고 다시 일어날 생각을 하며 모두 집으로 돌아간다.

많은 지역에서 무슬림은 라마단 기간에 매일 밤 다른 집을 방문해 이프타르 만찬을 한다. 식사를 제공하는 것이 일반적으로 집주인의 의무이기에, 그는 모두가 먹을 수 있는 양보다 항상 더 많은 음식을 준비한다. 라마단의 모순은 매일 아침과 저녁으로 뷔페식 탐식을 하기 때문에 금식월이 끝나고 나면 대개 몸무게가 불어난다는 점이다.

스코틀랜드를 떠난 뒤에 나는 라마단 기간 중 정기적으로 금식을 해도 된다는 허락을 받았다. 우리는 1990년 스코틀랜드를 떠나 코네티컷 주 그로턴의 잠수함 기지로 이주했다. 그로턴에는 모스크 공동체가 없었고 나는 그곳이 집 같지 않았다. 가까운 친구를 사귀지도 못했다. 가장 주목할 만한 사건은 스코틀랜드 악센트를 잃어버린 비극이었다. 스코틀랜드는 내가 무슬림이 된다는 것의 의미를 배운 곳일뿐더러 나의 이슬람 신앙을 사랑하게 된 곳이었다.

3년 후 우리는 다시 이사를 했고, 이번에는 버지니아 주로 돌아왔다. 압바는 곧 쿠레쉬 소령이 될 터였기에 부대를 따라 다시 이사할 일은 없을 것이었다. 버지니아 비치에서 나는 오랜 우정을 쌓았고, 성인이 되었으며, 미래의 진로를 결정했다. 그곳에서 나는 처음으로 내가 물려받은 이슬람 문화와 내가 속한 미국적 환경이 충돌하는 아픔을 겪었다. 그곳에서 나는 결국 이슬람과 내가 알고 있던 모든 것에서 떠나기로 결심했다.

> 변호사이자 변증학자이고 전 시아파 무슬림이며 이슬람과 그 밖의 주요 세계관에 관한 두 권의 책을 출간한 압두 머리가 쓴, 미국에서 무슬림으로 성장한다는 것에 관한 전문가 기고문을 보려면, 470쪽을 보라.

2부

이슬람의 대사

—
"분명 당신은 인류를 위한 마지막 사자로
무함마드를 보내시고 우리의 지표로
코란을 보내신 분입니다⋯."

11장

제3의 문화

마침내 7학년 때 나는 지속적으로 우정을 나눌 친구들을 사귀었다. 데이비드, 벤, 릭은 친형제와 같은 친구였고 우리는 모든 것을 함께했다. 암미는 내가 나이가 들고 있음을 어쩔 수 없이 인정해야 했고, 내가 집 밖에서 점점 더 많은 시간을 보낼 수 있도록 해주었다. 나는 과외 활동 때문에 외출하는 경우가 대부분이었지만, 암미는 내가 이따금 몇 시간씩 친구네 집에 놀러가는 것을 허락했다.

하지만 내가 십 대에 접어들기 전에 암미는 나와 진지한 이야기를 나누었다. 한번은 어느 늦은 저녁에 우리 가족이 이샤 살라트 기도를 드리고 내가 기도용 융단을 떠나기 직전에, 암미가 나를 불러 세웠다. "나빌, 거기 잠깐만 있으렴."

곧바로 나는 이게 보통 하는 대화가 아님을 직감했다. "무슨 일이에요, 암미?"

"베이타, 내 바람은 너희 학교에 무슬림 남학생이 몇 명 있어서 네가 이슬람 신앙을 드러낼 때 혼자 외롭지 않도록 진정한 친구가 있으면 하는 것이란다. 하지만 그게 알라의 뜻은 아니었구나. 이것을 늘 명심하거라. 네가 어디에 있고 무엇을 하든, 너는 이슬람의 대사다. 너는 항상 이슬람의 대사가 될 것이란다."

나는 암미의 진실함과 열의에 이끌려 주의 깊게 들었다. "사람들은 네 얼굴을 보면서 '쟤는 무슬림이야!'라고 생각할 거란다. 네가 무슨 일을 하는가는 중요하지 않아. 네가 졸업생 대표가 된다면 사람들은 '저 무슬림 졸업생 대표를 봐!'라고 생각할 거야. 네가 미국 대통령이 되면 사람들은 '무슬림 대통령을 봐!'라고 생각할 거야. 서구에서 이슬람은 낯선 것이고 대다수의 사람들이 이슬람에 반대한단다. 그들은 항상 너를 무엇보다 한 사람의 무슬림으로 볼 거란다. 그게 네 정체성이고 너는 이런 네 정체성을 끌어안아야 한다."

암미가 이런 말을 하는 경우는 드물었다. 암미의 말은 내 안에 책임감을 가득 불어넣었다. 나는 이마에 잔뜩 주름이 생길 정도로 암미의 말에 집중했다.

암미는 나를 껴안고 가까이 끌어당기며 말했다. "빌루, 걱정 마라! 이것은 좋은 일이란다. 네가 이슬람을 대표해서 사람들로 하여금 이슬람의 아름다움을 이해하도록 도울 기회이자 축복인 거지. 졸업생 대표가 되거라, 그러면 사람들은 '와, 이슬람이 훌륭한 학생을 만들어냈다!'고 생각할 거란다. 대통령이 되거라, 그러면 사람들은 '이슬람이 훌륭한 지도자를 배출한다!'고 생각할 거란다. 수위가 되더라도, 최고의 수위가 되거라."

수위가 되더라도 암미가 만족할지는 미심쩍었지만, 나는 고개를 주억거렸다.

"샤바시, 베이타. 네가 무슨 일을 하든, 가장 존중받고 정직하고 존귀한 사람이 되어야 한다. 그러면 사람들이 이슬람을 찬양할 거란다. 선생님을 대할 때 존경심을 갖고 대해라! 나한테 하듯 선생님께 해라. 내가 선생님을 뵐 때, 네가 반에서 가장 모범적인 학생이라는 말을 듣고 싶구나. 이슬람에서 술은 금지되어 있다. 하지만 너는 술뿐만 아니라 남을 욕하거나 여자아이와 단 둘이 시간을 보내서도 안 된다. 멋진 사람이 되어 아무도 네게 손가락질 못하게 해야 한다. 사람들은 네가 존귀한 사람이라는 것을 알기에 너를 칭찬하거나, 자기 자신을 싫어하기에 너를 싫어하거나 할 거야. 어느 쪽이 되었든, 사람들은 이슬람이 너처럼 멋진 사람을 배출했다는 사실을 알게 될 거란다."

그리고 나는 그 일을 이루었다. 학교에서 나는 듣기 원하는 사람들에게 내 이슬람 신앙에 대해 이야기했고, 내게 의미 있는 일들을 옹호했으며, 내 도덕과 평판을 지키기 위해 최선을 다했다. 나와 같은 학년 아이들 중에는 술을 마시고 마약을 하고 7학년밖에 안 되었지만 섹스를 하는 애들이 있었다. 다행히 나와 가까운 친구들은 아무도 그런 일에 끼지 않았고, 나 역시 늘상 해오던 방식으로 이슬람을 대표하는 일이 그다지 어렵지 않았다.

하지만 변화가 진행되고 있었다.

청소년기는 누구나 어렵다. 십 대 청소년은 자신의 정체성이 형성됨에 따라 부모가 마련해준 정체성을 차츰 깨어버리게 된다. 각자 상황이 다르듯 도전도 다르다. 우리 가족이 맞이한 도전, 즉 바지와 내게 다가온 도전은 자신의 정체성을 확립해야 하는 것뿐 아니라 전혀 새로운 패러다임을 받아들여야 하는 것이었다. 우리 는 균열하는 거대한 골짜기 위에서 어느 쪽에도 견고히 발을 붙이 지 못한 채 양다리를 걸치고 서 있었다.

내가 감지한 첫 변화는 가족 모임이었다. 암미의 친척들은 대 부분 노스이스트에 살았고, 우리는 한 해 동안 여러 번 만났다. 내 가 십 대에 접어들 무렵, 내 부모님과 이모, 삼촌들은 내가 착한 파키스탄 십 대 소년처럼 행동하기를 바랐고 나 역시 그렇게 되어 그들을 기쁘게 하고 싶었다. 그런데 문제는 내가 한 번도 착한 파 키스탄 십 대 소년을 가까이서 본 적이 없다는 것이었다. 나는 어 떻게 처신해야 할지 몰랐다. 그것은 암미가 가르쳐줄 수 없는 것 이었다.

결국 나는 나보다 나이 많은 사촌형들과 비교적 어린 축에 드 는 삼촌들의 말하는 법을 흉내 내기 시작했다. 하지만 파키스탄 문화에 맞게 재치와 무례 사이에서 중심을 잡는 데 필요한 수완이 내게는 확실히 부족했다. 미국 문화 안에서는 비교적 잘하는 편이 었고, 실은 멋지게 해내고 있었다. 가족 여행에서 돌아오는 길에 내가 무례했다는 이유로 부모님과 충돌하는 일이 잦아지기 시작했다.

또한 친척들의 취향과 기호에 대해 내가 너무 많은 질문을 던지고 있다는 사실을 깨달았다. 우리 문화에서는 어른께 순종하는 것이 미덕이다. 순종은 존경의 표현이며 특정 상황에서는 사랑의 의미를 갖는다. 질문은 종종 권위에 대한 도전으로 비친다. 하지만 학교 선생님들은 우리에게 비판적 사고를 가르쳤고 무엇이든 의문을 제기하는 것이 좋다고 가르쳤다.

내 머리는 비판적 사고에 익숙해졌으나 이런 변화는 우리 문화와 조화를 이루지 못했다.

내게 고약한 성격이 없었다는 말을 하려는 게 아니다. 분명 내게도 문제가 있었다. 나는 자존심이 세고 자기중심적인 십 대였고, 그로 인해 골치 아픈 일을 수없이 겪어야 했다. 좋은 부모는 자녀가 이런 결점을 넘어 성장하고 자기 정체성을 찾아가도록 돕는다. 우리 부모님도 그랬다. 하지만 부모님이 버릇없다고 본 것 중에는 실은 문화 충돌인 경우가 적잖이 있었다. 나는 부모님의 것과는 다른 문화의 옷을 입고 있었다. 부모님은 내가 근사한 파키스탄 모시옷을 입고 있다고 생각했겠지만, 나는 아시아와 미국의 혼합 면직물을 입고 있었던 것이다.

학교에서도 상황은 마찬가지였다. 나는 미국인 친구들과 거리낌 없이 어울리기에는 너무 파키스탄인 같았다. 아무리 함께 시간을 보내고 가까워져도 어떤 벽 같은 게 늘 있었다. 학년 말 행사가 있던 중학교에서의 마지막 주를 나는 평생 잊지 못할 것이다. "최고 인기상" 수상식이 진행 중이었고, 나는 인기상의 일종인 "주머니 컴퓨터를 발명해서 그것을 바지 주머니에 넣은 채 세탁기에 넣을 것 같은 사람"으로 뽑혔다. 그날 밤은 정말 즐거웠다. 사진 찍는 시간이 될 때까지는 말이다. 친구 벤이 친한 친구들과 사진을 찍고 싶다면서 데이비드와 릭에게만 함께 사진을 찍자고 청하는 일이 일어났다. 날카로운 칼에 내 심장을 베는 기분이었다. 그때 그 일을 생각하면 지금도 마음이 쓰리다. 하지만 벤의 잘못은 아니었다. 나는 어느 곳에도 완벽하게 어울리지 못했던 것이다.

아무도 이런 사실을 이해하지 못했으며 심지어 나 자신도 마찬가지였다. 나는 더 이상 파키스탄 전통 문화에 속하지 않는 동시에 미국 문화에도 제대로 끼어들지 못했다. 나는 아무도 나를 만나러 오지 않는 제3의 문화에 속한 사람이었다.

12장

서구의 무슬림

나는 배를 깔고 엎드려 난간 사이로 아래층에서 열리고 있는 비밀회의를 들여다보고 있었다. 그날 우리 가족은 할아버지의 장례식을 치르기 위해 일찌감치 모였다. 감정이 고조되었으나 또 다른 암묵적인 긴장이 하루 종일 맴돌았다. 어른들은 나와 사촌들에게 그만 가서 자라고 했지만, 나는 슬그머니 빠져나왔다. 내게는 답이 필요했다.

나이 많은 사촌이 삼촌네 거실 한쪽 끝에 앉아 얼굴을 두 손에 묻고 있었고, 어른들은 그녀 주위로 반원을 그리며 자리를 잡았다. 걱정과 슬픔으로 분위기는 답답했다. 아무도 말하지 않았다.

마침내 할머니가 부드러운 말로 침묵을 깼다. "아직 순결하니?"

사촌의 엄마가 날쌔게 끼어들었다. "물론이죠, 이 애는 순결해요." 하지만 모두의 눈이 사촌을 향했다. 천천히, 하지만 얼굴을 파

묻은 손에서 얼굴을 들지 않은 채 그녀는 고개를 끄덕였다.

암미는 이보다 덜 심한 일로 바지를 혼낼 때만 드러내는 어조로 사촌을 훈계하기 시작했다. "네가 순결하다면, 그 남자는 잊어라! 그만 잊고 우리의 명예에 더 흠집이 나기 전에 선한 아흐마드파 무슬림 남자와 결혼하거라. 아흐마드파는 아니더라도 무슬림이어야지. 하지만 힌두교도라고? 아스타그피룰라!(알라여, 용서하소서!)"

사촌은 얼굴을 묻은 손가락 사이로 눈물을 떨구며 흐느꼈다. "하지만 그 애를 사랑하는 걸요."

이모 한 분이 숨죽여 웃으며 속삭였다. "쟤가 어쩌다 머리가 이상해졌네요." 그러더니 사촌을 향해 몸을 돌려 이렇게 책망했다. "네가 사랑이 뭔지 아니! 미국물 들지 말고, 어른들 말 들어라!"

대화가 끊기고 다시 침묵이 찾아와 팽팽한 긴장감이 감돌았다. 방 안의 남자들은 말이 없었다. 남자들이 자리를 지키는 것은 이야기에 무게를 더하고 여자들의 감정에 중심을 잡아주기 위함이었다.

잠시 후 사촌의 어머니가 덧붙였다. "네 할아버지는 선교사셨다. 자기 후손이 집안의 유산에 먹칠하는 것을 보신다면 어떠셨을지 생각해보았니? 이슬람의 이름에 먹칠하는 것을 보신다면?"

"생각해볼 필요 없다." 할머니가 사촌을 똑바로 바라보며 말했다. "네가 그러니까 할아버지가 더 이상 여기 안 계신 거다."

이 말은 내가 할머니에게서 들은 유일한 인신공격적 발언이었다. 비록 할머니의 말은 모진 사랑이라는 동양의 관점에서 나온 것이었지만, 사촌은 지금까지도 그 말을 떠올리며 힘들어한다.[14] 확대 가족과 이런 문제로 충돌하는 것은 내 사촌만 겪는 일이 아니었다. 이민 1세대인 부모와 서구에서 태어난 그들의 자녀 간의 문화 충돌은 특히 질풍노도의 시기인 십 대를 거치면서 일반화된다. 이를 이해한다면 다음의 핵심 사실 역시 설명이 된다. 즉 동양에서 이민 온 무슬림과 서구에서 태어난 그들의 자녀는 완전히 다르다.

동양의 이슬람 문화에서 태어난 사람들은 일반적으로 진리에 접근할 때 개인의 이성적 추론이 아니라 권위의 체계를 통해서 본다.[15] 물론 동양에서도 개인의 비판적 추론은 유효하지만 평균적으로 서구에 비해 그 가치가 낮고 보편적인 방법도 아니다. 지도자들은 비판적 추론을 실천하며 무엇이 최선인지 안다. 다양한 자료에서 정보를 얻고 비판적 검토 과정을 거쳐 진리를 추려내는 일은 전문가의 일이지 일반인의 일은 아니다.

이런 현상으로 인해 그 문화 속에서 성장한 무슬림의 마음에는 극명한 이분법이 자리 잡는다. 실체는 권위의 근원이거나 아니거나, 둘 중 하나다. 신뢰할 만하거나 의심할 만하거나, 어느 한쪽이어야 한다. 선하거나 나쁘거나 해야 한다. 권위에 기초한 문화

---

14 이 일은 내가 전해 들은 이야기와 내가 참여했던 대화 등을 토대로 재구성한 이야기다.

15 이는 초기 이슬람의 권위적 성격 때문일 수도 있고, 근대 이슬람 사회의 상대적으로 높은 문맹률로 인해 권위 체계에 기초한 구두 교수법 때문일 수도 있다.

에서 회색 지대는 설 자리가 없다.

대부분의 경우 동양의 교사들은, 서구는 기독교 세상이고 서구 문화는 문란하며 사람들은 이슬람에 반대한다고 무슬림에게 가르쳐왔다. 그래서 평균적인 무슬림 이민자는 서구인들이 문란한 그리스도인이자 이슬람의 원수라고 생각한다.

그들은 미국에 와서 문화 차이와 선입견으로 인해 종종 서구인으로부터 고립된 채 지내기 십상이다. 암미와 마찬가지로, 많은 사람이 고국을 떠나온 이들과만 관계를 맺게 되기에 그들의 관점이 교정될 기회는 오지 않는다. 설상가상으로, 어떤 무슬림들은 서구인과 그리스도인으로부터 부당한 대우를 받게 되고, 그로 인해 서구인은 곧 그리스도인이라는 생각이 강화된다.

드문 경우지만, 어떤 사람이 무슬림을 자기 집에 초대한 경우, 문화와 환대 풍습의 차이로 인해 손님으로 온 무슬림을 불편하게 만들 수 있다. 이 경우 초대한 사람은 이를 극복하기 위해 묻고 배우고 받아들이기를 주저하지 말아야 한다. 이처럼 무슬림 이민자가 그리스도인과 서구에 대해 이해하는 것을 방해하는 장벽이 너무 많다. 사랑과 겸손, 환대, 인내가 함께할 때 이런 장벽을 극복할 수 있지만, 이를 위해 노력을 기울이는 사람은 많지 않다.

가족들이 우리가 "미국화" 되지 않도록 힘써 싸우는 이유가 바로 여기에 있다. "미국화"는 국적과는 무관하지만 그들의 문화 인식과는 모든 면에서 관련이 있다. 미국화 된다는 것은 어른에게 순종하지 않고, 보수적인 옷을 마다하고, 가족보다는 친구와 더 많은 시간을 보낸다는 뜻이다. 욕, 음주, 연애는 두말하면 잔소리다.

가장 터무니없는 일 중 하나는 무슬림 이민자들이 종종 서구의 도덕 상실과 기독교를 연결시킨다는 점이다. 그리고 비판자의 생각 속에서 이런 추정은 곧 인과 관계를 끄집어내고 만다. 서구는 기독교이고, 서구는 미국화다. 그러므로 기독교는 곧 미국화인 것이다. 많은 무슬림의 생각에, 이 문란하고 지배적인 서구 문화를 배출한 것은 기독교다. 따라서 기독교는 분명 사악한 것이다.

한번은 텔레비전에 나오는 도발적인 의상을 입은 사람들이 그리스도인이 아닐 수도 있다고 암미와 압바에게 말한 적이 있는데, 그때 돌아온 반응은 "무슨 말이니? 저들 스스로 '그리스도인'이라고 하지 않니? 십자가를 하고 있는 게 안 보이니?"였다. 그들 중에는 하나님을 믿지 않는 명목상의 그리스도인이 있다고 내가 말하자, 그 말은 그들이 하나님을 믿지 않는 그리스도인이라는 말밖에 안 된다고 두 분은 답했다. 두 분은 믿음의 종교와 문화적 종교를 구분하지 않았다. 여기서 비극은 아무도 두 분에게 달리 생각할 여지를 주지 않았다는 점이다. 만일 다르게 사는 그리스도인을 한 명이라도 가까이 알았다면, 두 분의 편견은 교정되었을 테고 기독교가 고결한 빛임을 볼 수 있었을 것이다.

서구에서 자라난 무슬림 2세대인 그들의 자녀에게는 이 모든 것이 전혀 다르다. 2세대는 그들의 또래집단만큼이나 다채롭고 이질적이다. 그들의 특징을 한 가지 말할 수 있다면 이것이다. 거의 일반적이라 할 만큼 2세대는 서구인의 시각으로 세상을 보지만 공개적으로는 이슬람을 지지한다.

내가 그랬듯, 일부는 비판적 사고를 하도록 교육받으며 자랐으면서도 여전히 이슬람을 사랑한다. 나는 고등 교육을 받은 여자 사촌이 여럿 있는데 그들은 부르카를 쓴 채로 자신의 선택을 이성적 사고로 옹호하고자 한다. 한편 일부 남자 사촌처럼 어떤 이들은 "무슬림"이라는 이름 하나만은 고수하지만 그 밖의 이슬람 및 그 문화와 관련된 것은 모두 거부한다.

이슬람 청년이 자기 문화와 연결되어 남느냐 아니면 명목상의 신자로 남느냐 하는 것은 종종 문화 충돌에서 경험하는 압박과 관련이 있다. 그의 부모가 내 경우처럼 아주 독실한 신자라면, 그 자녀는 전통적인 생활 방식을 따라 살고자 노력할 가능성이 크다. 부모가 명목상의 신자라면, 자녀가 이슬람에 진지한 관심을 기울일 가능성은 거의 없다.

어떤 친구를 사귀고 그 친구들이 어떤 신앙을 갖고 있는가 하는 것 역시 학교에서 배우는 내용만큼 그의 삶에 큰 영향을 미친다. 바지는 자라면서 나와 다른 관점으로 세상을 바라보게 되었다. 바지는 지금도 부르카를 쓰고 이슬람을 사랑하지만 이슬람과 서구의 다원주의를 혼합해버렸다. 바지는 알라가 사람들을 기독교로도 이끌 수 있고 힌두교, 유대교 또는 다른 어떤 종교로도 이끌 수 있다고 믿으며 모든 길이 결국 알라께로 가는 길이기에 모든 이가 구원을 얻을 수 있다고 믿는다. 같은 집에서 자랐지만 바지의 신앙은 이렇게 다르다. 집 밖에서 경험한 것들이 그녀를 나와는 전혀 다른 모습으로 빚어낸 것이다.

내 사촌의 경우, 결국 그녀는 "돌아왔고" 힌두교 청년과 결혼하지 않았다. 하지만 그녀가 그 사건에서 완벽하게 회복될 가능성은 앞으로도 낮아 보인다. 남자 사촌 중 한 명은 필리핀 여자와 결혼하려 했다가 질책을 받은 뒤 "돌아왔고" 완전히 회복되었으며 결국 파키스탄 여자와 결혼했다. 미국 여자와 결혼하려던 또 다른 남자 사촌은 질책을 받고도 밀고 나가 결국은 결혼을 하고 말았다.

이 모두가 미국에서 태어난 2세대 무슬림이다. 그들 모두 계보를 추적해 올라가면 파키스탄의 한 마을에 이르고, 같은 자마트에서 자랐고, 대체로 모두 비슷한 세대다. 하지만 세상을 보고 이해하는 방식은 전혀 다르다.

어쩌면 가장 중요할 수 있는 점을 들자면, 그들 중 어느 누구도 자기 부모와 같은 방식으로, 심지어 비슷한 방식으로라도 세상을 보지 않는다는 점이다. 하지만 그들은 모두 무슬림임을 자처하고 부모의 신앙과 자신을 결부시킨다.

그렇다면 서구에서 무슬림이 된다는 것은 어떤 의미인가? 무엇이든 의미할 수 있다. 만일 누군가에 대해 그가 어떤 사람이고 무엇을 믿는지 알고자 한다면, 개인적으로 그를 알아야 하고 직접 물어보아야 할 것이다. 하지만 개인적으로 알기 전이라도 그가 무슬림 이민자인지 아니면 2세대 무슬림인지를 확정하는 것이 가장 좋은 방법일 것이다. 이 한 가지 사실이 종종 어마어마한 차이를 만들어낸다.

13장

기절론과 대체론

동서양이 혼합된 나의 독특한 정체성은 이슬람 변증을 통해 형성되었다. 나는 내가 속한 세대를 사로잡은 포스트모더니즘의 상대주의를 붙들고 오래 씨름할 필요가 없었다. 내가 볼 때 진리의 존재는 자명했다. 다른 선택지가 있는가? 진리가 존재하지 않는다면 진리가 없다는 게 진리가 되고, 다시 한 번 진리에 이르게 된다. 진리가 있다는 것 외에 다른 선택지가 없는 셈이다.

전통적으로 무슬림과 그리스도인은 이런 견해를 공유해왔다. 양쪽 모두 진리를 믿으며 이 진리가 자신의 신앙과 일치한다고 생각하기 때문만은 아니다. 무슬림과 그리스도인이 공유하는 관점은 상당히 넓다. 양쪽 모두 유일신뿐 아니라 영적 영역과 물리적 영역, 천사와 마귀, 선과 악, 최종 심판, 천국과 지옥, 경전의 영감성, 그 밖에도 많은 지엽적 내용에 이르기까지 유사한 믿음을 갖고 있다.

이런 공통점들은 양날의 검과 같다. 서로를 이해하고 비슷한 관점에서 세계를 바라볼 수 있는 대화의 공통 기초가 될 수도 있지만, 두 신앙의 가장 첨예한 차이점, 곧 예수와 무함마드에 관한 견해를 두고 갈등을 증폭시킬 수도 있다.

그리스도인은 예수가 성육신한 하나님이라 믿으며 이 믿음은 정통 기독교 신앙의 핵심이다.[16] 무슬림은 예수가 예언자 중 하나라 믿으며, 따라서 그를 육신을 입은 하나님으로 보는 견해는 신성모독이고 코란에 따르면 영원한 지옥 형벌을 받아 마땅한 사안인 셈이다.[17]

무슬림은 무함마드를 알라의 사자로 믿으며, 이 믿음은 초기 이슬람 신앙고백인 샤하다의 절반을 차지할 정도로 중요하다. 그리스도인은 예수를 통한 구원의 복음에 역행하여 가르치는 자는 모두 거짓 교사라고 믿는다.[18]

이런 믿음의 차이로 인해 무슬림과 그리스도인 사이의 대화는 주로 예수와 무함마드에 맞춰진다. 십 대 무슬림으로서 나는 효과적인 이슬람의 대사가 되기 위해서는 의심할 나위 없는 명성을 갖는 것뿐 아니라 이런 논쟁의 논점들에 대해 훤히 알고 있어야 한다고 생각했다.

서구인들은 무함마드에 관해 거의 아는 바가 없다. 나는 그에

---

16 롬 10:9.

17 5:72.

18 갈 1:6-9.

관해 무엇이든 말할 수 있었고 사람들은 내 말을 믿었다. 물론 거짓으로 누구를 속이려고 한 적은 없었으나 일반적인 그리스도인에게 무함마드에 대해 변호하는 것은 어렵지 않았다. 그들이 무함마드에 대해 아는 게 전무했기 때문이다. 나는 무함마드에 대해 어릴 적 배운 모든 것을 설명했고, 특히 메카를 수복했을 때 그가 보여준 자비에 대해 이야기했는데, 그럼으로써 무함마드와 이슬람에 대한 훨씬 긍정적인 인상을 사람들에게 남길 수 있었다.

예수에 관해 무슬림이 그리스도인의 의견에 동의할 수 없는 두 가지 지점이 있다. 예수가 십자가에서 죽었다는 것, 그리고 예수가 자신이 하나님이라고 주장했다는 것. 코란은 이 두 믿음에 대해 구체적으로 부정한다.[19] 충실한 대사가 되기 위해 나는 이 두 사안에 대해 숙지해야 했으며, 예수가 자신이 하나님이라고 주장하지 않았을뿐더러 십자가에서 죽지도 않았음을 설득력 있게 주장할 수 있도록 최선을 다했다. 후자의 경우, 우리 교단의 창립자가 자마트를 훈련시키기 위해 쓴 『인도의 예수』라는 소책자가 있었는데 나는 그 책을 여러 번 숙독했다.[20]

내가 배운 것을 펼쳐볼 첫 기회는 중학교 앞에 정차해 있는 통학버스 안에서 집으로 가기를 기다리고 있을 때 찾아왔다. 부활절을 앞둔 때였고, 나는 다가올 휴가 때 무엇을 할 것인지 친구 크

---

19 4:157; 5:116.

20 Mirza Ghulam Ahmad, *Jesus in India* (Surrey: Islam International Publication, 2003). 원서는 인도에서 출간, 영서는 개정판이다.

리스틴과 떠들고 있었다. 수업이 일찍 끝난 덕에 우리는 일찌감치 버스에 탈 수 있었다. 고학년이었던 우리는 뒤쪽 자리를 차지할 수 있었다.

우리는 복도를 사이에 두고 양 옆에 앉았고 크리스틴은 성 금요일 계획에 대해 이야기했다.

"성 금요일(Good Friday)?" 나는 그게 뭔지 전혀 몰랐다.

"성 금요일은 예수께서 십자가에서 죽으신 날이야."

"그게 뭐가 좋은데?"

"십자가에서 죽으심으로써 예수님이 우리 죄를 지셨잖아." 크리스틴의 답은 명쾌했지만 나는 재미있었다. 그리스도인이 그렇게 믿는다는 얘기를 들은 적은 있지만 면전에서 그런 말을 듣기는 처음이었다.

"예수의 십자가 죽음이 어떻게 너의 죄를 가져가?"

"교회에서 그렇게 배웠어. 나도 몰라. 우리 집은 교회에 자주 가지 않거든. 물어본 적 없어." 크리스틴은 방어적인 태도를 보이지 않았다. 다만 솔직할 뿐이었다. 그게 바로 크리스틴과 이야기하는 게 즐거운 이유 중 하나였다. 크리스틴은 대책 없이 솔직했고 무서울 정도로 똑똑했다. 나중에 나는 크리스틴한테 홀딱 빠졌으나 이를 인정하지 않았다. 그랬다가는 내 문화를 위태롭게 해야할 텐데 그런 선택을 할 수는 없었다. 나는 대사였으니까. 하지만 크리스틴의 남자친구에게 치사하게 굴기는 했다.

나는 대화를 다시 환기시켰다. "하지만 나는 예수가 십자가에서 죽었다고 생각하지 않아."

"왜?" 그녀는 궁금해했다. 그래서 나는 내 패를 펼치기 시작했다.

"성경 때문이지."

"무슨 말이야?"

"음, 우선 우리는 예수가 십자가에서 죽고 싶어하지 않았다는 사실을 알잖아. 겟세마네 동산에서 예수는 하나님께 쓴잔을 그에게서 거둬달라고 기도했어. 그 쓴잔은 임박한 십자가 죽음을 말하는 게 분명해. 예수님은 하나님께 자신을 구해달라고 밤새 기도하셨고, 그때 땀방울이 핏방울이 되도록 기도했어." 나는 잠시 말을 멈추고 그녀가 따라오기를 기다렸다. 크리스틴이 고개를 끄덕였다.

"내가 너에 대해서 잘 모르지만, 나는 하나님께서 예수를 사랑하셨다고 봐. 그런 하나님이 예수의 기도를 듣지 않으실 수 없지. 사실 히브리서도 같은 말을 한다고 봐. 아무튼 예수가 십자가에 달렸을 때, 계산해보면 알겠지만, 그는 십자가에서 겨우 세 시간만 달려 있었어. 십자가에 세 시간 달려 있다고 해서 죽지는 않아. 며칠 동안 십자가에서 죽지 않고 매달려 있던 사람도 있었다고. 예수는 너무 빨리 십자가에서 내려진 거지." 크리스틴은 바쁘게 생각을 굴리는 듯했고, 나는 잠깐 말을 끊고 그녀가 당연한 질문을 하기를 기다렸다. 마침내 그녀가 미끼를 물었다.

"그러면 예수님은 어떻게 내려진 건데?"

"성경에 그 이유가 정확히 나와! 빌라도가 명령했지. 빌라도의 아내가 꿈을 꾸고는 남편에게 가서 예수를 죽이지 말라고 간청했거든. 아마 그녀가 남편을 설득해서 예수가 십자가에서 죽었다고 유대인들이 믿게 한 다음 예수를 살렸던 게 분명해. 아내 말에 빌라도는 명령을 내려 예수를 십자가에서 내리라고 했어. 그때 예수를 무덤에 둔 거야." 크리스틴이 반론을 제기했기에 나는 여기서 말을 멈췄다.

"하지만 나중에 제자들이 예수님을 봤고 예수님이 죽은 자 가운데서 부활했다고 믿었잖아. 그들이 예수님을 십자가에서 내렸다면 어떻게 그렇게 믿을 수 있겠어?"

"난 제자들이 예수를 내렸다고 하지 않았어. 아리마대 요셉과 니고데모였지. 빌라도가 제자들과 일을 벌였을 리 없어. 그러면 예수를 돕는 꼴이 되었을 테니까. 그래서 그는 아리마대 요셉, 니고데모와 손을 잡은 거야. 요셉이 예수를 데려다가 무덤에 두었고, 니고데모가 몰약과 다른 약재 섞은 것 100근과 세마포를 가져가서 예수를 치료한 거지. 하나님은 그 약을 사용해서 예수가 3일 동안 무덤에 있는 동안 그를 치료하신 거고."

크리스틴은 내가 미처 생각지 못한 질문을 던지며 끼어들었다. "하지만 예수님을 구하기 위해 하나님이 왜 그 모든 일을 하셨겠어? 하나님께서 예수님이 십자가에 달려 죽는 것을 원하지 않으셨다면 며칠 일찍 예수님을 천국으로 데려가실 수 있었을 거 아냐?" 예리한 질문이었다. 나는 그런 관점에서 이 문제를 생각해본 적이 없었다. 하지만 나는 알라께서 예수가 살기를 원하셨던 이유에 대한 답을 우리 자마트에서 배운 바 있었다.

"예수 자신이 그렇게 말했잖아, 자기는 이스라엘의 잃어버린 양을 위해 보냄 받았다고. 잃어버린 양이란 바로 유대인 디아스포라가 진행될 때 아시아로 흩어진 유대인 지파들을 말하는 거야. 알라께서 예수를 십자가 죽음에서 구원한 것은 예수로 하여금 그 잃어버린 양들에게 가서 이스라엘 가운데서 한 것처럼 거기서도 유대교를 개혁하도록 하려 했던 거야."

우리는 대화에 너무 집중한 나머지 다른 학생들이 버스에 타고 있는 줄 몰랐다. 내 앞자리에서 우리보다 한 학년 어린 남학생이 우리 이야기를 주의 깊게 듣더니 도저히 참을 수 없다는 표현을 했다. 같잖다는 듯 투덜대며 우리의 주의를 끌더니 나를 쳐다보고는 화난 듯 몸을 앞으로 돌리며 말했다. "재수 없어."

나는 속으로 말했다. "할 말이 있으면 하면 되지. 진리가 거짓을 이기는 법."

크리스틴도 그를 보았는지, 내가 상처받지 않았나 확인하려는 듯 나를 바라보았다. 나는 상처받지 않았지만, 크리스틴은 앞쪽으로 가서 큰소리로 말했다. "무척 재미있는 견해네. 얘기해줘서 고마워."

내가 크리스틴에게 이야기한 주장은 종종 "기절론"이라고 하는데 아흐마드파 무슬림뿐 아니라 아흐마드파 아닌 무슬림도 모두 알고 있는 견해다. 아흐마드 디다트, 샤비르 알리 같은 무슬림 토론자들이 선호하는 이론이기도 하다. 그 기원은 8세기 말 계몽주의 시대가 시작될 무렵, 예수의 명백한 부활을 설명하려 했던 자연주의적 이론에 그 터를 두고 있다. 미라즈 굴람 아흐마드 같은 무슬림이 거기에 유신론적 변형을 가함으로써 예수가 십자가에서 죽지 않았음을 보다 타당성 있게 설명했다. 그 주장은 이렇게 이어진다. "만일 하나님께서 죽은 자 가운데서 예수를 살리는 큰 기적을 행하실 수 있었다면, 그를 십자가에서 죽지 않게 하는 작은 기적을 행하지 못하실 이유가 있겠는가?"

기절론은 예수의 명백한 죽음에 대한 무슬림 고유의 설명은 아니며 다수의 견해 역시 아니다. 대부분의 무슬림은 "대체론"을 믿는다. 초기 이슬람 역사에 따르면, 예수는 십자가에 달리기 전에 다른 이로 대체되었다. 알라께서 다른 사람에게 예수의 얼굴을 입히고 그가 예수를 대신해 십자가에 못 박혔다는 것이다. "그러나 그들은 그를 살해하지 아니하였고 십자가에 못 박지 아니했으며 그와 같은 형상을 만들었을 뿐이라"라는 코란의 구절을 무슬림은 이렇게 해석한다.[21]

자연스럽게 이런 질문이 뒤따른다. 그렇다면 예수를 대신해 십자가에 못 박힌 사람은 누구인가? 여기에 대해 설명을 내놓은 사람들이 있다. 어떤 이는 예수의 죽음을 기리기 원했던 젊고 열정적인 자원자라고 한다. 어떤 이는 구레네 시몬이 예수의 십자가

---

21 4:157.

를 대신 지고 가자 사람들이 그를 예수 대신 못 박았다고 한다. 하지만 또 다른 이는 알라께서 유다의 몸에 예수의 얼굴을 씌워 시적(詩的) 정의를 이루셨다고 한다. 오늘날 가장 인기 있는 입장은 이 마지막 견해인 듯하다.

또 다른 다수 견해는 예수의 승천에 주목한다. 코란은 "하나님께서 그를 오르게 하셨"다고 가르치기에 무슬림은 예수의 승천과 궁극적 재림을 믿는다.[22] 따라서 그리스도인처럼 대부분의 무슬림도 메시아의 도래를 기다리고 있다. 우리 자마트는 이런 입장에 반대하는데, 자신이 메시아임을 주장한 아흐마드 때문이다. 성경에 근거하여 그는 유대인들이 엘리야가 하늘로부터 돌아올 것이라고 잘못 알고 기다렸음을 지적한다. 예수는 세례 요한이 곧 다시 온 엘리야라고 했다. 비슷하게 세상은 예수의 재림을 기다리고 있으나 아흐마드가 바로 그인 것이다.

물론 나는 내가 자마트에서 배운 것을 열정적으로 주장했다. 기절론과 예수가 승천한 것이 아니라 인도로 가서 노년에 죽었다는 입장까지 전했다.[23] 내 입장을 전할수록 나의 신앙이 견고해지는 것을 느꼈고 내 주장을 반박할 만큼 상대방이 내실 있는 주장을 펴지 못하는 대화도 계속 늘어났다. 나는 이슬람의 좋은 대사가 되는 데 필요한 주장의 절반을 이미 숙지한 것 같았고, 이제 남

---

22 4:158.
23 아흐마드 자마트에 따르면, 4:158은 영적 승천을 말하는 것이지 물리적 사건이 아니다.

은 절반의 주장은 훨씬 쉬울 것 같았다. 내 생각이 맞았다. 정말로
그러했다.

예수의 죽음에 대한 무슬림의 견해에 대해 더 자세히 알고 싶다면,
『알라인가, 예수인가?』의 6부 "예수가 십자가에서 죽었는가?"를
보라.

14장

아버지는 예수보다 크시다

10학년이 될 무렵 내 개인적 삶에 중대한 변화가 일어났다. 나는 전화 통화와 학교 활동으로 친구들과 더 많은 시간을 보내기 시작했다. 옷에 관심이 많았지만, 내가 입는 옷은 여전히 암미가 골라준 것이었다. 나는 안경 대신 콘택트렌즈를 낄 수 없는지 암미에게 물어보았다. 당시 내게 붙은 "범생이"라는 평판을 뒤엎고 싶었기 때문이다. 하지만 실패했다.

서구 문화의 매혹에 저항하는 것은 어려웠다. 친구네서 자고 오기는 여전히 금지 항목이었고 학교의 댄스파티에 가는 것도 허락되지 않았다. 친구들과 가까워지다 보니 그런 일에 빠지기가 더 어려워졌다.

하지만 나는 여전히 이슬람을 대표하는 일이 자랑스러웠다. 특히 어느 날 라틴어 수업 시간에 있었던 사건처럼 내 신앙이 직접적으로 언급될 때는 더욱 그러했다.

프린세스 앤 고등학교에서는 두 분의 선생님이 라틴어를 가르쳤는데 두 분 모두 학생들이 수업을 즐길 때면 무척 기뻐했다. 라틴어 2를 가르쳤던 얼스 선생님은 특히 그런 축이었는데, 나에 대해서는 유독 느슨하셨다. 나는 라틴어가 좋았고 얼스 선생님의 수업이 좋았다. 하지만 징계 부족으로 인해 나는 날로 짓궂은 학생이 되어가고 있었다. 나는 종종 숙제를 까먹고 있다가 수업 직전에 생각이 나서 해결 방법을 모색하는 학생이었다. 얼스 선생의 수업은 스페인어 수업 바로 전이었고, 나는 그녀의 수업 시간에 스페인어 숙제를 하곤 했다. 라틴어 교과서 밑에 스페인어 교과서를 숨기고 그녀가 칠판으로 시선을 옮길 때마다 못 볼 거라 생각하며 스페인어 숙제를 했다. 학년의 절반쯤 지나고 나서야 나는 그녀가 못 본 것이 아니라 내 속임수를 한없이 인내하고 있었다는 사실을 깨달았다.

여느 날처럼 스페인어 숙제를 하고 있을 때 내 앞에 앉은 여자애가 내게 몸을 돌리며 물었다. "나빌, 뭐 좀 물어볼게." 그녀의 이름은 벳시였고 나와 같은 학년의 공공연한 그리스도인이었다. 벳시가 복음주의 그리스도인인 것은 모두가 아는 사실이었고 그녀는 종종 자신의 신앙을 변호하곤 했다. 벳시는 친절했고 다른 사람들을 기꺼이 도우려 했다. 하지만 우리는 그녀의 부드럽지만 철석같이 단호한 태도가 불편했다. 우리는 벳시가 살짝 미쳤다고 생각했다.

"그래, 뭐든지." 나는 이 대화가 어디로 흐를지 몰랐다. 연필이 필요하다면 연필을 빌려달라고 했지, 뭔가를 묻겠다고 말하지 않았을 것이다. 또한 그런 문제라면 벳시가 내게 말을 걸었을 리 없었다. 나는 늘상 연필을 잃어버리는 부류였으니까.

벳시는 잠시 말을 멈춘 다음 마음을 단단히 먹고는 이렇게 물었다. "너 예수님에 대해 들어봤어?"

벳시는 제정신이 아닌 게 분명했다. 한창 라틴어 수업 중이었다. 그럼에도 그녀에 대한 존경심 같은 게 곧바로 생겼다. 왜 다른 그리스도인들은 내게 이런 질문을 안 했던 걸까? 그들은 나 또한 예수를 믿고 천국에 가야 한다고 생각하지 않는가? 내가 지옥에 가도록 내버려둬도 상관없다는 건가? 아니면 자신의 신앙을 믿지 않는 건가?

나는 현 상황에서 어떻게 반응해야 할지 고심했다. 나는 스페인어 숙제에서 눈을 떼고 상황을 정리해보았다. 얼스 선생은 교실 밖으로 나가서 언제 돌아올지 알 수 없는 게 분명했고, 주위의 학생들은 대부분 잡담을 하고 있었다. 나는 어디까지 이야기를 끌고 가야 할지 확신이 안 섰다. 나는 이런 문제에 쉽게 열정적이 되는 부류이니 말이다. 나는 짧게 답하기로 결심했다.

"응."

벳시의 눈이 휘둥그레졌다. 그녀가 기대했던 답이 아니었던 게 분명했다. "정말? 그럼 예수님에 대해 어떻게 생각해?"

"글쎄, 나는 무슬림이잖아? 무슬림은 예수를 동정녀 마리아에게서 태어난 죄 없는 분이라 믿어. 중풍병자를 고치고, 눈먼 자를 보게 하고, 죽은 자를 살리셨지. 예수는 메시아이고 하나님의 말씀이지."[24]

벳시는 충격을 받았다. 내가 대본에서 벗어난 게 틀림없었다. 벳시는 어디로 이야기를 끌고 가야 할지 몰랐다. 그래서 벳시를 위해 내가 이야기를 주도했다.

"하지만 예수는 하나님이 아니야. 그냥 인간일 뿐이지." 나는 벳시 앞에 전선을 확정했고 이제 벳시가 어떻게 전쟁을 걸어올지 기다렸다.

"와, 너 생각보다 예수님에 대해 많이 알고 있구나. 끝내준다! 나도 너와 비슷하게 많은 것을 믿어. 하지만 네 말에 전적으로 동의할 순 없어. 내가 믿는 바를 얘기해줘도 될까?" 벳시는 부드럽지만 단호한 태도로 반응했다. 평소의 모습으로 돌아가는 교활한 책략이었다.

"당연하지, 말해봐." 일이 재미있게 돌아가고 있었다.

"음, 네가 아는지 모르겠지만, 나는 그리스도인이야."

"응, 그럴 거라 생각했어." 나는 미소 지으며 속으로 이렇게 생각했다. "벳시, 네가 그리스도인인 것은 온 세상이 안다고." 벳시는 자신이 그리스도인인 것을 내가 알고 있는 게 정말 기쁜 듯 활짝 웃었다.

"우리는 예수님이 하나님의 아들이며 그 사실이 우리에게 무

---

24 3:49; 3:45.

척 중요하다고 믿어. 하나님의 아들이신 그분은 죄가 없으시고 그래서 우리를 대신해 우리 죄를 담당하실 수 있었던 거야."

이 이야기에 나는 반대했지만 이미 전선을 그어놓은 만큼 예수의 신성 문제를 밀어붙이기로 했다. 양보성 접근을 하기로 했다.

"벳시, 나는 오늘날 우리가 가지고 있는 성경이 하나님의 말씀이 아니라고 봐. 성경은 역사를 거쳐오면서 너무 많이 바뀌었거든. 하지만 지금은 내 생각이 그렇다고만 해두자. 예수가 어디서 '내가 하나님이다'라고 말했지?"

벳시는 잠깐 생각에 잠겼다. 난처해하는 것 같지는 않았지만 예수가 어디서 그런 말을 했는지 기억하지 못하는 게 분명해 보였다. 어색한 순간이 지나고 나서 충분히 만족한 듯 벳시가 말했다. "요한복음에서 예수님은 '아버지와 나는 하나다'라고 말씀하셨어."

그것은 내가 예상한 답변이었고 나는 준비되어 있었다. "그렇지, 하지만 요한복음에서 예수는 자기가 아버지와 하나인 것처럼 제자들도 하나가 되게 해달라고 기도하셔. 거기서 예수가 말한 '하나'라는 의미가 분명하게 드러나. 영과 의지의 하나 됨을 말하는 거야. 만일 예수가 '한 존재'라는 의미로 '하나'라는 말을 했다면, 제자들도 같은 방식으로 '하나'가 되게 해달라고 기도했을까? 제자들 모두가 한 존재가 되게 해달라고 기도한 것은 아닌 거 아니겠어?"

"좋은 지적이야." 벳시가 생각에 잠겨 말했다. 좋은 지적이라니? 나는 벳시의 세계관을 해체하는 중인데, 이 애가 지금 나와 마음이 통한다는 걸까? 이 애의 마음이 흔들리는 있는 걸까?

"지금은 어디인지 생각이 안 나. 하지만 있는 건 분명해. 찾아보고 다시 말해줄게."

"그랬으면 좋겠어, 벳시. 하지만 찾지 못할 거야. 예수는 자신이 하나님이라고 한 적이 없거든." 나는 주장했다. "오히려 그 반대 이야기를 분명히 하셨지. 그는 배고픔, 목마름, 외로움, 유혹의 고통을 느꼈어. 울부짖고 피를 흘렸다고. 그는 자기 자신이 '하나님의 아들'이라 하지 않고 '사람의 아들'이라 했지. 그는 분명 사람이었어."

벳시는 고개를 끄떡이며 "그래, 맞아. 예수님은 사람이시고 또한 하나님이셔."

"어떻게 사람이고 동시에 하나님일 수 있어? 인간은 필멸하지만 하나님은 불멸해. 인간은 유한하지만 하나님은 무한해. 인간은 약하지만 하나님은 전능해. 인간이면 하나님이 아니고, 하나님이면 인간이 아니야. 양립할 수는 없지."

내 말에 벳시는 주저하는 듯했다. 벳시는 허를 찔렸다. 나는 좀 더 밀고 나가기로 마음먹었다.

"예수가 갈릴리에 갔을 때 아무 기적도 행할 수 없었다고 마가복음은 말하고 있어. 예수가 기적을 행하지 않기로 선택한 것이 아니라, 할 수 없었다고 되어 있어. 하나님이 기적도 행하지 못해? 무리 중에서 한 사람이 자기를 만졌는데 예수는 그게 누구인지 몰랐어. 그렇게 간단한 걸 하나님이 모른단 말야?" 벳시가 생각할 시간을 주기 위해 잠시 멈췄다가 나는 계속 말을 이었다.

"어떤 남자가 그를 '선하다'라고 했을 때, 예수는 자신이 선하지 않으며 오직 하나님만 선하다고 했어.[25] 예수는 하나님과 자신 사이에 분명한 선을 그은 거야. 예수는 한 번 더 같은 이야기를 하는데, 세상의 종말이 언제일지 자신은 모르며 오직 하나님만 아신다고 했어. 자신이 하나님이 아니라는 것을 아주 분명히 드러낸 거지."

벳시는 아무 말이 없었다. 벳시는 이 점을 미리 생각하지 못했던 것이다. 최후의 일격을 가할 시기였다.

"벳시, 만일 의문이 있다면 요한복음에서 예수가 이렇게 말한 걸 생각해봐. '아버지는 나보다 크시다.' 나는 예수의 말에 동의해. 하나님은 예수보다 크신 분이지. 너도 예수의 말에 동의해야 할 것 같은데."

벳시는 무슨 말을 해야 할지 몰랐다. 나는 기다렸다.

"글쎄, 무슨 말을 해야 할지 모르겠어." 벳시는 자신의 고유한 방식으로 대응했다. "이렇게 하자. 이 문제에 대해서 좀 알아볼게. 그건 그렇고, 내가 다니는 교회에서 연극을 하는데 와보지 않을래?"

"좋아, 재미있겠다. 그런데 아직 내가 면허증이 없어. 우리 아

---

25 이 주장은 이슬람 논증에 흔히 등장하는 것으로 막 10:10과 눅 18:19을 불성실하게 옮긴 것이다. 어느 책에도 예수 자신이 선하지 않다는 언급은 없다.

빠랑 같이 가도 될까?"

"당연하지. 원하는 사람 다 데려와도 돼. 여기 교회 정보가 있어. 언제 올 수 있는지 나중에 알려줘." 벳시는 행사 전단지를 내게 넘겨주면서 미소를 지었다.

나는 벳시의 미소 뒤로 전에 그녀에게서 볼 수 없었던 것을 보았다. 벳시는 흔들리고 있었다. 나는 미소로 답했다.

예수에 관한 이슬람의 견해에 대해 더 자세히 알고 싶다면, 『알라인가, 예수인가?』의 8부, "예수는 자신이 하나님이라 주장했는가?"를 보라.

15장

천국의 문, 지옥의 불

나는 교회에 초대받아 무척 기뻤다. 전에 딱 한 번 가톨릭교회에 가본 적이 있었는데 라틴 분위기 속에서 하루가 무척 즐거웠던 기억이 있다. 사실 무슨 이유로 초대를 받았는지는 기억이 나지 않는다. 벤의 가족과 내 친구 몇 명이 그곳에 있었는데, 그들 역시 가톨릭 교인은 아니었다. 어느 순간, 내가 앉아 있던 줄이 일어나더니 신부한테서 뭔가를 받기 위해 앞으로 걸어 나갔다. 어떻게 할 바를 알지 못했던 나는 사람들을 따라 앞으로 나가려 했다. 벤의 엄마가 내 손을 꼭 쥐더니 다시 자리에 앉혔다. 나는 깜짝 놀라 그녀를 바라보았다. 그녀는 단호하게 고개를 가로저으며 안 된다고 했다. 그때까지 엄숙함을 유지하던 신부님이 웃음을 참느라 애쓰고 있었다.

개신교회가 어떻게 다른지에 대해서는 아무도 말해주지 않았다. 그래서 나는 가톨릭교회와 비슷한 모습을 예상하고 있었다.

내가 보기에 노포크 제일침례교회 예배당은 무슨 강당처럼 보였다. 곳곳에 교회와 관련된 물품이 있으리라 예상했으나 어디에도 그런 것은 보이지 않았다.

나는 압바와 함께 뒤쪽 발코니에 앉았다. 압바도 나도 어떤 내용의 연극인지 몰랐지만, 압바는 내가 초대를 받아들인 것을 기뻐했다. 압바는 초대를 거절하는 것은 무례한 일이며 벳시와 대화의 문을 열어두는 게 중요하다고 했다. 압바는 내가 내 믿음을 이야기한 것을 자랑스러워했고 이제 우리가 보게 될 연극을 내가 잘 소화하도록 도와줄 생각을 품고 있었다.

"천국의 문, 지옥의 불"이라는 제목의 연극이었는데, 알고 보니 그것은 기독교의 구원 메시지를 전하는 공연이었다. 연극 중간에 나는 그리스도인들이 이 메시지를 "복음"이라 부른다는 사실을 알게 되었다. 나는 **복음**이라는 단어가 예수에 관한 네 권의 책만 의미하는 줄 알고 있었다. 연극 내내 메시지는 명명백백하게 전달되었다. 주 예수를 영접하라, 그리하면 천국에 가리라. 그러지 않으면 지옥에 가리라.

몇 가지 서로 다른 시나리오에 따라 공연이 펼쳐졌는데, 각 이야기의 결말은 항상 누군가 죽는데 예수를 영접했는지의 여부에 따라 천국에 가거나 지옥의 저주를 받거나였다. 연극 속 이미지도 애매한 게 없었다. 누군가 지옥에 떨어지면 방 전체에 붉고 노란색 조명이 번쩍였고 큰 스피커에서 천둥소리 같은 불협화음이 터져 나왔으며, 사탄이 무대 위에서 날뛰면서 죄인을 끌고 무대 밖으로 사라졌다.

반면 예수를 영접한 사람은 빛나는 천사들의 인도를 받아 기쁨으로 충만해서 밝은 문으로 들어갔다. 마지막 시나리오에서는 한 남자가 운전을 하고 있고 차에 타고 있던 승객이 그에게 예수 이야기를 전했다. 남자는 자기가 평생 동안 나쁜 일을 많이 저질 렀고 하나님을 무시해왔다고 말했다. 그러자 승객은 그가 죄인이 며 예수님이 필요하다고 설득했고 운전수는 기도를 드렸다. 기도 를 마치자마자 끔찍한 사고가 발생했다. 두 사람 모두 죽었다. 조 명이 모두 꺼지는 것으로 극적인 장면이 묘사되었다. 조명이 다시 들어왔을 때 아름다운 음악이 연주되었고 운전사는 천사의 호위 를 받으며 천국에 들어갔다.

이것이 의도였는지는 알 수 없으나, 이제 우리 모두 차를 운전 해 집으로 돌아가야 하는데 이런 식으로 극을 마무리하다니 기발 하다 싶었다. 자리에 앉아 안전벨트를 매자마자 압바와 나는 토론 을 시작했다. "나빌, 연극 어땠니?"

"어리석었어요, 압바. 사람들의 두려움과 감정을 이용하려는 의도가 너무 뻔했어요."

"그래, 동의한다, 베이타. 하지만 가끔은 그런 것도 나쁘지 않 단다. 우리는 지옥이 무서운 줄 알아야 하고, 특히 알라의 진노가 무섭다는 걸 알아야 해."

나는 당황스러웠다. "그럼 그 연극이 괜찮았다는 말이에요?"

압바가 웃었다. "그렇게 말하지 않았다! 사람들을 겁주려는 시도보다 더 형편없는 게 있었던 것 같구나."

"메시지가 온통 잘못되었어요." 나는 생각을 정리하며 입을 열었다. "그들이 말하는 교훈은, 원하는 대로 살다가 죽기 직전에 기도 한 번 하면 천국에 가게 된다는 거였잖아요."

압바가 고개를 끄덕였다. "맞다. 그게 왜 문제일까? 종교의 목표는 무엇일까?"

"종교의 목적은 선한 사람과 선한 사회를 만드는 거예요. 사람들이 자기가 원하는 대로 다 한다면, 그는 자신의 악한 욕망에 빠지고 사회는 타락하고 말 거예요. 죄값을 대신할 백지수표를 주는 셈이죠. 그런 식이면 히틀러도 예수만 영접하면 천국에 갈 수 있을 거예요."

압바는 내 다음 말을 기다렸다. "그래서…."

"그래서 미국이 이 모양인 거예요. 그리스도인들이 자신의 행동에 아무 책임이 없다고 가르치니까요."

"잘했다, 아주 잘했어, 베이타. 네 친구가 학교에서 연극에 대한 소감을 묻거든 지금 한 말을 그 애에게 반드시 해주거라. 하지만 이 얘기만 전하는 것으로는 부족하다. 거짓 대신 진실도 전해야 해. 심판의 진실은 무엇이니?"

"우리는 이 세상에서 어떤 선택을 했는가에 따라 알라의 심판을 받아요. 우리가 행한 모든 일을 천사들이 기록하는데, 선행은 저울 오른쪽에, 악행은 왼쪽에 기록이 되죠. 알라 앞에 서는 날, 우리의 모든 행위가 크게 낭독될 거예요. 아무도 우리를 대신해 탄원해줄 수 없어요. 가족도, 예수도, 무함마드마저도. 알라는 우리의 선행과 악행을 저울에 달아보고, 우리의 악행보다 선행이 크면 우리를 낙원에 들여보낼 거예요."

"그리스도인들은 어떻게 되니, 빌루? 그리스도인은 천국에 갈 수 있니?"

"네, 코란에는 만일 그리스도인과 유대인이 한 분 하나님을 믿고 선행을 실천한다면, 그들도 천국에 갈 수 있다고 나와 있어요."[26]

내가 언급한 코란의 구절은 무슬림들 사이에서 논쟁의 여지가 있는 본문이었다. 어떤 이는 이 구절이 보다 후대의 코란 구절에 의해 폐기되었다고 본다. "이슬람 외에 다른 종교를 추구하는 자, 결코 수락되지 않을 것이니 내세에서 패망한 자 가운데 있게 되리라."[27] 우리 자마트를 포함하여 일부 무슬림들은 이 두 구절을 절충하여 여기서 "이슬람"은 신앙 체계가 아니라 그 단어의 넓은 의미인 **평화**를 뜻한다고 주장한다.

후자는 분명 소수파의 해석이지만, 폐기론(코란의 앞선 가르침과 구절이 나중 계시에 의해 폐기된다는 믿음)을 믿는 경우는 어떤가? 코란의 수라 2:116과 16:101 두 구절 모두 알라의 나중 말씀이 이전 말씀을 폐기할 수 있음을 분명히 밝힌다. 전통적으로 무슬림은 폐기론의 기준과 역사를 결정하기 위해 애써왔고 그 결과 "폐기

---

26 5:69.
27 3:85.

하는 본문과 폐기된 본문"이라는 코란의 주해 영역을 발전시켰다. 어떤 무슬림 학자들은 나중 구절에 의해 이전 구절이 폐기되어 코란의 최대 500구절이 더 이상 적용되지 않는다고 가르쳤다. 또 다른 무슬림 학자들은 다섯 구절 정도의 소수 구절만 폐기되었다고 가르쳤다. 정확한 숫자와 관계없이, 이슬람 정통 교단 대부분이 폐기론을 받아들인다.

이 견해에 반대하는 일부 무슬림이 있는데 아흐마드파 자마트도 그중 하나다. 이들은 만일 코란의 일부가 취소될 수 있다면 이는 하나님의 영원한 말씀일 수 없다고 주장한다. 그 대신 이들은 위에 나온 소수파의 해석처럼 폐기된 게 분명해 보이는 구절들의 조화를 도모한다. 이런 견해에 따르는 난점은 폐기에 관한 이야기가 하디스에 너무 많다는 점이다.

하지만 당시에 나는 그런 사실을 몰랐다. 내가 아는 것이라고는 우리 자마트에서 구원에 관해 가르친 내용과, 적어도 코란 한 구절에 분명히 나와 있는 바 하나님을 믿는 자는 누구나 천국에 갈 수 있다는 것 정도였다.

"그리고 그리스도인은 얼마나 많은 신을 믿지, 빌루?"

"한 신을 믿는 이들도 있고, 세 신을 믿는 이들도 있어요."

"그래, 코란에는 저들이 '셋'에 대해 말하기를 단념하는 것이 나으리라는 말씀이 있단다.[28] 그래서 나는 네가 친구와 이런 대화

---

28 5:73.

를 나누게 되어 기쁜 거란다. 최소한 그들은 오직 한 하나님밖에 없다는 사실을 들을 필요가 있단다. 네가 그들을 이슬람과 아흐마드파로 이끌 수 있다면 훨씬 좋겠구나."

구원에 관한 대화를 마무리하기에 앞서 압바는 서둘러 이렇게 덧붙였다. "하지만 그 아이에게 너무 많은 시간을 쏟지는 말거라! 여자는 너한테 위험할 수 있단다. 특히 네 나이에는 말이다. 너는 불과 같고, 여자애는 기름과 같단다. 서로 끌리지 않더라도 시간이 흐르면 그냥 가까이 있는 것만으로도 불이 붙기 시작하지. 남자는 그렇게 만들어졌단다."

"알았어요, 압바! 이해해요. 다른 얘기로 넘어가도 되겠죠?"

암미와 압바는 내게 "불과 기름" 이야기만 했다. 그리고 그 이야기는 언제나 다음 이야기로 이어졌으니, 때가 되면 우리 가족이 함께 모여 내 배우자로 누가 좋을지 상의하겠다는 것이었다. 내가 마음에 둔 여자가 있으면 부모님이 그녀를 만나 이야기하고 결혼을 준비할 것이다. 마음에 둔 여자가 없으면, 부모님은 내게 적당한 여인을 찾아줄 것이다. 서구 여인은커녕, 나는 데이트마저 꿈조차 꾸지 못할 것이다. 그렇게 하는 것은 전통에서 이탈하는 것이기에.

16장

보배로운 전통

전통은 이슬람의 외적 구조이며 이슬람의 가르침의 정수가 살아 숨 쉬는 몸이다. 전통은 무슬림의 생활 방식을 통해 우리 안에 스며들었다. 매일매일이 전통으로 채워져 있다. 나는 하루에 다섯 번 살라트 기도를 드리기 위해 애썼고, 다양하고 상세한 두아를 암송했으며, 복잡한 의식 규정을 따랐고, 주기적으로 무함마드의 본에서 지침을 구했다. 나를 포함하여 10억 명이 넘는 무슬림이 전통에 따라 누구와 결혼할지를 두고 기도하고, 적절한 수염 길이를 결정하고, 금 장신구를 몸에 지닐지를 결정했다.

하지만 이런 전통들이 코란에서 기원한 것은 아니다. 전통은 하디스에서 나온다. 결혼 예식에서 결혼 금지 규정까지, 상거래법에서 민사 소송까지, 방대한 샤리아와 이슬람의 생활 방식이 하디스에 뿌리를 두고 있다.

이슬람 세계에서 하디스에 대한 과대평가란 있을 수 없다.

바지와 내가 나이를 먹어갈수록 암미와 압바는 우리가 하디스와 거기에 담긴 교훈을 배우는 게 중요하다고 생각했다. 부모님은 종종 하디스 모음집의 일부를 읽어준 다음 우리에게 그 아랍어 본문을 암송하고 그 의미를 이해하게 했다. 부모님이 처음으로 우리에게 하디스를 암기하도록 시킨 것은 우리 가족이 아직 기도용 융단에 앉아 있던, 마그리브 기도를 드린 직후의 어느 저녁이었다.

"베이티, 베이타, 너희가 이 짧은 하디스를 암기하면 좋겠구나. 하즈라트 우마르가 말하기를, 무함마드는 '행위는 그 의도에 따라 심판받는다'고 말했다."[29]

우리가 그 아랍어 본문을 몇 차례 낭송하자, 암미와 압바는 우리가 암기했다는 사실에 만족했다. 두 분은 우리에게 질문이 있는지 물었다.

나는 궁금한 게 몇 가지 있었다. "압바, 이 구절은 하디스의 어느 책에서 나온 거예요?"

"이 구절은 사히 부카리(*Sahih Bukhari*; 수니파에서 무함마드의 생애를 다룬 가장 신빙성 있는 기록으로 간주하는 고전적인 하디스 모음집)에서 뽑은 거란다. 사히 부카리에 대해 말해보겠니?"

"이맘 부카리가 엮은, 하디스 중 가장 믿을 만한 책입니다. 하디스는 무함마드가 떠난 후로 오랫동안 책으로 엮이지 못했어요. 많은 거짓 하디스가 날조되었고, 진짜를 구분하기가 어려울 정도

---

29 Sahih Bukhari 1.1.1.

였어요. 이맘 부카리는 50만 개의 하디스를 읽고 정선해서 정확한 5천 개를 뽑아냈어요."

암미의 질문이 이어졌다. "그는 어떤 방식으로 그 일을 해냈지?"

"이맘 부카리는 하디스를 들을 때 그 하디스를 말해주는 사람이 신뢰할 만한 사람인지 그 여부를 평가했어요. 그가 평판이 나쁘거나 문제를 일으켰거나 동물을 학대했다거나 하면, 이맘 부카리는 그 사람의 하디스는 무시했어요. 그 말한 사람이 신뢰할 만하면, 이맘 부카리는 그에게 누구에게서 하디스를 전수받았는지 물어보았고, 또 그 전수자는 누구에게서 전수받았는지, 그리고 그 전수자는 다시 누구에게서 전수받았는지, 그리하여 결국 무함마드에게 이를 때까지 묻고 또 물어보았죠. 이맘 부카리는 그 전승의 경로에 속한 개개인의 평판을 평가했고, 믿을 만한 사람이라 생각되면 그 사람의 하디스를 책에 기록했어요."

이 전승의 경로를 이스나드(isnad; 특정 하디스가 전승된 경로)라 했고, 이스나드는 고전 무슬림 학자들에게 말할 수 없이 중요했다. 이슬람은 권위에 기반을 둔 사회에서 일어났다. 사람들이 "이 하디스는 진실한가?"라고 물어볼 때, 그들은 이를 전승해준 권위자를 언급하는 것으로 응답했다. 이스나드가 없는 하디스는 의미가 없었다. 무슬림은 하디스만큼 시라를 신뢰하지는 않는다. 시라는 기록으로 남은 이스나드가 없기 때문이다.

암미는 말을 이었다. "아주 잘했다, 베이티. 하디스 다음으로 가장 신뢰할 만한 책은 무엇이지?"

"모르겠어요, 암미." 바지는 이제 열여덟 살이었고 대학에 다니고 있었다. 바지는 이런 구체적인 질문을 전처럼 좋아하지 않았지만 암미는 쉽게 바지를 놓아주려 하지 않았다.

"그렇구나, 찰로. 그렇다면 이 문제에 답해보렴. 사히 부카리의 다음은 무엇이니?"

"사히 무슬림?"

"샤바시. 나빌, 다른 것도 알고 있니?"

"수난 아부 다우드, 그리고 권위 있다고 여겨지는 여섯 권의 책이 더 있다고 알고 있어요. 나머지는 신빙성 있는 것과 없는 것을 섞어놓은 하디스고요. 여섯 권의 올바른 책을 사히 싯타(*Sahih Sittah*; 수니파 무슬림이 가장 권위 있는 것으로 여기는 여섯 권의 하디스)라 하고, 그중 처음 세 권이 사히 부카리, 사히 무슬림, 수난 아부 다우드예요."

압바는 나머지 목록을 내게 말해주었다. "남은 세 권은 수난 티르미디, 수난 이븐 마자, 수난 니사이란다.[30] 여섯 권의 최고의 하디스가 있지만 그중 사히 부카리, 사히 무슬림이 가장 신뢰할 만하단다."

암미가 곧 덧붙였다. "하지만 가장 정확한 하디스라도 그것은 무함마드의 말씀이지 알라의 말씀이 아니란다. 하디스와 코란을

---

30 때로 수니파는 마지막 세 권에 대해 동의하지 않으며 무와타 이맘 말리크로 대신하기도 한다.

동급으로 여겨서는 안 된다."

나는 좀 더 설명을 요구했다. "하지만 무함마드가 한 말이라면, 순종해야 하지 않나요?"

압바가 끼어들었다. "물론이지! 하지만 무함마드는 하나님이 아니란다. 이 세상에서 훼손되지 않은 완벽한 책은 코란뿐이다. 하디스는 사람에 의해 쓰였기 때문에 성경과 비슷하다고 할 수 있지. 거기에도 신의 진리가 있지만, 훼손에 주의해야 한단다. 코란과 어긋나는 다른 출처에서 얻은 진리는 항상 면밀히 검토해야 한단다. 찰로, 오늘밤은 그만하자. 오늘 익힌 하디스를 기억해두거라. 내일 낭송하라고 할 테니!"

나는 하디스에 큰 관심이 있었는데, 내용뿐 아니라 하디스의 역사와 무슬림 학자들이 그것을 평가한 방식에도 관심이 갔다. 나는 변조된 것과 진정한 것을 구분할 정도로 하디스에 능숙한 사람이 되고 싶었다. 나는 하디스의 등급 체계에 대해 암미와 압바에게 더 물었고 금세 이 주제에 관해 두 분이 알고 있는 한계에 이르게 되었다. 더 배우려면 다음번 자마트 회합을 기다렸다가 전문가들에게 의견을 구한 뒤 올바른 책을 사서 공부해야 할 터였다.

그래서 암미와 압바는 다가올 여름 동안 영국으로 돌아가 자마트 회합에 참석하기로 결정했다. 나는 그곳에 있는 동안 몇 가지 조사를 하기로 결심했다. 하지만 내 계획에 없던 것이 있었으니 그것은 지극히 개인적으로 하나님을 경험하게 되는 일이었다. 하나님은 내 인생을 영원히 바꿔버리는 기적을 행하실 터였다.

17장

하늘의 표적

8년 전 코네티컷으로 이주한 뒤로 영국에 돌아오기는 처음이었다. 나는 흥분된 마음을 감출 수 없었다. 내가 언브루(스코틀랜드산 음료수) 한 병과 홀라홉스 감자칩 한 봉지를 산 뒤에야 압바는 우리를 데리고 히드로 공항을 빠져나올 수 있었다.

우리는 9년 전 참석했던 100주년 기념 대회가 열렸던 곳과 동일한 장소인 틸포드 전원 지대로 향했다. 옛스러운 영국 마을들을 지나가면서 나는 과거로 여행을 떠난 느낌이었다. 좁은 길, 밀집한 건물, 작은 자동차들이 내가 사랑했던 어린 시절의 추억을 떠올려주었다. 영국 음식에 대한 기억마저도 감미롭게 다가왔다.

이 자마트 회합은 "잘사"(*jalsa*)라고 불렸다. 우리 가족은 워싱턴에서 열리는 잘사 집회에 매년 참석했고 캐나다 잘사 집회에도 별일 없는 한 참석했다. 하지만 영국 잘사 집회는 달랐다. 이곳은 우리 자마트의 인도자가 살았던 곳으로 그의 존재가 항상 느껴지는 특별한 곳이었다. 이런 이유로 수만 명의 아흐마드파 교인이 영국 잘사 집회에 참석했다.

그 지도자를 보게 되기를 기대했던 것만큼이나 내가 간절히 보고 싶었던 이들이 있었다. 바로 스코틀랜드에서 온 내 친구들인 말릭네 가족이었다. 7학년 때 말릭네 막내에게서 편지 한 통을 받은 이후로 그들의 소식을 전혀 듣지 못했다. 당시는 일반인의 이메일 사용이 흔치 않았고 국제 전화도 엄청나게 비싸던 시절이었다.

그러나 잘사에 도착했을 때 나는 내 친구네도 그곳에 와 있는지조차 모르고 있다는 사실을 깨달았다. 특별 회합이었기에 그들이 참석하지 않았을 확률이 높았다. 참석했다 하더라도, 잘사를 휘젓고 다녀서 그들을 만날 확률은 거의 제로에 가까웠다. 참석자의 수가 많기도 하거니와 지난 7년간 우리 모두 성장했기에 설령 마주치더라도 서로를 알아볼 수 있을지 미지수였다. 나는 그들과 다시 만나고 싶었지만 어디서 시작해야 할지 몰랐다.

그래서 나는 하나님께 의지했다.

암미는 내가 아주 어릴 때부터 절박한 순간에 처했을 때 기도로 반응하도록 나를 훈련시켰지만, 나는 사람을 찾기 위해서는 어떤 두아 기도를 드려야 하는지 몰랐다. 잃어버린 물건을 찾을 때 드리는 기도는 암기하고 있었지만, 누군가 세상을 떠났을 때 똑같은 기도를 드렸음을 생각해보면 지금 상황에 적합한 기도는 아닌 것 같았다. 그 대신, 나는 고개를 숙인 채 눈을 감고 마음에서 우러나는 기도를 드렸다.

"하나님, 제 친구들을 찾도록 도와주시겠습니까?" 달리 할 말이 없었기에 다른 말은 하지 않았다.

기도를 마치고 눈을 떴을 때 나는 눈앞에 펼쳐진 광경에 놀라 얼어붙고 말았다. 내 앞의 공간에 천상의 붓이 즉흥적으로 그린 듯한 금색과 은색의 두 빛줄기가 보였다. 두 줄기의 광선은 먼 곳으로 이어져 있었는데 나를 어딘가로 인도하는 게 분명했다.

충격 속에 내가 했던 말이 지금도 기억난다. "설마 이 빛을 따라가라고요?"

하나님께 한 말인지, 나 자신에게 한 말인지 알 수 없었다. 다만 이 빛줄기가 내 눈에만 보이고 다른 사람 눈에는 보이지 않는다는 것을 본능적으로 알았다. 빛줄기는 하늘에 있다기보다는 내가 하늘이라 지각한 곳에 있었다. 아주 먼 곳도 아주 가까운 곳도 아니고, 그 중간 어드메도 아니었다. 그저 있었다. 그리고 나를 기다리고 있었다.

잘사 집회는 사람들로 붐볐고 잠시 강의가 없는 시간이라 모두가 장막 밖으로 나와 있었다. 나는 빛줄기를 따라 인파 속으로 들어갔고 파키스탄식 전통 시장을 지나듯 사람들 사이를 가르며 나아갔다.

사실 빛줄기는 10년쯤 전에 내가 배지를 사려고 갔던 곳과 똑같은 곳에 있는 잘사 장터 위쪽으로 소용돌이치며 이어져 있었다. 이번에는 어른에게 붙잡히지 않았다. 이제 빛줄기는 아래쪽으로 밀려가더니 의류 장막 옆 공간 너머로 사라지고 있었다. 길을 내서 빈터에 이르니, 그곳에 두 사람이 서서 잡담하면서 스컬캡을 머리에 써보고 있는 모습이 눈에 들어왔다. 순간 나는 그들이 누군인지 알아챘다. 어느새 커버린 말릭 형제였던 것이다.

나는 달려가 그들의 손을 꽉 쥐었다. 그들도 나를 알아보았고 우리는 함께 기뻐했다. 그들은 내 키를 보더니 못 믿겠다는 듯 "너 땅꼬마였는데!"를 연발했다. 그들은 나를 데리고 잘사를 휘저으며 내가 전에 알고 지냈던 글래스고 사람들에게 나를 일일이 다시 소개했다. 우리는 너무 기뻤다. 그동안 하늘의 빛줄기는 잊었다.

하지만 그날 저녁 늦게 침대에 누워 낮에 있었던 일을 생각하다 보니, 금색과 은색의 빛줄기를 지나칠 수 없었다. 나한테 그 메시지는 분명했다. 그것은 하나님께서 계시다는 뜻이었다.

물론 나는 전부터 하나님의 존재를 믿고 있었다. 기도 응답과 예언적 꿈, 하나님의 존재를 가리키는 합리적 논쟁을 이미 봐왔다. 하지만 항상 의심의 여지는 있었다. 기도 응답은 우연의 일치일 수 있고, 예언적 꿈은 시간을 거치면서 부풀려져 현실에 꿰맞춘 것일 수 있으며, 논리적 주장 역시 오류가 있을 수 있다. 물론 나는 하나님의 존재를 99퍼센트 확신했지만 의심의 그림자도 항상 따라다녔다.

그러나 이제 달리 생각할 수 있는 타당한 이유가 전혀 없었다. 그날 있었던 일을 달리 어떻게 설명할 수 있을까? 나는 내 친구들이 어디에 있는지 몰랐지만 기도를 드렸을 때 초자연적 방법으로 친구들에게 인도되었다.

나는 달리 설명할 수 있는 방법을 검토해보았다. 내가 상상으로 빛줄기를 만들어낸 것은 아닐까? 아니다, 곧장 친구들에게 갔으니 있을 수 없는 이야기다. 무의식적으로 친구들이 있는 곳을 알았던 것은 아닐까? 아니다, 불가능하다. 나는 장터에서 친구들이 있던 정확한 위치는 고사하고 그들이 잘사에 와 있는지조차 몰랐다. 전에 스코틀랜드에 살 때 친구들과 지내며 초감각적 끈으로 연결되었던 게 그날 오후까지 사라지지 않고 남아 있다가 내 시각 기관에 모습을 드러낸 것은 아닐까? 솔직히 이것이 내가 생각해낼 수 있는 최선의 자연주의적 설명이었지만, 이는 자연주의의 한계선에 간신히 걸쳐 있을 뿐만 아니라 개연성의 경계를 완벽히 강타하는 것이었다.

"아니야." 나는 속으로 말했다. "달리 설명할 길이 없어. 하나님이 계시고 그분이 내 기도를 들으시는 거야. 내 친구들이 어디 있는지 알고 싶다는 바람처럼 작은 기도까지 말이야." 그날 나는 하나님이 실재하신다고 믿는 정도가 아니라 하나님이 실재하심을 알게 되었다. 하나님께서 나를 돌보시고 계심을 알았다.

절묘한 타이밍이었다. 중등 과정을 마무리하기 위해 프린세스 앤 중등학교로 돌아왔을 때 필수과목 중 하나가 "지식 이론"이었는데, 철학 및 인식론 개론에 해당하는 과목이었다. 우리가 사용한 교재는 『인간이 척도다』(*Men is the Measure*)라는 책이었고, 학급에서 진행한 첫 토론 주제는 "하나님이 존재하는지 어떻게 알 수 있는가?"였다. 토론은 진지했고 유신론을 믿는 학급 친구 여러 명의 신앙이 흔들렸다.

비록 우리의 토론은 으레 그러듯이 객관적 논쟁에 초점을 맞추었지만, 나는 주관적 지식이 훨씬 강력하다는 것을 깨달았다. 나는 하늘의 빛줄기를 실제로 보았다거나 그 빛줄기가 친구들에게로 나를 실제로 인도했다고 다른 사람을 설득할 수는 없을 터였다. 하지만 설득할 필요가 없었다. 그것은 내게 하나의 표적이었고, 그로 인해 나는 하나님이 계시다는 99퍼센트의 확신에서 100퍼센트의 확신으로 나아갔다.

4년 후 내가 속한 세계가 무너져 내리기 시작할 때, 그 1퍼센트가 모든 것을 바꾸어버렸다.

18장

명예와 권위

"지식 이론" 수업에서 나는 좋은 친구를 사귀었다. 우리는 7학년부터 점점 친해져 상급생이 될 무렵에는 둘도 없는 친구가 되었다. 우리는 일곱 과목 중 여섯 과목을 같이 들었고, 학력 경시 팀 공동 주장으로 활동했으며, 토론 팀에 이인조로 가입했다. 데이비드와 나는 8학년 때 주 대항 대회에 나가 5등을 해서 모두를 놀라게 했는데 우리 둘 다 신참이었기 때문이다. 9학년 때에는 주 대항 대회에서 우승을 거머쥐었다.

데이비드와 나는 종교와 하나님의 존재에 관해 여러 번 토론을 했다. 그와 나는 의견이 일치하지 않았는데, 이는 각자의 성장 배경과 깊이 관련되어 있는 것이 분명했다. 그는 불가지론을 그냥 지나치지 못해 그 앞에서 망설였고, 내 출발점은 이슬람교였다. "지식 이론" 수업의 토론은 그의 망설임을 강화하는 듯 보였는데, 그것이 하나님이 계심을 믿는 내 확신을 흔들지는 않았으나 동양

2부 / 이슬람의 대사

168

문화와 서양 문화 사이의 뚜렷한 차이를 부각시킨 것만큼은 분명했다.

부모님이 내게 자신의 신앙을 점검해야 한다고 가르쳤을 때 그 말은 기본적으로 내가 부모님께 배운 바를 수호해야 한다는 의미였다. "지식 이론" 수업 시간에 우리는 표면상 늘 똑같은 작업을 했다. 자기 자신의 신앙을 점검하는 일이었는데, 실상은 정반대였다. 우리는 자신의 신앙을 비판적으로 검토하고 의문을 제기하고 약점과 타당성과 한계를 시험했다. 어떤 학생들은 자신의 신앙을 바꾸기도 했다.

동양 교육과 서양 교육의 차이는 무슬림 이민자들과 그들의 자녀 간의 차이로 연결해볼 수도 있다. 이슬람 문화는 지위가 높은 사람에게 권위를 부여하지만, 서양 문화에서는 이성 자체가 권위다. 어떤 권위를 선택하든 그것은 우리의 지성에 스며들어 사회 전반을 바라보는 도덕관을 형성한다.

권위가 이성보다 지위에서 기원할 경우, 지도력에 의문을 제기하는 행위는 체제를 뒤집을 가능성이 있기 때문에 위험하다. 의견 차이는 책망받고 복종은 보상받는다. 행위의 옳고 그름은 개인이 아닌 사회적 기준에 따라 평가된다. 따라서 개인의 덕은 옳고 그름에 대한 개인적 선택보다는 사회적 기준에 얼마나 잘 부합하는가에 따라 결정된다.

따라서 지위에 따른 권위는 존경과 수치에 기초해 옳고 그름을 결정하는 사회를 낳는다.

반면 권위가 이성에서 기원하는 경우, 의문은 권위의 기초를 정교하게 만드는 비판적 검토 행위로서 환영받는다. 각 사람은 마땅히 자신의 행위를 비판적으로 점검해야 한다. 행위의 옳고 그름은 개인적으로 평가된다. 개인의 덕은 자신이 옳거나 그르다고 알고 있는 것을 실천하는가 아닌가에 의해 결정된다.

합리적 권위는 무죄(innocence)와 죄책(guilt)에 기초해 옳고 그름을 결정하는 사회를 낳는다.

서양이 동양을 이해하지 못하는 이유 중 대부분은 존경/수치의 문화와 무죄/죄책의 문화 사이에 놓인 패러다임의 차이에서 온다. 물론 이 문제는 아주 복잡할뿐더러 양쪽 패러다임을 구성하는 요소는 동양과 서양에 모두 존재한다. 하지만 명예/수치의 문화는 동양을 추동하는 유효 패러다임이며 이는 서구인들이 이해하기 어렵다.

지위에 권위를 부여하는 이런 특징을 이해한다면 명예 살인이나 여섯 살 미만의 어린 신부와의 결혼, 집안 간의 복수 같은 대다수의 서구인이 당혹스러워하는 무슬림 세계의 일부 특징을 이해할 수 있다. 이와 같은 지역에서 사회적 권위를 지지하는 층은 한두 가지 이유로 그런 관행이 바람직하기까지는 않더라도 수용할 만하다고 본다. 아무리 이성을 동원하더라도 이런 풍습을 바꿀 수는 없을 것이며 외적 강제를 부과하더라도 마찬가지일 것이다. 변화는 사회적이고 내부적이고 유기적이어야 한다.

하지만 명예 살인과 집안 간의 복수는 대체로 서구에서 성장하는 2세대 무슬림의 고민 사항은 아니다. 우리는 "걸리지만 않으면 괜찮다"라고 우리 귀에 속삭이는 명예/수치의 원칙을 붙들고 씨름한다. 불명예가 아니라면, 잘못한 것도 아니다.

악의 없는 경우에 한정해야겠지만, 나는 성장 과정에서 이런 원칙이 공공연히 통하는 것을 자주 보았다. 지금 생각나는 가장 악의 없는 경우는 무료 리필과 관련된 일이다. 내 무슬림 친구들 다수가 패스트푸드 식당에서 물을 주문한 뒤 거기에 탄산음료를 담아 먹는 게 전혀 문제될 게 없다고 생각했다. 우리는 그렇게 하면서도 눈 한 번 깜박하지 않았고 나도 자주 그렇게 했다.

하지만 어느 날 버지니아 비치의 타코벨에서 내 친구 한 명이 물 대신 마운틴 듀를 받다가 걸렸다. 카운터에 있던 젊은 종업원이 내 친구가 탄산음료를 담는 것을 보았던 것이다. 그는 요령 없게도 내 친구의 손을 음료 자판기에서 밀어내면서 큰소리로 말했다. "물을 주문하고 탄산음료를 받아가면 안 돼요!"

이 말에 많은 사람이 고개를 돌려 이 소란을 보았고, 내 친구는 얼굴이 시뻘게졌다. 물 컵은 투명하고 탄산음료 컵은 불투명하니, 분명 종업원의 말이 옳았다. 그 종업원은 문자 그대로 현장에서 내 친구를 잡은 것이다. 탄산음료는 모두가 볼 수 있는 분명한 증거였다.

내 친구가 잘못된 선택을 했음이 드러난 순간이었다. 그는 많은 사람 앞에서 불명예를 입었던 것이다. 탄산음료를 훔친 일은 걸리기 전에는 아무 문제가 안 되었다. 사실 걸린 후에도 여전히 아무런 문제가 안 된다. 서양인의 귀에는 이상하게 들리겠지만, 탄산음료를 훔치다 걸린 것보다 그에게 더 치욕스러웠던 것은 최저임금을 받는 종업원에게 부름을 당한 일이었다. 그래서 그는 사실을 부인하며 단호히 외쳤다. "물을 받는 중이라고요!" 친구는 남은 컵에 물을 채워서는 카운터에서 안 보이는 곳으로 가버렸다. 진한 핑크색 거품이 맺힌 게 완벽하게 정상적인 물인 양하며 말이다.

또 다른 사건을 이야기하자면, 내 사촌 중 한 명이 사소한 보험 사기극을 벌이다가 걸린 일로 가족으로부터 가벼운 놀림을 받고 있었다. 수치심을 덜기 위해 내 사촌은 그 사건을 우스운 이야기로 와전시켜버렸다.

사촌이 우리에게 해준 이야기에 따르면, 자동차 보험 견적가를 받을 때 기혼이라고 거짓말을 하면 보험료를 많이 아낄 수 있다고 한다. 그래서 그는 아내를 만난 배경 이야기며 아내의 직업이며 심지어 아내의 생일을 기억하기 위해 사용하는 연상 기호까지 이야기를 꾸며냈다. 그리고 보험 설계사에게는 안타깝게도 아내가 아직 파키스탄에 있어 서류를 준비하지 못했다고 말할 생각이었다. 세세한 내용까지 준비를 마친 그는 보험사에 전화를 걸어 자신이 결혼했음을 설득하는 데 성공했고 그래서 낮은 요율을 적용받기에 이르렀다.

둘 다 미국에서 태어난 친척 한 명과 나만 이 일로 그를 꾸짖었을 뿐, 어른들은 웃음으로 넘겼고 우리에게 너무 심각하게 생각하지 말라면서 보험사에는 돈이 충분하다고 주장했다. 내 사촌도

요란하게 그 말을 거들었다.

이야기는 다음과 같이 이어진다. 1년 후 사촌은 가벼운 자동차 사고를 당해 보상 청구를 해야 했다. 사고 내용을 전화로 전하던 중, 보험 조사원은 아내도 동승해 있었는지를 물었다. 사고에 정신이 팔려 있던 그는 아내가 없다고 답했다. 보험 조사원은 일절 동요함 없이 그에게 결혼한 적이 없는지 물었고, 내 사촌은 "없다"라고 답했다. 그 후 곧바로 내 사촌은 조정된 보험료를 통보받았는데 그간 그가 낸 보험료의 두 배가 넘는 금액이었다.

이야기가 끝나자 친척들은 폭소를 터뜨렸다. 이렇게 멋진 이야기를 들려줌으로써 그는 거짓말하다 걸린 수치를 재치 있는 이야기꾼이라는 영예로 바꿀 수 있었다. 실제로 옳은 일을 행한다는 것은 고려 대상도 아니고 죄책이 되지도 않았던 것이다.

이런 사례들은 무죄와 죄책이라는 서구 문화의 관점에서 볼 때 명예/수치의 문화가 얼마나 다르게 보일 수 있는지를 알려주는 비교적 가벼운 예다. 물론 이슬람에도 고도로 개발된 도덕관념이 있다. 따라서 우리는 문제를 너무 단순화해서, 무슬림은 잡히지 않으리라는 확신이 들면 무엇이든 원하는 대로 한다고 단정해서는 안 된다. 그렇지만 동양에서 죄책은 수치만큼 결정적인 요인이 아니라고 말하는 편이 안전하겠다.

서구에서 태어난 무슬림 이민 2세대 이야기로 돌아가서, 이 두 문화 사이에 양다리를 걸치고 서 있는 게 얼마나 어려운지 이제 조금 이해가 될 것이다. 사회적으로 용납하기 어려운 일에 휘말렸을 때 젊은 무슬림은 그 일을 숨기려는 유혹을 받는 동시에 내적 죄책감에 시달릴 것이다. 수치스러운 진실을 감추려는 타고난 동양적 성향이 죄책감을 느끼는 서구적 성향을 더욱 악화시키는 셈이다.

이것이 내 경우에는 고등학교 과정을 거치면서 심각한 문제가 되었다. 친구들 모두 내가 무슬림이며 그래서 데이트를 할 수 없다는 사실을 알고 있었다. 나는 중매결혼에 만족한다고 친구들에게 말함으로써 내가 속한 문화의 대사가 되고자 최선을 다했다. 그리고 실제로 그것은 내게 문제가 되지 않았다. 여자에 대한 진지한 관심이 생겨나기 전까지는 말이다.

9학년 때 나는 내게 관심이 있다고 고백한 한 소녀에게 푹 빠졌다. 서구의 어느 누구의 기준으로 보더라도 그것은 손을 잡고 낭만적인 말을 속삭이는 아주 순수한 관계였다. 그렇지만 그것은 내가 속한 동양의 기준에는 어긋나는 일이었기에 나는 우리 관계를 비밀로 했고 그로 인해 심한 죄책감을 느꼈다. 그녀에 대한 감정이 여전했지만 나는 몇 주 만에 우리의 관계를 정리해버렸다. 머지않아 그녀는 내 가장 친한 친구인 데이비드와 데이트를 하기 시작했다. 그녀를 향한 내 감정은 수그러들지 않았고, 나는 가장 친한 친구의 여자친구에게 빠져 있다는 것 때문에 심한 죄책감을 느꼈다. 나는 그와 그녀가 데이트를 시작하기 전에 그녀와 비밀스러운 만남을 가졌고 그녀에 대한 감정이 아직 남아 있다고 데이비드에게 솔직히 말했다.

내 친구들은 내가 이 사실을 자기들에게, 적어도 데이비드에게라도 진작 말하지 않고 숨긴 이유를 이해하지 못했다. 그의 입장에서 볼 때, 나는 그에게 솔직하지 않을뿐더러 그의 여자친구에 대해 감정을 품고 있음으로써 친구를 철저히 배신한 자였다. 졸업을 며칠 앞두고 데이비드와 나는 사이가 틀어졌다. 모두가 한편에 서고 나만 반대편에 서 있었다.

한 번 더 나는 친구를 잃었고 이번에는 깊은 상처와 혼돈마저 겪었다. 무슨 일이 벌어진 걸까? 왜 나는 결국 혼자가 되는 걸까? 내가 잘못한 건 맞지만 그게 친구를 모두 잃을 만큼 잘못된 일일까? 나는 어느 졸업 파티에도 가지 않았고, 친구들과 함께 계획했던 졸업 여행에도 일절 초대받지 못했다. 대학으로 떠나가는 친구들을 전송하지 못했고, 방학 때면 돌아오는 이들과 다시 어울리지도 못했다.

당시 자신이 어떻게 행동하고 있는지 알았더라면 나는 다르게 처신했을 것이다. 그들이 나를 이해했더라면, 내가 애초에 속을 털어놓지 않은 것에 그렇게까지 상처 받지 않았을 것이다. 우리가 이를 알았더라면, 어릴 적 친구들과 지금도 어울려 지내고 있을 것이다.

어떤 이는 동양과 서양 사이에 문화적 차이란 없으며 사람은 모두 똑같은 방식으로 세상을 바라본다고 생각한다. 또 다른 이는 동양과 서양의 패러다임을 호기심의 대상으로 여긴다. 하지만 나 자신과, 나와 비슷한 처지의 모든 이에게 동양과 서양 사이의 괴리가 곧 인생의 경로를 형성하곤 한다. 그로 인해 나는 어릴 적에 친구가 없었으며 다시 한 번 홀로 성인기를 시작해야 했다.

다행히 최악의 아픔은 여름 동안만 지속되었다. 몇 달 후인 2001년 8월, 나는 자신을 일신하고 새로운 친구를 찾으리라는 기대를 품고 대학 생활을 시작했다. 하지만 대학 생활을 시작한 지 3주 만에 새로운 위기에 부딪쳤고 이번 위기는 우리 민족 전체에 영향을 미쳤다. 세상은 전과 같을 수 없었다.

19장

평화의 종교

올드 도미니언 대학교에서 네 번째 주를 시작할 즈음이었다. 바지와 나는 같은 이유로 이 대학에 다니고 있었다. 즉 올드 도미니언은 집에서 가까운 학교 중 가장 좋은 학교였고, 암미와 압바는 이 학교보다 먼 곳으로 우리를 보낼 생각이 없었다. 우리는 종종 함께 학교에 갔지만, 화요일 오전에 바지는 교통 정체를 피하기 위해 나보다 늦게 학교에 왔다. 나는 여덟 시까지 해부학 연구실에 가 있어야 했다.

그 화요일 아침은 여느 날과 다름없이 시작되었다. 나는 열 시 반에 해부학 연구실을 나와서 학생회관이 있는 웹 센터로 향했다. 오후에 토론 팀 연습 전까지 자유 시간이었다. 나는 첫 주에 토론 팀에 가입했고 고등학교 시절의 승리를 대학교까지 이어갈 생각에 흥분해 있었다.

학생회관 입구를 유유히 들어서는데 토론 팀 주장이 허겁지

겁 뛰쳐나왔다. 무슨 일이 있었는지 전혀 몰랐던 나는 물었다. "무슨 일이 있어요?"

그녀는 지체 없이 말했다. "두 번째 건물이 방금 무너졌어."
당황한 나는 그녀의 어깨 너머로 라운지의 텔레비전 앞에 모여 있는 사람들을 보았고 그들에게 다가갔다.

뉴스 채널에서 세계무역센터 북쪽 건물과 남쪽 건물이 무너지는 화면을 반복해서 보여주고 있었다. 비행기가 두 건물 중 한 건물에 충돌한 다음 두 건물이 연이어 붕괴되는 장면을 거듭 보여주었다. 영화에서 뽑아낸 장면 같았다. 하지만 우리는 생생한 공포에 얼어붙고 말았다.

움직이는 사람도, 입을 벙긋하는 사람도 없었다. 잠시 후 내 휴대전화 벨이 울렸다. 압바였다. 압바의 목소리는 평소와는 다르게 가라앉아 있었다. "나빌, 어디니? 왜 전화를 안 받은 거니?"

"학교에 있어요, 압바. 연구실에 있어서 받지 못했어요."

"당장 집으로 와라! 바지도 같이 있니?"

"아뇨, 괜찮겠죠?"

"바지도 전화를 받지 않는구나. 찾아서 곧장 집으로 오거라."

나는 지난 몇 분간의 상황을 종합해보려고 했다. "압바, 무슨 일이죠? 왜 집으로 가야 하는 거죠?"

내 말에 놀란 압바가 물었다. "모르고 있는 거니? 공격을 당했단다."

"알아요, 그런데 왜 제가 집에 가야 하는 거예요?"

"나빌! 무슬림이 비난받고 있어! 사람들이 감정에 휘둘려서 너와 바지에게 퍼부을 수 있어. 얼른 바지를 찾아라. 무사한지 확인하고 함께 집으로 오거라."

"하지만 압바, 저는…."

압바는 시간이 없었다. "나빌! 시키는 대로 해라! 난 바지에게 전화해야 해. 전화 잘 받아라." 이 말을 마치고 압바는 전화를 끊었다.

나는 텔레비전에 눈을 고정하고 있는 사람들을 둘러보았다. 이들이 내 적이란 말인가? 이들이 정말로 나를 해치려 할까? 텔레비전 화면에 있던 위험은 차츰차츰 내 주위로 옮겨왔다. 이제 나는 이 섬뜩한 영화의 일부로서 해야 할 역할이 있었다. 얼른 그곳을 나와 바지에게 전화를 걸었다.

다행히도 바지가 전화를 받았다. "아살라모 알라이쿰?"

"바지, 지금 무슨 일이 있는지 알아? 어디야?"

"알아, 내 차에 있어. 집으로 가려고."

"왜 압바 전화를 안 받았어?"

"세븐일레븐에서 텔레비전을 보고 있는데 경찰이 나를 불러서, 부르카를 쓰고 밖에 있으면 위험할 수 있다고 말해줬어. 그가 내 차까지 바래다주었고 그래서 지금 집으로 가고 있어."

"정말? 좋은 경찰이네. 알았어, 운전 조심하고. 곧 집에서 봐."

그날 남은 시간 동안 우리는 텔레비전 앞을 떠나지 않았다. 압바는 그 주에 휴가를 냈고, 우리에게도 똑같이 하라고 했다. 우리는 딱 한 번 집 밖으로 나가서 국기를 여러 개 샀는데, 국기는 곧 매진되었다. 우리는 각각의 차와 마당 잘 보이는 곳에 국기를 달았고 만약을 대비해 여분으로 몇 개를 더 차고에 비치해두었다.

우리는 사람들이 뉴스에서 무슨 말을 듣건 우리가 적이 아님을 알아주기를 바랐다.

이것은 아빠 쪽의 편집증이 아니었다. "사막의 폭풍 작전" (1991년 걸프 전쟁 때의 작전명) 때 우리 가족은 적으로 간주되어 위협을 받은 적이 있었다. 내 사랑스러운 할머니 나니 암미는 부르카를 썼다는 이유로 뉴욕의 주유소에서 주유를 거절당했다. 먼 친척 이모는 장을 보다가 주차장에서 주먹으로 가슴을 가격당했다. 실제로 9월 11일이 지나고 얼마 후 우리 대학교 외곽에 있던 모스크는 창문이 모두 파손되는 피해를 입었다. 나는 모스크 수리를 위해 돈을 낸 사람들을 알고 있었다. 그들은 모두 선하고 근면한 사람들이었다.

날이 갈수록 공중 납치범들이 무슬림이었으며 이 나라에 대한 공격이 이슬람의 이름으로 자행된 것임이 분명해졌다. 하지만 이게 무슨 이슬람이란 말인가? 분명히 그들은 내가 아는 이슬람이 아니었다. 아주 먼 곳에는 알라의 이름으로 잔혹한 일을 행하는 무슬림이 있다는 말을 들은 적이 있지만, 너무 먼 곳의 이야기인지라 크게 다가오지 않았다. 하지만 이번 일은 집에서 아주 가까운 곳에서 터졌고 우리의 마음을 가격했다.

이후 몇 주 동안 뉴스 채널들은 쌍둥이 건물의 붕괴 장면을 틀고 또 틀었다. 다시, 다시, 그리고 또 다시 나는 수천 명의 무고한 사람이 내가 믿는 신의 이름으로 학살되는 장면을 목격했다. 그것은 너무 지나쳤다. 나는 내가 믿는 신앙의 진실을 단번에 알아버렸다. 나는 평화의 종교인 내 이슬람 신앙과 공포의 종교인 텔레비전의 이슬람교를 조화시킬 방법을 찾아야 했다.

그날로부터 12년 동안 내가 배운 것은 이 문제가 처음 직면했을 때보다 훨씬 더 복잡하다는 사실이다. 가장 중요하게 고려할 점은 **이슬람**을 어떻게 정의할 것인가 하는 것이다. 만일 **이슬람**이 무슬림이 믿는 바를 의미하는 것이라면, 이슬람은 그들이 배우는 바에 따라 평화의 종교가 될 수도 있고 공포의 종교가 될 수도 있다.

서구의 무슬림은 대체로 평화주의적인 이슬람을 배운다. 바지와 내 경우처럼, 서구에서 살아가는 무슬림은 무함마드가 오직 자신을 방어하는 경우에만 전투를 벌였으며 코란에 나오는 폭력적인 구절들은 특수한 방어적 상황과 관련된다고 배운다. 여기서 지하드[聖戰]는 주로 개인의 저열한 욕망에 맞서는 내적 투쟁을 지향하는 평화적 노력으로 정의된다. 종교에 대한 질문을 받을 때 서구의 무슬림은 자신이 믿는 바를 솔직히 터놓는다. 이슬람은 평화의 종교라고.

반면 동양에서 무슬림은 이슬람에 대해 좀 더 과격한 이해를 갖고 있다. 그들은 이슬람이 다른 종교나 삶의 방식에 비해 우월하며 전 세계에 이슬람이 세워지는 것을 알라가 원한다고 배운다. 그들은 지하드를 주로 이슬람의 적에 대항하여 싸우는 물리적 투쟁으로 정의한다. 종교에 대한 질문을 받을 때 동양의 무슬림은 자신이 믿는 바를 솔직히 말한다. 이슬람이 세계를 지배할 것이라고.

이처럼 이슬람을 그 추종자들이 믿는 바로 정의할 경우, 이슬람은 평화의 종교일 수도 있고 아닐 수도 있다. 하지만 좀 더 전통적인 방식으로, 즉 무함마드가 가르친 신앙 및 실천 체계로 이슬람을 정의할 경우, 그 답은 조금 더 분명해진다.

초기 역사 기록을 보면 무함마드는 군대를 동원해 공격을 벌였고[31] 자신의 목적을 이루기 위해 때로 폭력을 동원하기도 했다.[32] 그는 영적인 맥락과 물리적인 맥락 양쪽으로 지하드라는 용어를 사용했지만, 물리적 지하드를 강조했다.[33] 평화로운 실천을 행하는 이슬람은 후대에 등장하며 무함마드의 가르침에 대한 서구의

---

31 이슬람 역사에서 첫 번째 주요 승리인 바드르 전투조차 무함마드가 메카의 대상을 공격해(나흘라 공격) 얻은 결과였다. Sahih Bukhari 5.59.287을 보라; A. Guillaume, trans., *The Life of Muhammad: A Translation of Ibn Ishaq's Sirat Rasul Allah* (New York: Oxford University Press, 2002), 289.

32 Sahih Bukhari 1.2.24: "알라의 사도가 말했다. '나는 저 백성과 싸우라는 명령을 받았으니, 저들이 알라 외에 예배받을 이가 없고 무함마드는 알라의 사도임을 증거할 뿐 아니라 완벽한 기도와 자선의 의무를 행할 때까지 저들과 싸울 것이며, 그리하여 저들이 이 일을 모두 행한다면 내게서 자신의 생명과 재산을 구할 것이되 그들에게 이슬람 율법이 없다면 알라의 심판을 받게 될 것이다.'" 참조. Sahih Muslim 19.4366: "우마르가 전한 바, 그는 알라의 사자가 이렇게 말하는 것을 들었다. '나는 아라비아 반도에서 유대인과 그리스도인들을 추방할 것이며 무슬림 외에 어느 누구도 남겨두지 않을 것이다.'" Ibn Kathir의 책 *The Battles of the Prophet*와 코란 9:5, 9:29, 9:111도 보라.

33 Sahih Bukhari에서 지하드에 관한 부분(4권 52책)만 읽어도 이 점이 분명해진다.

해석에서 종종 나타난다. 반면 폭력적인 실천을 보이는 이슬람은 정통 이슬람과 역사에 깊숙이 뿌리를 두고 있다.[34]

물론 누구라도 그렇듯이, 동양의 무슬림과 서양의 무슬림 모두 대체로 자신이 배운 바를 믿을 뿐이다. 역사적 사실에 대한 비판적 연구를 하는 경우는 드물고, 그런 노력을 기울이는 소수마저 내가 "지식 이론" 수업 때 한 것과 똑같은 일을 한다. 즉 정반대를 가리키는 증거를 무시하거나 평가절하하면서 이미 믿고 있는 바를 변호하려 든다. 이는 자연스러운 일인데, 자신에게 소중한 신앙을 바꾸기란 지극히 어려운 일이기 때문이다.

내 입장이 바로 그러했다. 마음 깊은 곳에서는 이슬람의 진실을 알고 싶었지만, 진실을 탐구함으로써 어릴 적 신앙에 의문을 제기하기란 불가능에 가까운 일이었다. 나는 곤란한 진실을 계속해서 외면하는 방식을 고수할 터였다. 나의 이 선입견에 딴지를 걸 무언가가 필요했다. 나의 잘못된 주장을 내 눈앞에 가차 없이 무한 반복해서 보여줄 무언가가 필요했다. 더 이상 외면할 수 없

---

34 "무슬림 문헌을 읽는다면—현대 문헌이든 고전 문헌이든—영적 지하드의 우위성에 대한 증거가 무시해도 될 정도라는 것을 알 수 있다. 오늘날 (아랍어, 페르시아어, 우르두어 같은) 비서구 언어로 글을 쓰는 무슬림이라면 지하드가 무엇보다 비폭력적이라든지 혹은 그것이 영적 지하드로 대체되었다든지 하는 주장을 할 이는 없을 것이라는 게 분명하다. 그런 주장들은 주로 수피즘을 연구하거나 종교 간의 대화에 관해 연구하는 서구 학자들과 이슬람을 가능한 한 가장 해를 끼치지 않는 방식으로 제시하려고 애쓰는 무슬림 변증학자들만 내놓는 주장이다"(David Cook, *Understanding Jihad* (London: University of California Press, 2005) 165-166).

도록 다시, 다시, 또 다시 반복해줄 무언가가.

또한 내게는 친구도 필요했다. 내 신앙에 기꺼이 도전을 가할 총명하고 타협하지 않는 비무슬림 친구 말이다. 물론 나 같은 사람을 상대하려면 대담하고 고집도 있어야겠지만, 내게 가장 중요한 문제에 관해 내가 기꺼이 믿고 대화를 나눌 수 있을 만한 친구여야 했다.

하나님께서 이미 이런 친구를 소개해주셨지만, 나 자신은 내가 이미 인생을 영원히 바꿔버릴 길에 접어들었음을 모르고 있었다.

더 자세한 내용은 베스트셀러 작가이자 "예수를 전염시키는 그리스도인 되기" 과정의 원작자인 마크 미텔버그가 쓴 전문가 기고문 "동양과 서양의 만남"(475쪽)을 보라.

3부

신약성경을 시험하다

—
"오 알라여, 성경이 진리일 수는
없지 않습니까?"

20장

형제가 되다

내가 거리 전도자들의 말에 귀를 기울이지 않은 이유는 간단했다. 그들이 내게 관심이 없어 보였기 때문이었다. 그들이 사람을 귀찮게 해서가 아니었다. 나는 그들의 열정을 존중했고, 자신이 믿는 바를 위해 일어선 이들을 이해할 수 있었다. 그런 것보다는 그들이 나를 자기 목적의 대상인 양 대했기 때문이다. 그들은 자기 메시지가 내 인생에 어떤 영향을 줄지 생각해보았을까? 관심이나 있었을까?

틀림없이 거리 전도자 중에는 타인에게 친절하게 인사를 건네며 그의 아픔에 관심을 갖고 그가 겪고 있는 개인적 고통을 위해 기도하면서 자신의 메시지를 전하는 이도 있을 테지만, 나는 그런 이를 만나보지 못했다. 내가 만난 사람들은 길모퉁이에 서서 대중을 향해 손님을 끌 듯 자신의 믿음을 떠벌리고 있었다. 물론 그들의 메시지도 누군가에게 전해졌겠지만 더 많은 사람을 몰아냈다.

안타깝게도 나는 많은 그리스도인이 복음전도에 대해 저들과 똑같은 생각을 가지고 있음을 발견했다. 우연히 만난 사람에게 기독교 신앙을 떠안기는 식이다. 이런 접근의 문제점은, 복음은 삶의 근본적인 변화를 요구하는데 낯선 사람에게 삶의 방식을 바꾸라고 요구할 때 거기에 귀 기울일 사람이 많지 않다는 점이다. 다른 사람의 삶에 대해 그들이 무엇을 알고 있단 말인가?

반면 똑같은 메시지를 진정한 친구가 구체적인 상황과 고민 속에서 진심으로 전달한다면, 그 메시지는 크고 분명하게 들린다.

효과적인 복음전도에는 관계가 필수적이다. 예외는 극히 드물다.

나의 경우, 내게 진정으로 관심을 기울이는 그리스도인이 주변에 없었다. 좋을 때나 궂을 때나 나와 함께한 그리스도인이 없었던 것이다. 아는 사람 중에 그리스도인은 많았고, 내가 그리스도인이었다면 그들은 분명 내 친구가 되었겠지만 그런 우정은 조건적이다. 무조건적으로 내게 관심을 기울여준 사람은 내가 아는 한 없었다. 내게 관심을 가져준 그리스도인이 없었기에 나는 그들의 메시지에 관심을 기울이지 않았다.

그러나 변화가 임박해 있었다.

9/11이 지나고 몇 주 후 생활은 외관상 제자리로 돌아가고 있었다. 바지와 나는 수업에 다시 출석하기 시작했고, 압바도 일터로 돌아갔으며, 암미는 안심하고 볼 일을 볼 수 있었다. 여전히 뉴

스에서는 이슬람을 불안하게 다루고 있었고 무슬림에 대한 전반적인 불신 역시 만연했지만, 우리가 예상했던 것만큼 정서적 적대감이 심하지 않았다. 우리 공동체의 모스크는 분명 피해를 입었고 반무슬림 정서에 대한 소문도 종종 들려왔지만, 무슬림에 대한 물리적인 공격이 있었다는 소식은 전혀 듣지 못했다. 우리는 안전하게 생활로 돌아갔다. 너무 늦기 전에 간신히.

그해 첫 토론 대회가 다가왔다. 고등학교 대회와 달리 대학 토론 대회는 며칠에 걸쳐 진행되었고 대개 여러 다른 주에서 열렸다. 우리 팀의 첫 대결은 펜실베이니아 주 웨스트 체스터에서 있을 예정이었다.

우리 팀이 출발하는 날, 암미는 나를 전송하기 위해 학교까지 차로 태워다주기로 했다. 우리가 배턴 문예관에 도착하자 토론 팀 학생 중 한 명이 나와서 우리를 맞이했다. 연습 때 몇 번 이야기를 나눈 적이 있는 친구였으나 아직 서로를 알아가는 중이었다. 그는 우리 쪽으로 달려와 내가 그를 암미에게 소개하는 동안 내 짐을 내리는 것을 도와주었다.

"안녕하세요, 쿠레쉬 부인. 저는 데이비드 우드입니다."

암미는 낯선 곳에 나를 보내기 전에 같은 팀의 일원을 만나게 되어 안심이 되었다. "안녕, 데이비드. 만나서 무척 기쁘구나. 이번 여행에 나빌과 함께 가니?"

"네, 나빌이 어머님께서 걱정하신다고 하던데 저희가 잘 돌봐줄 테니, 걱정 마세요."

데이비드가 무슨 말을 한들 이보다 더 암미를 기쁘게 할 수 없었으리라. "나빌, 좋은 친구구나. 가까이 지내렴!"

"아차, 암미. 그럴게요."

"전화기 항상 가지고 다니고, 알겠지? 호텔에 도착하면 잘 있는지, 방 번호도 함께 전화로 알려주렴."

"아차, 암미. 그럴게요. 괜찮을 테니 걱정 마세요."

암미에게 걱정하지 말라는 것은 숨 쉬지 말라는 것과 같다. 암미는 내 말을 못 들은 양 말했다. "압바에게도 꼭 전화해서 잘 있는지 알려드리렴."

"아차, 암미!"

그런 다음 암미는 데이비드를 보았다. "나빌에게 전화하라고 얘기해주렴. 얘가 종종 까먹는단다."

데이비드는 웃음을 감추지 못한 채 말했다. "꼭 그렇게 할게요!"

마침내 암미는 만족했다. "고맙구나, 데이비드. 나빌의 친구 중 한 명을 만나게 되어 너무 기쁘단다. 여행이 끝나면 우리 집에 와서 식사 한번 하자꾸나. 파키스탄 요리를 해주마."

데이비드는 주저하지 않고 답했다. "기억해두었다가 꼭 가겠습니다. 고맙습니다, 쿠레쉬 부인."

"그래, 얘들아. 즐겁게 지내렴. 다녀오거라! 나빌, 전화해라. 살라트 기도 잊지 말고!"

암미는 내가 네 살이었을 때 했던 것처럼 두 손으로 내 얼굴을 감싸고 볼에 입을 맞췄다. 네 살 때와 다른 점이라면 이제는 내가 허리를 숙여야 했다는 것. 데이비드는 암미에게 안겨서 애정 공세를 당하는 나를 보리라고 기대하며 웃음을 억누르려고 애쓰고 있었다. 하지만 이런 광경은 우리 가족에게는 일상이었고 나는 암미에게 이처럼 과한 애정 표현을 받는 게 좋았다.

암미는 차로 돌아가면서 파키스탄 전통의 고별사를 외쳤다.

"쿠다 하피즈(하나님께서 너를 지켜주시기를), 베이타."

"쿠다 하피즈, 암미. 사랑해요."

암미의 차가 주차장을 빠져 나가자 데이비드는 재미있다는 듯 미소를 지으며 나를 바라보았다.

"왜?"

"아무것도 아냐. 네가 3일간 떠나는 것 엄마가 알고 계시지?"

"응, 내가 밖에서 잔 적이 거의 없어서 그래." 나는 가방을 챙겨 들고 팀과 합류하기 위해 건물 안으로 걸어 들어갔다.

"음." 데이비드는 남은 내 가방을 들고 따라왔다. 그의 바보 같은 웃음은 수그러들 줄 몰랐다. "야, 그거 알아? 너 엄마하고 얘기한 지 한참 되었어. 엄마에게 전화해야지."

나는 멈춰 서서 데이비드를 노려보았다. 그런 다음 두리번거리며 큰길 쪽을 보았다. 암미는 아직 거기 있었고, 좌회전 신호를 기다리며 우리가 건물로 들어가는 것을 보고 있었다.

장난기가 발동한 나는 데이비드를 향해 말했다. "그래? 할게. 나와 엄마의 관계를 걱정하는 너의 진심 어린 관심 고마워, 데이비드." 그러고는 휴대전화를 꺼내 암미에게 전화를 했다. 데이비드는 혼자서 킥킥댔다.

그렇게 우리의 우정은 세세한 과정을 건너뛴 채 곧바로 형제간의 짓궂은 장난으로 뛰어들면서 순조롭게 출발했다. 이후에 많은 사람이 데이비드와 나를 두고 서로를 돋보이게 한다고 평했다. 우리는 키가 183센티미터로 똑같았지만, 나는 짙은 피부에 검은 머리카락을 가진 반면 데이비드는 밝은 피부에 황금색 머리카락이었다. 나는 80킬로그램으로 말랐으나, 데이비드는 나보다 근육이 18킬로그램 더 있었다. 나는 내 외모와 이미지에 신경을 많이 쓰는 편이었지만, 데이비드는 청바지에 티셔츠를 즐겨 입었다. 내가 응석받이로 자랐다면, 데이비드는 이동주택 주차장에서 굳세게 자랐다. (이 책의 초판을 낼 때 나는 두 가지 이유 때문에 데이비드의 과거에 대해 많은 이야기를 할 수 없었다. 첫째, 당시 데이비드는 공적인 사역을 아직 시작하지 않았다. 둘째, 그의 증언은 너무도 강렬하기 때문에 자세히 다뤘다가는 내 이야기가 샛길로 빠질 우려가 있었다. 감사하게도 그 후에 데이비드는 공적으로 증언을 하기 시작했고 독자 여러분도 이 책에 푹 빠져 여기까지 읽었으니 잠시 샛길로 빠져도 괜찮을 것 같다! 그러니 심호흡을 하고 그의 증언을 들어보기 바란다. 그의 증언은 내가 아는 한 가장 강력한 간증 중 하나다. www.youtube.com/watch?v=DakEcY7ZgGU에서 그의 간증을 볼 수 있다.)

그러나 장차 데이비드와 나 사이에 가장 강렬한 대비를 이룰 차이점이 남아 있었지만 당시에 나는 그것을 모르고 있었다. 데이비드는 이전 5년 동안 성경을 연구하며 예수를 따르고자 애쓴, 강한 확신을 가진 그리스도인이었던 것이다. 그의 열정은 복음에 있었지만 그는 폭탄을 퍼붓듯이 자신의 신앙을 내게 퍼붓지는 않았다. 복음에 대한 논의는 우리가 친구가 된 후 함께하는 생활의 맥락 속에서 훨씬 자연스럽게 시작되었다. 사실 그 이야기를 먼저 시작한 사람은 나였다.

21장

눈을 뜨다

웨스트 체스터로 가는 여행은 신나는 경험이었다. 팀원 모두가 서로를 알아갔고, 많은 토론 연습을 했고, 살아온 이 야기를 나눴고, 함께 많이 웃었다. 나와는 상당히 다른 생활 방식 과 생각을 가진 사람들과 가까워지기는 처음이었기에 나로서는 눈이 뜨이는 경험이었다. 토론 팀의 한 여학생은 마약 합법화를 옹호했고, 다른 남학생은 여자친구와 동거하고 있었으며, 또 다른 남학생은 남자친구와 살고 있었다.

"대학은 이런 곳이군!" 나는 생각했다.

우리는 저녁을 먹기 위해 메릴랜드의 어느 이탈리아 식당에 서 내렸다. 종업원들은 조리하는 모습이 훤히 들여다뵈는 주방 옆 자리에 우리 모두가 앉을 수 있도록 큰 식탁을 차렸다. 데이비드 와 나는 도착하기 전 몇 시간 동안 서로에 대해 더 알아오던 터였 다. 우리는 같이 앉아서 피자를 나눠 먹었다.

데이비드는 사람의 감정을 잘 읽는 편인데, 내가 장난기 어린 논평에 기분 나빠하지 않는다는 것을 곧 알아차렸다. 오히려 나는 사람들이 방어막을 걷고 정제되지 않은 말을 내게 건넬 때 항상 감사한다. 알고 지내는 사람 사이에서는 정치적 올바름이 필요하지만 친구 사이라면 전혀 그렇지 않다.

그래서 메뉴를 보다가 데이비드는 나를 향해 장난기가 발동해서 이렇게 말했던 것이다. "나빌, 네가 향수병이 난 것 같아 기운을 북돋아줄 피자가 있나 하고 살펴봤는데, 지중해식 피자만 있고 중동식 피자는 없네."

나는 당황하지 않고 답했다. "다행히 흰색 피자가 있네. 특징도 없고 맛도 없겠지만, 넌 좋아할 거 아냐."

데이비드는 웃었다. "네가 이겼어. 이 식당이 정통 이탈리아 식당이면 좋겠는데, 확인할 방법이 있어."

"오, 그래?"

"응, 봐봐." 그와 동시에 데이비드는 주방 쪽으로 몸을 돌리더니 이렇게 외쳤다. "여기요, 토니!"

그 즉시, 요리사 세 명이 고개를 들어 우리 쪽을 바라보았고 우리는 배꼽이 빠질 듯이 웃었다. "데이비드, 다음번에 이 방법을 쓸 때는 음식이 나온 다음에 하길 바래!"

그렇게 밤까지 가벼운 장난이 계속 이어졌다. 마침내 우리가 호텔에 도착했을 때 우리 팀 코치는 이번 여행에서 남자 네 명이 방 두 개를 나눠 써야 한다고 말했다. 머리 쓸 일 없이 데이비드와 나는 한 방에 짐을 풀었다.

다른 팀원들은 밖에 나가 즐기고 싶어했다. 팀원 대부분이 술을 마시거나 춤을 추러 근처 술집에 갔고, 일부는 담배나 마리화나를 피우기 적당한 곳을 찾아 나섰다. 나는 그중 어느 활동도 해본 적이 없었기에 그들과 어울릴 생각이 없었다. 데이비드도 그들과 합류하지 않기로 했는데, 그게 내 호기심을 자극했다. 그가 무엇 때문에 다른 팀원들과 다르고 나와 더 비슷한 것인지 궁금했다.

이유는 오래지 않아 밝혀졌다.

내가 짐을 푸는 동안 데이비드는 방구석에 있는 안락의자에 다리를 뻗고 앉았다. 그리고 성경을 꺼내 읽기 시작했다.

당시 내가 받은 충격을 표현하기란 어렵다. 자유 시간에 성경을 읽는 사람을 본 것은 인생을 통틀어 그때가 처음이었다. 솔직히 그런 사람이 있다는 얘기조차 들어본 적이 없었다. 나는 그리스도인이 성경을 존중한다는 것은 알고 있었지만 성경은 오랜 시간을 거치며 변질되었기에 읽을 필요가 없다는 사실을 그들도 속으로는 다 알고 있다고 생각했다.

그래서 나는 데이비드가 그리스도인인 것을 발견함과 동시에 그가 특별히 속고 있는 것이라고 단정했다. 우리 사이에 벽이 없었기에 나는 그에게 물었다.

"그러니까 데이비드." 계속해서 여행 가방을 풀면서 나는 시작했다. "너…골수 그리스도인이야?"

데이비드는 내 말이 재미있다는 표정이었다. "응, 그럴 걸."

"너 성경이 변조되었다는 건 알고 있어?"

"오, 그래?"

"응, 오랜 세월을 거치면서 바뀌었지. 다 아는 사실이지만."

데이비드는 이해가 되지 않는다는 표정을 지었지만 내 말에 순수한 관심을 보였다. "어떻게?"

"음, 아주 분명해. 한 가지 예를 들자면, 성경이 얼마나 많은지 봐. 네가 알고 있는 흠정역(KJV), 신국제역(NIV), 개정표준역(RSV), 신미국표준성경(NASB), 영어표준역(ESV) 말고도 얼마나 더 있는지 누가 알겠어? 하나님이 정확히 무슨 말씀을 하시는지 알고 싶더라도 어떤 성경이 맞는지 어떻게 알겠어? 저마다 다른데."

"알겠다. 그게 네가 성경을 신뢰할 수 없다고 생각하는 유일한 이유야?" 데이비드의 침착하고 정제된 답변에 나는 놀랐다. 과거에 내가 만났던 사람들은 대개 허를 찔리곤 했던 것이다.

"아니, 이유야 무수히 많지."

"좋아, 들어보자."

여행 가방에서 손을 떼면서 나는 생각을 가다듬었다. "그리스도인은 원하지 않는 부분을 성경에서 통째로 빼버리고 원하는 내용을 성경에 끼워 넣곤 했잖아."

"예를 들면?"

"정확한 본문은 모르겠지만, 삼위일체를 성경에 덧붙였다가 나중에 지적을 당하니까 빼버렸지."

"아, 네가 무슨 말 하는지 알겠다. 요한일서 5장을 말하는 거구나."

나는 "요한일서 5장"이 뭔지 몰랐지만 그가 오류를 인정했으니 사실상 그에게 달려들었다. "그러니까 너도 다 아는 것처럼 말야!"

"네가 말하는 게 뭔지 알겠어. 하지만 너는 그것을 제대로 보지 않는 것 같아."

"내가 제대로 보고 있지 않다니, 무슨 말이야?"

"마치 성경 본문을 마음대로 장악하려는 사람들의 거대한 음모가 있는 양 그리스도인이 뭔가를 덧붙이거나 빼거나 하지 않았다는 뜻이야. 그러니까, 성경에 뭔가를 덧붙이고 싶어하는 사람이 있었다고 생각해보자. 그렇다면 그가 세상에 있는 모든 성경을 바꿔버릴 수 있었을까?"

"음, 전부는 아니지만…." 나는 내 침대로 다가가 데이비드 맞은편에 앉으며 인정했다. "필요한 만큼은 할 수 있었겠지."

"뭘 하기에 충분할 만큼?"

"본문을 바꾸기에 충분한 만큼."

내 말이 데이비드에게 인상적으로 들리지 않은 듯했다. "나빌, 너 지금 전 세계 그리스도인이 누군가 자신들의 거룩한 문서를 변조하도록 허락했고…그처럼 엄청난 변조 사실이 역사 어디에도 기록되지 않고 가능했다고 말하는 거야? 정신 차려."

"전 세계는 아니겠지만, 특정 지역에서는 몰래 할 수 있었다고 봐."

"그렇다면 어느 특정 지역에서 가필이 있었다면 세계 어딘가에서는 가필되지 않은 성경 사본을 찾을 수 있겠네, 여기에 동의하는 거야?"

"그래."

"바로 그거야." 데이비드는 단호한 태도로 말했다. "다수의 성경 역본과 요한일서 5장 문제가 시사하는 바가 바로 그거야."

"음, 뭐라고?" 내가 데이비드와 장기를 두고 있는데 그가 갑자기 "장군"을 외친 것 같은 기분이었다.

"세계 곳곳에 성경 사본(manuscript; 일부든 전체든 관계없이 성경 본문의 필사본을 말함)이 있다는 사실은 곧 우리가 그 사본들을 비교해서 어디서 변조가 시작되었는지 확인할 수 있다는 뜻이잖아. 성서학에서는 그런 분야를 '본문비평'이라고 해. 본문에 어떤 변화가 있다면, 예를 들어 요한일서 5장의 삼위일체에 관한 구절이 그럴 텐데, 그렇다면 우리는 다른 사본과 비교해서 그 변화를 쉽게 발견할 수 있어. 그게 다양한 성경 역본이 존재하는 이유지. 하지만 이걸 오해하면 안 되는데, 그 사본들 사이에 중대한 차이는 정말 미미하다는 거야."

"그 모든 사소한 차이들은 어쩌고?"

"그런 차이는 대부분 번역상 문체의 차이 정도지. 코란도 상이한 역본들이 있지 않아?"

"그래, 하지만 하나같이 아랍어 본문을 사용해 번역하지 외국어를 사용하지는 않아."

"그건 성경도 마찬가지야. 성경 역본 간의 차이 대부분은 번역 상의 문제이지 근간이 되는 히브리어나 그리스어의 문제가 아니야."

나는 이 모든 새로운 정보를 받아들인 다음 새로운 견해로 데이비드를 바라보았다. 이 친구는 어디서 이 모든 정보를 얻은 거지? 나는 왜 이런 얘기를 전에는 못 들어보았을까? 모든 게 믿기 어려웠다.

결국 의심이 승리했다. "데이비드, 네 말을 못 믿겠어. 나 스스로 이 문제를 살펴봐야겠어."

데이비드는 웃었다. "좋아! 네가 이 문제를 더 살펴보지 않는 다면 내가 실망할 거야. 살펴보고 잘되면 내게도 얘기해줘!"

나는 일어나 여행 가방을 다시 풀기 시작했다. "걱정 마. 얘기 해줄 테니."

짐을 다 푼 다음 우리는 대회 최종 준비에 집중했다. 그동안 나는 우리가 나눈 대화에 대해 내내 생각했다. 나는 아직 성경이 변질되었다고 전적으로 확신했다. 하지만 전에 들어서 알고 있던 것보다 한층 나아간 논의를 다뤄야 했다. 집으로 돌아가 이 문제를 깊이 파고들 생각을 하니 흥분이 되었다.

성경에 대한 무슬림의 견해에 대해 자세히 알고 싶다면, 『알라인가, 예수인가?』의 4부, "코란과 성경: 두 개의 서로 다른 성경"을 보라.

22장

본문 진화

곧 우리는 학교로 돌아와 진도를 따라잡고 있었다. 데이비드는 생물학과 철학을 복수 전공했고, 나는 의학부 예과였다. 나중에 보니 그와 나는 몇 개의 과목, 곧 화학과 진화 생물학을 같이 듣고 있었다.

수업을 같이 듣는 것은 종종 이점이 있다. 데이비드와 나는 정기적으로 만나 함께 화학을 공부했는데 우리 둘 다 이것을 총력전으로 받아들이고 있었다. 우리는 서로를 능가하기 위해 노력했다. 시험이 끝나고 나면 교수는 강의실 바깥에 성적을 게시했는데, 데이비드와 나는 서로 등을 타고 올라가 성적을 확인하곤 했다. 우정 어린 경쟁 덕분에 데이비드와 나는 항상 반에서 최고 성적을 거뒀다.

어떤 때는 한 반인 게 단점이었다. 진화 생물학 시간에 데이비드와 나는 수업에 거의 집중을 할 수 없었다. 자신이 무신론자임을 감출 생각이 없던 선생이 수시로 던지는 부수적인 논평 때문에 우리는 둘 다 자주 주의를 빼앗겼다. 확실한 유신론자인 우리는 무신론 논증 대부분이 저열하고 설득력이 없음을 알게 되었다. 교수가 무신론적 입장에서 얘기를 꺼낼 때마다 우리는 서로를 향해 그 얘기나 선생과 관련된 농담을 하곤 했다. 결국 우리도 대학생이었다.

어느 날 교수는 무신론을 지지하는 장광설을 짧게 늘어놓은 뒤 모든 생물을 계·문·강·목·과·속·종으로 분류하는 분류학 강의로 복귀했다. 나는 데이비드 쪽으로 몸을 기울이며 속삭였다. "두루 관찰해본 결과, 내가 내린 결론은 교수님의 머리카락에 생명이 있다는 거야. 나는 지금 어느 문으로 분류해야 할지 푸는 중이야."

데이비드는 진지한 목소리로 답했다. "쉽지 않겠어, 나빌. 내가 보기에 저 머리카락은 전갈의 자기보호 기제와 비슷하게 발전한 것 같은데, 네 생각은 어때?"

"아주 예리해, 데이비드. 나라면 이끼나 지의류 같다고 말했겠지만, 네가 한 말도 있고 하니 충분히 지각이 있는 존재일 수 있겠어."

다음 몇 분 동안 우리는 겨우 웃음을 참아야 했는데 이런 식의 무례한 농담 때문에 결국 나는 진화론 과정에서 낙제하고 말았다. 우리는 함께 있으면 도무지 집중할 수가 없었다.

대학 과정을 이수하면서 나는 진화론이 생물학, 사회학, 인류학, 정보통신, 심리학, 심지어는 종교학에까지 다양한 영역에 침투해 있음을 알게 되었다. 내게도 성경에 반대하는 논증을 펼치기 위해 진화론을 이용했던 전과가 있었다. 나는 오랜 시간에 걸쳐 성경이 변조되었고 전승 과정에서 권력자들이 자신의 목적에 맞게 고쳤다는 주장을 펼쳤다. 나중에 나는 복음에 대한 진화론적 모델을 가지고 초기 복음서인 마가복음에는 후대 복음서들보다 훨씬 인간적인 예수의 면모가 드러나며 따라서 복음서에 나타난 예수의 신성은 점진적으로 진화한 결과라고 주장하게 되었다.

하지만 당분간 데이비드와 나는 첫 번째 요점, 특히 신약성경 본문의 충실성에 집중했다. 대부분의 무슬림처럼 나는 신약에 대해 가지는 것만큼 큰 관심을 구약에 대해서는 가지지 않았다. 나는 구약이 대체로 코란과 일치한다고 보았다. 즉 구약은 많은 똑같은 예언자들의 이름을 말하고, 다신론에 반대해 전쟁을 벌이는 예언자들을 보여주며, 삼위일체 대해서는 아무것도 말하지 않는다고 말이다. 신약은 무슬림의 신앙을 실제로 불편하게 만들기에, 나는 이를 토론 주제로 삼았다.

하루는 화학 수업 후 데이비드와 나는 신약성경에 대한 토론을 계속 이어갔다. "그래, 데이비드. 본문비평에 대해 조금 살펴보았는데 문제가 좀 있더라."

"어떤 문제?"

"성경이 가필되었다는 전반적인 부분에서는 내 말이 맞는 것 같아. 성서학자들은 마가복음의 마지막 부분이 원문에는 없던 것으로 보고 있고, 요한복음에 나오는 간음하다 현장에서 잡힌 여인 이야기도 마찬가지더라고.[35] 예수가 '죄 없는 자가 먼저 돌로 치라'고 했던 이야기 있잖아?"

"응, 그 이야기 알아. 네 말이 맞아. 원래 본문에는 없던 거지. 그래서 네 요점은 뭐야?"

이 점을 이렇게 기꺼이 인정하다니 나는 놀랐다. "이게 너는 문제로 안 보여? 내 말은 성경 전체가 실은 하나님의 말씀이 아니라는 거야."

"네 말 뜻을 알겠어. 하지만 이건 문제가 안 돼. 모르겠어? 이처럼 추가된 부분을 우리가 알아낼 수 있다는 사실은 곧 변화된 부분을 우리가 확인할 수 있다는 뜻이잖아."

"맞아. 하지만 네가 확인할 수 있든 없든, 그 말은 성경이 변개되었다는 뜻이잖아."

"후기 사본들은 그렇지. 하지만 후기 사본에 변형이 있었다 해서 그게 무슨 문제인데? 후기 사본이 앞선 사본보다 더 정확하다고 본다든가 하는 게 아니잖아. 중요한 건 초기 사본이고, 이런 가필이 되지 않는 신약성경 초기 사본들이 많이 있어."

나는 그의 주장을 조심스럽게 살폈다. "얼마나 많이, 얼마나 초기의 것인데?"

"음, 그리스어로 쓰인 2세기 사본이 많이 있고 3세기 사본은

---

35 막 16:9-20; 요 7:53-8:11.

그보다 훨씬 많지. 4세기 초에 쓰인 신약성경 전체 사본 두 개가 오늘날까지 남아 있어.[36] 네가 4세기부터 21세기까지 성경이 얼마나 바뀌었는지 보고 싶다면, 사본들을 꺼내 비교해보면 돼."

흥미로운 제안이었다. 그렇다면 토론에서 모든 추측을 배제하는 셈이었다. 나는 데이비드가 한 말을 분명히 할 필요가 있었다. "그러니까 300년대에 쓰인 성경 전체를 실제로 우리가 가지고 있단 말이야?"

"물론이지."

"오늘날의 성경과 얼마나 다른데?"

데이비드는 내 눈을 똑바로 쳐다보았다. "나빌, 현대의 성경 번역본들은 그 사본에 기초한 거야."[37]

나는 그의 말을 되새겨보았지만 수많은 성경 판본이 있다는 사실이 여전히 마음에 걸렸다. 그것은 성경 말씀이 완벽하게 합의되지 않았다는 뜻 아닌가? "정확한 말씀이 중요하지 않아, 데이비드? 무슬림으로서 나는 코란이 처음 무함마드가 받아 적었을 때와 똑같은 말씀이라고 믿어. 한 글자도 바뀌지 않았지.[38] 네가 한

---

36 시나이 사본과 바티칸 사본.

37 흠정역(KJV)은 현대어 번역이 아닌 사례다. 흠정역이 번역의 저본으로 삼은 것은 신약성경의 그리스어 본문인 공인 본문(*Texutus Receptus*)인데 이 본문은 주요 필사본들이 발견되기 이전의 본문이다. 그럼에도 현대어 번역본과 공인 본문에 기초한 번역본이 크게 상이하지 않으며 교리적 차이점 역시 담고 있지 않다.

38 이 점 역시 무슬림이 믿고 있는 또 하나의 일반적 오류다. 42장, "하디스와 코

말에 따르면, 너는 정확한 성경 말씀이 중요하지 않다고 생각하는 것 같아."

"말씀은 중요해. 하지만 말씀이 중요한 건 그것이 메시지를 담고 있기 때문이야. 메시지가 무엇보다 중요하지. 그래서 성경 번역이 가능한 거야. 만일 신적 영감이 메시지가 아니라 문자 자체와 결부되어 있다면 우리는 성경을 절대 번역할 수 없을 테고, 번역할 수 없다면 어떻게 성경이 모든 사람을 위한 책이 될 수 있겠어?"

나는 데이비드가 코란의 영감설에 대한 내 견해에 도전하고 있는 줄은 몰랐다. 하지만 그의 말은 일리가 있었다.

조용히 그의 관점을 되새기고 있는데 데이비드가 말을 이었다. "나빌, 내 생각에 우리는 한 발자국 떨어져서 이 문제를 좀 더 넓은 관점에서 봐야 할 것 같아. 너는 성경이 돌이킬 수 없을 정도로 바뀌었다는 주장을 하려고 해. 하지만 우선 좀 더 구체적으로 살펴볼 필요가 있어. 성경에는 예순여섯 권의 책이 있는데 너는 그중에서 어떤 책을 말하는 거야? 언제, 어떻게 바뀌었는데? 그리고 그게 의미 있는 변화였어?"

나는 계속 침묵하며 앉아 있었다. 나의 스승들은 구체적인 내용을 가르쳐주지 않았다. 성경이 바뀌었다고 반복해서 선언했을 뿐. 나는 할 말이 없었다.

"만일 네가 의미 있는 변화가 있었다고 생각한다면, 그 증거를

란의 역사"를 보라.

내놓아야 해. 추측만으로는 불충분해. 증거가 필요해."

데이비드의 말이 분명 이치에 맞았지만 나는 코너에 몰리고 싶지 않았다. "이미 말했듯이 마가복음의 끝부분, 요한복음의 한 이야기, 그리고 삼위일체를 다룬 요한일서 5장 모두가 성경이 어떻게 바뀌었는지를 보여주는 사례야."

"이미 말했듯이, 실제로 그 부분들을 성경의 일부로 보는 학자들은 없어. 우리가 실제로 성경의 일부로 여기는 부분에서 중요한 변조가 있었다면 제시해봐."

나는 싸움을 이어갔다. "만약 그 세 부분처럼 우리가 아직 발견하지 못한 다른 부분이 있다면?"

"그건 또 다른 추정일 뿐이야, 나빌. '만약'은 설득력 있는 논증이 못 돼. 무슨 주장을 하고 싶은 거야? 증거는 어디 있지? 구체적인 내용이 없다면, 논증도 없는 거야."

나의 완패가 분명했다. 데이비드는 몸을 뒤로 기대며 결론을 제시하고 있었다. "신약성경의 책들이 쓰일 때, 그 책들은 빠르게 확산되었어. 여러 번 필사되었고, 그렇게 필사된 사본은 다른 그리스도인들도 읽을 수 있도록 다시 보내졌지. 필사본을 읽은 그리스도인은 다른 데 보내기 전에 필사본을 남겨두곤 했어. 이런 식의 텍스트 확산이 어떻게 어떤 중앙의 통제 없이 한결같이, 아무도 눈치 채지 못한 채 바뀔 수 있을까? 어떻게 누군가가 말씀을 변질시킬 수 있을까? 그리스도 이후 수백 년이 지나도록 기독교를 중앙 통제한 사람은 아무도 없었는데. 우리는 그 시대 전에 쓰인 수십 개의 필사본을 가지고 있고, 그것은 오늘날의 성경과 똑같아. 신약 성경이 어떤 의미 있는 방식으로 변질되었다는 것을 보여주는 개연성 있는 모델, 역사적 사실과 일치하는 적확한 모델이 없어."

나는 잠깐 수그러들었다. "알았어. 생각 좀 해보고." 데이비드의 말이 내 생각을 변화시키지는 못했다. 왜냐하면 나는 성경이 변질되었음을 마음 깊은 곳에서 알고 있었기 때문이다. 하지만 몇 가지 이유로 해서 어떻게 변질되었는지는 알지 못했다. 나는 이 문제를 진지하게 조사해보기로 했다.

나는 다른 접근법을 시도해보기로 결심했다. 성경이 믿을 만하다는 주장부터 부인하기로 한 것이다.

23장

신빙성을 재고하다

얼마 후 암미의 제안을 받아들여 데이비드가 우리 집에 들렀다. 내가 현관문을 열자, 그는 곧장 냉장고로 향했고 암미는 엄청나게 재미있어했다. 암미에게는 그런 행동이 귀여워 보였다.

하지만 데이비드가 코를 먼저 사용했더라면 냉장고에 신경 쓰지 않았을 것이다. 늘 그렇듯 손님에게 음식 대접하기를 좋아하는 암미는 우리를 위해 이미 식탁 가득 음식을 차려놓았다. 암미는 양고기 코르마, 염소고기 비리아니, 닭고기 마카니, 소고기 니하리 등 많은 음식을 준비했다. 식탁에 야채도 분명 있었을 텐데 기억이 나지 않는다.

식사를 하는 데이비드는 행복한 동시에 당황한 듯 보였다. 우리는 걸쭉한 소고기 카레인 니하리부터 먹기 시작했는데 식탁에 수저가 없었다. 나는 데이비드에게 로티로 싸 먹는 법, 즉 얇은 빵을 손가락으로 찢어 거기에 여러 음식을 담아 먹는 법을 보여주었다. 데이비드는 조심스럽게 똑같이 따라했다. 그는 아무 사고 없이 식사를 마쳤다. 나는 하나님이 정말로 그와 함께 계시는가 보다 싶었다.

식사 후 우리는 거실 소파에 앉아 쉬면서 만찬의 여운을 즐겼다. 데이비드는 등을 대고 누워 천장을 바라보았다. 비록 화학 공부를 하러 왔지만 그는 긴장을 풀고 있었고, 나는 이때야말로 신약성경의 신빙성을 가지고 그를 공격하기에 적기임을 알았다.

"논쟁의 편의를 위해 먼저 신약성경에 변질이 없었다는 점에 동의한다고 해둘게." 나는 내 입장을 우선 상정했다.

"할렐루야." 데이비드가 읊조렸다.

"변질되지 않았다고 해서 자동으로 성경이 믿을 만한 게 되는 건 아냐. 이렇게 말해볼게. 성경에서 하는 말이 정확하다는 것을 어떻게 알 수 있지?"

데이비드는 놀란 표정을 지으며 내 쪽으로 몸을 돌렸다. "하지만 나빌! 어떻게 그런 질문을 할 수가 있어? 코란에 인질(*Injil*; 이슬람교에서 신약성경의 복음서를 일컫는 말로, 무슬림은 알라가 예수에게 이 책을 주었다고 믿는다)이 알라의 말씀이라고 하지 않니?" 데이비드는 내 입장을 이해하기 위해 이슬람을 공부한 게 분명했다. 그리고 그의 말이 옳았다. 나는 신약성경의 복음서를 인질로 믿는 대부분의 무슬림과 다른 입장을 제시하고 있었다.

"나는 코란이 신약성경의 복음서에 대해 언급한다고 확신하지 않아. 어쩌면 더 이상 우리가 갖고 있지 않은, 예수에게 주어진 또 다른 책을 의미하는 것인지도 모르지." 나는 전에 들었던 무슬림 토론자들이 신봉하는 한 견해를 제시하고 있었다.

데이비드는 그 점을 숙고했다. "글쎄, 네 질문에 대해 고민해 보겠지만, 나는 네가 신약성경을 의심할 방법을 찾고 있다는 생각이 들어. 예수 시대와 가장 근접한 시기에 형성된 복음서는 신약성경의 복음서뿐이야."

"잠깐." 내가 끼어들었다. 데이비드는 대담한 주장을 펼치고 있었고 나는 분명하게 짚고 넘어가고 싶었다. "네 말은 신약성경의 복음서가 예수의 삶을 다룬 다른 모든 기록보다 앞선다는 뜻이야?"

"응, 예수의 삶에 대한 다른 모든 기록은 한참 후에 나타나."

"하지만 나는 다른 복음서도 많이 있다고 들었고, 복음서는 그저 그리스도인들이 선택해서 성경에 끼워 넣은 것일 뿐이라던데."

"분명 다른 복음서들도 있어. 하지만 모두 훨씬 후대에, 그러니까 2세기 중반이나 그 후에 등장했지. 신약성경의 사복음서는 모두 1세기에, 그러니까 예수의 생애 직후에 나타났고. 이게 초기 그리스도인들이 사복음서를 선택한 이유 중 하나야."

나는 내 주장을 밀어붙였다. "하지만 만일 인질이 예수를 계시하는 또 다른 복음서였는데 예수의 사후에 분실되었다면?"

"거기에는 적어도 두 가지 치명적인 문제점이 있어, 나빌. 우선, 그것은 순전히 추측일 뿐이라는 점이야. '만약'은 증거가 없는 한 논거가 되기 어려워. 둘째, 너도 알다시피 코란은 그리스도인에게 '인질을 근거로 판단하라'고 해.[39] 그 말은 무함마드의 시대에 그리스도인들이 인질을 이미 갖고 있었다는 뜻이야. 인질은 잃어버린 성경이 아니야."

나는 반박하려 했으나 내 입장을 옹호할 마땅한 말이 즉각 떠오르지 않았다. 데이비드의 주장을 곱씹을수록 입 안에 씁쓸한 맛이 돌았다. 식사 후 즐거운 기분은 날아가 버렸다.

데이비드는 계속했다. "우리가 객관적 조사관처럼 되어서 예수의 삶에 대해 알아보고자 한다면, 복음서로 돌아가야만 해. 왜냐하면 정확할 가능성이 가장 높은 문서가 복음서거든. 달리 무엇을 살펴볼 수 있겠어?"

나는 바로 앉아 요점을 궁리했다. "음, 가능성이 가장 높다고 해서 반드시 좋은 것은 아니야."

"맞아, 하지만 복음서는 예수가 십자가에 달려 죽은 후, 제자들이 살아 있는 동안 쓰였어. 다른 대부분의 전기들보다 훨씬 나은 거지. 예를 들어, 알렉산드로스 대왕의 주요 전기들은 그의 사후 400년쯤 후에 집필되었어.[40] 우리가 알렉산드로스에 대해 뭔가 안다고 자신 있게 말할 수 있다면, 예수에 대해서는 훨씬 더 자신 있게 말할 수 있는 셈이지."

---

39 5:46-47; 5:66-68.
40 아리아노스, 플루타르코스의 저작.

"그래, 하지만 다른 것보다 좋은 전기라고 해서 복음서가 믿을 만하다는 뜻은 아니잖아."

"내 말을 이해 못했구나. 복음서가 다른 전기들보다 시기적으로 더 가까워서만이 아니라, 그게 얼마가 가까운지 목격자들이 아직 살아 있는 동안이었다는 거야. 기독교 공동체 내부에서 복음서가 회람되고 있었다면, 목격자들은 회람되는 복음서의 내용을 들었을 테고 그 내용에 기여한 부분도 있었을 거야."

나는 웃었다. "내가 듣기에는 추측처럼 들리는데, 데이비드. 증거는 어디 있지?"

"초기 교회 교부들이, 이것이 정확히 일어난 일 그대로라는 기록을 남겼어. 기원후 100년경의 저자인 파피아스에 따르면, 마가복음은 베드로의 목격과 증언을 바탕으로 쓰였다고 해.[41] 파피아스는 요한과 마태도 제자로 언급하고 있어.[42] 이처럼 목격자들이 복음서에 기여했다는 것은 추측 이상이야. 목격자들이 복음서를 썼다는 것이 역사적 기록이야."

"누가는?"

"누가는 바울의 전도 여행에 동행했어. 그래서 제자는 아니지. 하지만 그는 자신의 복음서 서두에 적기를, 자기는 목격자들을 인터뷰했다고 했어. 그가 하는 말이 마가나 마태가 하는 말과 일치

---

41 Eusebius, *Ecclesiastical History*, 3.39.15-16.
42 앞의 책, 3.39.4.

한다면, 말이 되는 거지."

그 말은 설득력이 없었다. "모르겠어. 네 말은 누가 목격자가 아니라는 것을 인정하는 건데, 그건 문제가 있네. 게다가 복음서에는 역사적으로 부정확한 내용이 많다고 들었어."

데이비드는 준비된 답변을 내놓았다. "누가는 가장 역사적인 자료를 제시했는데, 그 말은 사람들의 질문에 훨씬 많이 노출되어 있다는 것이지. 하지만 고고학적 사실이 더 밝혀질수록 그의 말이 정확했다는 게 증명되고 있어. 예를 들어, 누가복음 3:1이 아빌레네의 분봉왕 루사니아의 이름을 잘못 기록했다고 결론 내린 학자들이 있었어. 그들은 루사니아가 50년 전 생존했던 인물인데 예수 시대에 살았던 것으로 누가가 착각했다고 주장했지. 기독교 학자들은 루사니아라는 이름을 가진 또 다른 인물일 수 있다고 주장했지만 여기에 대해 회의적인 학자들은 그것이 변증을 위한 추측일 뿐이라고 일축했어.

후에 발굴 과정에서 고고학자들은 예수 시대의 비문을 발견했는데 아빌레네의 분봉왕인 또 다른 루사니아의 이름이 적혀 있었던 거야. 이 일은 회의론자들이 때로 성급하게 누가복음을 비판했으며 누가복음이 고대 시대에 대한 믿을 만한 정보의 근원임을 입증한 사건이었지."

전혀 새로운 이야기였고 매혹적인 이야기였다. 하지만 나는 복음서가 신뢰할 만하다고 스스로 인정하고 싶지 않았다. 평생 동안 나는 복음서는 신뢰할 수 없는 문서라고 들었는데, 이제 내 스승들의 가르침이 잘못되었다고 인정한다면 수치스러운 일이 될 터였다. 그래서 나는 계속 밀어붙였다. "이 모든 것을 확신할 수 있어, 데이비드? 내 말은, 나는 이 비문을 본 적이 없고 설령 보았다고 해도 나는 그 비문의 진위를 가릴 능력이 없겠지. 게다가 교회의 기록을 얼마나 믿을 수 있는지도 확신이 없어. 결국, 그 기록들은 편향되지 않겠어? 의심이 들어설 여지가 너무 많아."

이 말에 데이비드는 짜증이 난 듯했다. "이봐, 나빌. 너 인식론을 공부했잖아. 알다시피, 원한다면 우리가 대화를 하고 있다는 사실을, 심지어 우리가 존재한다는 사실까지 의심할 수 있지! 영화 '매트릭스'의 한 장면과 비슷해. 우리는 미치광이 과학자들에 의해 전기 자극을 받고 있는 항아리 속 뇌에 불과할 수 있겠지. 그게 사실이 아니라고 증명할 수 없지."

"따라서 네가 얼마나 회의적으로 보려고 하는가에 달린 거야. 마음껏 회의주의자가 되어보라고. 하지만 일관성은 있어야 해. 성경에 대해 그렇게 회의적으로 굴 거라면, 코란을 볼 때도 똑같이 회의적으로 보았으면 좋겠어."

내 신앙이 업신여김을 받는다는 생각에 나는 정신이 들었다. "코란은 최고 수준의 회의주의도 수용할 수 있어, 데이비드. 코란이 한 번도 바뀐 적이 없고 무함마드를 통해 전해진 알라의 말씀임을 증명하기란 쉬워."

데이비드는 고집스럽게 답했다. "나빌, 네가 오늘 보여준 회의주의의 수준이라면, 장담하건대 너는 어떤 신앙도 가질 수 없어.

진실은 접근하면 알게 되는 거야. 하지만 지금 우리는 끊임없이 개연성 수준에서만 머물고 있는 거 알아? 현실 세계에서 절대적인 확실함 같은 건 없다고."

"그래, 맞아."

"좋아, 그렇다면 지금까지 최선의 설명은 복음서는 예수의 삶에 관한 믿을 만한 출처라는 거야. 의심의 여지없이 다른 어떤 것보다 훨씬 믿을 만하다, 이 정도는 동의할 수 있겠어?"

내 마음과 머리 사이에 어떤 균열이 생기기 시작했다. 내가 믿고 싶어하는 것과 신약성경에 대한 증거가 싸움을 벌이고 있었다. 나는 찢겨졌다.

나는 시간을 벌고자 전기 음성도와 결합 강도에 관한 우리의 화학 숙제를 훑어보았다. "종교가 과학 같지 않은 게 문제야. 어느 주장이 참인지 실험실에서 실험해보면 좋을 텐데."

"나는 모르겠어, 나빌. 과학조차도 귀납적이고, 관찰과 최고의 설명에 의존하잖아. 항상 연역적 결론을 고집하지는 않는다고. 지금 우리의 토론은 너무 개념이 다른 것 같아."

나는 못 믿겠다는 듯 그를 바라보았다. "너는 지금 주장을 위한 주장을 하고 있어! 모든 면에서 내 생각에 반대하려고 하는 거잖아. 안 그래?"

데이비드는 웃었다. "이런 말 하고 싶진 않지만, 그 말에도 반대야. 당분간 반대한다는 데 동의하기로 하자." 나는 동의의 뜻으로 고개를 끄덕였고, 그와 동시에 우리는 남은 저녁 시간 동안 화학 공부에 집중했다.

하지만 내 마음 깊숙한 곳에서 나는 데이비드에 반대하지 않았다. 실은 그랬다. 그의 말이 정확한 사실이라면 그가 주장한 내용은 앞뒤가 맞는다. 하지만 나는 그의 주장에 수긍할 수 없다. 그러기 위해서는 치러야 할 대가가 너무 크다. 부모님과 스승들이 성경에 대해 잘못 알고 있었다고 인정해야 했다. 하지만 그들은 하나님께 헌신적이고 확고부동하고 진실한 분들이다. 어떻게 그들이 틀릴 수 있단 말인가?

그래서 나는 데이비드의 주장이 일리가 있다고 인정하지 않았다. 사실 나 자신에게도 인정하지 않았다.

> 달라스 신학대학원 신약학 교수이자 다섯 가지 성경 번역본의 선임 편집자이기도 한 대니얼 B. 월러스 박사의 신약에 관한 기고문(480쪽)을 참조하라.

4부

핵심에 다가가다

먹고 지치고 땀 흘리고 피 흘리고
마침내 십자가에 못 박혀야 했다니.
믿을 수 없다.
하나님은 그 이상의
대접을 받으셔야 마땅하다.

24장

리트머스 시험지

이어지는 두 해 동안 나는 올드 도미니언 대학교에 깊이 뿌리를 내렸다. 활기찬 대학 생활을 누리고 경력을 쌓고자 여러 단체와 학회에 가입했다. 몇몇 동아리에 가입했을 뿐 아니라 토론 팀 대표가 되어 학생 활동 사무실과 연계하여 학생회 활동과 기능을 관리했다. 또한 입학 관리처에서 일하면서 파워포인트 발표를 하고 학교 탐방 가이드 내용을 작성하는 등의 작업을 하기도 했다. 분주한 과외 활동 덕에 나는 좋은 친구를 많이 사귀었고 친구가 부족하지 않았다.

하지만 대학 생활 내내 데이비드가 가장 가까운 친구였고 나 역시 그에게 최고의 친구였음은 두말할 나위가 없다. 수업 중간에 할 일이 없거나 밥을 먹어야 하는데 주위에 아무도 없을 때면 나는 가장 먼저 데이비드를 불렀다. 비록 다른 친구들과 어울려 시간을 보낼 수도 있었지만, 데이비드처럼 나와 깊이 연결된 친구는 없었다. 신앙은 내게 중요했고, 데이비드에게도 마찬가지였다. 대부분의 친구 관계보다 훨씬 깊고 인격적인 차원에서 우리는 서로 연결되어 있었다.

게다가 데이비드나 나나 대부분의 시간을 과학관과 인문관에서 보낸 것도 도움이 되었다. 우리는 정기적으로 만났고, 대개 이른 시간에 수업이 있던 과학 교실에서 인문학 교실까지 종종 함께 걸어가곤 했다.

서로 다른 실험실을 썼던 데이비드와 나는 실험 후 만나 자신의 업적을 떠벌리곤 했다. 단순한 부풀리기에서 시작한 우리의 대화는 곧 서로의 자랑을 무색하게 만들기 위해 불가능한 과장을 엮은 장황한 이야기가 되곤 했다. 한수 앞서기 위해 이야기는 거창해지기 마련이었다.

어느 날은 산염기 적정 실험에 대한 실력을 인상적으로 제시해야 했다. 이 실험은 내가 정말 좋아하고 직관적으로 이해한 주제였는데, 아마 그 발전 과정을 눈으로 확인할 수 있어서 그랬던 것 같다. 적정 실험 과정에서, 우리는 자신이 갖고 있는 액체가 산성인지 알칼리성인지 모르지만 리트머스지를 담가 보기만 하면 알 수 있었다. 리트머스지가 핑크색으로 나오면 산성이고, 보라색으로 나오면 알칼리성이었다. 리트머스지만 있으면 전체 실험 과정에서 현재 자신이 있는 지점을 쉽게 확인할 수 있었다.

실험실에서 나온 뒤 나는 지체하고 있는 데이비드를 바깥뜰에서 기다렸다. 마침내 그가 건물에서 나오자 나는 곧장 내 이야기를 들려주었다.

"야, 나는 15분 만에 적정 실험을 마쳤어. 리트머스지가 없어도 되더라고. 눈을 동그랗게 뜨고 보다가 딱 찍으면 돼! 일찌감치 마치고 널 기다리고 있었지."

"오, 그래? 나는 실험실에 들어갔는데 산이 들어 있는 비커와 염기가 들어 있는 비커가 보이더라고. 그래서 나란히 놓은 뒤에 알아서 적정해지라고 명령을 내렸지. 그랬더니 두려움과 경외감에 사로잡혀 순종하더라고. 그래서 난 1분밖에 안 걸렸어."

"오, 그래서 이렇게 늦으셨나?"

"관련된 모든 교수의 서명을 받는 데 한 시간이 걸렸거든."

"그래서 늦었다?"

"그래서 늦었지."

나는 배낭을 집어 들었고 우리는 인문관을 향해 걷기 시작했다. 우리는 허풍을 떨기 시작했고 누구의 화학 기술이 가장 전설적인지 서로 최종 승자가 되기 위해 애썼다. 산책길은 짧고 상쾌했으며, 도서관의 큰 유리창 앞을 지나 새로운 방송국 건물 앞 조용한 분수가로 우리를 인도했다.

농담이 잦아들 무렵, 데이비드의 표정이 점점 진지해졌다. 무슨 걱정이 있는 모양이었다. 친구의 걱정은 내 걱정이나 마찬가지, 나도 덩달아 심각해졌다.

"이봐, 데이브. 무슨 생각해?"

"뭐 좀 생각 중이었어. 네 생각을 알고 싶어. 하지만 솔직히 말해주면 좋겠어."

데이비드가 이런 식으로 말하는 경우는 드물었기에 나는 주의를 기울였다. "물론이지, 무슨 일이야?"

"지금 우리는 누가 화학을 더 잘하냐를 두고 논쟁하며 시간을 허비하고 있잖아. 재미는 있지만 의미는 없어. 내 말을 오해하지 않았으면 해. 우리는 아주 즐거운 시간을 보내고 있어. 하지만 우리가 추구하는 것은 웃음일 뿐, 우리의 논쟁은 무의미해."

나는 고개를 끄덕였다.

"우리가 성경이나 기독교에 대해 얘기할 때도 정말 재미있어. 하지만 우린 그때도 상대방을 이기려는 데 시간을 허비하고 있는 것은 아닌가 싶어. 내 말 뜻 알겠어? 믿음에 대한 우리의 대화가 재미를 위한 논증 이상의 의미가 있는지 모르겠어."

"무슨 말이야? 당연히 있지."

"이렇게 말해볼게. 그냥 기독교가 옳다고 해보자. 잠시만 그렇다고 해보자고. 예수가 참하나님이고 너의 죄를 위해 십자가에서 죽었고 죽은 자 가운데서 부활하셨다고 하자. 그분은 너를 사랑하셔서 네가 그분을 따르고 선포하며 살기를 원하신다고."

"그래, 그렇다고 해볼게. 나한테 쉬운 일은 아니지만 시도해볼게."

"좋아. 그러면 이제 기독교가 옳다고 해보자. 그렇다면 알고 싶어?"

"뭐라고?" 나는 그가 하는 말을 이해하지 못했다.

"만일 기독교가 진리라면, 알고 싶겠냐고?"

"왜 안 그러겠어?"

"여러 가지 이유 때문에 안 그러겠지. 한 가지 이유로, 그러려면 너는 지난 수년간 네가 틀렸다는 것을 스스로 인정해야 하는데 그러긴 쉽지 않아. 또 그러려면 네 인생 전체를 처음부터 살피면서 하나님과 신앙에 대해 네가 알고 있다고 생각했던 모든 것을 재점검해야 해. 이건 정말 힘들지. 그래서 원하지 않을 거라고 생각한 거야."

나는 곧바로 답하지 않고 데이비드와 함께 계속 천천히 걸었다.

인문관에 가까워질수록 길가의 나무들이 빈약해졌다. 나무 그늘에서 나오자 눈이 부셨고, 우리는 분수대 옆에 배낭을 내려놓고 잠시 쉬기로 했다. 나는 분수대 물 너머로 데이비드를 바라보았다.

잠시 후 내가 대답했다. "그러기도 하고 아니기도 해."

나는 데이비드를 바라보았다. 그는 기다렸다.

"그래, 나는 진실을 알고 싶고 하나님을 따르고 싶어서 알고 싶은 거야. 그분은 가장 중요한 분이니까. 하지만 진리를 알게 되면 가족을 희생하게 될까 두려워서 알고 싶지 않아. 부모님은 항상 원하던 아들을 잃게 되고 공동체에서 받던 모든 존경을 잃게될 거야. 내가 그리스도인이 되면 우리 가족은 망하는 거야. 내가 그걸 감당하고 살 수 있을지 자신이 없어. 그분들이 내게 해준 모든 것을 버리라고? 그럴 순 없어."

의미심장한 침묵이 뒤따랐다. 낮게 흐르는 물소리가 어색함을 덮어주었고 우리는 몇 분 더 말없이 그 자리에 서 있었다.

마침내 데이비드가 질문했다. "그래서 너는 누가 이길 거라 생각해, 하나님이야 너희 가족이야?" 직설적인 질문이었으나 내게 필요한 방식이었다.

"하나님."

이렇게 말하면서도 반항의 물결이 내 온몸을 훑고 지나갔다. 나는 정신을 차리고 데이비드를 향했다. "하지만 이런 추측 같은 건 아닐 거야. 기독교는 진실이 아니야. 이슬람교가 진리야. 너도 이 사실을 깨닫는다면 인정할 거야, 데이비드?"

데이비드는 못 믿겠다는 눈빛으로 나를 바라보았다. "나빌, 너 또 그러는구나! 말하기 싫지만, 우리가 신앙에 대해 이야기할 때마다 너는 솔직하게 진실을 찾으려고 하기보다는 논리 싸움에서 이기려고만 해. 기독교가 오류라는 전제하에 말이지."

다른 사람한테 이런 비판을 받았다면 아마 나는 외면하고 그 자리를 떠나 더 이상의 말다툼을 피했을 것이다. 하지만 이것은 나를 아끼는 가장 가까운 친구의 이야기였다. 나는 그의 말을 곱씹어보았다.

"어쩌면 네 말이 맞을지도 몰라. 나는 기독교가 진리일 가능성이 없다고 생각해."

"왜 그렇게 생각해, 나빌? 너는 토론 과정에서 네 입장을 방어하지 못했잖아. 너는 시간이 흐르면서 성경이 변조되었다고 생각했지만 그 주장을 방어하지 못했잖아. 너는 성경을 신뢰할 수 없다고 생각했지만 그 주장을 지키지 못했잖아."

"아마 그건 내가 이 분야를 제대로 꿰고 있지 못해서 그럴 수도 있어. 나는 학자가 아니잖아. 모든 답변을 아는 것도 아니고." 이 말 속에 숨겨진 진실이 드러났다. 비록 서구의 사상을 교육받으며 성장했지만 내 생각은 권위라는 동양의 토대 위에 세워져 있었던 것이다.

데이비드는 계속 문제에 집중했다. "네가 기독교가 사실일 수 있다고 생각하려면 도대체 무엇이 필요할까?"

나는 잠깐 생각한 뒤 대답했다. "내가 신앙에 대해 알고 있는 모든 것을 나는 아빠한테서 배웠어. 아빠는 나보다 훨씬 많은 것을 알고 있어. 아빠조차도 반론을 제기하지 못하는 것을 본다면, 이 문제를 더 주의 깊게 살펴볼 것 같아."

"그렇다면 기독교가 진리일 수도 있다고 생각하겠다고?"

"가능성은 있겠지."

데이비드는 이 점을 숙고했다. "네 아버지가 대화에 참여하실 거라 생각해?"

"물론이지." 나는 지체 않고 대답했다.

"나한테 마이크라는 친구가 있는데 그가 한 달에 한 번 자기 집에서 모임을 열어. 온갖 다양한 배경을 가진 사람들이 모여서 신앙에 대해 대화하는 모임이야. 우리는 그 모임을 '드림 팀'이라 불러. 마이크가 네 아버지와 기꺼이 대화를 나눌 것 같은데, 네 생각은 어때? 될까?"

"아주 좋아. 아빠와 얘기해보겠지만 문제없을 거야. 우리도 끼자."

"좋아. 그럼 이야기가 산만해지지 않도록 주제를 정하자. 토론 주제를 뭘로 할까?"

"음, 이슬람과 기독교를 구분하는 리트머스 실험 같은 게 있다면, 예수가 십자가에서 죽었는가의 문제일 것 같아."

"좋아. 예수의 십자가 죽음에 대해 이야기해보자. 결정한 거다." 데이비드와 나는 방금 일어난 일의 의미를 생각하며 다시 분수대의 물을 내려다보았다.

몇 년 후 나는 이 일이 데이비드에게 하나의 전환점이 되었음을 알게 된다. 만일 내가 기독교가 진리인지 알고 싶은 마음이 없다고 말했다면, 그는 더 이상 우리의 대화를 추구하지 않았을 것이다. 진리를 피하려는 사람은 대개 피하고 만다는 사실을 그는 오래전에 깨달았던 터였다.

그 일은 내게도 전환점이었다. 압바가 어떤 질문도 능숙하게 처리할 수 있을 거라고 확신했던 나는 그 대화가 어떻게 이어질지에 대해 전혀 준비가 안 되어 있었다.

25장

기절 이론을 물리치다

분수대에서 솔직한 대화를 나눈 뒤 나는 곧바로 압 바에게 마이크와 만나 예수의 죽음에 대해 대화할 수 있는지 물어 보았다. 예상대로 압바는 열정적인 반응을 보였다. 나처럼 압바도 신앙 문제를 가지고 이야기하기를 좋아했는데, 이슬람 진리에 대 해 확신하고 있었기 때문이다. 압바는 우리의 신앙에 대해 토론할 수 있는 모든 기회는 곧 하나님께 존귀와 영광을 돌릴 수 있는 기 회라고 생각했다.

하지만 기말고사, 가족 여행, 그리고 여러 가지 해야 할 일들 로 가까운 미래에 우리가 마이크의 모임에 참석할 기회는 오지 않 았다. 내가 2학년이 되어서야 별들의 만남이 잡혔다.

데이비드와 나는 유전학 수업을 같이 듣고 있었는데, 어느 날 수업 시간에 데이비드는 마이크의 친구 한 사람이 우리 마을에 온 다고 전했다. 그런데 그 친구가 역사적 예수에 대한 연구자라는 것이었다. 만약 원한다면 우리 다섯 명이 주말에 만날 수 있다고 했다. 완벽한 기회 같았고 압바와 나는 시간을 냈다. 머지않아 기다리던 날이 마침내 이르렀다.

알고 보니 우리 집에서 멀지 않은 곳, 사실상 한 동네라 할 수 있는 데서 모임이 열렸다. 모임을 주최한 마이크 리코나는 데이비드와는 얼마 전부터 친구로 지내왔다. 태권도 사범이자 보험 설계사인 마이크는 지난 몇 년간 신약성경을 공부했으며, 최근 종교학 분야의 석사과정을 마쳤고 박사과정을 고려하고 있었다.

우리가 그의 집에 도착하자 마이크는 우리를 따뜻하게 맞아주었다. 195센티미터의 키에 인상적인 외모를 가진 그였지만 어마어마한 키와 무술 실력에도 불구하고 그의 눈은 따뜻했고 음성은 부드러웠다.

마이크는 우리에게 자기 친구 개리를 소개했는데, 그 역시 인상적인 사람이었다. 날카로운 푸른 눈에 수염을 깔끔하게 깎은 개리는 압바보다 다섯 살 정도 많아 보였다. 마치 산타클로스와 미식축구 공격수를 섞어놓은 모양새였다. 개리가 우리에게 손을 내밀었다.

"안녕하세요, 제 이름은 개리 하버마스입니다. 마이크의 친구이고 전에는 마이크의 교수였죠."

"나빌 쿠레쉬입니다. 만나서 반갑습니다. 모임에 와주셔서 감사하고요. 역사적 예수에 대해 잘 알고 계시다고 들었습니다."

개리는 씩 웃었다. "그렇다고 보셔도 됩니다. 그 주제로 책을 몇 권 썼죠."

그날 밤 압바와 내가 잘 해내지 못하리라는 조짐이 그때 처음 느껴졌다. 나는 그에게 몇 가지 질문을 해서 우리가 만난 이 사람이 어떤 사람인지 알아볼 심산이었다. "데이비드가 얘기해주어서 선생님이 이 주제에 대해 박식하다는 것은 알고 있었지만 책까지 쓰신 줄은 몰랐어요. 얼마 동안 이 분야를 연구하신 거죠?"

"내 논문 주제는 예수 부활의 역사성에 관한 것입니다. 1976년에 썼고, 그 후로 역사적 예수에 관해 연구해왔으니 26년이 넘었네요."

미소 띤 얼굴로 고개를 끄덕이며 나는 그날 저녁 내내 압바가 대화를 주도하게 만들리라 결심했다.

우리 다섯 명은 마이크의 방에 자리를 잡고서 서로에 대한 소개를 이어갔다. 마이크는 창을 등지고 앉았고 개리는 그의 왼쪽에 앉았다. 나는 마이크 맞은편의 등받이의자에 앉았고 압바는 내 오른편에 앉았다. 데이비드는 우리와 조금 떨어져 방구석에 있는 안락의자에 앉았다. 그는 시간이 되자 토론의 문을 열었다.

"그럼 제가 짧게 배경 설명을 드린 다음 나빌과 아버님께 기회를 드리겠습니다. 우리는 예수의 십자가 죽음에 대해 이야기하려 합니다. 나빌과 쿠레쉬 씨는 예수가 십자가에서 죽지 않았다고 생각합니다. 나머지 우리는 그것이 사실이라고 믿지만 말이죠."

개리는 입이 벌어졌고, 나는 머리를 흔들었다. 하지만 데이비드와 몇 번 만난 바 있고 그가 다소 어른처럼 군다는 것을 알고 있던 압바는 씩 웃었고, 마이크는 명랑하게 데이비드를 꾸짖었다. "이제 시작하세, 데이비드!"

"좋습니다. 하지만 두 분도 예수가 십자가에는 못 박혔다고 생각하죠? 십자가에 달렸지만 죽지는 않았다고?"

압바가 답했다. "맞아요."

마이크가 끼어들었다. "그럼, 거기서 시작할까요? 왜 그렇게 생각하는지 말해주세요."

그 말에 압바와 나는 발언권을 얻었다. 압바가 대부분 이야기 했고 미르자 굴람 아흐마드의 책 『인도의 예수』에 나오는 내용을 가지고 주로 논증을 펼쳤다. 압바가 보충 논증을 덧붙인 것 말고는 내가 몇 년 전 통학 버스에서 크리스틴과 나눈 것과 같은 골자였다.

마이크와 개리는 주의 깊게 들었고 확인이 필요할 경우에만 질문을 했다. 둘은 데이비드가 유감스러워할 정도로 압바의 발언 을 방해하거나 끊고 들어와 반박하지 않았다. 반시간쯤 후, 방 안 의 분위기에 묘한 변화가 있었다. 마이크와 개리가 답변할 기회를 노리고 있었다.

압바가 토리노의 수의(Shroud of Turin; 예수의 모습이 남아 있 어 예수를 덮었던 진짜 수의라고 여겨지는 논쟁적인 유물)를 언급했을 때 개리가 입을 열었다. "잠깐만요, 토리노의 수의가 진짜라고 생 각하는 거예요? 예수의 모습이 남아 있는 그 수의 말인가요?"

압바는 자신의 이야기를 한층 더 주의 깊게 숙고한 뒤 말했다. "네, 맞습니다. 어떻게 생각하시죠?"

"네, 선생님의 말씀에 동의할 충분한 이유가 있다고 생각합니다. 하지만 그 수의가 예수님의 것이라고 생각하신다고 해서 놀랐습니다. 수의에 모습을 남긴 사내는 죽은 사람인 게 분명하거든요."

우리 자마트의 이맘들은 그 수의의 진정성을 주장했지만 수의가 예수를 덮었을 때 예수는 살아 있었다고 주장했다. 그들의 주장을 조금 듣더니 압바가 답했다. "하지만 사람이 죽을 때 피는 응혈됩니다. 그리고 수의를 입고 있는 사람에게는 혈류가 흐르죠."

"맞습니다. 하지만 수의에 남아 있는 혈류는 혈청과 응혈이 분리되어 있음을 보여줍니다. 그것은 죽은 다음에 나타나는 현상이죠. 또한 사후 경직의 증거도 찾아볼 있는데, 이것 역시 죽음의 증거이지요."

수의의 세세한 부분까지 알지 못했던 압바는 복음서의 진술을 붙들기로 했다. "하지만 성경에도 예수의 옆구리가 창에 찔렸을 때 피와 물이 쏟아져 나왔다고 했습니다. 그 말은 심장이 아직 뛰고 있었다는 뜻이죠. 그렇지 않다면 어떻게 피가 쏟아져 나오겠어요?"

개리가 고개를 저었다. "심장이 아직 뛰고 있었다면 물은 무엇입니까? 복음서 저자가 '물'이라고 명명한 것은 분리된 혈청 혹은 심장 주위의 유체입니다. 어느 쪽이든 '피와 물'이 나오려면 예수는 죽었어야 합니다."

마이크는 신약성경을 손에 쥐고 덧붙였다. "선생님이 '쏟아져 나왔다'고 한 표현의 그리스어는 단순히 '나오다'라는 단어와 같은 것입니다. 심장이 뛰고 있었음을 의미하지는 않습니다. 게다가

요한복음을 인용하신다면 좀 더 큰 문제가 있습니다. 요한은 예수가 죽었다고 명시적으로 언급합니다. 보실까요? 요한복음 19:33, '예수께 이르러서는 이미 죽으신 것을 보고.'"

압바는 마이크에게 성경을 보여달라고 했고, 마이크는 해당 구절을 짚어주었다. 그리스어로 쓰여 있어 압바에게 큰 도움이 되지는 못할 테지만, 압바는 마이크의 신약성경과 자신의 흠정역 성경을 앞뒤로 넘겨가며 계속 살펴보았다.

잠시 생각할 시간을 준 뒤에 개리는 다시 말을 이었다. "예수처럼 창으로 옆구리를 찔리고도 살아남기란 어렵다고 봅니다. 창으로 찌른 이유는 죽었는지 확인하기 위해서였습니다. 창은 예수의 심장까지 들어가서 곧바로 그를 죽음에 이르게 했을 것입니다."

"하지만 성경은 창이 심장을 찔렀다고 말하지 않습니다." 압바가 밀고 들어갔다. "옆구리를 찔렀다고만 되어 있죠. 게다가 예수는 십자가에 몇 시간 동안만 달려 있었습니다. 그 정도는 쉽게 견딜 수 있었을 겁니다."

"저도 아주 확신하지는 않습니다. 다만 십자가 처형이 이뤄진 방식을 다룬 전체 역사를 볼 때 이 점만은 분명히 말씀드릴 수 있습니다. 즉 십자가형은 이를 당하고도 죽지 않는 사람이 있을 만큼 그렇게 약한 형벌이 아니라는 것입니다. 우리가 아는 한, 로마의 십자가형을 받고도 살아남은 사람은 역사상 한 사람도 없습니다.[43]

---

43 요세푸스의 친구 한 사람이 십자가에서 내려진 후에도 생존한 것으로 알려져

로마인들은 창피를 주고 고문을 가하고 결과가 확실한 처형 방법으로 십자가형을 고안한 것입니다. 채찍질을 비롯한 십자가형의 나머지 과정에 대해서도 알고 계십니까?"

압바는 고개를 저었다.

"그들은 편태라고 하는 채찍을 사용했는데 이것은 피부를 터뜨려 과다 출혈을 일으키도록 고안된 도구였습니다. 몇 대만 맞아도 죄수의 피부는 너덜너덜해졌고 힘줄이 밖으로 튀어나왔습니다. 동맥과 정맥이 드러난 거죠. 이따금 편태가 배 부근을 휘감을 때면 복벽이 터져 내장이 흘러나오기도 했습니다. 편태를 맞다가 죽는 이도 많았습니다."[44]

이 모든 게 나로서는 처음 듣는 이야기였고 섬뜩했다. 성경에서 예수가 채찍에 맞았다고 한다는 것은 알고 있었지만 자세한 설명은 없었다. 만일 이것이 예수가 겪은 고문이라면, 이제 나는 예수가 십자가에서 죽지 않았다는 생각을 옹호하느라 힘든 시간을 보내야 할 터였다. 하지만 개리의 이야기는 그게 다가 아니었다.

"죄수에게 채찍질을 한 뒤에 십자가 가로대에 팔을 대고 못을

있다. 하지만 이는 십자가형이 완료되기 전에 있었던 일이다. 형 집행은 최후의 일격 전에 중지되었고, 그를 살려서 내보내기 위해 당국은 모든 시도를 했다. 그는 다른 두 사람과 함께 형을 받다가 십자가에서 내려졌고, 세 사람 모두 의학적 치료를 받았으나 다른 두 사람은 죽었다. *Life of Flavius Josephus* (trans. Mason), 420-421.

44 더 자세한 정보를 위해서는 Martin Hengel, *Crucifixion* (Philadelphia: Fortress, 1977)을 보라.

박았습니다. 못은 정중신경을 관통해 박혔기에 극도의 고통을 유발했고 손을 무능하게 만들었습니다. 약 18센티미터 되는 못이 두 발에 박혔고, 십자가에 못 박힌 죄수는 팔에 매달려 몸무게를 지탱하고 있는 형국이라 숨을 쉬기가 거의 불가능했습니다. 조금 남은 힘을 못 박힌 두 발에 주어 몸을 밀어 올려야 겨우 숨을 내쉴 수 있었습니다. 다시 몸이 아래로 축 처지면서 숨을 들이쉴 수 있었지만 다시 숨을 내쉬려면 못 박힌 발로 몸을 밀어 올려야 했습니다. 힘이 다 빠져 나가서 더 이상 몸을 밀어 올릴 수 없게 되었을 때, 그는 질식사하게 되는 것입니다."

마이크가 재빨리 덧붙였다. "그래서 그들이 예수 양 옆의 강도들의 다리를 부순 겁니다. 무릎이 부숴져서 숨을 내쉴 수 없었고 그 결과 죽었죠."

개리가 말을 이었다. "그로 인해 병사들은 죄수가 죽었는지 확인하기가 아주 간단했습니다. 죄수가 몸 들어 올리기를 멈추었는지만 보면 되었죠. 하지만 병사들은 죄수가 정말로 죽었는지 확실히 하는 법을 발견했습니다. 무릎 뼈를 부수는 것 말고도 그들은 죄수의 머리를 바수기도 했고 그 몸을 개들에게 먹이로 주거나 예수의 경우처럼 심장을 찌르기도 했습니다."

각각의 요점이 드러날 때마다 나는 우리의 입장이 점점 곤란해지는 것을 느꼈다. 하지만 압바는 지지 않았다. "예수는 자신에게서 쓴잔을 거둬달라고 겟세마네 동산에서 기도했고, 그는 죽고 싶지 않았습니다! 하나님이 그 말을 존중하지 않았을까요?"

마이크가 대답했다. "그렇습니다. 하지만 예수는 하나님께 이렇게도 말했습니다. '내 뜻대로 마옵시고 아버지의 뜻대로 되기를 원하나이다.' 이처럼 인간적 차원에서 예수는 십자가에 못 박히기를 원하지 않았습니다. 그러나 더 깊은 차원에서 예수는 하나님의 뜻을 이루기 원했고 그래서 기꺼이 십자가에 못 박혔습니다. 그는 자신의 사역 초기에 예루살렘으로 돌아가는 길에서 이 점을 분명히 했는데, 자신의 죽음을 예언하며 기꺼이 그 길을 걸어갈 것을 언급했습니다."[45]

개리가 덧붙였다. "제가 선생님의 입장에 대해 분명히 하고 싶은 점이 바로 이것입니다. 선생님은 복음서를 인용하여 자신의 주장을 옹호하시지만 선생님의 입장과 반대되는 구절들은 고려하지 않고 있습니다. 예를 들어, 선생님은 복음서 중 한 곳에서 단 한 번만 등장하는 빌라도의 아내의 꿈 이야기를 인용하시면서[46] 복음서마다 여러 번 등장하는, 예수가 자신의 죽음을 예언한 부분은 무시하고 있습니다.[47] 왜 그러셨습니까?"

압바는 솔직히 대답했다. "왜냐하면 예수의 십자가 죽음이 가능하지 않기 때문입니다. 그는 하나님의 사랑을 받았고, 구원받기를 간구했습니다. 만일 그의 십자가 죽음을 예견한 구절이 있다

---

45 막 8:31.

46 마 27:19.

47 마 16:21; 17:23; 20:18; 막 8:31; 10:34; 눅 9:22; 18:33; 요 12:33; 18:32.

면, 그리스도인이 추가한 것이 분명합니다."

내 얼굴이 다 뜨거워졌다. 전에 데이비드와의 대화에서 나는 신약성경 본문의 성실성을 의심하기 어렵다는 점을 알게 되었다. 하지만 내가 당황스러웠던 것은 그게 아니었다. 오히려 압바가 자신의 견해를 옹호하기 위해 성경 구절들을 선별하고 있는 게 분명했다. 나는 한마디 하기로 했다.

"압바, 제가 보기에 이분들의 말은 특정 구절을 불신할 마땅한 이유가 없는 한 우리가 좋아하는 구절을 사용하면서 우리 맘에 들지 않는 구절을 무시하는 것은 일관성이 없다는 말인 것 같아요."

압바는 내가 자신의 권위에 도전해 놀랐다는 듯 나를 향해 몸을 돌렸다. 그는 배신당했다는 표정이었고, 나는 내가 한 말을 후회했다. 이 시점에서부터 압바는 많은 말을 하지 않았다. 나는 남은 대화를 맡았고 이야기는 간단히 정리되었다.

"알겠어요. 여러분의 주장을 이해했어요. 하지만 의심의 여지 역시 있어요. 예수가 십자가에서 죽지 않았다는 압바와 저의 주장에 동의하는 학자들도 있나요?"

마이크가 대답했다. "글쎄요, 1700년대에 몇몇 학자가 그런 주장을 하기는 했지만 오래 못 가서 끊기고 말았죠. 크게 존경받는 비그리스도인 학자인 다비트 슈트라우스는 이렇게 요점을 주장했습니다. 예수가 십자가에서 살아남았다는 주장은 타당성이 아주 희미할뿐더러 그랬다면 기독교 운동은 밑동부터 잘려 나갔을 거라고 말이죠."**48**

"보다시피, 겟세마네 동산에서 예수와 엮이기를 두려워하던 제자들이 그를 부활하신 주로 선포하기 위해 죽음마저 두려워 않는 사람이 되었습니다. 만일 예수가 십자가에서 죽지 않았다면, 그는 죽기 직전의 망가진 몸으로 그들을 찾아왔을 것입니다. 그것은 죽음을 두려워 않는 삶의 총체적 변화를 가져올 만한 등장이 아닙니다. 초기 기독교 운동의 특징은 그런 담대함에 있었고, 이 담대함이 없었다면 기독교는 존재할 수 없었을 것입니다."

개리가 덧붙였다. "이것은 예수의 십자가 죽음을 부인하는 학자들이 없는 이유 중 단지 몇 가지일 뿐입니다. 실은 그 반대가 사실입니다. 대부분의 학자가 예수의 삶과 관련된 어떤 사실보다 십자가 죽음이 가장 확실하다고 확신합니다."

나는 밀어붙였다. "그리스도인 학자들을 말하는 거죠?"

"그리스도인, 비그리스도인 어느 쪽이든요. 또한 앞서 말한 대로, 설득력 있는 다른 이유들도 있습니다. 예를 들어 예수의 십자가 죽음을 증언하는 1세기의 비기독교 문헌도 많이 있고, 그것을 인정하는 기독교 문헌은 더 많이 있습니다. 게다가 상당히 오랜 시간 동안 예수의 죽음에 반대하는 전통이 없었습니다. 하지만 당신의 질문에 답을 하자면, 사실상 모든 학자들입니다."

---

48 David Strauss, *A New Life of Jesus* (London: Williams and Norgate: 1879), 1:408-412.

마이크가 마지막 말을 보충했다. "학자들은 사실상 만장일치로 예수의 십자가 죽음이 역사에서 가장 확실한 사실 중 하나라고 인정합니다."

나는 그들의 말을 받아들였다. 이내 압바가 떠날 시간이 되었다는 눈치를 주었다. 나는 더 남아서 이야기를 하고 싶었지만, 압바는 완강했다. 집으로 돌아오는 동안 침묵이 감돌았고 그 때문에 마이크의 결론이 더욱 머릿속에 맴돌았다. 나는 대체론이든 기절론이든, 이슬람식의 예수 십자가 처형 이론을 고집하려면 역사를 버려야 할 것 같았다. 코란은 내게 증거에 눈을 감고 신앙만 신뢰하라고 요구했다.

여기 우리의 리트머스 실험 결과가 있었고, 회색 지대는 없었다. 기독교의 주장은 100퍼센트 증거와 함께하고 있었다.

엎친 데 덮친 격으로, 나는 압바가 논박당하는 것을 보았다. 한두 가지 이유로 압바는 대화 중 분명한 진리를 무시하기 위해 증거를 선별했고 나는 이를 편하게 받아들이기 어려웠다. 앞으로는 더 이상 부모님이 가르친 내용을 무비판적으로 받아들이기 어려울 것 같다는 깨달음이 찾아왔다. 부모님의 진실함이나 헌신이나 사랑을 의심하는 것은 아니었으나 그분들의 진리 이해에 대해 의구심을 품기 시작한 것이다.

마치 급작스럽게, 지금까지의 확신의 장막이 말려 올라가고 전경이 열려 새로운 빛 속에서 세상의 잠재력을 바라보는 것 같았다. 전 생애 동안 끼고 있던 색안경이 처음으로 사라진 것 같았다.

모든 것이 다르게 보였다. 나는 모든 것을 더 주의 깊게 확인하고 싶었다. 어쩌면, 단지 예감일 뿐이지만 나는 기독교의 메시지가 사실일 수도 있다는 희미한 가능성을 고려해야 할지도 모른다.

예수의 십자가 죽음에 대한 무슬림의 견해에 대해 자세히 알고 싶다면 『알라인가, 예수인가?』의 6부, "예수는 십자가에서 죽었는가?"를 보라.

26장

교회에 간 무슬림

    우리가 집에 도착하자 암미가 문 앞에서 우리를 맞이했다. 암미는 모임이 어떻게 진행되었는지 궁금해했다. 나는 우리가 나눈 대화에 대해 우리 입장을 효과적으로 전달할 수 있었음을 강조해서 암미에게 보고했다. 하지만 압바가 말을 삼가고 내가 방을 떠나려 안달한다는 사실을 고려해서 암미는 내 말을 믿지 않는 듯했다. 나는 대충 둘러대고 할 수 있는 한 서둘러 이층으로 올라갔다.

    이층 복도 끝의 방은 원래 드레스룸이나 세탁실로 고안된 것이었으나, 압바가 집을 지을 때 건축업자에게 요청하여 침실 크기로 확장했다. 압바는 그 방을 서재로 꾸몄는데, 벽을 따라 책장을 놓았고 책장마다 빼곡히 책을 꽂았다. 나는 종교 문헌을 연구하고 싶을 때마다 압바의 서가에서 적절한 책 몇 권을 골라 배를 깔고 엎드려 읽곤 했다. 그 일은 내가 자주 누리는 즐거움이었다.

하지만 이날은 즐거움을 생각할 계제가 아니었다. 내 마음과 머릿속에서 자라고 있는 긴장을 해소해야 할 사명을 갖고 들어간 터였다.

나는 거의 대부분 무슬림 저자와 학자들에 의해 쓰인 예수에 관한 책을 몇 권 꺼냈다. 나는 방금 전에 들은 이야기에 답하는 데 유용한 정보를 찾아서 체계적으로 책을 면밀히 살폈다.

그때 나는 처음으로 뭔가를 눈치 챘다. 압바가 예수의 삶에 대해 갖고 있는 책은 모두 변증 서적이었다. 하나같이 어떤 결론을 갖고 시작해서 그 입장을 지지하는 사실들을 찾은 뒤 주장을 펼쳤다. 압바의 주장에 대해 개리가 지적한 것처럼, 다루는 방법이 세심하거나 공정하지 못했다. 상반되는 주장을 붙들고 분투하지 않았기에 그 책들이 내놓은 주장은 검증되지 않았고 취약했다. 우리의 주장이 여러 번 구석에 몰리는 것을 보았으면서도, 나는 우리가 빈약한 방법론을 취했기에 그렇게 되었다고 확신하기에 이르렀다. 동양의 저자는 마음을 휘어잡는 강렬한 주장을 내놓을 줄은 알았지만, 서양의 저자는 좀 더 체계적이고 연속적으로 생각했고 반대 의견까지 살펴서 준비하고 감정을 절제했다. 만일 내가 동양의 열정과 함께 서양의 방법론을 사용한다면 가장 설득력 있고 옹호 가능한 주장을 내놓을 수 있으리라.

내 접근법을 좀 더 체계적으로 가다듬어야 할 때였다. 하지만 어떻게 시작해야 할지 몰랐다. 바로 그때, 데이비드한테서 전화가 왔다. 나는 휴대전화 플립을 열었다.

"나빌!" 데이비드가 활달하게 말했다. "오늘 대화 어땠어?"

"아직 조사 중이야. 내가 방법론을 익힐 필요가 있는 것 같아."

"오 그래? 어떻게?"

"모르겠어. 좋은 생각 있어?"

"실은, 네가 대화를 지속하고 싶어하는 것을 눈치 챘거든. 그래서 마이크와 개리에게 한 번 더 대화할 시간을 낼 수 있는지 물어봤어. 두 사람이 내일 점심을 같이 할 계획인데 그 자리에 우리도 동석해도 괜찮다고 하네. 개리가 설교 목사로 있는 교회 예배를 마친 뒤에. 올래? 역사적 방법론에 대해서 그들에게 이것저것 물어보고…."

"어, 잠깐." 난 그의 제안을 계산하지 못했다. "나보고 너와 함께 네가 다니는 교회에 가자는 거야?"

"네가 원하면."

"우리 부모님께는 뭐라 말하고?"

"무슨 뜻이야?"

나는 데이비드를 이해시키려 했다. "부모님이 내가 너와 같이 교회 가는 걸 허락하실 것 같아? 가서 마이크, 개리와 얘기하라고? 오늘 이후로는 불가능하지."

"부모님의 울타리에서 벗어나 봐. 가슴털도 기르고. 그런 다음 그냥 말씀드려. 넌 성인이잖아. 크게 말하라고."

나는 화가 나서 한숨을 내쉬었다. "넌 이해 못해. 그렇게 간단한 일이 아니야."

우리 부모님 입장에서, 내가 마이크와 개리를 두 번째 만나는 것은 곧 내 인생에 그들의 권위를 받아들이는 것과 같은 의미일 수 있었다. 특히 모임에 압바가 동석하지 않을 경우 더욱 그러할 것이었다. 나는 압바에게 함께 가자고 편하게 말할 수 없을 것 같았다.

나는 부모님께 불필요한 심려를 끼치고 싶지 않았고, 솔직히 말하면 나한테 가지 말라고 금하실 기회를 주고 싶지 않았다. 결국 부모님께는 데이비드와 놀러 간다고 말씀드리기로 했다. 거짓말은 아니었지만 완전히 참말도 아니었다. 향후 몇 년 동안 나는 더 높은 선을 위해 부분적 진실과 완전한 진실 사이를 오가며 내 도덕적 잣대를 시험해야 했다. 그러는 게 좋지는 않았지만 그렇게 하지 않으면 이러지도 저러지도 못해 답답했을 것이다.

다음날 나는 데이비드네 집에 가서 차를 얻어 타고 그의 교회에 갔다. "캠퍼스 임팩트"라고 하는 대학 교회였는데 나로서는 완전히 새로운 경험이었다. 교회 무대에서는 워십 팀이라 불리는 싱어들과 밴드가 기타와 드럼 및 여러 악기를 연주했고, 사람들은 박수를 치며 함께 노래했다. 유머 섞인 광고가 있었고 잠시 쉬는 시간이 있었는데 그동안 사람들은 서로 인사를 강요받는 듯했고, 회중 사이를 돌며 돈을 걷는 바구니가 있었다.

나는 전에 이런 광경을 본 적이 없었으며 내게는 하나같이 매우 이질적이었다. 예배는 사람과 하나님 사이를 묶는 근엄하고 사색적인 시간이어야 하는데, 여기 사람들은 드럼을 두드리며 돈을 요구하고 있었다. 모스크에서는 예배 중 아무도 일어서는 것이 허용되지 않기에 하나님을 예배하는 데 집중할 수 있었다. 예배 중 무대에 소녀들이 있는 것은 신성모독에 가까워 보였다.

그래서 나는 예배가 불편했고 씁쓸했다. 나는 속으로 말했다. "이게 기독교의 예배라면 나는 볼일이 없겠다."

내게는 설교가 메인 이벤트였다. 설교 시간이 되자 개리는 부도덕에 관한 설교를 전했다. 그는 예수의 부활이 역사적으로 입증 가능한 사건이며 이 말의 함의는 어마어마하다고 주장했다. 삶은 우리가 죽을 때 끝나지 않으며 우리는 불멸의 존재라는 뜻이었다. 죽음 이후에 어떤 삶이 오는지에 따라 이것은 기쁨의 근원이 될 수도 있고 심각한 근심거리가 될 수도 있는 것이었다.

하지만 개리의 말에 따르면, 예수의 부활은 이 질문에 대한 답이기도 했다. 기독교의 메시지는 사실이며 우리가 예수를 우리 주와 구주로 믿는다면 천국에서 하나님과 영원히 함께할 것임을 알 수 있다는 의미였다.

그 지점에서 나의 무슬림 사상이 개리의 말에 이의를 제기했다. 맞다, 하나님은 우리를 어떤 면에서는 불멸의 존재로 지으셨다. 비록 우리의 몸은 죽겠지만, 우리의 영혼은 존재하기를 멈추지 않을 것이다. 하지만 예수가 죽은 자 가운데서 이미 부활했다고 해도 기독교와 관련된 모든 것이 자동으로 사실이 되는 것은 아니다.

예배 후 우리는 "더 맥스"라는 식당에 갔고, 나는 샐러드를 먹는 중간중간 그 점을 지적했다.

"개리, 예수의 부활이 실제로 있었던 일이라고 칩시다. 그렇
다고 해서 갑자기 그를 우리 주와 구주로 영접해야 한다는 것은
말이 안 돼요. 예수의 부활은 그가 죽은 자 가운데서 부활했다는
의미일 뿐이에요."

"맞아요, 하지만 '무엇 때문에?'라는 질문을 던지고 시작해야
합니다. 무엇 때문에 예수가 십자가에서 죽었고, 무엇 때문에 부
활한 걸까요?" 개리는 내게 따라올 시간을 주려고 잠깐 말을 멈췄
다가 잠시 후 말을 이었다. "게다가 이 사람이 자신에 대해 확실히
진실을 말하고 있다는 사실을 붙들고 씨름해야만 합니다."

"어떤 진실이요?" 나는 음식을 내려놓으며 물었다.

"그가 하나님이라는 진실."

"잠깐만요. 그것은 전혀 다른 사안이에요. 나는 예수가 스스
로 하나님이라고 주장했다고 생각하지 않아요."

개리가 살짝 고개를 끄덕였다. "좋아요. 하지만 이 점은 동의
해줘야 해요. 만일 예수가 죽은 자 가운데서 부활했다면 하나님께
서 예수를 정식 승인했다는 뜻이라고 말이죠."

"좋아요, 물론이죠. 하지만 나는 하나님이 예수를 인정했다고
이미 믿고 있어요."

데이비드가 끼어들었다. "나빌, 어제만 해도 너는 방법론을 배
우고 싶다고 했잖아. 좀 더 객관적인 조사와 주장을 하고 싶다면
서, 맞지?"

"당연하지."

"그렇다면 '나는 이미 뭔가를 믿고 있다'라는 말은 믿음을 지속하기 위한 좋은 근거는 아니야. 너는 더 나은 이유, 객관적 사실에 근거한 이유들이 필요해. 만일 부활이 일어났다면, 우리는 하나님께서 예수를 인정했다고 믿을 만한 충분한 근거를 갖게 되는 거야. 그게 중요하지."

나는 개리를 바라보았다. "좋아요, 알겠어요. 하지만 그래서 뭐죠? 그게 나한테 무슨 의미가 있죠?"

개리에게 한 질문이었지만 데이비드가 말을 이었다. "무슨 의미가 있냐 하면, 예수가 정말로 자신이 하나님이라고 주장했는지 네가 살펴봐야 한다는 뜻이야."

"좋아, 그렇게 할게. 그런데 어떻게? 이게 내 핵심 질문인데, 이 문제를 어떻게 객관적으로 조사할 수 있을까 하는 거야. 이 문제를 방법론적으로 어떻게 접근해야 하지?"

이때까지 주로 듣고만 있던 마이크가 불쑥 말했다. "실은 내가 책을 하나 쓰고 있어요. 개리와 함께 출간할 책인데, 그 책에서 우리는 예수의 부활과 관련해서 바로 그 문제를 다루고 있지요.[49] 과거를 조사할 때 역사학자들은 판단 기준과 방법을 주의해서 사용하죠. 그들이 사용하는 체계적 접근법을 역사 방법론(historical

---

49 Gary R. Habermas and Michael R. Licona, *The Case for the Resurrection of Jesus* (Grand Rapids, MI: Kregel, 2004).

method; 역사학자들이 과거를 체계적으로 조사할 때 사용하는 기준과 방법)이라 합니다."

마이크는 다수 증언의 기준(criterion of multiple attestation; 다수의 독립된 문헌에 기록된 사건을 역사적으로 좀 더 정확하다고 보는 역사 방법론의 원칙), 초기 증언의 기준(criterion of early testimony; 다른 조건이 같을 경우 초기 문헌이 이후 문헌보다 정확하다고 보는 역사 방법론의 원칙) 같은 역사 방법론의 기본 기준들을 나열하기 시작했다. 나는 역사 방법론이 주로 공정함, 세심함, 상식 동원과 관련된다는 것을 알아채기 시작했다.[50]

논의를 마무리하면서 마이크는 최종적으로 한 가지를 지적했다. "나빌, 가장 중요한 것은 조사를 할 때 일관성을 유지해야 한다는 점이에요. 주장의 양쪽 면을 모두 읽어야 해요. 검토해보기도 전에 어떤 이론에 동의해서는 안 돼요. 어떤 주장이 가장 정확한 사실과 사안을 말하는지, 그 주장이 사실과 사안을 얼마나 잘 설명하는지, 그리고 그 사실과 사안이 전체 주장과 어떻게 부합하는지 살피는 게 정말 중요해요. 결국은 그런 방법을 통해 우리는 과거에 관한 최고의 설명을 발견하는 거죠."

나는 이 용어가 거슬렸다. "최고의 설명이요?"

"그래요. 그게 역사 연구의 전부입니다. 경쟁하는 이론들은 항

---

50 예수의 부활에 관한 역사 방법론에 관한 자세한 논의로는 Michael R. Licona, *The Resurrection of Jesus: A New Historiographical Approach* (Downers Grove, IL: InterVarsity, 2010)를 보라.

상 있을 테고, 어떤 이론도 과거를 완벽하게 말해주지는 않아요. 하지만 대개 최고의 설명이 있기 마련이고, 이따금 다른 모든 이론보다 월등한 이론이 있어요. 예수의 죽음을 둘러싼 사건들의 경우, 최고의 설명은 그가 죽은 자 가운데서 부활했다는 거예요. 이 설명이 여타의 모든 이론보다 월등하죠."

나는 이 정보를 머릿속으로 처리하며 내게 어떻게 적용해야 할지 결정하고 있었다. "좋아요, 이제 맞아 들어가네요. 내가 원하는 건 이거예요. 저는 기독교와 이슬람의 중요 사안을 역사적 조사가 가능한 용어로 바꿔서 어느 쪽이 더 사실에 가까운지 결정하고 싶어요. 그러니 이 점에 대한 동의가 필요해요. 즉 예수가 스스로 하나님이라 주장했고, 예수가 십자가에서 죽었고, 예수가 무덤에서 부활했음을 우리가 밝힐 수 있다면, 기독교가 승리할 충분한 사유가 있는 셈이 되는 거죠."

세 사람 모두 고개를 끄덕였다.

나는 계속 말했다. "하지만 예수가 십자가에서 죽지 않았고, 죽은 자 가운데서 부활하지 않았으며, 혹은 그가 자신이 하나님이라고 주장하지 않았다면, 나는 기독교가 거짓이라고 생각할 충분한 근거를 갖게 되는 거예요. 동의하나요?"

데이비드가 설명을 요청했다. "네 말은 기독교의 오류를 증명하려면 세 가지 모두 오류여야 한다는 거야?"

나는 고개를 가로저었다. "아니, 그 세 가지 논증 중 하나라도 설득력이 없다면, 전체 주장이 설득력이 없는 셈이지. 예를 들어,

만일 예수가 자신이 하나님이라 주장했고 십자가에서 죽었다면? 자신이 하나님이라 주장하고 후에 죽음으로 인생을 마무리한 사람들은 많아. 하지만 그가 만일 죽은 자 가운데서 결국 부활했다면, 그건 의미가 있지."

이 말에 개리가 물었다. "글쎄, 어제 우리는 예수의 죽음에 대해 얘기했잖아요. 어떻게 생각해요? 그 논거가 설득력이 있다고 보나요?"

"저로 하여금 예수의 부활과 그의 신성을 살펴볼 마음이 들게 했으니 충분히 설득력이 있죠. 그의 십자가 죽음은 나중에 다시 살펴봐야겠지만요."

마이크가 미소 지었다. "지성을 활용해 자신의 신앙에 신중히 접근하고 있어서 정말 기뻐요. 너무 많은 사람들이 부모님께 배운 것을 붙들거나 흐름을 따라가거나, 심한 경우에는 아주 독해지죠. 당신은 내게 희망을 보여주었어요, 나빌. 당신을 알게 되어 기뻐요."

나는 미소로 답했다. 마이크와 개리는 멋진 사내들이었다. 그들은 이것이나 저것을 믿어야 한다고 나를 몰아붙이지 않았고, 나를 "무슬림 소년"으로 치부하지도 않는 것 같았다. 나는 그들과 마찬가지로 마음과 지성을 다해 하나님과 진리를 추구하고 있는 한 사람이었다.

그리고 이제 나는 내 추구의 길을 발견한 터였다. 예수의 죽음, 그의 신성, 그리고 그의 부활에 관한 역사적 근거를 평가하는 일 말이다. 만일 이 세 가지 주장에 강력한 근거가 뒷받침된다면,

기독교를 지지하는 견고한 논거가 있는 셈이다. 하지만 근거가 없다면, 부실한 논거만 남을 뿐이다. 교회의 예배에 대한 나의 견해 같은 요인들은 부수적인 문제다.

우리는 점심식사 후 작별인사를 하고 헤어졌다. 1년 이상 시간이 흐른 후 위대한 무슬림 토론자가 마을에 오기까지, 나는 개리와 마이크를 다시 보지 못할 터였다. 그 토론자의 목적은 수백 명의 사람들 앞에서 예수의 부활을 부정하는 주장을 펼치는 것이었다.

그의 맞수는? 나의 새로운 친구 마이크였다.

27장

부활 논쟁

무슬림 단체들이 주관한 토론회는 노포크 모스크에 대대적으로 광고되었다. 대형 벽보가 여러 주 동안 나붙었고, 안내 전단이 배포되었으며, 사람들의 대화에 흥분이 배어 있었다. 이번 토론회는 무슬림 학자, 셰이크(*sheikh*; 대학원 수준의 이슬람 신학을 교육받은 무슬림 지도자), 기독교에 도전하는 주장을 한 번에 볼 수 있는 대단한 기회가 될 터였다. 마이크가 토론 상대로 나온다는 게 더할 나위 없는 희소식이었다. 그가 나와 압바를 상대로 펼친 예수의 죽음에 관한 논증이 무슬림 학자의 철저한 조사를 견뎌낼 수 있을까?

무슬림 토론자로 오는 이는 샤비르 알리라는 이름을 가진 토론토 출신의 유명 변론가였다. 나는 그의 무대 장악력이 특히 마음에 들었다. 그의 온화한 거동은 9/11 이후 천편일률적으로 나도는 과격한 무슬림의 이미지를 격퇴하는 데 도움이 되었다. 그뿐

아니라 내가 보기에 이런 온화함이야말로 최선의 접근 방식이었
다. 동시에 그는 무슬림 스컬캡을 썼고 검은색의 짙은 수염을 길
렀으며 전형적인 무슬림 문화인 흘러내리는 의복을 공공연히 입
었다. 아흐마드파는 아니었지만 아흐마드파의 주장을 일부 지지
했던 샤비르 알리는 완벽한 토론자로 내 생각 속에 자리 잡았다.

데이비드는 토론회 전에 샤비르를 차에 태우고 마을을 안내
하는 특권을 누렸다. 샤비르는 데이비드에게 멜 깁슨의 신작 영화
"패션 오브 크라이스트"를 볼 수 있는지 물었다. 그래서 그날 저
녁 토론회가 열리는 리젠트 대학의 토론회장에 가기 전에 두 사람
은 함께 영화를 보았다.

샤비르가 토론장에 적응할 시간이 필요했기 때문에 데이비드
는 일찌감치 도착해서 그에게 가장 좋은 자리를 마련해주었다. 개
리는 토론 참석차 시내에 돌아와 있었고, 나는 토론회가 열리기
전 로비에서 그와 마주쳤다. 데이비드와 개리 사이에 앉아 700명
의 청중에 둘러싸인 가운데 곧 토론이 시작되었다.

마이크는 좌중을 사로잡는 연사였다. 그는 자신의 부모가 믿
는 바를 단순히 수용하기보다는 인생과 하나님에 관한 진리를 추
구하면서 자신의 신앙이 도전받던 시기를 어떻게 극복했는지 이
야기하면서 포문을 열었다. 이제부터 자신이 제시할 정보에 근거
해서 그는 기독교가 진리임을 확신하게 되었다는 것이다. 그와 마
찬가지로 나도 인생의 주요 단계에 서 있었기에 그의 도입부에 완
전히 매료되었다.

그는 부활의 중요성을 강조하는 것으로 도입부를 이어갔다. "예수의 부활이 그토록 중요한 이유는 기독교의 진리가 이 사건에 전적으로 달려 있기 때문입니다. 예수의 대속적 죽음과 부활은 기독교의 시작부터 지금까지 근본적인 교리였습니다. 따라서 만일 예수가 죽은 자 가운데서 부활하지 않았다면, 그 기초가 무너지고 기독교는 거짓이 되고 맙니다. 다른 한편, 만일 예수가 죽은 자 가운데서 부활했다면, 기독교가 사실임을 믿을 만한 충분한 근거가 마련되는 겁니다. 그래서 오늘밤의 이 토론이 학문적 토론 이상으로 훨씬 중요한 의미를 갖는 것입니다. 우리가 예수와 그의 부활을 어떻게 받아들이느냐 하는 문제에 우리 영혼의 영원한 운명이 달려 있을 수 있습니다."

나는 속으로 말했다. "당신 말이 맞아요, 마이크. 기독교는 부활 여부에 달려 있고, 많은 영혼들이 앞날을 알 수 없는 상태에 있어요. 당신의 근거가 설득력이 있습니다!"

나는 마이크의 주장에서 두 가지 점을 부인할 수 없었다. 역사에 근거를 두었다는 점, 그리고 간결하다는 점이 그러했다. 그는 자신의 주장을 분명히 제시했다. "오늘밤 나는 대다수의 학자들이 인정하고 강력한 증거가 제시되어 있는 세 가지 사실을 여러분 앞에 제시하고자 합니다. 이 세 가지 사실에 대한 최선의 설명과 예수가 죽은 자 가운데서 부활했다는 사실은 서로 결부되어 있습니다."

"첫 번째 사실은 예수의 십자가 죽음입니다. 예수가 십자가에 못 박혀 죽었다는 사실은 이 주제를 연구한 학자들이 사실상 100

퍼센트 인정하는 사실입니다."

마이크는 각 사실을 진술한 다음 증거를 제시했다. 예수가 십자가형으로 죽었다는 사실을 말한 뒤 그는 18개월 전 개리와 함께 내게 말했던 논거, 그러니까 채찍질, 예수의 십자가 죽음에 대한 다수의 증언을 포함한 논거를 자세히 설명했다. 그는 십자가형의 역사적 과정을 고려할 때 예수가 죽었다고밖에 볼 수 없다는 현대 의학자들의 전문적 견해를 덧붙였다.

마이크는 첫 번째 사실에 대해 충분한 주장을 펼친 후 계속해서 다음 사실로 넘어갔다. "두 번째 사실은 빈 무덤입니다. 이 주제를 연구한 학자들 75퍼센트가 빈 무덤을 인정합니다."

마이크는 예수가 십자가에서 죽은 뒤 며칠 후 예수의 무덤이 비어 있었다고 믿을 만한 상당한 근거가 있다고 설명했다. 첫째, 기독교 운동은 예수가 부활하여 더 이상 죽은 상태로 있지 않다는 원칙 위에 세워졌다. 기독교는 예루살렘에서 시작되었는데, 만일 예수의 시신이 아직 무덤에 있다면, 예루살렘의 유대 당국은 예수의 시체를 내보이며 온 도시를 행진함으로써 기독교를 쉽게 박멸할 수 있었을 것이다. 그들이 이렇게 하지 않은 것은 예수의 무덤이 비었다는 입장에 힘을 실어준다.

무덤이 비었다고 결론 내릴 수 있는 또 다른 이유는 부활을 보는 유대인들의 관념 때문이다. 유대인 대부분은 죽은 뒤 장사된 육신이 부활의 날에 들려 올려져 불멸의 몸으로 변화되리라는 육신의 부활을 믿었다. 만일 제자들이 예수의 부활을 선포했다면 그들은 예수의 몸의 부활을 마음에 그리고 있었을 테고 이는 곧 빈 무덤을 의미한다는 것이었다.

마지막 근거는 유대 지도자들의 입장과 관련된다. 예수에 관해 질문을 받았을 때 그들은 제자들이 그의 시체를 도둑질했다고 답했는데, 이는 무덤이 비어 있었음에 동의했다는 뜻이다.

이 점을 정리하면서 마이크는 전 옥스퍼드 대학교 교수인 윌리엄 완드(William Wand)의 말을 인용했다. "우리가 가지고 있는 역사적으로 엄격한 모든 증거가 [빈 무덤을] 지지하니, 반대하는 학자들은 자신들이 과학적 역사의 토대 외에 어떤 다른 토대에 근거해서 반대하고 있음을 인정해야 할 것이다."[51]

그런 다음 마이크는 마지막 증거로 이야기를 이어갔다. "세 번째 증거는 예수 부활의 증언입니다. 많은 곳에서 우리는 제자들이 예수의 부활을 믿었고 예수가 그들 앞에 나타났음을 봅니다. 제자들뿐 아니라 예수의 원수들도 이를 증언했습니다."

마이크는 이 점을 옹호해주는 다수의 초기 자료를 언급했다. 그는 예수가 부활했다는 가르침뿐 아니라 예수가 죽은 자 가운데서 부활했다는 믿음을 위해 제자들이 죽음을 두려워하지 않았다는 사실 위에 교회가 세워졌음을 주장했다. 사실, 이 믿음을 위해 제자들만이 아니라 예수의 생애 동안 그의 메시지에 반대했던 두

---

51 William Wand, *Christianity: A Historical Religion?* (Valley Forge, PA: Judson, 1972), 93-94.

27장 / 부활 논쟁

257

사람, 곧 바울과 야고보도 죽기를 두려워 않고 이 믿음을 지켰던 것이다.

내가 볼 때 이 주장은 문제가 있었다. 사람들이 예수가 나타났다는 믿음을 위해 죽음을 각오했단 말인가? 이 말은 예수가 나타났다는 뜻은 아니다. 하지만 마이크는 이런 의문을 예상한 듯 이렇게 덧붙였는데, 적어도 그들은 예수가 자신들 앞에 나타났다고 진심으로 믿었고 그 믿음에 대해 거짓말하지 않았다고 부연 설명했다. 그의 주장은 간결했다. "거짓말쟁이가 참순교자가 될 수는 없습니다."

세 가지 사실을 제시한 다음 결론적으로 마이크는 자신의 주장을 언급했다. "이제 이 세 가지 사실에 근거하여 한 가지 주장을 내놓겠습니다. 우리는 이 사실들을 지지하는 강력한 역사적 증거가 있으며, 이 주제를 연구한 모든 학자는 아니더라도 비판적인 학자들을 포함하여 대다수의 학자가 이를 인정한다는 점을 살펴보았습니다. 우리는 예수의 부활이 이 모든 사실을 무리 없이 설명하고 있음을 볼 수 있습니다. 이런 사실들을 설명해줄 타당성 있는 대안 이론이 없는 한, 예수의 부활은 역사적 사실로 자신 있게 받아들여질 수 있습니다."

즉 마이크는 예수의 부활이 알려진 사실을 가장 잘 설명할뿐더러 다른 이론을 따를 경우 이 사실들을 왜곡, 변형, 무시해야 한다고 주장하고 있는 셈이었다.

나는 의자에 등을 기댄 채 그의 주장을 생각해보았다. 그 주장에는 뭔가 오류가 있는 듯했다. 그렇게 간단할 수 있단 말인가?

나는 대안적 설명을 궁리했다. "만약 부활한 예수를 보았다고 생각한 이들이 환각에 빠진 것이라면?" 그렇다면 무덤은 비지 않았을 것 아닌가? 하지만 그렇게 많은 사람이 서로 다른 여러 상황에서 어떻게 똑같은 환각에 빠질 수 있단 말인가? 마이크는 토론 중에 고린도전서 15장을 인용해서 500명이나 되는 사람들이 동시에 부활한 예수를 보았다고 했다. 집단 환각 같은 것이었을까? 설령 그렇다고 하더라도 바울 같은 예수의 원수들이 부활한 예수를 보았다면 그 이유가 여전히 설명이 안 된다. 바울은 예수의 부활 환각에 사로잡힐 이유가 없었을 테니 말이다.

"그들이 본 게 예수가 아니라 다른 누군가였다면?" 나는 이 점을 잠시 고려해보았으나 역시 풀리지 않는 질문이었다. 그렇다면 앞서와 같이, 무덤은 비어 있지 않을 것이다. 그리고 제자들이 예수와 다른 사람을 헷갈려하는 게 정말 가능했을까? 그들은 예수와 천 일 이상을 보냈는데 말이다. 좋은 설명이 못 된다.

"예수가 십자가에서 죽지 않았다면?" 이것은 아흐마드파의 입장이며, 마이크와 개리가 여러 주장을 통해 논박한 가설이다. 하지만 샤비르의 주장 도입부를 들어보니 그가 이 입장을 주장할 게 분명해 보였다. 흥분이 온몸을 감쌌다. 이 유명 토론자가 결국 우리의 입장이 옳음을 입증할 것인가?

샤비르가 연설을 시작했다. 그는 무대를 두려워하지 않았으며 관련 정보를 잘 꿰고 있음이 분명했다. "내가 무슬림이라는 사실이 예수 부활의 증거를 충분히 살펴보지 못하도록 제한하는 선입견이 될 수도 있을 것입니다. 우선 나는 그 점을 인정한 다음, 그 문제는 접어두고 사실만을 분명히 살펴보겠습니다. 저는 부활의 증거가 설득력이 있다고 보지 않습니다. 만일 누군가가 나한테 와서 어떤 사람이 죽었는데 3일 후 살아난 것을 보았다고 말한다면, 저는 이렇게 물어야 할 것입니다. '그가 정말 죽었던 게 맞소?'"

"복음서를 꼼꼼히 뒤져본 학자들은 이렇게 물었습니다. '예수 죽음의 원인은 무엇인가?' 기사를 읽은 의사들은 예수의 죽음을 초래한 원인에 대해 일치된 의견을 내놓지 못합니다. 복음서 본문에 쓰인 이야기만 가지고 본다면, 예수가 실제로 십자가에서 죽었다고 확신하지는 못할 것입니다."

샤비르는 훨씬 많은 이야기를 했지만 이것이 그의 반론의 핵심이었다. 하지만 토론이 진전될수록 샤비르는 객관적 조사자가 했을 법한 것보다 훨씬 더 많은 것을 부인하고 무시해야 했다. 그는 십자가형의 일반적 과정이 예수께 가해졌음을 부인하면서도 아무런 이유를 제시하지 못했다. 그는 요한복음의 십자가 기사의 유효성을 부인하면서도 요한의 기사가 십자가형에 대한 역사적 진행에 더 충실함을 인정했다. 그는 예수가 십자가형으로 죽었다는, 비무슬림 학자들이 일반적으로 수용하는 결론을 인정하면서도, 모순적이게도 십자가형의 역할과 의미에 대한 그들의 평가는 부인했다. 그는 예수가 죽었다고 명시한 모든 복음서의 진술을 무시했다. 이렇게 그는 매우 중요한 정보를 외면하거나 무시하면서

4부 / 핵심에 다가가다

자신의 주장을 펼쳤다.

　우리 모두 샤비르의 웅변과 수사적 기교에 도취되었으나 그의 주장에 집중한 결과 두 가지 결론에 이르렀다. 그의 정보 회의론은 부당하다는 것, 그리고 회의론을 펼치면서 자신의 입장에 대해서는 비슷한 기준을 한 번도 적용하지 않았다는 것. 이처럼 일관성을 상실한 것은 그의 말에 동의하고픈 한 사람의 무슬림인 내가 보기에도 분명 그 자신의 편향의 결과였다.

　토론회가 끝난 뒤 마이크와 샤비르는 각각 다른 방으로 가서 청중을 만나 그들의 질문에 답하는 시간을 가졌다. 나는 실망하여 그 모든 의미를 헤아리며 천천히 자리에서 몸을 일으켰다. 나는 복도를 서성거리며 한 시간가량 진행된 토론회를 되새겨보다가 결국 마이크, 데이비드, 개리와 함께 주차장으로 향했다. 어둡고 추웠다. 우리가 말할 때마다 입김이 거리의 희미한 조명 속에서 얼어붙는 게 보였다.

　마이크가 나를 향하더니 말했다. "나빌, 자네의 생각을 듣고 싶네. 100점을 나와 샤비르 사이에 나눠준다면, 어떻게 하겠나?"

　"어떤 것에 점수를 주는가에 따라 다르겠죠." 그렇게 나는 운을 뗐다. "무대 장악력과 웅변의 설득력에 대해 말한다면, 샤비르에게 80점을, 선생님께 20점을 줘야 할 거예요."

　마이크는 어깨를 으쓱했다. "솔직히 말해줘서 고맙네. 나는 몇 가지 단어에서 말을 더듬었고 준비한 슬라이드도 원활하게 돌아가지 않았으니 자네 말을 이해하네. 하지만 논증에 있어서는 내가 좀 더 흥미로웠던 것 같은데, 전체 논증에 대해서는 어떻게 생각하나?"

나는 잠시 생각을 정리했다. "그 부분에서는 선생님이 이겼다고 봐요, 마이크. 선생님께 65점, 샤비르에게 35점을 주겠어요."

개리는 기뻐 소리를 질렀다. "야호, 기분 좋은데, 마이크! 이 말은 사려 깊은 한 사람의 무슬림의 관점에서 2대 1로 부활이 이겼다는 거잖아. 그러니까 나빌, 내 논증이 꽤 괜찮았다고 본 것 맞지?"

이번에는 내가 어깨를 으쓱였다. "아직 의심의 여지가 있어요. 하지만 객관적으로 말해 최고의 설명인 것 같아요."

데이비드가 기회를 놓칠 수 없다는 듯 끼어들었다. "그러니까 나빌, 너 이제 그리스도인이 된 거야?"

"꿈 깨!" 나는 데이비드의 어깨를 치면서 웃었다. "예수가 자신을 하나님이라 했는지 아직 확인도 안 했잖아. 나한테는 그게 훨씬 더 중요한 문제야. 그리고 이슬람에 대해 자세히 알아볼 기회가 있다면 이슬람의 주장이 얼마나 설득력 있는지 너도 알게 될 거야. 반박 불가야. 부활에 관해서만 빼고, 논증이라면 기독교가 상대가 안 되지."

개리는 방금 들은 말을 못 믿겠다는 듯 마이크를 바라보았다. "우리가 앞서는 게 부활뿐이라고? 친구, 부활이 전부라고!"

우리 모두는 차가운 공기가 더 교제하고픈 마음을 앗아갈 때까지 몇 분 더 주차장에 남아 토론회에 대해 얘기를 나눴다. 나는 다시 볼 기약 없이 개리를 껴안았다. 마이크는 자기 집에서 열리는 월간 토론 모임에 나를 초대했고, 나는 참석하도록 노력하겠다고 답했다. 데이비드는 나와 함께 내 차로 돌아왔는데, 결국 우리는 자리에 앉아 기독교와 이슬람에 관해 다시 두 시간 동안 격론을 벌였다.

마침내 리젠트 대학을 떠나 집으로 향할 즈음 내 머릿속에는 몇 가지 요점이 정리되어 있었다. 우선, 그들이 내 머릿속에 강력한 논거를 집어넣은 것이 분명했다. 그리고 그 논거는 강렬했다. 역사적 증거는 확실히 예수의 십자가 죽음을 가리켰고, 그의 죽음을 둘러싼 여러 사건에 대한 가장 나은 설명은 예수가 죽은 자 가운데서 부활했다는 것이었다.

하지만 이제 내 차례였다. 나는 예수가 스스로 하나님이라 주장한 적이 없음을 증명하기 위해 최고의 논증을 구성할 것이다. 그다음 사안이 결정적인 전투가 될 것임을 나는 마음으로 알았고 전쟁에 나설 준비가 되어 있었다.

무슬림을 상대로 예수의 부활을 옹호하는 입장에 대해 자세히 알고 싶다면, 『알라인가, 예수인가?』의 7부 "예수는 죽은 자 가운데서 부활했는가?"를 보라.

휴스턴 침례대학교 신학과 부교수이자 『예수의 부활』(*The Resurrection of Jesus*)의 저자인 마이클 리코나 박사의 결정적 순간에 관한 전문가 기고문(487쪽)을 보라.

5부

예수: 인간 메시아인가,
하나님의 아들인가?

—
당신께서 이 세상에 오셨습니까?
당신께서 인간이 되셨습니까?
그 사람이 예수입니까?

28장

유전학과 예수

　　MGB 101호는 원형극장식 강당으로 이만 명의 학생들이 공부하는 캠퍼스에서 세 번째로 큰 강의실이었다. 어마어마하게 큰 강의실임에도 데이비드와 나는 할 수 있는 한 교수와 다른 학생들로부터 멀리 떨어진 곳에 앉았다. 한 가지 분명한 이유가 있었는데, 그 교수의 말하는 방식이 얼마나 우스꽝스럽던지 종종 우리는 터져 나오는 웃음을 참을 수 없었기 때문이다.

　　오스굿 박사는 지식 전수에 능숙한 뛰어난 선생이었다. 데이비드나 나는 A학점을 받기 위해 수업 시간 외에 부가로 공부할 필요가 없을 정도였다. 하지만 그는 별난 단어를 사용했는데 시간이 흐르면서 우리는 교수의 단어 선택에 예민해졌다. 그가 종종 사용하는 특징적 단어는 "만화"(cartoon)였는데, 그는 이 말로 그래프에서 비디오에 이르기까지 무엇이든 가리키곤 했다. 이는 매번 희극적인 시도였으나 교수는 멈출 줄 몰랐다.

그는 강의실 앞쪽에 영사기로 비춘 이미지를 가리키며 이렇게 말했다. "여러분이 익혀야 할 다음 주제는 유전자 복제입니다. 세포는 불가피한 죽음으로 가는 노정에서 수백 번 혹은 수천 번 분열하면서 딸세포를 생성하고 그때마다 자신의 유전자 정보를 정확히 복제하는 과정을 거치게 됩니다. 이 과정을 '유전자 복제'라 합니다. 이 과정이 실제로 완전하지 않다면 종 보존은 불가능할 것입니다. 유전자 복제의 역학을 이해하기 위해 우리는 유전자 분자에 대해 재검토해야만 합니다. 자, 여기 유전자에 관한 '만화'가 있습니다."

나는 터져 나오는 웃음을 헛기침으로 겨우 참았다.

"유전자가 두 개의 당인산 사슬이 뉴클레오티드 염기로 서로 연결된 이중나선구조임은 이미 언급한 바와 같습니다. 이제 각 유전자 사슬의 인산 띠에 붙은 탄소가 5에서 3으로 이동하는 데 주목하세요. 이것이 각 사슬의 방향성의 기초입니다."

데이비드가 몸을 내 쪽으로 숙이며 속삭였다. "'방향성'(directionality)이라고? '방향'이라고 하면 충분할 텐데 어미를 붙일 필요가 있을까?" 우리는 킥킥댔다.

하지만 오스굿 박사의 말은 이게 끝이 아니었다.

"뉴클레오티드 염기 구조 때문에 각각의 사슬은 반대 방향으로 이동합니다. 두 사슬을 함께 붙여놓으면 유전자는 반(anti)방향성을 갖습니다."

데이비드와 나는 믿을 수 없다는 듯 눈빛을 교환했다. 이것은 확실히 우리의 먹잇감이었다. 그는 정말로 "반방향성"이라고 말했다. 오스굿 박사가 농축 폭소 가스가 담긴 통을 우리를 향해 정조준해 던진 양 데이비드와 나는 발작적인 무언의 웃음에 빠져버렸다. 우리는 몇 분 동안 소리 없이 킥킥대며 흔들리는 몸을 주체하지 못했다. 마침내 다른 학생들의 싸늘한 눈빛을 받고서야 웃음을 그칠 수 있었다. 나는 할 수 있는 한 세게 내 뺨을 꼬집었다.

판단력에 앞서 몸에 대한 통제력을 회복한 나는 낱장 종이에 "반방향성"이라고 써서 데이비드에게 전달했다. 다시 한 번 폭소를 억누른 데이비드는 종이에 뭔가를 휘갈기고는 내 손에 도로 건네주었다. 거기에는 "유사(pseudo)반방향성"이라고 쓰여 있었다. 다시 웃음이 터지려고 했다. 나는 간신히 웃음을 참으며 종이에 몇 글자를 덧붙여 데이비드에게 넘겼다. 몇 분에 걸쳐 몇 백 칼로리를 소모하고 난 뒤 우리는 종이에 휘갈겨 쓴 "의사(quasi)유사반방향성적주의"라는 단어를 얻었다. 우리가 얼마나 킥킥대며 웃음을 참았던지, 의자의 볼트가 느슨해져 있었다.

수업은 이미 시작되었지만 우리는 교실을 나가는 게 낫겠다고 마음을 모았다. 우리 둘 다 수업에 집중할 수 없었고, 교실에 남는다고 해서 점수를 더 얻을 가망도 없었다. 우리는 서둘러 수업을 몰래 빠져 나왔다. 뒷자리에 앉는 유익이 하나 더 있었던 셈이다.

우리는 농담과 웃음을 나누며 토론 팀 동아리방으로 향했고 연습 시작 꼭 한 시간 전에 도착했다. 숨을 고르기 위해 나는 어깨에서 배낭을 내리고 교실 앞쪽에 주저앉았다. 데이비드는 늘 앉는 뒤쪽에 자리를 잡았다. 우리는 들뜬 기분을 가라앉히며 새로 생긴 이 자유 시간을 어떻게 사용할지 결정했다.

나는 우리가 방금 빠져나온 유전학 수업 관련 정보를 공부하려다가 한 가지 생각이 떠올랐다. "있잖아, 데이비드. 유전학은 기독교 신앙을 갖는 데 아주 큰 장애물이야."

데이비드가 특유의 재미있는 표정을 지었다. "오, 그래?"

"그렇지. 생각해봐. 우리는 왜 아이를 갖는 거야? 사실, 모든 종은 왜 재생산을 하는 거지?"

데이비드는 아무 말 없이 내 말을 기다렸다. 이제 그는 내 생각과 교감하는 법, 그러니까 내가 먼저 말하게 하는 게 최선임을 알고 있었다.

"재생산은 생존을 위한 거야. 오스굿 교수의 말처럼 세포는 곧 죽을 것이기에 할 수 있는 한 자신을 복제해두는 거지. 문제는 분명해. 하나님이 불멸하다면 왜 아들이 필요하겠어?"

데이비드에게는 효과가 없는 듯했으나 나는 극적 효과를 위해 잠시 말을 끊었다가 계속했다. "유대인들은 이 점을 잘 알고 있었어. 그래서 하나님이 아들을 두었다고 말하지 않았던 거야. 그리고 예수는 유대인이었어. 예수 이후에 로마 문화가 초기 교회에 섞여든 게 분명해. 로마인들은 여자를 임신시켜 신인(神人)을 생산하는 신들의 이야기를 많이 갖고 있었거든."

데이비드는 확인 질문을 던졌다. "너는 그게 그리스도인의 가르침이라고 생각하는 거야?"

"그렇지 않아? 성령이 마리아를 방문해서 그녀로 임신하게 했다고 네가 말했잖아. 인간과 신 사이에서 태어났으니 기독교의 예수는 반신반인이었다고 보는 게 논리적일 거야. 하지만 사실을 직시하면, 성경은 완전한 인간 예수를 그리고 있어. 그래야 그가 허기를 느끼고 목마르고 피 흘리고 모르는 것이 있고 죽은 게 설명이 되지."

비록 대충 주장을 내놓았지만, 이런 생각은 나만의 새로운 생각이 아니었다. 매일 "하나님은 낳지도 않고 태어나지도 않으신다"[52]라는 코란의 말씀을 반복함으로써 강화된 20년간의 이슬람 교육이 비판적 지성과 내 조상들의 신앙을 진작하려는 열정을 버무리고 있었던 것이다. 예수의 주 되심에 반대하는 내 싸움은 나를 규정한 모든 것에서 유기적으로 뻗어나간 것이었다. 여기가 내가 선 자리였고, 나는 싸우지 않고 물러설 수 없었다.

하지만 다른 생각에 몰두한 탓인지, 아니면 어떤 직관이나 성령의 인도 혹은 주제가 낯설었던 탓인지, 데이비드는 내 말을 반박하지 않았다. "나빌, 예수의 신성에 관해 그리스도인이 쓴 어떤 책이든 읽어본 적 있어?"

"없어, 하지만 그 점에 대해서는 다수의 그리스도인과 얘기해 봤어."

"그럼, 이렇게 해보자. 내일 내가 너한테 책을 한 권 줄 테니

---

52 112:3.

기회 있을 때 읽어봐. 그런 다음 얘기하자."

나는 깜짝 놀랐다. 데이비드가 대결을 거부하다니 드문 일이었다. "왜 지금 얘기하지 그래?"

"유전학 수업 빼먹은 거 공부해야 할 것 같아서."

"그게 누구 잘못이지, 데이비드?"

"나만큼 네 잘못도 있지, 친구야!"

"왜 이래, 그 모든 '접미사'를 갖다 붙인 게 누군데 그래!"

그렇게 우리는 한 시간 동안 옥신각신했고, 유전학 공부를 하지도 신학 논쟁을 벌이지도 않았다. 하지만 그게 모두에게 좋은 길이었다. 예수의 신성에 반대하는 반응이 내 이슬람 정체성 속에 너무 강하게 새겨져 있었기에 그 시점에서 토론은 역효과를 내며 분열을 초래했을 것이다.

우선적으로 작은 틈, 예수의 신성에 저항하는 이슬람적 반작용을 에두를 길이 필요했다. 데이비드가 내게 주려고 염두에 두었던 책은 나로 하여금 올바른 질문을 던지며 그 길로 들어서게 할 터였다. 그것은 아주 작지만 의미심장한 전진이었다.

예수의 신성에 반대하는 무슬림의 주장에 대해 더 알고 싶으면 『알라인가, 예수인가?』의 8부, "예수가 자신을 하나님이라 주장했는가?"를 보라.

29장

예수는 목수들을 창조하는 분

나는 데이비드가 테이블 위로 내게 밀어준 책을 내려다보았다. 학생회관의 점심시간 소음 때문에 나는 아주 신경 써서 집중해야 했는데, 책의 제목과 작은 크기에 놀랐다. 나는 눈살을 찌푸리며 책을 꼼꼼히 살펴본 뒤 테이블 너머로 돌려주었다. "예수가 목수 이상의 분이라는 건 이미 알고 있어."

데이비드는 유난히 장난스런 기분이었다. 금요일은 흔히 그랬다. "맞아, 하지만 예수는 목수 그 이상이야. 실은 목수들을 창조하는 분이지."

나는 미소를 지었다. "그건 네 말이지. 성경에는 없는 말이잖아."

"아냐, 성경은 모든 목수가 예수를 통해 만들어졌다고 말하고 있어."

"왜 이래, 데이비드. 나 농담 아니야." 나는 강조하기 위해 일부러 눈살을 찌푸렸다.

데이비드는 더 큰 미소를 지었다. "나도 마찬가지야. '만물이 예수로 말미암아 지은 바 되었다'는 성경의 말이 무슨 뜻인 것 같아?"

"성경이 그렇게 말한다고?" 이제 저절로 눈살이 찌푸려졌다.

"당연하지."

"복음서는 아니겠지. 복음서에 있다면 보겠지만."

"지난번에 어디서 봤냐 하면…." 데이비드는 헛기침을 하더니 큰소리로 외쳤다. "요한복음." 그는 다시 헛기침을 하더니 말을 이었다. "복음서야."

"요한복음에 나온다고?"

"물론." 데이비드는 순진한 척 미소를 지었다.

이것은 성경의 예수에 대해 무슬림 교사들이 가르친 모든 내용과 충돌했다. 복음서가 실제로 예수가 창조자라고 말한다는 게 가능할까? 왜 이런 말을 전에는 못 들었던 걸까? 내가 그토록 많은 이들에게 도전했지만 나와 얘기를 나눴던 그리스도인 중 이 점을 언급한 이는 아무도 없었다. 생각해보니, 데이비드가 아닌 다른 사람이 이런 이야기를 내게 했다면 나는 그가 뭔가를 날조하고 있다고 여기고 그 말을 안 믿었을 것이다. 하지만 데이비드는 내가 잘 아는 친구고 그런 길로 나를 이끌 사람이 아니었다. 데이비드가 뭔가 왜곡하고 있는 걸까? 알 수 없었으나 흥미가 돋았다.

데이비드는 내가 발동이 걸린 것을 보고는 책을 내 쪽으로 밀었다. 하지만 이번에는 연극처럼 느린 동작으로 했다. 내가 손을 뻗어 책을 집으려 하자, 그는 빠르게 책을 회수했다. "하지만 예수가 목수 이상이라는 것을 너는 이미 알고 있잖아." 그는 여전히 미소를 머금은 채 말했다.

나는 앞으로 몸을 기울여 데이비드의 손에서 책을 낚아챘다. "잘난 척 그만하시지."

그 주 후반에 나는 압바의 서재 바닥에 주저앉아서 그 책을 좀 더 주의 깊게 살펴보았다. 『목수 이상이신 분』은 내 손바닥 크기인 데다 겨우 100여 쪽의 매우 작은 책이었다.[53] 저자 이름은 조쉬 맥도웰, 전에 들어본 적이 있는 이름이었다. 압바한테는 맥도웰과 저명한 무슬림 변론가인 아흐메드 디닷이 나눈 1981년 대화를 기록한 『이슬람 토론』이라는 제목의 책이 있었다. 나는 아직 그 책을 읽지 않았는데, 왜냐하면 그것은 신국판의 논문이었고 이슬람 변증서처럼 보였기 때문이다. 나는 이슬람 변증보다 기독교 타도에 더 관심이 있었다.

하지만 여기 있는 이 책은 조쉬 맥도웰이 기독교에 관해 쓴 소책자로, 너무 작아서 읽고 싶어졌다. 나는 맥도웰이 인용한 성경 본문이 정확한지 일일이 확인하면서 꼼꼼히 읽었다. 믿기 어려운 내용이었고 기독교 반박을 위해 수십 개의 성경 구절을 암

---

53 Josh McDowell, *More Than a Carpenter* (Carol Stream, IL: Tyndale, 1977).

송해야 했지만, 내가 실제로 성경을 펴본 것은 그때가 처음이었다. 내가 전에 읽었던 모든 성경 구절은 무슬림 도서에 나온 것들뿐이었다.

나는 한 시간 동안 맥도웰의 책을 섭렵했다. 책의 내용 대부분이 사람들로 하여금 자신의 신앙을 진지하게 여길 것을 권했는데, 그것은 내가 이미 행하고 있는 바였다. 마음에 가장 다가온 부분은 2장, "예수는 무엇이 그토록 다른가?"였다. 여기서 맥도웰은 신약성경이 예수를 하나님으로 제시한다는 주장을 옹호했다. 책을 다 읽었을 때 나는 조금 더 비판적인 눈으로 그 장을 다시 살펴보기로 했다.

나는 맥도웰의 주장 중 상당수가 불충분하다는 것을 발견했다. 다른 설명도 가능했는데 그는 그런 것은 고려하지 않았다. 예를 들어, 그는 예수가 하나님임을 보여주기 위해 베드로가 예수를 "살아 계신 하나님의 아들"이라 선언하는 마태복음 16:16을 인용했다. 하지만 나는 어린 시절에 그와 정반대되는 주장을 배웠다. 성경에는 아담, 솔로몬, 심지어 이름 없는 낯선 이까지 "하나님의 아들들"이라 불린 이가 많다는 것이었다.[54] 성경은 실제로 우리가 하나님의 아들들이 될 수 있다고 가르치며 심지어 인간을 신들이라고까지 말한다.[55]

---

54 눅 3:38; 대상 28:6; 창 6:2; 욥 1:6.
55 롬 8:14; 갈 3:26; 시 82:6.

다른 데서 맥도웰은 마태복음과 누가복음을 인용하여 예수가 전능함 같은 하나님의 속성을 가졌다고 주장했는데 내가 보기에 그가 인용한 구절은 설득력이 없었다.[56] 분명히 그 구절들은 하나 같이 예수의 기적을 보여주었으나 예수의 기적에 대한 무슬림의 설명은 간단했다. 즉 그 모든 기적은 하나님의 허락 안에서 이뤄진 것이지 예수의 본질적 능력 때문은 아니라는 것이다. 바로 이것이 코란의 가르침이다.[57] 나는 예수의 기적이 실은 아버지에게서 온 것이며 하나님 없이는 그가 아무것도 할 수 없었음을 보여주는 성경 구절들을 오래전부터 암송하고 있었다.[58] 기독교를 반박하는 법을 익힌 무슬림으로서 나는 맥도웰의 진술 대부분이 조금도 새롭지 않았고, 이런 논거들을 가지고 도리어 기독교를 공격하는 데 능숙해 있었다.

하지만 맥도웰이 나를 설득한 지점이 있었다. 예수의 신성을 반박하는 데 사용할 수 있는 구절들이 요한복음에 있기는 하지만, 동시에 같은 복음서에는 예수에게 부인할 여지가 없을 정도로 신적인 색조를 입히는 다른 구절들도 있다는 것이었다. 예를 들어, 예수는 "이는 모든 사람으로 아버지를 공경하는 것같이 아들을 공경하게 하려 하심이라"고 말했다.[59] 또한 한 제자는 예수를 "하나

---

56 마 8:26-27; 눅 4:38-41; 7:14-15; 8:24-25.
57 3:49.
58 각각 요 10:32과 5:19.
59 요 5:23.

님"으로 고백하는데 여기에 대해 예수는 칭찬하신다.[60] 나는 전에 이런 구절을 들어본 적이 없었고 이 구절들은 내 사고방식에 들어 맞지 않았다. 그럴 수 없었다. 예수가 그런 말을 하거나 그런 일을 허락했을 리가 없었다. 적어도 내가 아는 예수는 그랬다.

나는 이 새로운 구절들을 검토하기 시작했다. 내가 어릴 적에 암송했던 구절들과 모순되는 구절들을 조화시킬 방법을 모색했던 것이다. 나는 서재를 왔다 갔다 하며 궁구했다. "어떻게 이 모순된 구절들을 조화시키지? 코란에도 서로 모순되는 구절들이 분명 있어. 하지만 압바나 이맘은 대개 그 모순을 해결할 수 있어. 코란을 알듯 성경을 아는 이가 자마트에 있을까?"

맥도웰의 책을 읽기 시작할 때부터 머릿속에서 가열되던 한 가지 생각이 갑자기 쉭 소리를 내며 끓어올랐다. 모자이크 조각을 살피다가 처음으로 멀찍이서 바라본 사람처럼, 나는 내가 큰 그림을 놓치고 있었다는 사실을 깨달았다.

성경과 코란은 닮은 데가 하나도 없었다. 털끝만큼도 없었다. 왜 나는 그 둘을 똑같은 방식으로 해석하려 했을까?

무함마드는 23년에 걸쳐 필경사로 하여금 코란의 내용을 받아쓰게 했다. 무함마드 사후에 코란은 비로소 수집되어 한 권의 책이 되었다. 수년 혹은 10여 년의 간격을 두고 기록된 구절들이 종종 코란에 나란히 병기되어 있는데 대개 분명한 연결점은 없다.

---

60 요 20:28.

그 결과 무슬림은 코란의 한 부분을 해석할 때 앞뒤 구절에 상대적으로 중요성을 덜 부여한다. 문맥 대신 무슬림은 역사적 주석, 즉 "아스밥-안-누줄"(*asbab-an-nuzul*; 코란 계시의 구체적 정황을 상술하는 이슬람 문서들)이라 하는 하디스에 의지한다.

이처럼 코란의 서술은 조각나 있으며, 요셉 이야기 하나만이 분명한 시작과 중간, 끝이 있다. 다른 모든 이야기들은 중간만 있거나 그렇지 않으면 결말이 없거나 한다. 코란을 이해하기 위해 스승들에게 의존할 수밖에 없는 게 전혀 이상한 일이 아니었다.

하지만 맥도웰의 책과 함께 성경을 읽어나가면서 나는 복음서의 서술이 각각의 문맥 속에서 의미가 통하는 일관되며 논리 정연한 이야기임을 깨달았다. 복음서를 이해하기 위해 여타의 주석을 볼 필요가 없었다. 누구든 성경을 이해할 수 있는 것이다.

다시 말해, 복음을 이해하기 위해서는 코란을 이해하기 위해 종종 했던 것처럼 개별 구절에 집중하지 않아도 되었다. 복음서 전체를 읽고 저자의 의도와 주제를 이해한 다음 그 책이 스스로 말하게끔 하면 되는 것이다.

이 새로운 관점으로 무장한 채 나는 요한복음을 해석하기에 앞서 책 전체를 처음부터 쭉 읽기로 마음먹었다. 나는 바닥에 앉아 압바의 성경을 펼쳐 요한복음 1장을 찾았다.

나는 내가 발견한 것을 받아들이기 어려웠다.

"태초에 말씀이 계시니라. 이 말씀이 하나님과 함께 계셨으니 이 말씀은 곧 하나님이시니라. 그가 태초에 하나님과 함께 계셨고 만물이 그로 말미암아 지은 바 되었으니 지은 것이 하나도 그가 없이는 된 것이 없느니라."[61]

이것이었다. 전면 중단. 나는 이 구절을 읽고 또 읽으며 탐독했다. 다른 설명은 없었다. 이 구절은 하나님이 말씀으로 세상을 창조하셨고 그 말씀은 하나님과 함께하는 영원한 존재이며 따라서 하나님 자신이지만 어떤 의미에서 하나님과 구별된 존재라고 말하고 있었다.

요한복음이 명시적으로 예수를 다룰 뿐 아니라 코란 역시 예수를 "하나님의 말씀"이라고 하기에 "그 말씀"이 예수인 것은 분명했다.[62] 게다가 14절을 보니 의심할 여지가 없었다. "말씀이 육신이 되어 우리 가운데 거하시매, 우리가 그의 영광을 보니 아버지의 독생자의 영광이요 은혜와 진리가 충만하더라." 바로 예수였다.

나는 믿기지 않아 성경을 내려놓고 서재 안을 다시 서성이며 머릿속으로 생각을 정리해보았다. 이것은 요한복음의 첫 장, 서막이다. 요즘 책으로 치면 서문 같은 것으로, 책의 나머지 부분을 어떻게 읽어야 할지에 대한 관점을 제시한다. 요한은 마치 "이 복음서를 읽을 때 창조의 동역자인 아버지와 예수가 영원히 공존함을 염두에 둘 것"이라고 말하는 것 같았다.

내가 복음서의 다른 부분을 읽을 때 느끼는 긴장을 해소할 맥

---

61 요 1:1-3.
62 보다 정확히는 "하나님께로부터 온 말씀"이지만, 무슬림은 어느 쪽이든 이의를 제기하지 않는다; 3:45.

락이 바로 여기였던 셈이다. 다른 구절들을 이해하는 과정에서 어떤 어려움에 봉착하든 나는 예수가 하나님이라는 요한복음의 서문을 염두에 두어야 했다.

이 필연성이 머릿속에 자리를 잡자, 나는 서성이기를 멈추고 여전히 요한복음 1장이 펼쳐져 있는 성경을 응시했다. 믿을 수 없었다. 그저 사실일 리 없었다. 예수는 하나님일 리 없었다. 다른 어떤 설명이 있을 것이다. 그게 아니라면 내가 속은 것이다. 분명 다른 설명이 있을 것이다. 그게 아니라면 우리 가족과 내가 사랑하는 모든 이들이 거짓에 사로잡혀 있었던 것이다.

만일 예수가 정말로 자신이 하나님이라 주장했다면, 코란은 틀렸으며 이슬람은 거짓 종교인 것이다.

다른 설명이 있을 것이다. 그 설명이 무엇인지 내가 아직 모를 뿐, 분명 다른 설명이 있을 것이다. 나는 그러리라는 믿음을 가졌고 알라께서 내게 그것을 보여주실 것을 조금도 의심하지 않았다.

나는 즉시 거실로 나갔다. 우리 가족이 모여 공동 기도를 드리는 곳이었다. 나는 기도용 융단에 앉아 두 손을 귀에 가져다 대고 "알라-후-아크바르"를 낭송했고, 알라께 라카트 기도 두 편과 나플(nafl; 알라의 도움을 구하거나 그분께 가까이 다가가려는 예배자가 드리는 선택 기도) 기도를 올렸다.

나는 이 전투에 다시 임할 준비가 되어 있었고, 알라의 도움을 구하고 있었다.

30장

인자가 되신 하나님

"요한복음은 중요하지 않아."

"네가 그렇게 말할 줄 알았어."

우리는 데이비드가 『목수 이상이신 분』을 내게 건넸던 웹 센터에서 다시 만났다. 나는 주말 동안 인터넷에서 요한복음에 관해 찾아보고 뜨겁게 기도했다.

걱정이 되어서 그랬던 건 아니다. 이런 사안에 대해 어떤 입장을 취한다는 것은 곧 이슬람에 대한 내 헌신을 반복해서 재확인하는 것을 의미했고 그로 인해 나는 점점 더 독실해졌다. 게다가 나는 알라께서 기도 응답을 주시고 데이비드의 입장에 맞서 싸우도록 무장하게 하심으로써 내 믿음에 대해 보상해주실 거라고 확신했다. 나는 요한복음의 정확성을 반박할 수많은 논거를 발견했다. 지난 며칠간 전열을 가다듬은 나는 전선을 수정할 만반의 준비가 되어 있었다. 이제 나는 비장의 무기를 꺼내놓을 참이었다.

"그런데 왜 중요하지 않다는 거야?" 데이비드가 물었다.

"요한복음은 예수 사후 70년 후에 쓰인 마지막 복음서야. 훨씬 초기에 등장한 다른 복음서와는 비슷한 점이 하나도 없어."

"하지만 이 점은 이미 검토했잖아, 나빌. 요한복음은 한 제자에 의해, 최소한 제자들이 생존해 있는 시기에 집필되었고, 거기 담긴 내용은 신뢰할 만하다고."

"나는 그렇게 확신하지 못하겠어, 데이비드. 예수 사후 70년이면 어마어마한 시간이야. 제자들이 그렇게 나중에까지 살아 있었다고 확신하기도 어렵고. 하지만 더 큰 사안은 이거야. 요한복음은 왜 다른 복음서들과 그렇게 다른 걸까? 요한복음에서 예수는 비유를 단 한 번도 사용하지 않았을뿐더러 공관복음(Synoptics; 마태복음, 마가복음, 누가복음을 함께 일컫는 용어)에 비해 훨씬 자주 자신에 대해 말하고 있어. 그리고 네 복음서에 공통적으로 나타나는 기적은 단 하나뿐이야.[63] 요한은 우리에게 자신이 알고 있는 예수를 말하고 있는 것 같아. 후대의 예수. 다른 예수 말이야."

"어디서 들은 얘기야?" 데이비드의 목소리에서 당황하는 기운이 드러났다. 정말 드문 일이었다. 나는 이 변론이 좋아졌다. 아무튼 나는 내 자존심을 위해 싸우는 게 아니지 않은가. 우리 가족과 나의 신앙을 지키기 위해 싸우는 것이다.

"구글이라는 새로운 검색 엔진에서."

---

63 오천 명을 먹이신 일.

"아니, 누구의 말을 인용한 거냐고?" 데이비드가 치고 들어왔다. "무슬림이 하는 이야기 같지 않은데."

"기독교 학자인 샤비르가 토론에서 인용한 바트 어만의 주장이야."[64]

알겠다는 표정이 데이비드의 얼굴에 스쳐 지나갔다. "바트 어만은 그리스도인이 아니야."

"그래? 난 그런 줄 알았는데." 나는 그 순간을 즐기며 미소를 지었다. "신학교도 다녔던데."

"맞아, 하지만 나중에 믿음에서 떠났지."

"왜 그랬는지 알겠다!" 나는 농담 반, 진담 반으로 답했다.

"알았어, 예수의 신성에 대해 계속 얘기해보자. 맥도웰의 책에서 마음이 움직인 부분이 전혀 없었어?"

"요한복음부터 해결하자고." 나는 요한복음을 벌써 놓아줄 생각이 없었다.

"좋아, 그럼 이건 어때? 내가 요한복음을 조사한 뒤에 네게 연락할게. 그동안 다른 책을 줄 테니, 읽고 나서 네 생각을 말해줘."

"좋아, 『목수 이상이신 분』보다는 잘해야 할 거야, 데이비드. 이번엔 조금 더 큰 책을 골라야 할지 몰라."

데이비드가 웃었다. "그 말 책임져라!"

---

64 이 주장에 대해 더 알고 싶으면 Bart Ehrman, *The New Testament: A Historical Introduction to the Early Christian Writings*, 5th ed. (New York: Oxford University Press, 2011)를 보라.

이틀 후, 나는 다시 압바의 서재로 들어가 금박의 두꺼운 책을 노려보고 있었다. 『평결을 요구하는 새로운 증거』(*The New Evidence that Demands a Verdict*)라는 책 역시 맥도웰의 저작이었으나 수준이 전혀 달랐다. 그 책은 기독교의 기원을 조사하는 과정에서 맥도웰이 수년에 걸쳐 수집한 800여 쪽의 강의 노트였다.

나는 겁먹지 않았다. 최근 요한복음에서 데이비드의 주장에 맞서 승리한 일이 내게 자신감을 회복해주었다. 나는 알라가 내 편에 있고, 알라에게 맞서는 어떤 주장과도 싸워 이길 수 있으며, 예수의 신성은 후기 기독교가 고안해낸 아이디어임을 확신했다.

만일 예수가 참으로 자신이 하나님이라고 주장했다면 마지막 복음서가 아닌 초기 복음서에서 그의 이런 주장을 찾을 수 있어야 할 것이다. 나는 마가복음에서 예수가 자신의 신성을 주장하는 모습을 확인해야 했다. 나는 지체 없이 예수의 신성과 관련된 장을 펼쳐서 읽기 시작했다.

맥도웰은 선견지명이 있어서 내 머릿속 생각을 이미 읽은 듯했다. 그가 제시한 첫 증거는 마가복음의 "예수가 내놓은 자신에 대한 법정 증언"이었다. 대제사장으로부터 그가 하나님의 아들 그리스도냐는 질문을 받았을 때 예수는 산헤드린 앞에서 이렇게 증언한다. "내가 그니라. 인자가 권능자의 우편에 앉은 것과 하늘 구름을 타고 오는 것을 너희가 보리라."[65]

---

65 막 14:62.

"내가 그니라"라는 말만 빼고 나는 이 발언의 의미가 분명하게 다가오지 않았다. 나는 곧바로 맥도웰이 이 발언을 자신의 최우선 주장으로 내세운 이유를 알 수 없었다. 예수는 여기서 무슨 말을 한 것인가?

그가 무슨 말을 했든, 한 가지는 분명했다. 산헤드린의 제사장들이 보기에 예수는 자신의 정체성에 대해 신성모독이라 여겨질 만한, 사형 집행이 마땅한 발언을 했던 것이다. 그처럼 가혹한 벌을 받아도 될 만한 자기 정체성 주장은 단 한 가지, 곧 자신이 하나님이라는 주장밖에 없었다. 스스로 메시아라 주장하는 것만으로는 부족했다.[66] 하지만 산헤드린으로 하여금 자신이 하나님임을 주장했다고 생각하도록 만든 예수의 답변에서 예수는 정확히 무엇을 말했던 것인가?

맥도웰이 인용하는 신약학자인 크레이그 블룸버그(Craig Blomberg)는 이렇게 설명했다. "이 답변은 다니엘 7:13과 시편

---

66 "예수가 '그렇다, 내가 메시아다'라고 하는 것은 신성모독에 해당하지 않는다. 자신을 메시아라 칭하는 것은 '그래요, 내가 미국 대통령입니다' 혹은 '내가 남침례교회 총회장이요'라고 하는 게 신성모독이 아닌 것처럼 신성모독과 무관한 일이다. 내가 대통령이나 총회장이 아닐 수 있지만, 그렇게 말한다고 해서 신성모독은 아니며 불법한 일도 아니다. 우리가 아는 것처럼 자신이 메시아라고 했던 유대인들이 있었으며, 유대인 종교 지도자들 가운데 메시아를 자청한 이들이 있었다. '메시아'는 백성의 미래 지도자를 뜻했을 뿐, 따라서 그렇게 말한다고 해서 신성모독은 아니다"(Bart Ehrman, *Historical Jesus, The Great Courses*, course 643, lesson 21, 24:42-29:06, http://www.thegreatcourses.com/tgc/courses/course_detail.aspx?cid=643).

110:1을 함께 인유(引喩)하고 있다. 이 문맥에서 '인자'는 단순히 인간이란 뜻이 아니다. 예수는 자신을 '하늘 구름을 타고 오는 인자 같은 이', '옛적부터 항상 계신 이에게 나아가 그 앞에 인도'되어 모든 인간을 다스리는 권위와 권세를 받아 전 우주적 예배를 이끌고 영원히 통치할 이로 그리고 있다. 필멸의 인간 이상임을 말하는 이 주장이 아마도 유대인 최고 법원에서 신성모독의 판결을 촉발시킨 것이었으리라."[67]

나는 당황스러웠다. 블룸버그는 "인자"라는 호칭이 하나님임을 주장한 것이라고 말하고 있지 않은가? 있을 수 없는 일이다.

나는 워싱턴 D.C.의 모스크에서 들었던 후트바(khutba; 대개 무슬림이 금요일에 행하는 안식일 설교)를 떠올렸다. 이맘은 그곳 기도실 앞에 서서 이렇게 선포하고 있었다. "예수는 반복해서 자신이 하나님이 아니라고 말했다. 그는 항상 자신을 '인자'라고 칭함으로써 이 점을 분명히 했다! 그는 인간이다. 그는 자신을 '하나님의 아들'이라 부르지 않았다. 그래서 우리는 드물지만 다른 이들이 예수를 '하나님의 아들'이라 부를 때 그것이 문자적으로 하나님의 아들을 뜻하는 게 아님을 안다. 예수는 인자, 곧 사람의 아들이다. 그는 인간이다."

"인자"라는 호칭이 정말 그 이상의 의미를 가질 수 있단 말

---

67 Craig Blomberg, *Jesus and the Gospel* (Nashville: B&H Academic, 1997), 342-343.

인가?

나는 다니엘 7장을 스스로 읽어야 했다. 책장에서 압바의 성경을 찾아 쥐고 목차에서 다니엘서를 찾아 7장을 펼쳤다. 거기에 블룸버그가 말한 대로 모든 언어를 쓰는 사람들로부터 영원히 경배를 받는 "인자" 같은 이에 대한 예언자의 환상이 있었다. 이 인자가 영원한 나라를 다스릴 권세와 통치권을 부여받았던 것이다.

가슴이 쿵쾅거렸다. 이게 무슨 뜻인가? 예수의 답변이 시편 110편을 인유한다는 블룸버그의 말이 떠올랐다. 시편을 보면 조금 더 명확해질까? 나는 시편 110편을 찾아서 첫 절을 읽었다. "여호와께서 내 주에게 말씀하시기를, '내가 네 원수들로 네 발판이 되게 하기까지 너는 내 오른쪽에 앉아 있으라' 하셨도다."

이게 무슨 뜻인가? 어떻게 주께서 내 주에게 말하는가? 하나님은 누구에게 자신의 오른쪽에 앉으라고 초청하는 것인가?

나는 인터넷에 접속해 다니엘 7장과 시편 110편에 관해 가능한 한 많은 정보를 찾아보았다. 몇 시간 후 분명해졌다. 다니엘 7장이 말하는 인자는 하늘에서 하나님과 함께 통치할 이로서, 모든 인간들로부터 하나님께만 합당한 경배를 받는다. 시편 110편이 말하는 또 다른 나의 주는 하나님과 함께 하나님 우편에 앉아 있는 그분의 후사다.

마가복음 14:62에서 예수는 인자가 하나님이며 아버지의 보좌 옆에 앉은 권능자임을 주장했다. 그는 대담하게도 자신이 하나

님이라고 주장했던 것이다.[68]

하지만 어떻게 이런 일이 가능한가? 아마 마가복음의 이 부분은 요한복음과 마찬가지로 예수의 주장을 정확히 반영하지 못하고 있는 게 아닐까? 나는 열심히 인터넷을 뒤지며 해결책을 찾았으나 찾지 못했다. 예수는 네 복음서에서 모두 80번 이상 자신을 인자라 불렀다. 그가 실제로 그 호칭을 사용했다는 점은 의심의 여지가 없다. "전능자의 오른쪽에 앉아 계신"이라는 그의 위치는 교회의 교리 깊숙이 자리해 있었다.[69] 만일 이것이 신성을 주장하는 것이라면, 예수의 신성은 복음서와 초기 교회사에 속속들이 배어 있었던 셈이다.

해질녘에 나는 마지못해 컴퓨터를 끄고 맥도웰의 책을 밀어놓고는 새로 얻은 이 정보들을 숙고했다. 진퇴양난이었다. 나는 초기 복음서뿐 아니라 복음서 이후의 모든 복음이 예수의 신성이라는 틀을 중심으로 세워졌음을 인정할 수도 없었지만, 그렇다고 이를 부인할 수도 없었다. 이쪽을 택하자니 그 대가가 너무 컸고,

---

68 이 정리에는, 유대교 세계관에 따르면 하나님은 오직 한 분뿐이라는 전제가 깔려 있다. 예수는 자신이 하나님이라 주장함으로써 야웨의 핵심 정체성을 공유한다고 주장하는 것이다. 더 자세한 내용으로는 Richard Bauckham, *God Crucified: Monotheism and Christology in the New Testament* (Grand Rapids, MI: Eerdmans, 1999)를 보라.

69 시 110:1은 신약에서 20번 이상 흔히 언급되는 구약의 구절이다. 예수에 대한 초기 기독교의 관념 속에 이런 생각이 매우 초기 단계 때부터 깊숙이 자리해 있었음을 시사한다.

저쪽을 택하자니 증거가 너무도 분명했다.

다행히, 책 제목과는 달리 그 증거는 평결을 요구하지 않았다. 적어도 당장은 아니었다. 증거와 내 믿음 사이의 부조화를 의식적으로 고심할 필요는 없었다. 하지만 무의식의 차원에서 받은 긴장과 압력은 이슬람에 대한 새로운 열정에서 그 출구를 발견했다. 나는 새로운 열정으로 살라트 기도를 드렸고, 하디스 연구에 더 많은 시간을 보냈으며, 일상생활에 이슬람 용어를 더 자주 끌어다 썼다.

나는 증거를 외면하는 데 필요한 일은 무엇이든 했지만 영원히 도망칠 수는 없었다. 몇 달 후 마침내 긴장이 다시 수면 위로 드러났을 때, 데이비드와 나의 관계는 시험에 처하고 말았다.

복음서에 나타난 예수의 신성에 관해 더 알고자 한다면, 『알라인가, 예수인가?』의 8부, "예수는 자신을 하나님이라 주장했는가?"를 보라.

31장

바울의 사상과 초기 예수

빗방울이 자동차 지붕을 때렸다. 조금 전까지만 해도 잔잔하던 아침 비가 이제는 오후에 갤지 예측할 수 없을 정도의 폭우로 변해 있었다.

학기 시작이었다. 수강 신청 및 학자금 지원 부서와 다시 싸움을 시작해야 했다. 행정 사무실은 캠퍼스 맨 끝에 자리한 롤린스 홀에 있었고, 데이비드는 거기까지 먼 길을 가야 했다. 나는 데이비드가 비를 맞지 않도록 차로 태워다주었는데, 어느새 비가 거세져 차에서 내렸다가는 배낭에 든 책이고 전자기기고 간에 몽땅 엉망이 될 게 뻔했다. 그래서 우리는 차 안에 앉아서 폭풍우가 잦아들기를 기다렸다.

왜 그때 우리 사이의 긴장 어린 문제에 관해 이야기했는지, 나는 모르겠다. 자동차 밖에서 휘몰아치는 폭풍은 내면에서 끓어오르고 있던 폭풍과 비교할 바가 아니었다.

"요한복음을 살펴보았어." 데이비드가 먼저 말을 꺼냈다.

"그래? 뭐 좀 찾은 게 있어?" 물론 공관복음에서 고기독론(기독론[Christology]은 예수의 본성, 정체성, 역할에 대한 해석을 다루는 신학의 한 분과. 예컨대 예수가 인간이었다가 나중에 신으로 격상되었다고 보는 코란은 요한복음에 비해 저기독론 입장을 취한다)을 발견했던 나로서는 요한복음의 문제에 봉착해 있었지만, 그 점을 데이비드에게 말하지 않은 터였다.

"우선, 요한이 다른 복음서와 다른 관점을 갖고 있다는 네 말은 맞아. 하지만 그것은 자신의 고유한 관점을 가진 다른 제자에 의해 쓰였기 때문이야. 마치 두 사람이 같은 이야기를 서로 달리 말하는 것처럼, 하지만 그렇다고 해서 둘 중 한쪽이 틀렸다고 말할 수 없는 것과 마찬가지야."

마음과 달리 나는 그와 교전을 벌이기로 했다. "하지만 요한복음은 공관복음과 조금 다른 정도가 아니라 그 이상이야."

"맞아, 하지만 양립할 수 없을 정도로 그렇게 다른 건 아냐." 데이비드는 내 반응을 기다렸으나 나는 할 말이 없었다. 그래서 데이비드가 이어서 말했다. "그다음으로, 요한복음이 기원후 90-100년경에 쓰였다고 확신할 수도 없어."

"왜 그렇지?"

"학자들이 요한복음의 연대를 추정하는 방식은 다소 자의적이야. 대다수가 그토록 늦은 연대로 추정하는 이유는 예수에 대한 가르침 때문이야. 그들에게 고기독론은 곧 후대를 의미하거든."

"그런가?" 나는 밀고 나갔다. "하지만 공관복음서가 집필되기까지 그리스도인들은 아직 고기독론을 개발하지 않았잖아."

"내 생각에 공관복음서의 기독론은 상당히 고기독론이야. 하지만 논의를 위해 그렇지 않다고 해두자. 그럼에도 네 말에는 문제가 있어. 복음서 이전에 쓰인 문서에 이미 그리스도인들이 예수를 하나님으로 보았다는 증거가 있어."

데이비드는 대화의 방향을 틀고 있었다. 나는 그의 말에 호기심이 동했다. "어떤 문서?"

"바울 서신."

이 말을 함으로써 데이비드는 자신도 모르는 사이에 숨겨진 화약통에 불을 붙인 셈이다. 무슬림은 종종 바울을 경멸하도록 배운다. 그를 초기 기독교의 납치범이나 진배없다고 보는 것이다. 우리 자마트의 최고 이맘부터 우리 아버지와 어머니에 이르기까지, 나는 그들로부터 바울이 예수의 메시지를 훼손시키고 인간 메시아를 숭배하도록 수십억의 사람들을 오도했다고 거듭해서 배운 터였다.

코란과 하디스의 가르침에 따라 무슬림은 예수와 그 제자들을 존경한다. 그들은 알라의 참메시지를 전하도록 그분께 선택받은 사람들이었다. 예수가 인간이라는 사실도 그 메시지에 포함된다. 하지만 기독교 역사 아주 초기의 어느 즈음에 사람들은 예수를 경배하기 시작했다. 이는 저주받을 일, 신성모독이었다. 무슬림이 택할 수 있는 조치는 제자들 밖에 있던 영향력 있는 초기 그리스도인에게 비난의 화살을 돌리는 것이었다. 그 그리스도인이 바로 바울이다.

이를 알 리 없는 데이비드는 이야기를 계속했다. "바울의 편지는 초기 그리스도인들에게 예수가 하나님이었음을 분명히 하고 있어. 바울은 40년대, 그러니까 마가복음이 쓰이기 10년쯤 전부터 편지를 쓰기 시작했어. 예를 들면, 그의 초기 서신 중 한곳에서 그는 예수가 '하나님의 본체'시나 '자기를 비워' 사람들과 같이 되었다고 말하고 있어.[70] 또 다른 초기 서신에서 그는 야웨의 성품을 예수와 아버지로 나누어 설명해."[71]

"그래서 뭐?" 나는 약간 화가 나서 말했다.

"그러니까 확실히, 초기 기독교 공동체가 이미 예수가 인간의 몸을 입으신 하나님 자신이라고 선언하고 있었다면, 그 공동체에서 집필된 복음서가 그런 믿음을 갖고 있는 것은 당연하다고 볼 수 있지. 복음서를 읽을 때 우리는 초기 그리스도인의 믿음이라는 상황 속에서 보아야 해. 바울 서신에서 그 믿음을 읽을 수 있는 거고."

이제 더 듣고 있을 수가 없었다. 나는 데이비드를 살짝 흉내 내며 반박했다.

"그러니까 확실히, 마가복음에는 없잖아. 바울이 예수의 신성을 창안한 사람인 게 분명해. 바울이 기독교의 메시지를 훼손한

---

70 빌 2:6-7.
71 고전 8:6; 신 6:4. 더 자세한 내용은 Bauckham, *God Crucified*를 보라.

장본인인 거야."

데이비드는 당황스러워했다. "도대체 무슨 말을 하는 거야?"

나는 바울에 반대하는 논증을 후트바와 종교 서적에서 배운 그대로 늘어놓았다. "예수는 율법을 폐지하러 온 게 아니라 완성하러 왔다고 했어.[72] 그런데 곧이어 바울이 와서는 예수가 율법을 폐지했다고 말했어. 예수는 '내 하나님 곧 너희 하나님'을 예배하라고 했지만, 나중에 온 바울은 예수가 곧 하나님이라고 했어.[73] 바울은 예수가 가르친 종교를 가져다가 예수에 관한 종교로 바꿔버린 거야."

데이비드는 나의 반기에 답하기 시작했다. "그러면 그가 왜 예수의 신성을 고안해냈을까? 바울은 유대인이었어. 실은 가말리엘의 수제자였고, 유대인 중의 유대인이었어. 예수가 하나님이라는 생각을 창안함으로써 그가 얻는 유익이 뭐지?"

"그걸 모르겠어, 데이비드? 바울은 권력 공백을 본 거야. 예수가 사라졌는데 제자들은 지도력을 행사하기에는 중구난방이었다고. 바울은 예수를 만난 적조차 없지만 급성장하는 교회를 손안에 넣을 수 있었고 이미 전파된 복음 대신 자신의 복음을 전파할 수 있었어. 예수의 복음 말고 바울의 복음 말이지."[74]

---

72 마 5:17.

73 요 20:17에 있는 예수의 말씀을 문맥상 오용한 사례다.

74 갈 1:8이 바울이 자신의 복음을 가져왔음을 보여준다고 주장하는 이들의 흔한 접근법이다.

데이비드는 믿지 못하겠다는 듯 웃었다. "너 진담이야? 알았어. 우선, 네 말은 왜 신실한 유대인이 예수를 하나님으로 바꾸었는지에 대한 설명이 안 돼. 바울이 설령 권력에 굶주린 괴물이었다 하더라도 그럴 필요가 없었어. 둘째, 우리는 바울이 권력에 굶주린 괴물이 아니라는 것을 알고 있어. 왜냐하면 그는 복음을 위해서라면 기꺼이 자기 생명까지 내놓으려 했고 그것도 거듭해서 그랬거든."[75] 데이비드의 음성은 절제되었지만 점차로 커지고 있었다.

거의 동시에 나는 그의 말을 치고 들어갔다. "이따금 사람들은 거짓에서 빠져나오지 못해, 데이비드. 그때 바울은 이미 너무 깊숙이 들어가 있어서 그랬을지도 모르지."

"거짓에서 빠져 나오지 못한다고? 무슨 근거로 바울이 병적인 거짓말쟁이라고 하는 거야?"

"이미 말했잖아, 바울이 권력을 원했다고."

데이비드는 이제 제정신이 아니었다. "권력? 그가 원한 것이 권력이었다면, 그는 자신의 자리에 가만히 있기만 하면 됐어. 그는 당대 최고 랍비의 수제자였고 가만있어도 권력이 굴러 들어올 판이었다고. 그런데 그는 정반대 방향으로 갔고, 약함과 가난의 삶을 택했어. 초기 그리스도인들이 살아남은 것은 바울과 그의 희생 덕분이었어."

"맞아, 그리고 모든 그리스도인이 하나님 앞에 서는 날 하나

---

[75] 고후 11:23-27.

님 대신 한 사람을 경배한 것으로 심판을 받게 될 텐데, 그 모든 게 바울 탓일 거야!" 이 말을 하면서 나는 내가 너무 심했음을 깨달았다. 하지만 이미 너무 늦었고, 자존심이 강한 나는 사과할 수 없었다. 나는 그저 데이비드를 바라보며 그의 반응을 기다렸다.

데이비드는 아무 말이 없었다. 한동안 말이 없다가 마침내 입을 열었을 때, 그의 말은 여러 공정을 거쳐 다듬어진 것처럼 차분하게 정리되고 체계적이었다. "나빌, 나는 예수님 다음으로 바울이 모든 시대를 통틀어 가장 경건한 사람이라고 생각해. 그렇기 때문에 이 자리에 앉아서 네가 자기 이론을 관철시키기 위해 그를 모욕하는 것을 마냥 참고 듣지만은 않을 거야. 우리의 우정은 내게 너무 소중해. 그래서 하는 말인데 우리 이 일을 다시 거론하지 말자." 그가 말을 끊더니 마무리했다. "동의하는 거지?"

"동의해."

"좋아, 그럼 나중에 보자." 이 말을 남기고 데이비드는 차 문을 열고 폭풍우 속으로 걸어 나갔다.

노스웨스턴 칼리지의 성경신학 교수이자 『예수 재창조와 그의 자리 찾아주기』의 저자인 J. 에드 코모저스키가 기고한 예수 그리스도의 신성에 관한 글(492쪽)을 참조하라.

6부

복음 변호 사건

—
그런데 만일 그분의 위엄보다
그분의 자녀가 그분께 더 중요하다면?

32장

긴장과 삼위일체

데이비드와 내가 바울에 관해서만 정면충돌했던 것은 아니었다. 서로의 핵심 신앙에 대해 말할 때면 우리는 종종 감정적으로 흥분하곤 했다. 서로 의견이 일치하지 않는 사안이 중요할수록 어느 한쪽이 거친 말을 하기 쉬웠다. 강렬한 의견 대립은 강렬한 감정 대립으로 이어지게 마련이다.

하지만 우리 관계의 부침은 중요하지 않았는데, 우리는 대부분의 생활을 함께하고 있었기 때문이다. 서로 어찌할 줄 몰라 다시는 안 볼 것처럼 하다가도, 그 주 후반에 토론 팀 연습에서 서로를 만나면 어쩔 수 없이 감정도 수그러들었다. 혹은 다음날 수업 시간에 풀어지기도 했다. 바울에 관한 논쟁의 경우 겨우 20분 만에 화해할 수 있었는데, 데이비드에게 차가 필요했기 때문이다.

이래서 강한 우정이 필수적인 것이다. 깊지 않은 관계는 의견 불일치의 긴장이 찾아오면 부러지게 마련이지만 삶을 함께하는 관계라면 어쩔 수 없이 화해하게 된다.

우리는 가까운 정도가 아니라 서로를 아끼고 사랑했다. 친형제 같았다. 크게 다투고 긴 토론을 한 뒤에도 우리는 여전히 형제였다. 사랑은 허다한 죄를 덮는다.

놀랍게도 우리의 토론에는 유익한 면이 있었다. 토론을 통해 표면 아래 숨겨진 긴장의 지점이 어디인지가 드러났고 그것을 다룰 필요가 있음이 분명해졌다. 지속적으로 수면에 나타나는 사안 중 하나가 삼위일체였다. 예수의 신성에 관한 교리를 다룰 때처럼, 삼위일체에 대한 강한 반감이 언제든 폭발할 수 있는 지뢰처럼 내 무슬림 정체성에 새겨져 있었다.

이슬람의 핵심 교리는 타우히드(*Tauheed*; 알라의 유일성과 자존성에 관한 이슬람 교리)다. 이슬람 신학의 모든 분야가 이 주제에 매여 있다. 따라서 요약하기는 어렵지만, 기본적으로 타우히드는 하나님의 유일성에 관한 교리다. 이것은 단순히 유일신에 대한 주장이 아니라 하나님의 완전한 유일성 개념을 강화하기 위해 개발된 철두철미한 교리 체계다. 하나님의 본질 혹은 그분을 하나님 되게 만드는 핵심은 바로 그분이 독립적이고 유일하고 통치하시고 따로 떨어져 있고 완벽하게 통일된 한 분이시라는 데 있다. 어떤 경우든 그분은 나눠질 수 없는 것이다.

무슬림과 그리스도인 간의 대화라는 맥락에서 이 신학은 결국 다음과 같은 알맹이로 증류되고 만다. 즉 이슬람의 가장 근본이 되는 원칙인 타우히드와 삼위일체는 전면 대립한다.

표면상 기독교 국가에서 성장하면서 나는 무슬림 장로들이 삼위일체에 대해 결연히 목소리를 높이는 것을 보아왔다. 삼위일체를 반박하는 내용의 주마 후트바, 청소년 캠프, 신앙 교육서, 코란 공부 모임이 허다했다. 그들이 하나같이 가르치는 바, 삼위일체는 얄팍하게 포장된 다신론인 것이다.

핵심만 간추리면, 그들은 삼위일체를 이렇게 보라고 내게 가르쳤다. 즉 그리스도인들은 하나님뿐 아니라 예수를 경배하려 하는데 저들도 하나님이 한 분이라는 사실을 알고 있다. 그래서 그리스도인은 삼위일체라는 말로 하나님이 세 분인 동시에 한 분이라 하는 것이다. 터무니없는 말이지만, 그리스도인은 그렇다고 주장한다. 삼위일체에 대해 설명해보라고 하면, 그들은 그것이 신비이며 믿음으로 받아들여야 하는 것이라고 말할 것이다.

서구에서 자란 젊은 무슬림으로서 나는 이 문제를 공략했다. 삼위일체에 관해 그리스도인과 토론할 때마다 내 첫 질문은 이것이었다. "삼위일체가 당신에게 중요합니까?" 그들이 그렇다고 하면, 나는 "왜 중요한가요?" 하고 물었고 삼위일체를 부인하는 것은 이단적이라는 대답을 듣게 되리라 예상하고 있었다. 세 번째 질문을 던지면 준비 완수였다. "그렇다면 삼위일체가 뭔가요?" 이렇게 물으면 하나님은 세 분이 하나로 존재한다는 암기된 답변이 돌아왔고, 그러면 최후의 일격을 날렸다. "그런데 그게 무슨 뜻이죠?" 그러면 그들은 대개 멍한 시선으로 나를 바라보았다. 때로 사람들은 달걀이나 물 이야기를 꺼냈지만, 삼위일체 교리의 실제 의미를 설명할 줄 아는 사람은 아무도 없었다. 세 분이 하나로 존재한다고? 자기모순 아닌가?

내 질문은 지엽적인 주제에 관한 난해한 질문이 아니었다. 기독교의 핵심 교리에 대한 설명을 요하는 간단한 질문이었지만, 내가 자라면서 만난 그리스도인 중 이 질문에 답할 수 있는 사람은 아무도 없었다. 결국 내가 만난 모든 그리스도인은 내가 삼위일체에 관해 코란에서 배운 바를 강화시킬 뿐이었다. 즉 그것은 신의 진노를 사기 쉬운 우스꽝스런 교리라는 것이다.[76]

존경받는 이맘부터 박식한 지도자들, 그리고 우리 부모님과 조부모님에 이르기까지 다양한 이들이 이런 관점으로 삼위일체를 보라고 내게 가르쳤다. 내가 사랑하고 존경하는 모든 이들이 내게 삼위일체를 배격하라고 가르쳤으며, 그것은 이 문제를 설명하지 못하는 그리스도인들의 무능함과 더불어 삼위일체에 대한 반발이 왜 이슬람 정체성의 일부임을 이해하는 데 도움이 되었다. 무슬림으로 살아가는 거의 모든 이들이 마찬가지다.

데이비드와 나는 삼위일체에 대해 이야기를 나눈 적이 거의 없었고, 비록 다른 많은 그리스도인에 비해 그는 깊고 명확하게 답을 주었지만 그를 만나기 전에 이미 내 머릿속에서 삼위일체는 불가능하다는 생각이 튼튼히 자리 잡고 있었다. 따라서 우리는 정면충돌했고, 바울 논쟁 때와 마찬가지로 무기한 탁상 논쟁을 벌이

---

76 5:73, 116; 한편 5:116은 삼위일체를 알라와 성자와 성모로 이해하는 듯하다.

기로 했다.

　우연히도 해결책은 내가 절대 가지 않을 법한 곳에서 그와 나
란히 앉아 있을 때 찾아왔다.

33장

삼위일체에 공명하다

2학년을 마친 2003년 7월의 여름, 내 삶에 큰 변화가 찾아왔다. 나는 1년 일찍 대학을 졸업하기로 결심했고 인생의 다음 단계를 고민해야 했다. 또한 8월에 있을 의과대학 입학시험을 치러야 했는데 시험에 유기화학이 포함되기 때문에 그해 여름 나는 매주 닷새씩 이 과목을 공부해야 했다. 새롭지 않은 사실이지만, 데이비드는 나와 함께 그 수업을 들었고 나는 매주 닷새를 데이비드와 붙어 지내야 했다.

그런데 나만 인생의 큰 변화를 맞이한 게 아니었다. 얼마 전, 토론 대회에 참가하기 위해 비행기에 오르기 직전에 데이비드와 나는 부활에 관해 토론을 벌이고 있었다. 기절론을 지지하는 논거를 내가 제시하자 데이비드는 이렇게 답했다. "그런 빈약한 이론은 나한테 안 통하거든요. 나 뒷골목 출신이야. 턱없는 소리 마!"

우리는 모르고 있었지만, 토론 팀에 새로 들어온 여학생이 우리의 말다툼을 듣고 있었다. 그녀가 기꺼이 끼어들었다. "오 그래? 나는 단세포조직 출신이야." 데이비드와 나는 의아한 표정으로 그녀를 바라보았다. 우리는 이 애에 대해 아는 바가 거의 없는데, 이 애는 우리와 맞붙으려 한다? 데이비드와 내가 생각을 같이하는 한 가지가 있는데, 맹목적인 진화가 통계적으로 볼 때 불가능하다는 것이다. 우리는 합심해서 그녀의 주장을 공격했고 그녀는 반격해왔다. 주말을 지내며 우리는 그녀와 함께 진리와 상대성, 하나님, 진화, 과학 등에 관해 토론했다. 그녀에게는 열정이 있었고 일단 시작하면 끝장을 보았다.

3일 후, 마리는 유신론자가 되었고 데이비드는 사랑에 빠졌다. 그로부터 두 달 후, 둘은 약혼했다. 데이비드와 마리가 결혼한 지 1년이 되는 2003년 여름, 우리는 두 사람의 첫 아이를 간절히 기다리고 있었다. 데이비드와 나는 유기화학 수업에 들어가 앉아 있었지만 언제든 전화가 울리면 병원으로 달려갈 태세가 되어 있었다. 무척 설레는 시간이었다.

언제 교실을 떠날지 알 수 없고, 더군다나 쉴 새 없이 쪽지를 돌리며 킥킥대야 했음에도 우리는 강의실 앞쪽 중앙, 아담스키 선생 1미터 전방에 앉아 있었다. 그날 내가 앉았던 자리를 나는 지금도 정확하고 생생히 기억하는데, 그 자리에서 내가 처음으로 삼위일체에 대해 마음이 열렸기 때문이다. 지금도 내 마음에 생생히 아로새겨져 있는 순간이다.

교실 전면에는 프로젝터에서 투사된 흑백의 커다란 질산염 모형 세 개가 그려져 있었다. 우리는 공명, 즉 특정 분자의 전자 배열을 공부하는 중이었다. 공명(共鳴)의 기본 개념은 화학에 대한 배경 지식이 없어도 이해하기 어렵지 않다. 본질적으로 모든 물질은 양전하를 띤 핵과 그 주위를 도는 음전하를 띤 작은 전자들로 구성된다. 핵은 전자를 공유하는 방식으로 서로 결합하여 분자를 이룬다. 특정 분자에서 전자의 배열이 다른 경우를 "공명 구조"라고 한다. 물 같은 분자들은 공명 구조가 전혀 없지만, 화면에 나와 있는 질산염 같은 분자들은 세 개 혹은 그 이상의 공명 구조가 있다.

개념을 이해하기란 쉽지만 실체를 증명하기란 난감하다. 아담스키 선생은 다음과 같은 말로 수업을 마무리했다. "이 그림들은 공명 구조를 종이에 재현하는 최선의 방법이지만 실은 훨씬 복잡합니다. 엄밀히 말해, 공명 상태에 있는 분자는 모든 순간 그 구조 속의 모든 것이지만 어느 순간 그 구조 속의 어느 것도 아닙니다."

아담스키 선생이 자신의 말을 되풀이하는 것을 보니 다른 학생들도 나와 같은 표정을 지었던 게 틀림없었다. "그것은 항상 모든 구조이지만 결코 그중 하나는 아니에요." 선생은 다시 잠깐 말을 멈추더니 우리에게 안심이 되는 말을 해주었다. "하지만 걱정할 건 없어요. 시험에는 그릴 수 있는 구조만 나올 테니까." 이 말에 학생들 전체가 안도의 숨을 내쉬었다.

하지만 나는 예외였다. 나는 아담스키 선생이 방금 한 말을 그냥 넘길 수 없어 데이비드를 바라보았다. 데이비드는 희미하게 어깨를 으쓱하고는 교수의 다음 주제에 주의를 기울였다. 그녀가 방금 투하한 폭탄에 골몰하고 있는 사람은 나 혼자뿐인 것 같았다.

어떻게 무언가가 한 번에 많은 것, 다른 많은 것이 될 수 있단 말인가? 뜨거운 동시에 육즙이 많고, 두터운 동시에 부드러운 스테이크 같은 속성을 말하고 있는 게 아니었다. 우리는 전자의 공간 배열에 관해 말하는 중이었다. 교수가 한 말은 그러니까, 나빌이 텍사스에서 방금 말한 스테이크를 먹으면서 동시에 카리브 해 연안에서 그물침대에 누워 낮잠을 자고 있다는 말과 비슷한 표현이었다. 둘 다 개별적으로는 멋진 일이지만, 내가 동시에 두 가지를 하고 있다면 말이 안 되는 것이다.

나는 당황스러웠고 주위의 어느 누구도 전혀 개의치 않아서 더욱 당황스러웠다. 나는 교실을 둘러보았고 맹목적으로 교수의 말을 수용하는 이들의 모습에 어안이 벙벙해졌다.

하지만 정말로 맹목적인가? 교수는 소수만 이해하는 과학, 원자보다 더 작은 세계를 설명하고 있었다. 그 차원에서 벌어지는 일은 인간의 차원에서 세계를 개념화하는 우리의 눈으로 볼 때 말이 안 된다. 핵이라는 뻔하고 단순한 개념조차 생각해보면 당황스럽기 이를 데 없다. 그것은 내가 앉아 있는 의자가 실은 내 몸무게를 지탱하는 단단한 물체가 아니라는 뜻이다. 헤아릴 수 없는 속도로 운동하는 입자들이 일부 차지하고 있지만 거의 대부분이 빈 공간인 셈이다. 생각해보면 거짓처럼 보이지만, 그것이 우리의 우주가 존재하는 방식이다. 따져봤자 소용없다.

나는 다른 학생들이 터무니없는 개념을 맹목적으로 수용하는 게 아니라고 정리하면서 그들을 바라보던 눈길을 거두었다. 그들은 인간의 지성으로 쉽게 이해할 수 없는 우리 우주의 진실이 있음을 나보다 먼저 깨달았을 뿐이다.

나는 벽에 투사된 세 개의 서로 다른 질산염 구조에 기초하여 생각을 정리해보았다. 질산염 분자 하나가 동시에 세 개의 공명 구조이지만 그 셋 중 하나는 절대 아니다. 셋은 서로 다르지만 동시에 같으며 하나다. 셋으로 존재하는 하나인 것이다.

그 순간 깨달았다. 만일 이 세계에서 셋이 하나로 존재하는 물질이 있다면, 비록 이해할 수 없지만 그런 게 있다면, 왜 하나님은 안 된단 말인가?

그리고 갑자기 삼위일체가 내 머릿속에서 가능한 진리가 되었다. 나는 데이비드를 넘겨다보았고 아무 말도 않기로 했다.

나중에 나는 새로운 관점으로 삼위일체 교리(doctrine of the Trinity; 하나님이 세 인격이되 한 존재라는 믿음)를 재검토했다. 하나님이 세 분이며 하나라고 말할 때 그리스도인은 무엇을 의미하는 것인가? 셋은 무엇이고 하나는 무엇인가? 나는 제임스 화이트의 『잊혀진 삼위일체』(The Forgotten Trinity)라는 책에서 그 답을 찾아보았다. 삼위일체의 실체에 대한 가능성을 깨닫고 나서 보니 훨씬 이해가 잘 되고 말이 되었다.

삼위일체 교리는 하나님이 세 인격이되 한 존재임을 가르친다. "존재"(being; 어떤 것을 그 본연의 모습이게 하는 본질이나 성질)와 "인격"(person; 누군가를 그 본연의 모습이게 하는 본질이나 성질)

은 같은 게 아니며, 따라서 삼위일체라는 말은 모순되지 않는다. 설명을 위해 다음을 고려해보자. 나는 한 존재, 한 인간이다. 또한 나는 나빌 쿠레쉬라는 한 인격이다. 따라서 나는 한 인격을 가진 한 존재이자 나빌 쿠레쉬라는 한 인간이다. 삼위일체 교리가 가르치는 바는 하나님이 성부, 성자, 성령의 세 인격을 가진 한 존재라는 것이다.

때가 되자 나는 데이비드와의 생산적인 토론 없이도 내 나름의 언어로 삼위일체가 하나님의 본성을 보여주는 모델로 가능한 방식임을 깨닫게 되었다. 타우히드와 충돌하기에 그것이 참모델인가에 대해서는 확신이 없었으나 시행 가능한 것이라는 점만은 인정해야 했다. 그러자 하나님에 대한 나의 생각이 훨씬 풍성해졌다.

하지만 내게는 복음을 이해하는 데 있어 여전히 방해가 되는 한 가지 주요 기독교 교리가 남아 있었다. 예수의 죽음이 어떻게 내 죄를 대신했는가? 데이비드와 내가 그 문제를 논할 즈음 우리 이인조는 삼인조가 되어 있었다.

삼위일체에 반대하는 무슬림의 관점에 대한 좀 더 자세한 설명을 알고 싶다면, 『알라인가, 예수인가?』의 2부, "타우히드인가 삼위일체인가?: 서로 다른 두 하나님"을 보라.

34장

구원의 위기

      올드 도미니언 대학교에서 내 4학년 시절은 이례적이었다. 실제로는 세 번째 학년이었다는 점을 제외하고도 내가 캠퍼스에서 생활을 시작한 첫해였기 때문이다. 그때까지 나의 항변에도 불구하고 암미와 압바는 캠퍼스에서 생활할 경우 내가 타락하는 것은 시간문제라는 주장을 견지했다. 4학년이 되어서야 부모님을 설득할 수 있었는데, 다른 무엇보다 학업이 과중하고 맡은 일이 많아서 통학할 시간이 없음을 이해시킬 수 있었다.

      내 과중한 책임 중 하나는 명예 대학의 대표직이었다. 바로 이 대표직 때문에 나는 집에서 나와 기숙사 생활을 하도록 허락받았을 때 원하는 방을 고를 수 있었다. 화이트허스트 홀 남서관 꼭대기층에 위치한 내 방은 장엄한 엘리자베스 강이 내다보이는, 캠퍼스에서 두 번째로 전망이 좋은 곳이었다. 전망은 옆방이 가장 좋았지만 난방이 잘 안 돼서 사양했다.

나중에 그 방에는 곧 내 친구가 될 재크라는 이름의 불교도가 들어왔다. 재크는 표현이 부드럽고 체계적인 사고를 하는 철학과 학생이었는데, 그래서 지적 대결을 벌이기에 최적의 상대였다. 학기가 시작되고 몇 주 지나지 않아 우리는 벌써 좋은 친구가 되었고 나는 그를 한 번 이상 다와(dawah; 사람들을 이슬람으로 초청하는 행위)에 끌어들였다.

운명적으로 재크는 몇몇 철학 동아리 모임에 참석했는데 마침 모임 회장이 데이비드였고 둘은 단짝이 되었다. 그래서 데이비드와 나는 각각 개별적으로 재크의 더없는 친구가 되었다. 서로의 관계를 알게 된 뒤로 우리 셋은 함께 시간을 보내기 시작했다. 우리는 색다른 삼인조로, 적잖은 농담의 대상이 되었다.

무슬림과 그리스도인과 불교도가 스무디 바에 앉아 있던 어느 날, 나는 계속해서 신경에 거슬리는 마지막 기독교 교리인 대속(substitutionary atonement; 예수가 인간의 죄를 지고 그 값을 대신 치른다는 교리)의 문제를 제기했다. 이는 재크에게 다와를 시도하려는 내 지속적인 노력의 일환이었는데, 결과적으로 우스운 상황을 연출하고 말았다. 이 문제를 제기하면서 나는 우리 둘 모두에게 복음을 전하려는 데이비드를 우회적으로 비판함으로써 재크를 이슬람으로 이끌기를 바랐다. 중간에 갇힌 재크는 어느 것도 원치 않았다. 문자 그대로. 불교도로서의 그의 바람은 어느 것도 얻지 않는 것이었으니 말이다.

"있잖아, 재크." 나는 거들먹거리며 내 스무디를 가리키면서

왁자지껄하게 말했다. "이슬람은 공평한 종교야. 어떤 불특정한 사람이 너의 죄 때문에 고통 당하는 터무니없는 일 따위는 없다고."

"어, 잠깐만!" 데이비드가 스무디를 마시다 말고 끼어들며 툴툴댔다. 하지만 나는 밀어붙였다.

"넌 좀 참아, 나 아직 안 끝났다고! 앞서 말한 것처럼, 이슬람에 따르면 우리는 모두 하나님 앞에 서서 자신의 죄에 대한 책임을 지게 될 거야. 아무도 우리를 위해 중재해줄 수 없어. 영적인 삶은 우리 책임이고, 우리의 선행이 악행보다 무겁다면, 우리는 천국에 가게 될 거야. 악행이 선행보다 중하다면, 지옥에 갈 테고. 공정하고 의롭지. 내 말 뜻을 알겠어?"

재크는 특유의 무신경함을 드러냈다. "응."

"물론, 하나님이 은혜를 베풀고 싶다면 그러실 수 있어. 아무튼 그분은 하나님이시니까. 하지만 하나님이 너의 죄를 가져다가 죄 없는 한 사람에게 지우셨다는 이야기는 완전히 있을 수 없는 일이야. 그 사람은 너의 죄 때문에 벌을 받고 너는 아무 처벌 없이 풀려난다면, 그게 무슨 정의라 할 수 있겠어?"

데이비드는 미소 짓고 있었지만 테이블을 뛰어넘어 내게로 돌진할 기세였다. "네 설명이 불공평한 거 알지?"

"사람이 공평하지 않으면 안 되지. 진정해봐. 스무디 좀 마시고. 말할 게 하나 더 남았어."

우리는 모두 웃고 있었다. 진지한 주제였지만 대화는 재미있었다. 데이비드에게 발언권을 넘기기 전에 나는 가장 신랄한 설명을 곁들여야 했다. 데이비드는 분명 할 말이 많을 테니.

"현재 우리나라의 국가 부채가 7조 달러인가 그렇지? 생각해 봐, 내가 부시 대통령 앞에 다가가서 '저…우리나라 부채가 7조 달러인 걸로 알고 있는데 제가 갚을 수 있어요. 여기 1달러가 있습니다. 그거면 충분할 겁니다'라고 말했다고 하자. 부시 대통령이 뭐라고 할까?"

재크가 맞장구를 쳤다. "이 멍청아, 그러겠지."

"정-확-해!" 나는 각 음절을 외치면서 데이비드 쪽으로 스무디 든 손으로 잽을 날렸다.

재크는 내가 자세히 설명하기를 바랐다. "무슨 말을 하려는 거야?"

"내 말은 그게 엉터리 수학이라는 거지. 1달러로 7조 달러의 빚을 갚을 수 없는 것과 마찬가지로, 예수의 십자가 죽음이 모든 사람의 죄를 대속할 수 없다는 거야. 한 사람이 다른 한 사람의 죄를 대속할 수 있다고 쳐도, 한 사람이 수조 명의 죄인들을 대속한다는 것은 앞뒤가 안 맞는 말이야. 따라서 기독교의 구원론(soteriology; 구원의 교리 혹은 그 학문)은 부당할 뿐 아니라 엉터리 셈법이라는 거지. 반면 이슬람은? 간단하고 쉽게 이해할 수 있어. 완전 공정하지." 말을 마치고 나는 최종 승리자가 된 기분으로 스무디를 마셨다.

재크는 눈을 들어 먼 곳을 응시하며 생각에 잠긴 듯했다. "음, 내가 듣기에는 말이 되는 것 같아."

데이비드는 수긍하지 않았다. "다 끝난 거야?" 웃는 듯하면서도 분명 재미있다는 표정으로 그가 물었다.

"아니, 이제 마시기 시작했는걸."

"네 호통 말이야."

"이제 네 차례야." 나는 기독교에 반대하는 주장을 하기 위해 어릴 적부터 알고 있던 논증을 다시 펼친 셈이었는데, 이 논증의 설득력에 자신이 있었다. 우쭐하기까지 했다.

"넌 자신의 주장을 내세우기 위해 부당하게 기독교 교리를 구획화 하고 있어, 나빌."

나는 그가 하는 말을 이해하지 못했고 그래서 동요하지 않았다. "계속해봐."

"기독교 교리에 따르면 예수가 하나님이라는 것을 너도 잘 알면서도 너는 기독교 신학을 비판하는 네 셈법에서 그것을 빼버렸어. 하나님은 '어떤 불특정한 사람'에게 우리의 죄 때문에 고통 당하라고 강요하지 않으셔. 그분 자신이 우리의 죄를 대속하시지."

"좀 더 온전한 비유를 들자면, 자기 아버지의 사업체 재산을 도둑질한 아들을 생각해보자. 재산을 탕진한 아들은 아버지께 돌아가 진심으로 용서를 구하지. 아들을 용서하고 말고는 전적으로 아버지의 권리야. 하지만 문제가 다 해결된 건 아니지. 왜냐하면 잔고가 맞지 않거든. 도둑맞은 재산에 대해 누군가 책임을 져야 해. 원한다면 아버지는 자신의 계좌에서 아들의 빚을 대신 갚아줄 모든 권리가 있어. 그러면 공평하지."

나는 혼란스러웠다. "그 아들이 누군데?"

"아들은 우리고 아버지는 하나님이야. 우리는 하나님께 빚을 졌는데 갚을 능력이 없어. 그래서 하나님은 당신의 자비하심으로 우리 죄를 대속해주셔. 우리 죄의 삯은 사망이기 때문에 그분이 우리 대신 죽으셔서 빚을 청산하신 거지."

나는 스무디를 홀짝이며 말없이 앉아 있었다. 재크가 맞장구를 쳤다. "알았어, 데이비드. 네 말이 무슨 뜻인지 알 것 같아. 우리가 하나님께 죄를 지었으니 우리를 용서할 권한이 하나님께 있다, 그리고 예수가 하나님이라면 예수가 우리 죄를 대속할 수 있다, 이거지?"

데이비드는 이 말을 숙고하더니 말했다. "그래, 그렇게 말해도 되겠다."

나는 확신이 가지 않았다. "하지만 여전히 설명이 안 되는 건, 어떻게 한 사람이 온 인류의 죄를 대속할 수 있지?"

"나빌, 넌 아직도 그분이 여느 사람이 아니라는 사실을 잊고 있어. 그분은 하나님이야! 그분이 당신의 무한한 은행 계좌에서 수조 달러의 빚을 갚아주시는 거야! 하나님의 생명은 우주의 모든 생명을 합한 것보다 훨씬 더 가치 있어. 그분의 죽음은 나머지 우리 모두의 죽음보다 훨씬 더 많은 것을 대속할 수 있어."

나는 혹시 도움을 얻을까 싶어 재크가 무슨 생각을 하는지 바라보았다. 그는 무표정한 얼굴로 내 눈빛에 답했는데 "네 차례야"라고 말하는 것 같았다. 나는 생각을 가다듬었다.

"좋아, 데이비드. 문제가 더 있어. 너는 이야기하면서 줄곧 누군가 죄를 지으면 죽어야 한다고 가정하고 있잖아. 난 동의 못하겠어."

"성경에 그렇게 쓰여 있어. 로마서 6:23에 말야" 데이비드가 성경을 인용할 때마다 나는 늘 깊은 인상을 받았으나 짜증이 나기도 했다. 나는 이슬람 교리의 출처를 거의 알지 못했는데, 그것은 내가 자신들도 출처를 알지 못하는 스승들로부터 교리의 대부분을 배웠기 때문이다. 이처럼 데이비드의 성경 인용은 우리 사이의 차이점을 보다 명확히 드러내주었다.

"솔직히 성경이 뭐라 하든, 나는 신경 쓰지 않아. 말이 안 되거든. 세상에 어떤 판사가 경미한 죄와 극악무도한 죄를 똑같이 벌하겠어? 생각해봐. 네가 무단횡단을 해서 법정에 섰다고 해보자고. 내 앞의 사람이 강간과 살인죄로 교수형을 선고받았어. 그다음 너는 무단횡단을 했다고 교수형을 선고받는단 말야. 부당함은 말할 것도 없고 그런 판사가 있다면 잔인하고, 아마 가학적인 판사일 거야!"

이는 내 마음에 참으로 의미하는 바가 있는 항변이었다. 나는 내가 수시로 하나님의 명령에 거역하고 그분의 말씀보다 나의 길을 선택한 죄인임을 알았다. 하지만 무슬림이 믿는 바 구원은 악행보다 더 많은 선을 행하는 문제이기에 나는 내 죄에 대해 실제로 크게 괴로워하지 않았다. 왜냐하면 내가 저울의 올바른 쪽에 있다고 믿기 때문이었다. 내게 죄는 나쁜 것이지만 아주 나쁜 것은 아니었다.

하지만 모든 죄가 지옥으로 이끌 만큼 파괴적이라면, 내게 무슨 기회가 있겠는가? 물론 알라께서 자비를 베푸실 수 있지만 코란은 알라께서 모든 죄인을 사랑하신다고 말하지 않는다. 무슨 이유로 알라가 나를 용서하겠는가?

이 사안의 핵심을 바로 짚는 것을 보니 데이비드는 어떤 깨달음을 얻었던 게 분명했다. 그는 고개를 가로젓더니 진지하게 말했다. "나빌, 너는 아직도 이슬람의 관점에서 기독교 교리를 보고 있어. 기독교의 가르침에 따르면, 죄의 파괴력은 엄청나서 영혼을 산산조각 내고 세계를 파괴한다고 해. 천천히 몸 전체를 갉아먹는 암과 같다고 할 수 있지. 그래서 이 세상이 에덴동산의 완벽함에서 오늘날처럼 병들고 우울한 곳이 되어버린 거야. 그런 것들 중 하나라도 하나님이 천국에 허락하실 것 같아? 당연히 아니지. 천국이 완벽한 곳이라면 그 정의상 그곳에 죄인은 있을 수 없어. 단 한 명도."

데이비드의 마지막 말이 허공에 맴돌다가 서서히 무겁게 다가왔다. 무거운 순간이 지난 뒤 내가 말했다. "그렇다면 우리에게 무슨 희망이 있어, 데이비드?"

데이비드는 안심하라는 듯 미소를 지었다. "하나님의 은혜뿐이지."

"하지만 하나님이 왜 내게 그분의 은혜를 베푸시겠어?"

"그분은 너를 사랑하니까."

"왜 나 같은 죄인을 사랑하실까?"

"그분이 네 아버지시니까."

데이비드의 말이 내 마음에 크게 울렸다. 그리스도인들이 하나님을 "아버지"라 부르는 것을 들어본 적이 있으나 내게 울림을 준 적은 단 한 번도 없었다. 자격 없는 내게 왜 하나님께서 자비와 은혜를 베풀려 하시는지를 이해하려고 하는 순간, 비로소 그 단어가 마음에 다가온 것이다.

나는 말할 수 없었다. 모든 게 연결이 되었다. 압바가 왜 날 사랑하는지 의문을 가진 적이 있던가? 내가 태어난 때, 내 귀에 처음으로 아잔을 말해준 그날부터 압바는 나를 사랑했다. 나는 나를 향한 압바의 사랑과 자비를 의심한 적이 없다. 압바의 사랑과 자비는 내가 어떻게든 압바의 호의를 얻어서가 아니라 다만 내가 그의 아들이기 때문에 오는 것이었다.

하나님은 참으로 이런 방식으로 나를 사랑하신 것인가? 하나님이 그런 사랑이신가? 그렇게 놀라우신 분인가?

나는 하늘 아버지를 처음 만나고 있는 것 같았다. 내 죄의 타락상과 직면하고 나자 그분의 용서와 사랑이 그 어느 때보다 소중했다. 이 하나님, 복음의 하나님은 아름다우셨다. 나는 이 메시지에 매혹되었다. 내 마음과 정신은 혁명의 출발선상에 있었던 것이다.

복음에 반대하는 무슬림의 관점에서 본 복음에 관해 자세히 알고 싶다면, 『알라인가, 예수인가?』의 1부, "샤리아인가, 복음인가?: 두 개의 서로 다른 해결책"을 보라.

35장

복음을 평가하다

　　우리 셋은 트로피컬 스무디 카페를 나와 내 차를 타고 캠퍼스로 향했다. 운전하는 동안 나는 방금 깨달은 것을 계속해서 숙고했다. 마지막 열쇠가 맞아 들어간 듯 머릿속은 메시지를 뒤집어보기 시작했다.

　　내가 아직 숙고 중인 것을 감지한 데이비드는 재크와 대화함으로써 내가 어떻게 해야 할지 선택할 수 있도록 짬을 내주었다. "그러니까 재크, 불교 변론과 비교했을 때 기독교 변론은 어떤 것 같아?"

　　재크는 이미 데이비드와 함께 마이크의 "드림 팀" 모임에 몇 번 참석한 터였기에 이런 질문에 익숙했다. 뒷자리에서 재크가 대답했다. "사실 불교 변론 같은 건 없어. 불교는 선택해서 따라가는 길일 뿐이야. 나는 명상 때문에 그 길을 따르지만 다른 사람들에게 그 길을 따라야 한다거나 어떤 의미에서 이 길이 옳다고 말하

지는 않아. 기독교는 참으로 독특한 것 같아. 기독교에서는 예수
가 죽은 뒤 무덤에서 부활했거나 아니거나잖아. 네 변론도 그것에
대한 것이고."

이 말에 주의가 끌려 나는 대꾸하고 말았다. "네 말이 한 가지
는 맞는 것 같아, 재크. 기독교 변론이 가능하다는 것, 하지만 나는
이슬람에 대해서도 똑같은 변론이 가능하다고 봐."

그것은 데이비드가 원하던 열린 문이었다. "맞아, 나빌. 그럼
남자답게 말해봐. 너는 기독교 변론이 세 가지 사실에 기초하고
있다고 했어. 예수가 스스로 하나님이라 주장했고, 그가 십자가에
서 죽었고, 죽은 자 가운데서 부활했고. 우리는 이 모든 사안을 이
미 연구했잖아. 가장 설득력 있는 설명에 0부터 100까지 점수를
준다면, 네 생각에 이 주장들은 역사적으로 몇 점일 것 같아?"

진리의 순간이었다. 스무디 바에서 우리의 대화는 내 마음의
장벽을 누그러뜨렸고 이제 나는 방어적 입장에 서 있지 않았다.
나는 데이비드의 질문을 조심스럽게 살핀 다음 답했다. "80에서
85. 아주 설득력 있어."

고개를 돌려 뒷좌석을 돌아보지 않았지만 데이비드가 놀란
것을 알 수 있었다. "네 이슬람은 어쩌고?"

순간 나는 내 신앙이 차인 듯 반사적으로 방어 태세가 되었다.
"데이비드, 그건 100퍼센트야. 이슬람 변론에는 바늘구멍 하나 없
어. 누구든 무함마드의 생애를 연구한 자라면 그가 알라의 예언자
라는 결론을 얻게 되고, 누구든 코란에 객관적으로 접근한 자라면

그 과학적 진실과 아름다운 교훈에 감탄하게 마련이야."

데이비드와 재크가 깨달은 바와 같이, 이제 나 자신도 내가 기독교를 연구하듯 신중하고 조심스럽게 이슬람을 연구하지 않았음을 깨달았다. 하지만 대부분의 무슬림처럼 나로서는 이슬람에 대한 무비판적 숭배와 과한 평가는 그냥 주어진 것이었다. 이는 무슬림이 사용하는 언어와 마찬가지로 이슬람 문화와 유산의 큰 부분이며, 매우 비슷한 방식으로 체화된다. 우리 주위의 모든 이들이 이런 패러다임에 따라 행동한다. 따라서 데이비드에 대한 나의 강경한 응답은 완고함이 아니라 내가 세상을 바라보는 틀 같은 것이었다.

데이비드는 내 자신만만한 응답에 연연하지 않았다. "두 가지 기준이 그거야? 무함마드와 코란?"

"맞아, 그렇지. 만일 내가 무함마드가 하나님의 예언자라는 상당한 개연성을 보여준다면 그가 전한 메시지가 참이라는 결론을 내릴 수 있는 거야. 또한 내가 코란이 하나님의 영감이 깃든 책임을 보일 수 있다면 코란이 가르치는 메시지가 참이라는 결론을 내릴 수 있는 거지."

비록 데이비드가 약간 수긍해주었으나 재크는 안 그랬다. 그는 믿을 수 없다는 듯 웃음을 터뜨리고는 나를 곤혹하게 만들었다. "정말 이슬람 변론이 100퍼센트 확실하다고 믿는 거야? 내 말은, 알잖아. 그렇게 확실한 건 없다고!"

"나는 이슬람이 그렇다고 생각해, 재크. 믿기 어렵겠지만 난 알아. 하지만 직접 한 번 살펴본다면 내 말 뜻을 이해하게 될 거야."

재크는 나를 봐줄 생각이 없었다. "네가 정말 그렇게 생각한다면, 마이크의 집에서 열리는 다음번 드림 팀 모임에 와서 변론을 해보지 그래?"

"이슬람 변론?"

"네가 무함마드나 코란 어느 편에서 시작하면 우리도 거기서부터 시작할 거야. 틀림없이 마이크도 괜찮다고 할 거야. 마침 불교에 대한 토론을 막 끝내고 새로운 주제를 찾던 중이었거든."

재크의 제안은 생각할수록 끌렸다. 다와로 이끌 기회로 보였다. 게다가 기독교 논쟁을 하지 않는다니 말이다.

나는 전에 우리가 예수의 죽음에 대해 토론할 때 압바가 했던 것보다 대화를 더 잘 주도할 수 있을 것 같았다. "좋아. 무함마드부터 시작하고, 그 후에 코란을 토론할게." 데이비드가 달력을 확인하더니 두 주 후에 다음번 드림 팀 모임을 갖기로 정했다.

드림 팀 모임은 두 주 후였다. 계획은 잡혔고 우리 모두 나름의 이유로 모임을 기대했다.

그때까지 나는 나의 한 시대가 끝나게 될 줄은 까맣게 몰랐다. 나는 가족과 내가 속한 문화가 날 위해 만들어놓은 세계, 이슬람이 전혀 공격받지 않는 세계를 아무 의심 없이 받아들였다. 바로 이런 나의 토대가 비판적 해체를 당하게 될 터였다.

미시건 주 그랜드래피즈에 소재한 "종교 연구소" 선임 연구원이자 다수의 논문과 책을 저술한 로버트 M. 보우먼 2세의 삼위일체와 복음에 관한 전문가 기고문(498쪽)을 참고하라.

7부

무함마드에 관한 진실

—
무함마드가 당신의 사자라고
제가 어떻게 증언할 수 있겠습니까?

36장

무함마드를 재고하다

이슬람의 메시지는 그 전달자와 떼려야 뗄 수 없는 관계다. 하나에 충성하면 다른 하나에도 충성할 수밖에 없다. 더욱 놀라운 사실은 알라에 대해서는 동일한 적용이 되지 않는다는 점이다. 알라에 대해 의문을 제기하는 무슬림은 용납되는 게 일반이지만 무함마드에 대해 의문을 제기하면 파문 또는 그보다 심한 일을 당하는 이유가 된다.

무슬림은 무함마드가 이론상으로는 여느 사람과 마찬가지로 오류가 있을 수 있는 인간임을 기꺼이 인정하지만 실상은 오류 없는 이로 그를 숭배한다. 이를 위해 이슬람 신학은 무함마드에게 "알-인산 알-카밀"이란 칭호를 부여했으니, 이는 "완전함에 도달한 자"라는 뜻이다.

무슬림의 마음 깊은 곳에 자리한 무함마드는 이슬람을 구현한 인물이요 전체 이슬람 문명의 상징과도 같은 존재다. 하디스와 전통으로 인해 무슬림의 신앙과 문화, 유산, 정체성은 무함마드라는 사람 안에서 그 모든 핵심 가치를 발견한다. 그래서 무슬림에게 무함마드라는 인물에 대한 공격은 곧 그들 자신과 그들이 대변하는 모든 것에 대한 개인적 공격과 마찬가지다.

무슬림이 감정을 배제한 채 무함마드에 대한 일반적인 토론을 할 수 없는 것도 그 때문이다. 그들은 어마어마한 응어리를 토론장에 가져올 텐데 토론 내용은 틀림없이 혈육에 대한 충성이나 이스라엘과 팔레스타인 간의 현 상황처럼, 명백히 주제와 무관한 것들로 도배될 것이다.

따라서 내가 마이크의 거실로 돌아와 무함마드에 대한 토론을 하겠다고 했을 때 내 깊은 동기를 제대로 이해한 사람은 아무도 없었다. 나는 무함마드에 대한 강력한 변론을 통해 그를 열정적으로 제시함으로써 이슬람을 영화롭게 할 기대로 흥분되었다. 대조적으로 내 말을 듣기 위해 참석한 사람들은 내 발언을 비판적으로 검토할 준비가 되어 있었다.

자신들의 질문이 일으킬 파장을 알았다면 그들은 아마 조금 더 신중했으리라. 돌이켜보건대, 그러지 않아서 다행이다 싶기도 하다.

참석자는 내가 예상했던 것보다 다양했다. 당연히 마이크와 데이비드, 그리고 그리스도인 몇 명이 참석했고 재크도 불교를 대표해서 그 자리에 있었으나, 수사계 형사와 천체 물리학자, 그리고 교사 한 쌍처럼 이질적인 각계각층에서 온 무신론자와 불가지론자들도 있었다.

소개가 있고 나서, 내가 발언권을 가지게 되었다. 나는 칠판에 플립 차트를 걸고 어릴 적부터 나를 형성해온 정보를 나누며 무함마드에 대한 변론을 펼쳤다. 결과적으로, 내가 제시한 내용은 무슬림이 서구 비무슬림과의 사이에 가교를 놓고 회심자를 얻기 위해 제시하곤 하는, 이슬람 역사와 이슬람교(종종 서구인들과 많은 것을 공유했던)에 대한 설명이었다.

9/11 이후 평균적인 서구 무슬림의 가장 큰 관심은 이슬람의 과격한 이미지와 거리를 두는 것이었는데, 아흐마드파 무슬림인 나로서는 더더욱 그러했다. 나는 이슬람이 평화의 종교이며 무함마드는 역사상 가장 자비롭고 평화를 사랑한 사람이었음을 강조하는 것으로 이야기를 시작했다. 나는 세계무역센터와 국방부 건물을 공격한 이들이 이슬람을 대변하지 않음을 모두에게 역설하면서, 최근 어느 이맘한테서 들은 금언을 인용함으로써 요점을 효과적으로 전달했다. "9월 11일, 항공기를 납치한 테러리스트들은 이슬람마저 납치한 것입니다."

나는 이슬람이라는 단어가 실은 "평화"를 뜻하는 아랍어와 같은 뿌리에서 나왔으며 무함마드의 삶이 이를 반영한다고 설명했다. 나는 무함마드가 메카를 정복한 날 보여준 자비를, 그날에 무슬림을 학대했던 메카 사람들을 용서한 이야기를 자세히 들려주었다. 또한 무함마드가 싸운 다른 전투들을 논하면서, 그 전투가 하나같이 방어를 위한 전투였고 알라께서 기적적으로 개입하여 그를 인정했음을 강조했다.

그런 다음 나는 기적이 아니고서는 설명할 수 없는 무함마드의 과학에 대한 통찰 같은, 전혀 다른 특징에 대한 논거를 제시했다. 이는 무슬림 변론자들 사이에서 통용되는 일반적 단계다. 나는 무함마드가 발생학이나 천문학, 지질학 같은 주제에 대해, 즉 알라의 계시를 통해서만 얻을 수 있는 지식에 대해 알고 있었음을 주장했다. 이는 다시 한 번 무함마드가 알라의 복을 받은 자이며 참예언자임을 보여주는 것이었다.

무슬림 변론자들이 공유하는 또 다른 일반적인 다와 기술은 이슬람이 구약과 신약 메시지의 완성이라는 주장을 펼치는 동시에 성경을 언급함으로써 가교를 놓는 것이다. 이 목적을 이루기 위해 나는 무함마드에 관한 예언을 다룬 성경의 두 구절, 즉 구약에서 한 절 그리고 신약에서 한 절을 지적했다. 하나는 신명기 18:18로서, 모세와 같은 예언자가 오리라는 예언이다. 나는 이 예언의 인물이 무함마드일 수밖에 없으며 그 이유는 예수는 전혀 모세와 같지 않기 때문이라고 주장했다. 그런 다음 요한복음 16:12-13을 인용하여, 예수 자신은 자신이 떠난 뒤에 약속된 보혜사 혹은 위로자가 와서 백성을 진리로 인도할 것이라고 예언했음을 밝혔다. 이 사람은 무함마드일 수밖에 없는데, 예수 이후로 무함마드 외에 이렇다 할 주요한 종교적 인물이 등장하지 않았기 때문이다.

나는 이슬람이 최종 메시지이며 무함마드가 온 것은 유대교와 기독교를 폐하기 위함이 아니라 두 종교를 강화하고 한 분이

신 참하나님께로 방향을 재설정하기 위함이었다는 주장을 이어갔다. "눈에는 눈"을 말한 모세의 정의와 "다른 쪽 뺨도 돌려 대라"는 예수의 자비가 결합된 무함마드의 메시지는 이슬람의 핵심이며 인류를 위한 최종 메시지다. 이 마지막 요점을 전달하면서 나는 무슬림이 유대교인 및 그리스도인과 같은 하나님을 예배하고 있음을 분명히 제시했다.

45분가량 이야기하면서 나는 이슬람을 충분히 전달했고 열정적으로 무함마드의 예언자직을 변호했다고 느꼈다.

그런데 그때 질문이 쏟아져 나왔다.

질문은 전에 내가 삼위일체에 대해 그리스도인들에게 던진 것처럼, 들은 내용을 명확히 하기 위한 악의 없는 간단한 질문들이었다. 하지만 생애 처음으로 나는 질문을 받는 쪽에 서게 되었다.

마이크가 시작했다. "나빌, 물어보고 싶은 게 있어요. 이슬람은 검을 통해 전파되었다고 들었는데, 당신 말에 따르면 무함마드는 자신을 방어하기 위한 전투에만 참여했다고 했어요. 당신의 입장이 더 정확한 이유를 설명해주겠어요?"

일반적인 질문이었기에 나는 곧바로 답했다. "코란은 라-이크라하 피-딘을 가르칩니다."[77] 이맘들은 종종 권위를 더하기 위해 아랍어를 인용했는데, 나도 똑같이 했다. "이 구절은 '종교에는 강요가 없다'로 번역됩니다. 무함마드는 코란을 충실히 따랐기에 실

---

77 2:256.

제로 그를 살아 있는 코란이라 보아도 무방합니다. 종교를 강요하지 않는다고 가르친 무함마드가 검으로 이슬람을 전파했다는 얘기는 터무니없는 낭설입니다."

과거에 내가 이슬람을 논할 때마다 사람들은 내 답변이 충분하다고 여겼으나, 마이크는 샤비르와의 토론을 준비하는 과정에서 이슬람에 관해 조금 읽은 터라 후속 질문을 던질 준비가 되어 있었다. "하지만 나빌, 코란에는 '너희는 발견하는 불신자들마다 살해하고' 같은 구절도 있잖아요.[78] 당신이 인용한 구절이 이 구절보다 우선한다는 것을 어떻게 알 수 있죠?"

다행히도 나는 최근 후트바에서 이 사안에 대해 설명하는 것을 들은 바 있어서 준비된 답변을 할 수 있었다. "그 구절은 무척 특별한 상황에 주어졌습니다. 메카의 다신론자들이 무슬림과 맺은 계약을 져버렸던 때죠. 일반 원칙이 아닙니다. 일반 원칙은 평화입니다."

그러자 마이크는 가장 단순하지만 가장 파괴적인 질문을 던졌다. "그걸 어떻게 알죠?"

"네?"

"코란의 역사적 맥락을 어떻게 알죠?"

"하디스, 그러니까 무함마드의 전승을 기록한 책들을 통해서입니다."

---

78 9:5.

"하지만 그 기록들이 신뢰할 만하다는 것을 어떻게 알 수 있죠? 내가 역사학자라는 점을 염두에 둬요, 나빌. 이런 질문은 역사적 기록에 대해 던지는 질문이에요. 기독교에 비판적으로 접근할 때도 마찬가지고요. 내가 복음서를 신뢰할 수 있는 것은 그 책들이 예수 사후에 매우 이른 시기에 눈으로 목격한 자들의 공동체에서 집필되었기 때문이에요. 하디스가 신뢰할 만한 책이라는 것을 우리가 어떻게 알 수 있죠? 이른 시기에 쓰였나요? 목격자들에 의해 쓰였나요?"

역할 전환이 쉽지 않았다. 나는 우리가 항상 성경에 대해 질문하는 식으로 이슬람 전통에 의문을 제기하는 사람을 본 적이 없었다. 금시초문이었다. 방 안의 다른 참석자들은 이 일련의 질문들이 어떻게 펼쳐질지 호기심이 동한 듯 앉은 자리에서 몸을 앞으로 기울이고 있었다. 나는 살아오면서 배운 모든 지식을 총동원했다.

"마이크, 무함마드 시대의 목격자들 이야기가 구전으로 전승되다가 나중에 기록되었어요. 그 기록을 남긴 이들은 비판적 사고를 하는 존경받는 이들로서, 각 이야기의 전승 내력이 분명하다는 것을 보증하죠. 그래서 하디스를 신뢰할 수 있는 것입니다."

나로서는 최선의 설명이었지만 마이크로서는 만족스럽지 못했다. "무슨 말인지 알겠어요. 하지만 어떻게 그것을 알죠, 나빌? 최종 수집을 한 게 언제인가요?"

질문이 쇄도할 것에 대비하며 나는 이렇게 답했다. "무함마드 사후 200년에서 250년쯤입니다."

방 안에 있는 모두가 이 사안은 정리가 되었다는 듯 동시에 한꺼번에 앉은 자리에서 몸을 뒤로 젖혔다. 일부였겠지만, 방 전체의 분위기가 내 입장에 등을 돌리기 시작하고 있음을 나는 분명히 감지했다.

마이크는 요점을 짚되 폄하하는 것처럼 들리지 않도록 최대한 애쓰면서 조용한 어조로 말했다. "나빌, 이야기를 기록하기까지 250년은 정말로 긴 시간이에요. 그 정도 시간이면 걷잡을 수 없이 전설이 생겨나요. 악당은 훨씬 더 악랄한 악당이 되고, 영웅은 훨씬 더 근사한 영웅이 되고, 추한 진실은 잊혀지고, 많은 이야기들이 날조되곤 해요."

나는 마이크의 말뜻을 알았지만 그는 우리 문화의 권위를 과소평가하고 있었고 그것은 무례에 가까운 일이었다. 마이크가 무슨 권리로 이맘 부카리와 이맘 무슬림 같은 위대한 옛 이맘들에 대해 의문을 제기할 수 있단 말인가? 혹시 그는 전승을 전달한 하즈라트 아시샤나 하즈라트 알리 같은 위대한 인물들을 신뢰할 수 없다고 말하는 것인가?

마이크는 초기 무슬림의 신뢰도에 의문을 제기하고 있었는데, 이는 무슬림이 한 번도 토론해본 적 없는 터무니없는 생각이었다. 그의 질문은 여러 층위에서 내 신경을 긁었다.

"마이크, 당신은 당신이 의문을 제기하고 있는 사람들에 대해 모르잖아요. 그들은 날카로운 지성과 정직한 마음을 겸비한 위대한 남자와 여자들이었어요. 이들의 고결한 성품 덕분에 하디스는 신뢰할 만한 책이 되는 것입니다."

"네 말이 맞아, 나빌." 데이비드가 끼어들었다. "마이크는 그 사람들을 몰라. 하지만 그의 말은, 너도 모르기는 마찬가지라는 거야. 출처가 그렇게 늦고, 이야기 전승자들의 인격을 시험해볼 신뢰할 만한 방법도 없잖아."

마이크가 고개를 가로저었다. "아니, 그것도 맞지만 내 요점은 그게 아니에요. 내가 하고픈 말은 아무리 존경받고 선한 뜻을 가진 사람이 전승을 기록한다 해도, 그들 역시 사람이에요. 이야기는 시간이 흐르면서 부풀려지게 마련이에요. 특히 여러 세대가 지나 원출처에서 멀리 떨어졌을 경우에는 더욱 그렇죠. 이는 어느 문화의 정체성에서 중요한 역할을 하는 인물과 관련된 이야기의 경우에 특히 더욱 사실인데, 무함마드가 초기 무슬림들에게 그러했죠. 우리는 다만 이 이야기들이 얼마나 정확한지 확신할 수 없을 따름이에요."

데이비드와 마이크는 계속해서 서로 의견을 교환했고 그러자 점점 더 많은 목소리가 대화에 참여했는데, 종종 내가 앞서 제시했던 다양한 주장을 검증하는 식이었다. 방 안의 그리스도인들이 토론에 좀 더 적극적이었는데 특히 성경에 나타난 무함마드에 대한 예언에 이의를 제기했다. 내가 그 구절들을 인용하면서 중요한 면을 배제했다는 것이었다. 이를테면, 신명기에서 모세 뒤에 올 사람은 이스라엘인이며 요한복음의 위로자는 성령으로 판명되었다고 말이다.

다른 한편, 불가지론자와 재크는 참여보다는 관망하고 있었음에도 무함마드와 과학에 관해 몇 가지 질문을 하며 발생학이나 천문학 자체가 무함마드의 시기에 알 수 있는 내용이 아니었다고 이의를 제기했다. 하지만 실제로 나는 그들의 주장에 응수할 수 없었다. 나는 첫 질문에 정신적으로 크게 당황한 터라 방어적 입장에 서서 우리 사이의 대화 내용을 더 소화하지 못하고 있었다.

사실 나는 그날 밤 내 어떤 의견도 바꾸지 않았다. 단 한 가지 사실만이 내게 중요했는데, 그것도 어마어마하게 중요했다. 즉 내가 이슬람에 대해 단 한 사람의 생각과 마음도 움직이지 못했다는 사실이었다. 내 모든 열정과 준비, 그리고 기도가 소용이 없었다. 목표를 달성하기는커녕, 나는 패배감을 안고 자리를 떠야 할 판이었다. 변호가 필요 없는 사람인 무함마드를 왜 나는 변호하지 못했을까? 왜 나는 대화의 승기를 잡지 못했을까?

그 밤이 끝날 무렵, 내 친구들은 내가 무함마드와 관련된 진리에 대해 조금 더 주의해서 배우고 연구해야 할 필요가 있음을 설득시켰다. 놀라운 점은, 그들이 무함마드의 행위나 성품에 대해 나로 하여금 방어적 자세를 취하게 만들었을 부정적인 말이나 구체적인 언급을 일절 하지 않고도 이 일을 해냈다는 것이다.

나는 무함마드에 대해 비판적인 눈으로 "어떻게 아는가?"라는 질문을 목표로 처음부터 공부하기로 결심했다. 우리는 다음번 드림 팀 모임 때 코란에 대해 토론하기에 앞서 무함마드에 관한 두 번째 토론을 갖기로 뜻을 모았다.

하지만 그 토론회는 열리지 않았다. 내가 무함마드에 대해 알게 된 사실로 인해 계획은 진로를 벗어나 전혀 다른 길로 나아갔기 때문이다.

37장

흠 잡을 데 없는 완벽한 예언자

무슬림이 무함마드에 대해 알고 있는 것 대부분은 구전으로 전승된 것으로서 1차 자료가 있는 경우는 극히 드물다. 성경에서 예수에 대해 배우는 그리스도인들과 달리 코란은 무함마드에 대해서 극히 적게 말하고 있다. 동양에서건 서양에서건, 일반적으로 무슬림은 무함마드에 관한 이야기를 듣기만 할 뿐이다. 구체적인 부분들이 실수로 왜곡되거나 고의로 변경되었을 것이라고는 전혀 생각하지 않는다. 무함마드에 관한 가장 이른 기록조차도 의도적으로 고친 부분이 있음을 공공연히 인정한다는 사실은 내게 그랬듯 무슬림 대부분에게 충격으로 다가온다.

이븐 이샤크가 쓴 무함마드의 첫 전기인 『시라트 라술 알라』는 후대의 전기 작가인 이븐 히샴의 전승을 통해서 오늘날까지 내려온다. 히샴은 서문에서 설명하기를, 무함마드의 생애 이야기를 자신이 수정했다고 한다. "논하기 부끄러운 일, 어떤 사람들을 괴롭게 할 내용, 그리고 [나의 스승에게] 내가 들은 바 신뢰할 수 없다고 여긴 보고들을 나는 모두 생략했다."[79]

이는 무함마드의 생애에 관한 가장 이른 기록조차도 이전 이야기들의 변형된 버전임을 보여준다.

나는 이븐 히샴이 존귀한 의도로 그렇게 했다는 데 대해 추호의 의심도 없지만, 그렇다고 해서 그가 무함마드의 이야기를 좀 더 구미에 맞게 바꾸고 자기 생각에 믿을 수 없는 일들을 빼버린 사실이 바뀌지는 않는다. 그와 똑같은 여과 작업이 우리 부모님과 교사들이 무함마드의 삶과 관련된 전승을 우리에게 전달할 때 일어난다.

젊은 무슬림들은 흠집은 지우고 특징은 강조하여 포토샵 처리된, 그 결과 바라는 이미지에 부합하는 무함마드에 대해 배운다. 이런 선택적 차용을 거쳐 무함마드는 흠 잡을 데 없는 예언자가 된다.

하디스와 시라 문헌의 상당 부분이 특히 이런 현상을 가능하게 한다. 서양의 무슬림이 평화를 사랑하는 무함마드의 초상을 그리고 싶다면, 평화와 관련된 하디스와 코란의 구절을 인용하고 폭력과 관련된 구절은 배제하기만 하면 된다. 어느 이슬람 극단주의자가 자신의 추종자들을 동원해 테러 활동을 하도록 추동하고 싶다면, 그는 폭력적인 구절을 인용하고 평화적인 구절은 배제할 것

---

79 이븐 히샴의 주(notes)에 나타난다. Guillaume, *Life of Muhammad*, 191.

이다.[80]

선택적 인용법은 성행하고 있을뿐더러 종종 얼토당토하지 않다. 예를 들어, 이슬람의 평화적 관점을 옹호하기 위해 다른 어떤 본문보다 자주 인용되는 코란 본문은 5장 32절이다. 나는 CNN을 비롯해서 MSNBC, ABC, 그리고 셀 수 없을 만큼 많은 다와 자료에서 이 구절을 인용하여 코란이 살인에 반대한다고 주장하는 것을 보았다. 이런 인용 보도마다 생략된 부분이 있으니 해당 구절의 첫 행인데, 거기에 보면 이 살인 금지 명령이 구체적으로 유대인들에게 주어진 명령임이 분명히 드러난다. 이 명령은 무슬림에게 주어진 가르침이 아니었다. 이슬람 및 무슬림과 직접 연관된 구절은 다음 절에 나온다. "실로 하나님과 예언자에 대항하여 지상에 부패가 도래하도록 하려 하는 그들은 사형이나 십자가에 못 박히거나 그들의 손발이 서로 다르게 잘리우거나 또한 추방을 당하리니." 안타깝게도 이 구절 역시 선택적 인용 과정에서 무시되고 만다.

스스로 진리를 찾기 위해 노력하기까지 나는 이런 사실을 몰

---

80 이는 성경의 선별적 인용과는 다르다. 일반적으로 그리스도인은 성경 전체가 정확하다고 보는 반면 대부분의 무슬림은 하디스의 주요 부분이 정확하지 않음을 인정한다. 따라서 성경을 선택적으로 인용할 때는 모순된 구절들을 각각 자세히 설명한 뒤 일관된 해석으로 조화시켜야 하지만, 하디스 문헌은 그렇지 않다. 그뿐 아니라 하디스 자료는 워낙 방대하여, 모음집 하나만 해도 아홉 권이 넘는다. 그러므로 하디스라는 방대한 자료에서 선택적으로 인용하는 일은 성경을 선택적으로 인용하는 일보다 임의 해석을 낳을 가능성이 기하급수적으로 높다.

랐다. 나는 구할 수 있는 정보와 연결 지어 무함마드의 삶을 연구하기로 결심했다. 일단 자료를 파악하자 자료의 사실성에 접근하는 가장 좋은 방법을 결정할 수 있었다.

나는 데이비드에게 도움을 구했고, 그는 자기 일인 양 열의를 보였다. 그는 대학 생활 초기에 무함마드를 위대하고 영향력 있는 지도자로 격찬하는 연설을 한 적이 있는 터라, 조금 더 비판적인 눈으로 자신이 배운 바를 재검토하고 싶어했다. 그는 가까운 시간 안에 연락을 주기로 약속했다.

그동안 나는 입수할 수 있는 모든 하디스를 읽는 데서 시작하기로 했다. 압바의 서재에 "사히 부카리" 전체, 총 아홉 권이 모두 있었기에 나는 배를 깔고 누워 한 장 한 장 읽기 시작했다. 이 모음집은 역사적으로 가장 권위 있다고 거의 모든 무슬림이 받아들이는 책이었기에, 나는 내가 항상 알고 있던 무함마드와 똑같은 그림을 그리게 되리라 예상했다.

생애 처음으로 나는 하디스에 대해 지도를 받는 대신 내 눈으로 직접 1차 자료에서 나온 하디스를 읽고 있었다. 내가 알고 있던 무함마드가 여과된 이미지임을 알기까지 오랜 시간이 걸리지 않았다. 솔직히 말해, 30초 걸렸다.

첫 권의 세 번째 하디스는 무함마드가 히라의 동굴에서 받은 첫 계시에 관한 익숙한 이야기를 들려주었다. 그 이야기에는 내가 어린 시절에 배운 세세한 내용이 포함되어 있었으나 내가 전에 들었던 것보다 상세한 내용이 더 담겨 있었다. 천사에게 암송을 요청받는 장면을 묘사하는 대신 무함마드는 "천사가 강제로 나를 잡아 세게 눌러서 나는 더 이상 견딜 수 없었다"라고 보고한다. 천사는 무함마드에게 암송을 요청할 때마다 무함마드를 세게 "눌렀고" 그래서 그는 그 압박을 견딜 수 없었다. 천사와 조우한 뒤 무함마드는 공포에 휩싸여 아내에게 돌아가 그의 "마음이 심하게 두방망이질 친다"라고 했다. 이 일 후에 한동안 천사는 다시 찾아오지 않았고 "신의 영감도 멈췄다."

이것은 내가 알고 있는 무함마드의 모습이 아니었다. 이것은 날것의, 미화되지 않은 모습이었다. 이것은 여과되기 전, 적어도 덜 여과된 모습이었다. 더구나 사히 부카리에는 상호 참조가 가능하고 조금 더 정교하게 쓰인 다른 하디스 9권 111장이 있었다. 나는 압바의 책장에서 9권을 꺼내 하디스 111장을 찾아 처음부터 읽었다.

곧바로 그 하디스는 무함마드에 대한 내 친숙한 환상을 산산조각 내버렸다. 하디스에 따르면 무함마드가 가브리엘을 보니 그의 "목 근육이 무섭게 씰룩거렸고", 가브리엘이 잠깐 자리를 뜨자 예언자는 너무도 우울한 나머지 "몇 번이나 높은 산 위에서 몸을 던지려 했지만, 몸을 던지려고 산 정상에 오를 때마다 가브리엘이 그 앞에 나타나 '무함마드여! 너는 진정 알라의 사자다'라고 말했고, 이 말에 그의 마음이 고요해졌으며 그는 침착해질 수 있었다."

나는 충격을 받아 꼼짝할 수 없었다. 사히 부카리는 정말로 무함마드가 자살을 고민했다고 말하는 것인가?

강조하려는 듯 하디스의 기록은 계속 이어지는데, 이 영감 사이사이에 휴지기가 길어질 때마다 "그는 전처럼 하려 했으나 그가 산 정상에 이를 때면 가브리엘이 그 앞에 나타났다."

나는 못 미더워 책을 빤히 바라보았다. 예언자로의 고귀한 부름과는 거리가 멀게, 무함마드를 두려움에 떨게 하고 수십 번이나 자살을 생각하게끔 몰고 간 영적 힘이 그에게 격렬히 말을 걸었던 것이다. 그리고 이것은 여느 책이 아니라 가장 신뢰할 만한 하디스인 사히 부카리였다.

바로 그때 나는 내가 무함마드에 대해 미화된 상을 물려받았음을 깨달았다.

물론 진짜 무함마드는 어떤 그림이 아니다. 그는 실제 과거가 있는 역사적 인물이었다. 나는 그 무함마드를 알고자 결심했던 것이고, 그런 모습이 남아 있다면 역사의 어느 페이지에선가 찾게 될 터였다. 하지만 더 알고 배운 것을 재정립할수록 그 결과는 또 다른 폭탄이 투하된 것과 같았다.

38장

폭력을 숨기다

하디스 1권 3장을 읽어가면서 나는 그동안 자주 들었던 가르침을 담고 있는 하디스를 여럿 발견했다. 무슬림은 다른 이들에게 피해를 주는 일을 피해야 한다든지(1.10), 가난한 자를 먹이고 낯선 자를 친절히 맞이해야 한다든지(1.11), 황금률을 따라야 한다든지(1.12) 하는 가르침 말이다. 분명 이것은 내가 항상 알아온 사랑스럽고 평화로운 이슬람이었다.

그러나 하디스 1.24에 이르니 입이 떡 벌어졌다.

거기서 무함마드는 이렇게 말한다. "나는 저들이 알라 외에 예배받을 이가 아무도 없으며 무함마드가 그의 사자임을 증언하고 온전한 기도를 드리고 자선의 의무를 행할 때까지 저 사람들과 싸우라는 명령을 알라에게서 받았다.…그래야만 그들은 나로부터 생명과 재산을 보전할 수 있을 것이다."

내가 내 눈에 속고 있는 것인가? 무함마드는 모든 이가 무슬림이 될 때까지 사람들과 싸우겠다고, 그들이 무슬림이 되지 않으면 그들을 죽이고 재산을 빼앗겠다고 말하고 있었다. 있을 수 없는 일이다! 무함마드에 대해 내가 들어온 이야기와 배치될뿐더러 "종교에는 강요가 없다"는 코란의 명백한 가르침에도 위배된다.

나는 단순히 그 말을 믿을 수 없어서 서둘러 다음 하디스로 넘어갔다. 하지만 1.25은 무슬림이 믿음을 가진 뒤 할 수 있는 가장 위대한 일이 지하드에 가담하는 것이라고 말하고 있었다. 그것이 어떤 지하드인지 분명히 하려는 듯, 사히 부카리는 "종교 전쟁"이라 명시하고 있었다.

머릿속이 혼란해서 도무지 견딜 수 없었다. 정리할 수도, 생각할 수도, 심지어 몸을 움직일 수도 없었다. 내가 있던 곳에 털썩 주저앉아 아버지를 부르며 도움을 청했다. "압바, 도와주세요!" 우리 문화에서는 일반적으로 자녀가 아버지에게 오라고 하지 않는다. 하지만 압바는 내 고함을 들었고 곧바로 달려왔다. 어쨌든 압바는 내 아버지였다.

"키아바트 하, 베이타?" 압바는 나를 향해 힘차게 다가오며 걱정이 담긴 목소리로 물었다.

"이걸 어떻게 해야 할지 모르겠어요. 보세요." 나는 펼쳐진 두 권의 책을 압바에게 건네며 무함마드가 자살을 고려하는 내용의 하디스와 비무슬림을 죽이거나 개종시키겠다는 그의 맹세가 담긴 하디스를 가리켰다. 압바는 말없이 건네받은 부분을 잠깐 동안 살펴보았다. 압바는 놀라움을 감추려 했으나 나는 그의 표정을 읽을 수 있었다. 압바는 사히 부카리가 정말 맞는지 확인하기 위해 책 표지를 살펴보고는 난감해했다.

그럼에도 압바는 아무 근심을 드러내지 않고 마침내 이렇게 말했다. "나빌, 어떤 것은 학자가 아닌 우리가 이해할 수 없단다. 학자들의 책을 읽어라. 그러면 전부 이해가 될 거야."

"하지만 압바." 나는 압바가 책장을 뒤지기 시작하자 이의를 제기했다. "만일 하디스가 가장 신뢰할 만한 출처라면, 그것을 읽어야겠죠."

압바는 찾던 책을 찾아서 책장에서 꺼냈다. "베이타, 이 모든 정보를 익혀서 적절한 결론을 도출하려면 많은 세월이 필요하단다. 네 시작은 바람직하지만 이 학자들은 훨씬 앞서 가 있단다. 그들도 너와 같은 질문을 던졌고 그 답을 찾은 거란다. 쓸데없이 시간을 낭비하기보다는 그들의 노력에서 배우는 게 지혜롭다." 압바는 부드럽지만 단호하게 그 책을 내 앞에 놓았다.

나는 녹색과 금색의 표지를 살펴보았다. 마틴 링스(Martin Lings)라는 서양식 이름을 가진 이맘이 쓴 책이었는데 그 제목은 대담하게도 『무함마드: 초기 자료를 기초로 해서 쓴 그의 생애』(*Muhammad: His Life Based on the Earliest Sources*)였다. 압바의 말이 맞을지도 몰랐다. 이것이야말로 내가 찾던, 초기 자료에 기초한 무함마드의 이야기였다.

나는 압바에게 감사한 뒤 독서에 앞서 저자에 관해 온라인 조사를 하기로 했다. 나는 곧 마틴 링스가 C. S. 루이스의 가까운 친구로서 옥스퍼드 대학교에서 공부한 영국인임을 알게 되었다. 그는 개신교 영국 전통에 정통함에도 불구하고 수피파 이슬람으로 개종했다.

링스의 개종과 뒤이어 출간한 책은 이슬람 세계에 승리의 물결을 타전했으며 링스는 무슬림 식자층의 입에 오르내리는 이름이 되었다. 그의 시라는 학문적 명성이 높으며, 저항할 수 없는 무함마드의 인물됨과 진리의 예로 높이 진작되었다. 성실하게 이슬람을 연구한 비판적 서구인이 그 진리를 포용했다는 사실은 나로서는 마음이 놓이는 징조였다.

새로운 흥분감에 사로잡혀 나는 링스의 책으로 돌아가 무함마드가 받은 첫 계시를 다룬 부분을 펼쳐 읽기 시작했다. 하지만 내 고양된 감정은 오래 가지 못했다. 이 책에서 다시 나는 불완전한 그림을 발견했던 것이다. 링스는 무함마드의 공포를 언급하지만 자살을 생각한 사실은 일절 언급하지 않았다. 그에 대한 언급은 전혀 없었고 그 부분을 생략한 이유조차 나와 있지 않았다. 마틴 링스는 그 사실을 몰랐거나, 독자가 알기를 원치 않았던 것 같았다. 나는 곧바로 무함마드가 알라로부터 비무슬림들을 회심시키거나 죽이라는 명령을 받는 장면을 찾아보았으나 그 역시 없었다.

링스는 분명 초기 자료를 이용해서 무함마드의 전기를 썼다고 했는데 결국 이 책 역시 여과된 전기에 불과했던 것이다. 문제가 되는 전승에 대해서는 설명하는 대신 말없이 넘어갔다. 그런 점에서 무함마드의 생애를 다룬 학문적 저술로서 폭넓은 찬사를 받은 이 책도 우리 부모님이 내게 들려준 이야기와 별반 다를 게 없었다. 진실은 어디 있는가? 왜 아무도 무함마드의 과거에 얽힌 난점을 다루지 않는가?

링스의 책을 읽으면서 나는 내가 이슬람에 대해 알고 있는 지식에 도전하는 부분을 발견했다. "전쟁의 문턱"이란 제목이 달린 장은 무함마드가 메디나로 이주한 뒤 메카를 먼저 공격한 사람들이 무슬림이었다고 말하는 듯했다. 무함마드는 무슬림 여덟 명을 보내어 매복시켜 거룩한 달에 메카의 무역상이 올 때까지 기다리라고 했다. 아랍인들에게 이 달은 거룩한 휴전기였음에도 그 무슬림들은 한 사람을 죽이고 다른 두 사람은 생포한 뒤 그들의 물건을 약탈했다.

링스는 무슬림의 무죄를 입증하기 위해 모든 노력을 기울였지만 꿈틀꿈틀 자라는 내 의구심을 잠재우는 데에는 무용지물이었다. 내 스승들은 일말의 주저도 없이 무슬림이 항상 죄 없는 편, 메카 사람들의 조롱과 박해를 받는 피해자라고 주장했다. 그래서 메디나로 도망쳤다고 했다. 그런데 만일 무함마드와 무슬림들이 먼저 피를 흘리게 한 장본인이라면 결국 그들은 자유롭고 평화로운 삶을 살 수 있었을까?

내가 새로운 깨달음을 통해 알게 된 게 있다면, 내가 이야기 전체를 모르고 있었으며 현대의 전기 작가들은 자신들의 초상화에 어울리지 않으면 사실을 말하지 않는다는 점이었다. 링스도 뭔가를 빼버리지 않았던가?

다음 몇 주 동안 나는 인터넷을 통해 세 가지 문제를 조사하기 시작했는데 그 내용이 나를 사로잡았다. 무함마드에 관해 내가 전혀 알지 못했던 정보의 영역에 발을 내디뎠던 것이다. 무함마드를 비판하거나 변호하기 위해 나선 익명의 온라인 조사원들이 모든 사안을 조목조목 현미경 렌즈 아래 두고 조사를 한 듯했다. 온라인 토론에는 양쪽의 달변이 각각 한자리를 차지하고 있었다.

한편에서 비무슬림들은 무함마드의 폭력으로 물든 이야기를 비판하면서 때로 동정적인 결론을 내리기도 했지만 대개 그 내용은 우리가 사랑하는 예언자의 품위를 훼손했다. 이에 대응하여, 무슬림들은 앞의 이야기를 묵살하거나 설명을 제시하는 방식으로 열정을 다해 무함마드를 변호했다.

묵살의 예는 다양했다. 무함마드가 병사에게 다섯 아이의 어미인 아스마 빈트 마르완을 암살할 것을 명령한 이야기도 그중 하나다. 살해당할 때 그녀는 아기에게 젖을 먹이고 있었기에 피가 아이에게까지 튀었다. 자객이 자신에게 주어진 명령을 수행하면서 고통스러웠다고 무함마드에게 토로했을 때에도, 무함마드는 일말의 후회하는 기색도 내비치지 않았다.[81]

이 기사가 무함마드의 초기 전기에 나옴에도 불구하고 온라인에서 무슬림들은 그 이야기가 사히 부카리나 신뢰할 만한 다른 하디스에 없다고 지적했다. 그러므로 단순히 그들은 노골적으로

---

81 Guillaume, *Life of Muhammad*, 676. Ibn Sa'd, *Kitab al Tabaqat*도 보라.

묵살한 것이다. 무함마드의 한없는 긍휼을 믿는 무슬림으로서 나는 정말로 그들이 옳다고 믿고 싶었다.

하지만 이따금 온라인상의 무슬림들은 끔찍한 사건에 대해 설명을 제공하려 했고 나는 이런 설명에 그저 동의할 수 없었다. 예를 들어, 참호 전투의 결과로 무함마드는 쿠라이자 부족 유대인 가운데 500명이 넘는 성인 남자와 십 대 소년들을 포로로 잡아 참수했다. 무슬림은 남자들을 살해한 후에 여자와 어린아이들을 노예로 팔았고 그들의 물건을 나누어 가졌다.[82]

이 기록은 하디스와 시라 양쪽에 모두 나오기 때문에 온라인상의 무슬림들은 이 이야기가 조작된 것이라고 주장할 수 없었다. 대신 그들은 무함마드의 행위를 정당화하기에 바빴고 주로 유대인들이 반역을 했기에 당해도 싸다는 주장을 펼쳤다.

하지만 나는 이런 설명을 수용할 수 없었다. 내가 예언자로 알고 있는 자비롭고 관대한 무함마드가 남자와 소년들의 참수를 명했을 리 없다. 자비와 평화의 예언자인 그가 말이다. 또한 여자와 어린아이들을 노예로 팔았을 리 없다. 여자와 어린아이의 권리의 수호자인 그가 말이다.

나는 무함마드와 관련된 잔혹한 이야기를 잇달아 발견했다. 그때마다 온라인상의 무슬림들처럼 의식적으로 묵살해버리려 했지만 오히려 무의식적으로 압박이 증가하고 있었다. 얼마나 더

---

82 Guillaume, *Life of Muhanmmad*, 464.

많은 이야기를 묵살해야 하는가? 어떻게 이런 일을 계속해야 하는가?

무함마드라는 인물에 대해 더 자세한 내용을 알고 싶다면, 『알라인가, 예수인가?』의 9부, "무함마드는 하나님의 예언자인가?"를 보라.

39장

무함마드 라술 알라?

　몇 주 후, 데이비드는 자신이 무함마드에 대해 조사한 내용을 가지고 내게 연락해왔다. 그가 조사를 끝마쳤다는 말로는 그의 작업을 묘사하기에 턱없이 부족할 터였다.

　우리는 "무함마드는 하나님의 예언자인가?"라는 질문으로 탐구를 시작하기로 했다. 데이비드는 "시라트 라술 알라", 사히 부카리, 사히 무슬림을 조사하면서, 그의 주장에 따르면 무함마드의 예언자직을 부정하는 수십 개의 전승을 발견했다. 데이비드는 그것들을 하나로 묶어 편집한 바인더 한 부를 내게 건넸다. 그는 다음과 같은 질문을 추적하고 있었다. "객관적 조사자라면 무함마드의 삶과 성품을 기초로 그가 하나님의 예언자라는 결론을 내릴 것인가?"

　데이비드의 바인더에는 내가 이전에 본 적이 없는 사안들이 잔뜩 담겨 있었다. 그중 일부는 나보다 그에게 더 골치 아픈 문제였다. 예를 들어 이슬람은 한 번에 네 명 이상의 아내를 두지 말 것을 무슬림에게 명령하고 있는데, 무함마드는 어떤 시점에서 적어도 일곱 명의 아내를 두었다. 나는 알라께서 무함마드에게만 특별히 제한 없이 아내를 취할 수 있도록 코란에 허락하셨기 때문에 실제로 이것은 문제가 아니라고 설명했다.[83] 데이비드는 이렇게 반응했다. "그거 수상하지 않아? 조금도?" 나의 반사적 반응은 "그렇지 않다"였다.

데이비드는 무함마드와 아이샤의 결혼에 대해서도 심각한 문제를 제기했다. 일부 하디스에 따르면 무함마드와 결혼할 때 아이샤는 여섯 살이었고 3년 후 그는 그녀와 잠자리를 같이했는데, 그때 그의 나이 쉰둘이었다.[84] 데이비드는 그가 어린 소녀와 결혼하는 사례를 보인 까닭에 무슬림 세계 전역에서 행복을 알기에는 너무 어린 나이의 소녀들이 결혼을 강요당하고 있다고 주장했다.[85] 그러나 우리 자마트는 이 하디스들이 부정확하다고 가르쳤기에 나는 이 사안도 크게 신경 쓰지 않았다.

데이비드는 무함마드가 예언자라는 생각에 이의를 제기하는 추가 전승을 하나씩 내놓았는데, 갈수록 심하고 공격적이었다. 무

---

83 33:50.
84 Sahih Bukhari 7.62.64; 7.62.65; 7.62.88; Sahih Muslim 8.3310; 8.3311.
85 Nujood Ali, *I Am Nujood, Age 10 and Divorced* (New York: Three Rivers Press, 2010)를 보라.

함마드는 독살되었다.[86] 죽음의 침상에서 그는 독이 자신을 죽이고 있음을 느꼈다.[87] 그래서 그는 자신에게 흑마술을 걸었다.[88] 나중에 인정한 바, 그는 사탄에게 받았다는 한 구절을 계시했다.[89] 그는 돈 때문에 사람들을 고문했다.[90] 그는 비무장한 유대인들에 대한 공격을 이끌었다.[91] 그는 며느리 자이나브와 결혼하기 위해 자기의 양자를 이혼시켰다.[92] 그는 사람들에게 낙타의 오줌을 마시라고 명령했다.[93] 이런 식으로 목록은 이어졌다.

처음에 나는 각 전승에 조목조목 대응하려 했으나 이야기를 대하는 내 태도는 분명 객관적이지 않았다. 절망 속에서 나는 명망 있는 학자들이 쓴 하디스 방법론에 관한 책을 공부하고 학문적 강의를 들으며 주석을 읽고 또 읽으면서, 무함마드의 사람됨을 비방하는 전승의 신빙성을 손상시킬 방법과 내가 사랑하는 예언자의 모습을 그려내고 있는 하디스를 옹호할 방법을 찾기 시작했다. 하지만 그 둘을 가르는 데 사용할 수 있는 칼이 없었다. "무함마드가 예언자인 게 틀림없으며 그렇기에 이 이야기들은 분명 거짓이

---

86 Sahih Bukhari 3.47.786.
87 Sahih Bukhari 5.59.713.
88 Sahih Bukhari 4.54.490.
89 Guillaume, *Life of Muhammad*, 165-166.
90 앞의 책, 515.
91 Sahih Bukhari 1.11.584.
92 코란 33:37; Sahih Muslim 8.3330; Tabari, vol. 8, pp. 2-3.
93 Sahih Bukhari 8.82.794; Sahih Muslim 16.4130.

다"라는 의견밖에 아무것도 없었다.

하지만 그렇게 말해버리기에는 이야기가 너무 많았다. 심지어 신뢰할 만한 하디스에도 그런 이야기들이 있었다.

시간이 흐르면서 비판적 이야기들은 산더미처럼 쌓였고 나는 각 전승의 진위를 부인하기만 할 뿐이었다. 그것밖에 할 수 있는 일이 없었는데, 그러지 않았다가는 내가 설득당할 판이었다. 나는 전기 작가들과 내 스승들이 동일한 일을 했던 이유를 이해하기 시작했다.

내가 그런 이야기를 100여 개쯤 묵살하고 있음을 알았을 때, 더이상 냉엄한 진실을 피할 수 없었다. 이 이야기들이 이슬람의 역사적 기초를 형성한 출처에서 나왔다는, 인정하기 싫은 진실 말이다. 얼마나 더 묵살하면서 토대가 무너지지 않도록 버틸 수 있을까?

달리 말하면, 이 전승들의 신빙성을 계속해서 부인한다면 우선 나는 그를 예언자라 부를 수 있는 토대를 잃게 된다. 예언자 무함마드를 입증해줄 역사 외에 다른 무엇이 없는 이상, 나는 더 이상 샤하다를 선포할 수 없을 것이다.

이 진퇴양난에서 빠져나갈 유일한 출구는 코란이었다.

"사도행전 17장 변증"의 이사이자 "예수인가 무함마드인가?"의 사회자인 데이비드 우드(포드햄 대학교 철학박사)가 쓴 역사적 무함마드에 관한 전문가 기고문(503쪽)을 참조하라.

8부

코란의 신성함

—
내가 코란에 대해 알고 있다고 생각했던
대부분이 사실이 아니라면,
이것이 정녕 당신의 책이 맞는 것입니까?

40장

코란 변론

만일 당신이 하나님의 신비와 지혜, 그분의 능력과 깊이와 완전하심, 그분의 명령과 예언이 깃들여 있어 하나님의 생명으로 충만한 한 권의 책을 상상할 수 있다면, 무슬림이 코란을 숭배하는 이유와 그 방식이 어렴풋하게나마 이해가 될 것이다.

성경의 이슬람식 등가물이 코란이라고 가정해서는 안 된다. 그렇지 않다. 무슬림에게 코란은 알라의 성육신에 비견할 만한 것이며, 이슬람의 진리를 보이고자 할 때 그들이 제시하는 증거다. 기독교에서 가장 근접한 것을 찾는다면, 말씀이 육신이 되신 예수 자신과 그의 부활을 들 수 있을 것이다. 그만큼 이슬람 신학에서 코란은 중심에 있다.[94]

---

[94] 그래서 이 책에서는 성경을 이용해서 기독교 변론을 시도하지 않는다. 따라서 어떤 이들에게는 내가 성경보다 코란에 더 비판적인 것처럼 보일 수 있다. 그렇다고 이중 기준이 아닌 것은, 코란과 예수의 신성/부활을 비교하고 있기 때문

그것은 내 신앙의 토대였다. 한때 내 세계관의 두 번째 기둥으로 든든히 서 있던 역사적 무함마드가 이제 그 증명을 받기 위해 코란에 의지하고 있었다. 성경에 대한 면밀한 조사를 시작할 즈음, 나는 그 중요성에 아주 예민해져 있었다.

이슬람의 진리뿐 아니라 무함마드가 대표하는 모든 것, 그리고 내가 알고 있는 나의 삶이 모두 코란의 신적 계시 여부에 달려 있었다.

무함마드의 생애에 대한 조사를 시작할 때만 해도 나는 아무리 면밀한 검토를 할지라도 코란은 버텨낼 것이라고 확신했다. 우리 움마에서 코란의 신적 영감을 의심하는 사람은 아무도 없었다. 오히려 우리는 코란이 너무나 완벽하고 기적적인 책이기에 감히 아무도 그것에 의문을 제기해서는 안 된다고 알고 있었다. 세속의 서구인들조차도 그래서는 안 되는 것이다. 우리는 이런 우리의 주장이 논쟁의 여지가 없다고 보았다.

코란의 신적 영감설을 지지하는 가장 대담한 논거는 일차적으로 누구도 흉내 낼 수 없는 문학적 탁월성에 있다. "어느 누구도 코란의 웅변을 흉내 낼 수 없다"라고 다른 무슬림들도 내 의견에 동조할 것이다. 우리의 주장은 코란 자체에서 기원하는 셈이다. 당시 무함마드가 코란을 위조했다는 비난을 받았을 때, 코란은 의심

이다. 예수에 대해서도 더는 아닐지언정 동등하게 비판적으로 검토했다.

자들을 향해 이런 것을 한번 직접 써보라고 도전했다.[95] 의심자들은 사람과 정령들의 도움을 받아 시도해보았으나 미치지 못했다.

코란은 이렇게 도전한다. 어느 누구도 코란에 필적하는 것을 만들어서는 안 된다고.

어릴 적부터 코란의 이런 도전을 읽었고, 코란의 아름다움은 타의 추종을 불허한다고 선포하는 스승들의 교육을 지속적으로 받으며 세계관을 형성한 나를 비롯한 대부분의 무슬림은, 코란에 필적할 만한 것이 없다는 주장에 대해 일말의 의심도 품지 않는다.

그러니 코란의 도전에 대한 응답인 "알-푸르칸 알-하크"를 발견했을 때 나는 도무지 믿을 수 없었다. "참분별법"으로 번역되는 이 책은 기독교의 교훈을 코란의 문체로 기록하여 코란의 도전에 응답하고 있다.[96] 누가 봐도 코란의 문체로 쓰인 게 분명한 이 책이 얼마나 비슷하게 집필되었는가 하면, 어떤 이가 공공장소에서 이 책을 큰소리로 낭송했더니 아랍인 무슬림들로부터 코란을 낭송해줘서 고맙다는 인사를 받았다고 한다.

문체의 탁월함은 코란 자체가 자신을 방어하는 유일한 수단인데, 그 도전에 효과적으로 응답하는 책이 있는 것이다. 정말 폭발적인 소식이었다.

"알-푸르칸 알-아크"가 위험하다고 본 이는 나 혼자만이 아니

---

95 2:23; 10:38; 11:13; 17:88; 52:34.
96 코란의 다른 이름은 "알-푸르칸"이다. 응답으로 쓴 책에 "참된 푸르칸"이란 제목을 붙임으로써 최고의 책이라 하는 코란에 도전하고 있다.

었다. 적어도 한 나라는 이렇게 선포했다. "사회의 질서 유지를 위하여…이로써 이 책의 수입을 완전 금지할뿐더러…일부를 인용하거나 인쇄 혹은 번역하거나 거기 담긴 내용을 복제한 문서도 일절 금한다."[97]

코란에 대한 내 믿음이 그토록 깊었기에 코란의 도전에 응답한다는 것은 내가 볼 때 불가능한 일이었다. 그래서 나는 그 도전이 실은 다른 의미였던 게 틀림없다고 결론을 내렸다. 나는 곤란한 점을 무시하고자 최선을 다했고 추가 주장들을 정리했다.

무슬림 변증가들은 코란의 영감설을 변호하는 것으로 자신의 역할을 제한하지 않는다. 그 밖에 그들이 흔히 호소하는 것은 다음 네 가지 주장으로, 예언의 성취, 수학적 패턴, 과학적 진리, 경전의 보존이 바로 그것이다. 나는 각각의 주장을 검토하기 시작했는데, 그 주장들의 신뢰성을 확인하기 위해서가 아니라 이슬람을 옹호하는 내 입장을 튼튼히 하고, 이슬람의 진리가 내게 그러했던 것처럼 객관적 조사자의 눈에도 명백하게 보이도록 하기 위함이었다.

처음 두 주장은 금세 무너졌다. 코란에는 예언으로 이해될 만한 확실한 구절이 없었다. 예언으로 볼 만한 구절은 많이 있으나 그 구절들이 어떤 방식으로든 미래에 대한 예언이라고 주장되지

---

97 2005년 9월 7일자, 공지 78호, 인도 정부 차관, Anupam Prakash, 2013년 7월 1일 접속, http://www.cbec.gov.in/customs/cs-act/notifications/notfns-2k5/csnt78-2k5.html.

는 않는다. 세부적인 내용은 고사하고, 내가 보기에 그 구절들은 강력하고 객관적인 주장을 펴기에 충분할 만큼 분명하지 않았다.

비슷하게, 나는 코란의 수학적 패턴이 신적 영감을 암시한다는 주장을 받아들일 수 없었다. 패턴을 보인다고 알려진 많은 부분이 단순히 데이터 조작의 결과였고, 그 밖의 패턴들도 성경이나 에드거 앨런 포의 작품, 심지어 온라인의 전자 게시판에서도 발견할 수 있는 종류의 것이었다.

다행히 앞의 두 주장은 내 성장기의 세계관 형성에서 근본적인 부분은 아니었다. 하지만 마지막 두 주장은 코란에 대한 나의 관점을 결정적으로 흔들었다. 어릴 적부터 나는 신적 계시가 아니라면 무함마드가 알 수 없었을 고등한 과학적 진리가 코란에 담겨 있다고 믿었다. 이 과학적 진리들은 하나님이 직접 코란을 쓰셨다는 충분한 증거였다.

과학적 진리뿐 아니라 대부분의 무슬림은 코란의 완벽한 보존에 대한 믿음을 가지고 있다. 무슬림은 코란의 어느 부분도 점 하나 변경되지 않았다고 믿는다. 알라께서 코란을 지키겠다고 15장 9절에서 약속했기에, 그들은 코란의 보존이 곧 알라가 자신의 메시지를 지키시는 증거라고 믿는다.

과학적 진리 주장과 특히 코란의 완벽한 보존은 내 신앙의 머릿돌을 형성했다. 나는 이 머릿돌이 코란을 옹호하는 주장에 무게를 더해주리라 믿으며 면밀히 검토하기 시작했다.

조사를 진행하는 동안 나는 "만일 이 머릿돌마저 무너지면 어떡하지?"와 같은 머릿속을 맴도는 질문에 신경 쓰지 않으려 최선을 다했다. 그런 질문이 들 때면 의지적으로 무릎을 꿇었고 나로 하여금 이슬람의 선봉장이 되게 해달라고 알라께 간구했다. 나는 이슬람 문화를 더욱 끌어안았고, 가능한 날이면 금요일 설교를 인도함으로써 무슬림의 모습을 몸에 익혔으며, 아키다 모임에서 가르쳤다. 이처럼 나는 무슬림의 최고 기준에 이르기를 열망함으로써 내면에서 들려오는 불협화음을 해결하고자 최선을 다했다.

대립하는 두 힘의 의미는, 기초가 무너지면 엄청난 붕괴가 있으리라는 것이었다.

41장

코란, 과학, 뷔카이유주의

　　무함마드의 시대 이래로 다와는 무슬림의 삶을 밀고 나가는 추동력이었으나, 20세기에 접어들면서 근대 과학이라는 뜻밖의 동력을 만나면서 이슬람 기풍에 변화가 찾아왔다. 더욱 놀라운 점은, 이런 유행이 한 세속 프랑스인에 의해 찾아왔다는 것이다.

　　위장병 학자이자 사우디아라비아 국왕의 개인 주치의였던 모리스 뷔카이유는 1976년 『성경, 코란, 그리고 과학』을 저술함으로써 이슬람 변론의 토양을 비옥하게 만들었다. 이 중대한 저작에서 그는 성경에는 과학적 오류가 가득하지만, 대조적으로 코란은 기적처럼 성숙하며 오류가 없다고 주장했다. 그는 코란이 과학적으로 앞서 있으며 그렇기에 하나님의 작품이 틀림없다고 결론 내린다.

　　이 책이 무슬림 개종에 끼친 영향은 "획기적"이라는 말로밖에는 달리 표현할 길이 없다. 마틴 링스 현상과 비슷하게, 증거를 비판적으로 검토한 뒤 이슬람 편에 선 서양 지식인의 존재는 다와 지향적인 무슬림들을 일깨우는 함성과도 같았다. 그 과정에서 뷔카이유는 대대적으로 성경을 비난했기에 이는 훨씬 만족스러운 시나리오였다.

코란이 시대를 앞서는 과학적 진리를 기적적으로 담고 있음을 언급하는 일이 보편화되었고 이 방법론을 일컫는 뷔카이유주의(Bucailleism; 코란의 신적 기원을 옹호하기 위해 코란에 나타난 과학적 진리를 언급하는 기술)라는 단어가 만들어졌다.

이런 주장 가운데 한 가지 예가 인간 생식에 관한 것이다. 뷔카이유는 "배아의 발달 단계에 대한 코란의 설명은 오늘날 우리가 알고 있는 내용과 정확히 상응하며, 코란에는 근대 과학의 눈으로 볼 때 비판받을 만한 발언은 단 한마디도 담겨 있지 않다"라고 선언한다.[98] 그 함의는 분명하다. 코란이 계시로 주어졌을 때 발생학에 대해 무엇이든 알고 있는 이는 오직 하나님뿐이었다. 따라서 코란의 저자는 하나님이 틀림없다는 것이다.

출간 후 몇 년 만에 뷔카이유의 주장은 상대적으로 변증을 중시하는 무슬림 세계에 확산되었는데, 내가 태어난 세계가 그러했다. 식사 자리든, 남의 집을 방문할 때든, 자마트 지도자가 쓴 책을 읽을 때든, 뷔카이유의 주장은 우리의 종교 토론에서 주요 테마가

---

98 Maurice Bucaille, *The Bible, The Quran, and Science: The Holy Scriptures Examined in the Light of Modern Knowledge*, 7th rev. exp. ed. (Elmhurst, NY: Tahrike Tarsile Quran, 2003), 218.

되었다. 그 주장의 우아함과 박식함에 매료되었던 우리는, 무슬림으로서 내가 아는 대부분의 지식을 받아들였던 것과 같은 방식으로 비판 없이 전폭적으로 뷔카이유주의를 수용했다.

우리는 코란의 신적 기원이 과학에 의해 입증된다고 확신했다. 이는 무슬림들 사이에서 널리 신봉되는 자부심 같은 것이기에 아무도 그 진위를 시험하지 않았다.

마침내 내가 그 진위를 시험하고자 했을 때 내 세계관의 또다른 기둥에 균열이 생기고 말았다. 나는 의대생과 신학생의 자세로 뷔카이유의 주장을 세세히 조사했다. 나는 그의 주해와 추론, 학문에서 많은 문제를 발견했다.

인간 생식에 대한 그의 주장으로 돌아가 보자. 학문을 하는 사람이라면 뷔카이유의 절제 없는 상찬이 적어도 서양의 기준으로 볼 때 학문적이라 하기에는 지나치다고 생각할 것이다. 그의 아첨과도 같은 과찬은 차치하더라도, 뷔카이유가 기적이라고 인용한 코란의 구절들 자체에도 문제가 있다. 일부는 의사의 눈으로 볼 때 분명 문제가 있고, 일부는 일반인의 눈으로 보더라도 문제가 있다.

예를 들어 23:13-14은 이렇게 말하고 있다. "그를 한 방울의 정액으로 안정된 곳에 두었으며, 그런 다음 그 정액을 응혈시키고 그 응혈로써 살을 만들고 그 살로써 뼈를 만들었으며 살로써 그 뼈를 감싸게 한 후 다른 것을 만들었나니 가장 훌륭하신 하나님께 축복이 있으소서."

발생 생물학을 공부하는 학생들에게 이 구절은 그다지 인상적이지 않다. 뷔카이유조차도 자신의 평가를 시작하면서 이 부분의 과학적 진술은 액면 그대로 "이 분야를 전공한 과학자라면 전혀 수용할 수 없는" 수준이라고 언급한다.[99] 그러면서도 그는 문제가 코란이 사용할 수밖에 없었던 7세기 어휘에 있다고 설명한다. 근대 과학 용어로 바꾸어놓고 보면(예컨대, "안정된 곳"을 "자궁"으로), 문제는 충분히 해결된다는 것이다.[100]

어느 정도 코란을 유려하게 해석할 줄 아는 무슬림으로 성장한 나는 뷔카이유의 논점을 수긍했다. 하지만 의대생으로서 나는 아무리 단어를 대체한다 해도 이 구절의 한 측면은 명백한 오류임을 깨달았다. 이 구절은 배아의 발달 단계를 설명하고 있는데 그 순서가 정확하지 않다. 배아는 먼저 뼈가 발달되어 나중에 살을 입는 게 아니다. 배아의 한 층인 중배엽이 분화하여 동시에 뼈가 되고 살이 되는 것이다.

나는 이 비판에 대한 반응들을 조사해보았다. 대부분이 현학적인 반대라고 주장했지만 나는 무슬림임에도 그런 말에 동의할 수 없었다. 뷔카이유가 이 구절을 들어 주장한 것은 배아의 발달 순서가 기적처럼 정확하다는 것이었다. 하지만 순서가 부정확하다. 이는 심각한 일인데, 뷔카이유가 이 구절을 어느 정도까지는

---

99 앞의 책, 214.
100 앞의 책, 215.

깊게 다루었지만 곤란한 부분은 얼버무리고 넘어간 것이다.

이 구절 중 가장 분명한 부분, 가장 이해하기 쉬운 부분에서 이런 오류가 발견된다는 사실로 인해 문제는 더욱 심각해진다. 구절의 첫 부분에서 우리는 아랍어로 포착된 부정확한 용어를 적절한 과학적 개념으로 대체할 것을 요구받는다. 이처럼 그 진술에서 앞의 절반은 고치고 뒤의 절반은 그대로 둬야 한다면, 무엇이 과학적으로 기적과 같다는 것인가?

비로소 나는 이 구절이 코란의 영감설을 변호할 수 없음을 깨달았다. 그러기는커녕 우리는 이 구절을 변호하기 위해 코란의 영감설을 상정해야 했다.

조사를 계속하다 보니 인간 생식의 세부 분야에서 좀 더 명백한 코란의 문제점이 떠올랐다. 86:6-7은 이렇게 말한다. 그 정액은 "등뼈와 늑골 사이에서 나오는 것이라."

코란이 이토록 분명한 오류를 말할 리가 없다고 생각한 나는 온라인에서 해답을 찾기 시작했다. 다시 한 번 나는 이 구절을 변호하려는 비슷한 과정을 발견했다. 단어를 재정의하고 곤란한 점은 얼버무리고 넘어가는 것이었다.

그리고 이런 패턴은 반복해서 등장했다. 과학적으로 기적과 같다고 선포하든, 아니면 과학적 오류를 변호하든, 코란의 명백한 진술을 재정의하여 그 구절이 원래 말하지 않은 바를 말하게 하고 그런 다음 부담스러운 부분을 얼버무리는 절차가 반드시 동원되었다.

패턴을 인지하고 나자 뷔카이유주의와 무함마드의 생애 연구가 무척 닮았다는 생각이 들었다. 내가 열혈 무슬림으로 이 사안에 접근하여 특정 용어를 재정의하고 내 입장과 일치하는 특정 주장을 강조한다면, 나도 내 이슬람 신앙을 변호할 수 있었다. 하지만 내가 액면 그대로 코란을 읽는 객관적 연구자가 납득할 만한 주장을 내세우고자 한다면, 과학적으로 기적에 가까운 지식 같은 것은 코란에 없다.

이 지점에서 나는 과학적 지식이 코란에 있을 가능성을 부인하지 않았지만 그보다 강력한 무언가가 있어야 코란의 신적 영감설을 변호할 수 있겠다는 결론에 이르렀다. 수그러들지 않는 확신을 품고서 나는 내 신앙의 가장 깊은 뿌리로 눈을 돌렸다. 그것은 코란이 완벽하게 보존되어 전승되었다는 나의 믿음이었다.

42장

하디스와 코란의 역사

무슬림의 확신의 보루인 코란 본문의 완벽한 보존은 최소한 두 개의 강력한 힘이 결합해야 가능해진다.

한편으로, 이슬람이 자긍심을 갖고 선포하는 여타의 주장과 마찬가지로, 이는 무슬림의 정신에 깊게 뿌리박힌 보편타당한 원리다. "어떤 순간에도 코란의 어느 부분도 변경되지 않았다. 코란은 무함마드가 가브리엘에게 받은 그대로 우리에게 전수되었다." 이로써 코란의 한 예언이 성취되었다고 한다. "하나님이 실로 그 메시지를 계시하셨으니 하나님이 그것을 보호하리라"(15:9).

다른 한편으로, 코란 본문의 온전한 보존에 대한 이 믿음은 유대교와 기독교에 대한 근대적 비판의 기초를 이룬다. 미국에서 가장 널리 알려진 다와 선창(先唱) 중 하나인 "왜 이슬람인가?"에는 그 정서가 잘 요약되어 있다. "시편, 토라, 복음서는 이슬람에 따르면 더 이상 원상태가 아닙니다. 예언자의 원래 메시지를 추적할 수 없을 정도로 덧붙여지거나 달라졌습니다. 오직 코란만이 예언자 무함마드에게 계시된 모습 그대로 원상태로 보존되었습니다."[101]

다른 신앙을 배척하고 이슬람을 받아들여야 하는 근거로 작용하는 코란의 온전한 보존에 대한 믿음은 이슬람 변증의 핵심 요소다. 코란은 이슬람 세계관의 머릿돌이요, 모든 샤리아의 기초이며, 매일의 경건생활의 버팀대요, 이슬람 정체성의 근거다. 만일 코란이 온전히 보존되지 않는다면 세계가 위험에 처한다는 생각이 대다수 무슬림의 머릿속에 자리하고 있다. 하지만 코란이 온전히 보존되었기에 그들은 확신에 차서 자신의 믿음을 주장하는 것이다.

이처럼 코란의 보존에 대한 믿음은 견줄 데 없는 확신으로 무장한 현대 무슬림의 시대정신을 단단히 견인하는 역할을 한다. 대다수 무슬림에게 오늘날의 코란과 무함마드 당시의 코란이 다를 수 있다는 생각은 상상조차 할 수 없다.

하지만 대다수 무슬림은 스스로 하디스를 읽어본 적이 없다. 다시 말하거니와, 내 신앙을 뒤집어버린 하디스는 가장 신뢰할 만한 이슬람 전승에 따른 하디스였다.

사히 부카리 6권은 전체가 코란을 다루고 있는데 코란이 61권의 책으로 엮이게 된 과정을 상술한다.[102] 우리는 무함마드가 코

---

101 "Belief in Divine Books," WhyIslam.org, 2013년 7월 1일 접속, http://www.whyislam.org/submission/articles-of-faith/belief-in-divine-books.
102 이어지는 여러 단락에서 인용 처리를 하지 않은 정보는 모두 사히 부카리에 나

란을 직접 기록하기보다는 무슬림들에게 구술하여 받아쓰게 했음을 안다. 무함마드는 한 번에 두세 구절씩 불러주었고, 때로 같은 구절을 다른 무슬림들에게 다르게 전달하기도 했다.

이로 인해 무함마드 당대인들조차도 서로 다르게 코란을 암송했기에 참된 코란이 무엇인지를 두고 경건한 무슬림들 간에 뜨겁고 가열찬 공방이 있었다. 무함마드가 아직 살아 있을 때에는 그가 당사자들에게 "그대들 양쪽 모두 바르게 암송하고 있으니 계속 암송하라"고 직접 말해서 논쟁을 잠재웠다. 그는 차이에 대해 다투지 말라고 충고했는데, 그 이유는 "그대들 앞에 있던 민족들이 멸망한 것은 그들이 서로 달랐기 때문이다."

무함마드가 죽었을 때 많은 사람이 더 이상 무슬림으로 남아 있을 필요를 느끼지 못했다. 그때 아부 바크르는 무슬림들을 보내어 배교자를 쳐서 이슬람의 의무를 완수하라고 명령했다.[103] 무슬림들은 전에 무슬림이었던 사람들을 쳤고 전에 코란을 알았던 많은 이가 죽을 때까지 전쟁을 계속했다. 아부 바크르는 전쟁이 계속될 경우 코란의 상당 부분을 잃게 될 것을 염려했고, 그래서 공식적으로 명령을 내려 자이드 이븐 타비트의 책임 아래 코란을 수집하도록 했다.

사히 부카리의 강조에 따르면, 무슬림은 코란의 구절들을 쉽

오는 내용이다.
103 Sahih Bukhari 9.84.59.

게 잊어버렸으며 자이드는 코란을 수집하는 일이 극도로 고단한 일임을 알게 되었다. 자이드는 사람들의 기억과 기록된 단편들을 수집했다. 오직 한 사람만이 코란의 구절 중 일부를 증명할 수 있는 경우가 빈번했다. 자이드가 수집을 마친 코란은 최종적으로 무함마드의 미망인 중 한 명에게 전달되어 간수되었다.

수집의 일차 목적은 말씀을 잃어버리지 않기 위함이었지만, 자이드가 코란의 한 작은 부분을 실수로 빠뜨린 게 드러났다. 게다가 무슬림 세계의 여러 지역에서 "코란을 두고 서로 갈라지기 전에 이 민족을 구하소서"라는 항소가 무슬림 지도자들에게 빗발칠 만큼 지역마다 서로 일치하지 않는 코란을 암송하고 있었다.

자기를 따르는 자들에게 차이에 집중하지 말라고만 했던 무함마드의 입장과 결별한 칼리프 우트만은 코란의 표준화 작업을 명령했다. 그들은 무함마드의 미망인이 보관하고 있던 이전 사본들을 가져다 편집하여 사본을 만든 뒤 무슬림이 살고 있는 각 지방에 배포했다.

그런 다음 코란에 관한 논쟁을 단번에 잠재우기 위해 우트만은 "다른 모든 코란 자료는 단편 사본이든 전체 사본이든 관계없이 모두 소각해버리라는 명령을 내렸다."

이것이 사히 부카리가 전하는 코란이 수집되고 편찬된 과정이다. 무함마드의 생애와 마찬가지로 사히 부카리는 무슬림들이 일반적으로 가르치는 것보다 가공되지 않은, 훨씬 사실적인 이야기를 그려냈다. 내가 배운 바에 따르면, 무함마드는 서기관들을 시켜서 자신이 받은 계시를 암송하는 동안 받아 적게 했고, 무함마드 사후에 많은 무슬림은 코란을 기록하고 암송했다. 공식적으로 코란을 처음 기록한 사람은 자이드 이븐 타비트인데, 그는 이미 코란을 암기하고 있었기 때문에 이 일이 어렵지 않았다. 그의 코란은 코란을 암송하고 있던 다른 무슬림 지도자들의 확인도 받았다.

바로 이것이다. 널리 통용되는 지식에 따르면, 이렇게 정리된 코란의 내용에 대해서는 어떤 토론도, 부실한 기억력도, 구절의 유실에 대한 염려도, 유일한 증인도, 잊힌 구절도, 조직적인 이형 파기도 없었다. 사히 부카리에 기록된 코란의 수집 과정이 너무 듬성듬성 이루어져서 코란에 유실된 부분이 있을 것이라는 여지를 많이 남긴다. 사히 부카리가 이를 증언하고 있다.

자이드가 표준화한 코란을 배포했을 때, 거기에는 우바이 이븐 카브라는 사내가 암송하고 있던 일정 부분이 배제되어 있었다. 우바이는 자이드의 코란과 상관없이 자신이 알고 있는 구절들을 계속해서 암송하겠다고 했는데, 이는 그가 무함마드에게서 직접 들은 구절이었기 때문이다.

나는 사히 부카리의 증언에 충격을 받았다. 왜 나의 스승들은 전체 이야기를 말해주지 않았을까? 내가 또 모르는 것은 무엇일까?

나는 다른 하디스에서도 그 이야기를 찾아보았다. 두 번째로 신뢰받는 자료인 "사히 무슬림"은 더 많은 문제를 기록하고 있다. 그 기록에 따르면, 수라 한 편 전체가 코란에서 사라졌고 무함마드의 사망을 전후해 최소한 한 절이 사라졌다.[104] 그다음으로 권위 있는 책 가운데 하나인 "수난 이븐 마자흐"에는 문제의 구절이 사라진 경위가 상세히 소개되어 있는데, 그 구절이 적혀 있던 종이를 염소가 먹어버렸기 때문이다.[105]

조사를 진행할수록 코란의 보존에 이의를 제기하는 전승이 연이어 튀어나왔다. 역사적 무함마드를 연구하며 불신을 마주했을 때와 마찬가지로, 나는 이런 하디스를 받아들이지 않으려 했다. 무슬림 변증가들의 설득력 없는 설명을 수용하거나 나 스스로 변명을 생각해내는 식으로 새로 발견한 내용을 멀리하려 했다. 하지만 사히 부카리에 나오는 하디스 한 편을 재고하는 과정에서 결국 나는 벼랑 너머로 추락하고 말았다.

이 하디스에 따르면, 무함마드는 네 명의 사내에게 최고의 코란 교사라는 칭호를 주었다. 첫째인 압둘라 이븐 마스우드는 무함마드가 최고의 코란 전문가로 구별해 세운 사람이었다. 마지막인 우바이 이븐 카브는 사히 부카리가 최고의 코란 암송자로 인정하는 자였다.

이들은 무함마드가 최고의 코란 교사로 손수 선발한 이들이었으나, 나는 초기 자료를 공부하던 중 이들이 오늘날 우리에게까지 이어져 내려오는 코란의 최종 판본에 동의하지 않았음을 발견

---

104 Sahih Muslim 5.2286.
105 Sunan ibn Majah 1944.

했다. 그들 서로 간에도 의견이 갈렸던 것이다.

또한 앞서 인용했던 하디스에서 특정 구절을 계속 암송하기로 했던 우바이는 자이드가 편집한 판본보다 두 장 더 많은 116장으로 구성된 코란을 가지고 있었다고 알려져 있다. 이븐 마스우드는 겨우 111장이 담긴 코란을 갖고 있었는데, 자이드의 코란과 우바이의 코란에 추가된 장들은 기도문일 뿐이지 암송된 코란이 아니라고 주장했다.[106]

초기 무슬림 세계에 있었던 다양한 코란들과 그 차이점들에 대해서는 수많은 초기 무슬림이 기록을 남기고 있다. 이 모든 기록이 소실된 것으로 알려져 있었으나 20세기 벽두에 한 문서가 급부상했다.[107] 그 자료에 따르면, 압둘라 이븐 마스우드와 우바이 이븐 카브가 의견을 같이하는 여러 부분에서 자이드 이븐 타비트의 코란은 의견을 달리했다.

나는 이 모든 정보의 조각을 머릿속에 넣었다. 같은 구절에 대한 다수의 암송문, 사라진 구절들, 사라진 수라들, 정전에 관한 논란, 조직적인 이형 파괴 작업. 그렇다면 코란이 온전하게 보존되었다고 어떻게 변호할 수 있을까?

나는 이 사안에 대해 온라인에서 방어 논리를 검색해보고, 구

---

106 Suyuti, *Al Itqan fi Ulum al-Quran;* Ibn Abi Daud, Kitab al-Masahif.

107 Ibn Abi Daud, Kitab al masahif, Arthur Jeffery가 발견하여 그가 쓴 『코란 사본의 자료』(*Materials for the History of the Text of the Quran*)에 정리되어 실려 있다.

할 수 있는 최고의 학문적인 이슬람 서적을 읽었다. 늘 그렇듯이, 가능한 한 많은 자료를 묵살해버리고 싶은 유혹이 들었다. 여기서도 무슬림 학자들은 모든 논리적 설명을 시도하고 난 뒤 유실된 부분이 사라진 것은 알라의 뜻이고, 이형 파괴도 그가 의도하신 것이며, 자이드의 판본을 최종 코란이 되게 한 것도 그의 뜻이었다는 놀라운 입장을 지지했다.

따라서 실제로 학자들이 코란에 아무런 변화가 없었다고 주장하는 것은 아니었다. 그들은 알라가 그 모든 변화를 의도했다고 주장하고 있었다. 이는 기껏해야 방어적 입장이었지, 이슬람 논증 전체의 무게를 감당할 수 있을 만한 입장은 못 되었다.

다시 한 번 나는 불가피한 결론을 내릴 수밖에 없었다. 즉 초기 이슬람 자료와 내가 배운 현대 이슬람의 가르침이 상충한다는 것이다. 코란의 완전한 보존 교리는 신앙을 옹호하기는커녕 신앙의 변호를 받아야 할 입장이었다.

이 조사를 마지막으로 내 믿음의 주춧돌이 무너졌다. 모든 구조의 토대가 흔들리면서 가장 가벼운 짐에도 믿음이 무너질 판이었다.

그다음에 찾아온 것은 다이너마이트였다.

코란의 영감설에 관해 자세히 알고 싶다면, 『알라인가, 예수인가?』의 10부, "코란은 하나님의 말씀인가?"를 보라.

43장

오른손이 소유한 그들

　나는 어릴 적부터 수없이 말씀을 읽었지만 읽기를 멈추고 그 의미를 생각해본 적은 정말 한 번도 없었다. 하지만 데이비드는 자기 바인더에 하나를 더 추가했으며, 나는 그것을 조사해볼 수밖에 없었다.

　"당신의 오른손이 소유한 이들"은 다수의 코란 구절에서 발견되는 관용구다. 데이비드가 포함시킨 세 인용구는 4:24, 23:6, 70:30이었고, 그중 어느 것도 언뜻 보기에 말이 안 되었다.

　4:24: "이미 결혼한 여성과도 금지되나 너희의 오른손이 소유한 것은 제외라. 이것은 하나님의 명령이며."

　23:6: "(믿는 사람들은 번성하나니) 그러나 아내와 오른손이 소유하는 것들은 제외되어."

　70:30: "(예배에 충실한 자들은 그렇지 아니하니) 그러나 아내들과

그들의 오른손이 소유한 자들은 허락된 것이되.'"

나는 암미에게 가서 이 구절들이 무슨 의미인지 물어보았다. 암미는 이 구절이 무슬림 남자가 전에 결혼한 여자 종을 나타낸다고 했는데 이 설명이 딱 들어맞지는 않았다. 이 구절에서 아내는 오른손이 소유한 자들과 분명히 구분되었다. 내가 암미의 해석에 대해 유보적인 태도를 취하자, 암미는 자마트 학자들의 의견을 물어보자고 했다. 나는 다음 기회에 그들에게 묻기로 하고 암미를 떠났다.

그때까지는 나 스스로 이 문제를 조사해야 했다. 전에도 시야가 넓지 않았던 학자들인데 이번에는 다르리라고 생각할 이유가 없었다.

물론 데이비드는 자신의 해석을 들려주었지만 나는 그게 틀렸다는 것을 알았다. 틀려야만 했다. 그는 "오른손이 소유한 자들"이 무슬림 정복자들에게 사로잡힌 여자 종들이라는 주장을 폈다. 그의 말에 따르면, 23:6과 70:30은 무슬림 남자가 전리품으로 사로잡은 여자 종과 성관계를 맺어도 된다는 뜻이었다. 여기서 멈추지 않고 데이비드는 4:24이 포로로 사로잡힌 여인의 결혼 관계는 설령 그녀의 남편이 살아 있다 하더라도 무슬림 정복자가 그녀와 성관계를 가질 수 있도록 언제든 취소될 수 있다는 뜻이라고 주장했다.

이건 의견이지만 너무 지나쳤다. 그는 코란이 강간을 용납한다는 뜻을 내비치고 있는 것이다. 그게 아니라면 무슨 뜻이겠는 가? 전쟁에서 여성이 사로잡혔다면, 그녀의 아버지나 남편, 형제나 아들은 아마 그녀를 지키려다 죽었을 것이다. 그런 여성이 자신이 사랑한 남자들을 살해한 군인과 성관계를 맺고 싶겠는가?

이는 내가 알고 있는 이슬람이 아니었다, 아스타그피룰라! 나의 무함마드는 노예의 해방자요 성자의 지휘관이었지, 강간범 군대를 이끈 정복자와 포획자가 아니었다. 이슬람은 그런 잔혹 행위를 허락하지 않는다. 그럴 수 없다. 지난 몇 달에 걸쳐 그간 내가 알고 있던 모든 것에 이의를 제기하는 많은 사실을 알게 되었지만, 이번 건은 전적으로 아니다. 데이비드는 무함마드를 부도덕한 괴물이라고 비난했는데 그 말에서 이슬람은 비양심적이고 잔인하다는 뉘앙스가 느껴졌다.

대화 중 나는 데이비드가 내 예언자의 이름을 더럽히려 한다고 비판하며 매섭게 대처했다. 이는 저열하기 이를 데 없는 말이었다. 처음에 그는 이슬람 전승을 지적하며 반박했으나 자신의 반격이 나를 더욱 격분하게 만드는 것을 보고는 물러났다. 그는 사안을 건드리는 대신 내가 그토록 기분이 상한 이유와 코란이 참으로 가르치는 내용이 무엇인지 생각해보라고 요청했다.

내 신앙이나 예언자를 방어할 필요가 없는 혼자 있는 때에, 비로소 나는 자신과 정직하게 대면하여 증거를 새롭게 볼 수 있었다.

사히 무슬림에는 4:24의 계시와 관련된 역사적 맥락이 제시되어 있었다. 하디스에는 이렇게 적혀 있다. "후나인 전투에서 알라의 사자는 군대를 아우타스에 보내 적과 싸우게 했다. 그들을 물리치고 포로로 잡은 후, 알라의 사자의 동지들은 사로잡은 여인들과 성관계 맺기를 꺼려했는데 그 남편들이 다신교도였기 때문이다. 그러자 가장 높으신 알라께서 이런 구절을 내려주었다. '이미 결혼한 여성과도 금지되나 오른손이 소유한 것은 제외라'(코란 4:24)."[108]

나는 그 하디스를 읽고 또 읽었다. 이 하디스가 데이비드의 주장을 확증한다는 데에는 의문의 여지가 없었다. 사실, 데이비드의 표현은 신사적이었다. 이 하디스는 전사들이 새로 포로로 잡은 여성과 성관계를 갖는 일이 허락되었을 뿐 아니라 망설이는 남자들에게는 대담하게 행동하라는 격려가 있었다고 전한다.

나는 내가 읽고 있는 내용이 믿기지 않았다. 내 세계가 발아래서 빙글빙글 도는 듯했다. 나는 곧바로 셰이크와 이맘들에게서 본 대로 했다. 이 하디스는 설득력이 없다고 결론 내린 것이다. 사히 무슬림에 들어 있다 하더라도 하디스 하나 정도는 쉽게 무시할 수 있다.

하지만 이 내용은 수난 아부 다우드에 다시 등장했으며, 좀 더 자세한 내용을 포함하고 있었다. 무슬림 군사들이 여성과 성관계하기를 머뭇거린 것은 그 남편이 아직 살아서 군사들 눈앞에 있었기 때문이다.[109] 한 고전적인 주석에 따르면, 4:24의 말씀이 계시되자 남

---

108 Sahih Muslim 9.3432.
109 Sunan Abu Daud 11.2150.

자들은 그 남편이 보는 앞에서 여자와 성관계를 가졌다고 한다.[110]

사히 부카리에도 비슷한 하디스가 실려 있다. 여기서도 무슬림 군사들이 포로가 된 여인들과 성관계 맺기를 주저하는데 그 이유가 다르다. 군사들은 여자가 임신할까 봐 걱정했다는 것이다. 무함마드는 여자가 임신을 하든 안 하든 그것은 알라의 뜻이라고 말하여 그들의 걱정을 덜어주었다.[111] 사히 무슬림에는 이 하디스에 다음과 같은 설명을 덧붙이고 있는데, 무슬림 군사들이 여자의 임신을 원치 않았던 것은 그녀를 노예로 팔 생각을 하고 있었기 때문이다.[112]

나는 더 이상 듣고 싶지 않았다. "그 오른손이 소유한 자들"의 의미에 관한 한 데이비드의 말이 맞았고 진실을 외면할 수 없었다. 코란에도, 사히 부카리에도, 사히 무슬림에도, 수난 아부 다우드에도, 주석에도 있었다. 모든 곳에 있었다.

어떻게 이런 일이 가능할까? 방금 삶이 파괴된 여인과 성관계를 맺어도 된다고 코란이 남자들에게 허가하고 있었다. 때로는 여인의 남편이 보고 있는 앞에서 말이다. 알라와 무함마드 둘 다, 여자가 임신하거나 나중에 노예로 팔리는 것에 대해서는 아무런 관심도 보이지 않았다니? 어떻게 이런 일이 가능하단 말인가?

우리 가족이 무슬림에 정복당했다면? 압바가 가족을 지키기

---

110 Tafsir ibn Kathir.
111 Sahih Bukhari 5.59.459.
112 Sahih Muslim 8.3371.

위해 싸우다가 죽는 장면을 내가 목격한다면? 바지와 암미가…당하는 것을 본다면?

됐다. 충분했다. 더 이상 생각할 수 없었다. 역겨웠다. 생각하는 것만으로도 내 예언자와 내 신앙이 경멸스러웠다.

나는 그들을 경멸하지 않으려 했지만 그들을 용서할 방법을 찾을 수 없었다. 그래서 그만두었다. 싸움을 멈췄다.

마침내 나는 부서지고 말았다.

옥스퍼드 대학교 보들린 도서관의 코란 사본 고문이자 『본문비평과 코란 사본들』의 저자인 키스 스몰 박사의 신약과 코란에 관한 전문가 기고문(511쪽)을 참조하라.

9부

회의 속의 신앙

—
당신이 누구인지 더 이상 모르겠습니다.
하지만 당신이 가장 중요하신 분인 것만은
압니다.

44장

합리성과 계시

3년 동안 우리는 서로를 붙들고 지적 씨름을 벌였고, 대학 1학년 첫 달에 시작된 그 씨름은 졸업식 전날 마침내 정점에 다다랐다. 나는 포기하고 있었다.

하지만 이슬람을 포기하려는 것은 아니었다. 아직은 아니었다. 나는 이성을 포기하고 있었다.

우리는 조금 전 시상식을 마치고 내 차 앞자리에 앉았다. 수천 명의 졸업 동기 중에서 성적, 지도력, 지역 봉사활동을 기초로 선발된 여섯 명만이 올드 도미니언 대학교의 최우수상인 카우프만상을 받았다. 데이비드와 나는 그 여섯 중에 있었다. 이 상은 내 대학생활의 최고점을 의미했다.

하지만 나는 무심하게 뒷좌석에 앉아 있었다.

아무것도, 어떤 일에도 큰 관심을 기울일 수 없었다. 나는 넘치는 자신감을 가지고 평생을 살아왔다. 이슬람, 내 신앙, 우리 가족, 나의 말과 행동 모두가 나로 수렴되는 삶을 살았다. 나는 진실하고 투명했으며, 생각하는 바를 말할 줄 알고 내 신앙을 자유롭고 충분하게 살아낼 수 있는 사람이었다.

그러나 지금은? 나는 껍데기였다. 밖으로는 이슬람에 성실했지만 안으로는 혼란이 소용돌이치고 있었다. 명예/수치의 패러다임 때문에 나는 내면의 혼란을 표현하지 못했고, 내 삶이 더 흐트러질까 봐 내 고투를 친구나 가족에게 말할 수 없었다.

나는 하나님이 누구신지, 세계가 어떤 곳인지 몰랐으며, 내가누구인지, 어떻게 해야 할지 알 수 없었다. 소용돌이 속에서 나는뭔가 붙들 만한 것을 찾고 있었다. 결국 이제껏 살아온 삶을 붙들기 위해 마지막으로 절박한 노력을 기울였다.

"나는 기독교의 메시지를 받아들일 수 없어, 데이비드."

나는 운전대에 시선을 고정하고 있었고 데이비드는 창밖을바라보고 있었다. 그는 내게 더 말할 시간을 주었다.

"기독교의 하나님은 내게 사실을 선포할 것을 요구해. 나한테예수가 주님임을 믿을 것을 요구한다고. 하지만 나는 그 자리에없었고 그래서 나는 예수가 자신이 하나님이라고 주장했는지 알수가 없어. 나는 무슬림이야. 항상 무슬림 입장에서 세상을 바라보았다고. 나의 인식이 그렇게 채색되어 있기 때문에, 만일 예수가 하나님이라 해도 아마 나는 그 사실을 알 수 없을 거야. 애초에내가 접근할 수 없었던 유한한 사실을 이해하지 못한다고 해서,어떻게 하나님이 내게 영원한 책임을 물을 수 있겠어?"

이것은 나로서는 내 이슬람 신앙을 지키기 위한 최후의 노력 같은 것이었다. 객관적 진리에 다다를 수 있는 내 능력을 부인한 셈이었다.

데이비드는 계속 먼 곳을 응시하면서 내 말을 주의 깊게 곱씹었다. 마침내 그가 입을 열었을 때 그의 말은 내 뼛속까지 사무치게 다가왔다.

"나빌, 네 말이 사실이 아니라는 것을 너도 알고 있어. 네 부모님은 꿈을 보셨고, 하나님은 하늘에 나타난 초자연적 표적으로 너를 인도하셨어. 네가 그분께 진리를 계시해달라고 구하면 그분께서 그렇게 하시리라는 것을 너는 잘 알고 있잖아."

데이비드가 말을 꺼내자마자, 나는 그 말이 옳음을 알았다. 그의 말이 방금 상처 난 아픈 곳을 찌르며 울려오는 듯했다. 내가 참으로 하나님이 계심을 믿는다면, 왜 나는 살아 계신 하나님께 구하지 않을까? 그분이 내게 진리를 계시하지 않으실까?

그때 나는 변증의 가치와 그 논거가 내게 어떤 영향을 주었는지 깨달았다. 평생 동안 나는 내 앞에 세워진 장벽으로 인해 겸손히 하나님께 나아가 그분께 자신을 계시해달라고 구하지 못하고 있었다. 여러 논거와 변론은 그 장벽을 허물고 내가 하나님을 추구할지 말지를 결정해야 하는 위치에 서도록 한 것이다.

지성의 활동은 여기까지다. 그 결과 하나님의 제단으로 나아가는 길이 열렸으나, 나는 나아갈 것인지 말 것인지를 결정해야 했다. 하나님께 나아가 참으로 그분을 알고자 한다면, 나는 그분의 자비와 사랑에 나 자신을 온전히 맡겨야 했다. 그분이 자신을 계시해주실 것을 믿으며 그분께 의지해야 했다.

그러나 어떤 대가가 따를까?

45장

십자가를 껴안는 대가

무슬림이 복음을 영접하는 대가는 어마어마할 수 있다.

물론, 예수를 따르는 즉시 나는 내가 속한 공동체에서 배척당할 것이다. 모든 헌신된 무슬림에게, 예수를 따르기로 하는 결심은 어릴 적부터 쌓아온 우정과 사회관계를 모두 희생하는 것을 의미한다. 부모와 동기, 배우자, 자녀로부터 버림받는 것을 의미할 수도 있다.

만일 예수를 따르기로 한 후에 의지하고 연락할 그리스도인이 아무도 없다면, 그가 겪을 어려움은 기하급수적으로 커진다. 나는 예수를 필요로 하지만 남편에게 버림받는다든지 더 심한 일을 당할 경우 의지할 데가 전혀 없는 무슬림 여성을 많이 알고 있다. 그들은 아이들을 위한 법정 다툼은 고사하고 다음날을 살아낼 재정적 수단조차 없는 경우가 대부분이다. 그들은 자신이 속한 확대 가족으로부터 정서적으로 난폭한 추방을 당해 휘청대는 가운데 그 모든 일을 감당해야 한다.

많은 사람이 모르는 것, 예수를 따르겠다고 결정하기까지 나역시 몰랐던 지점이 있다. 치러야 할 대가가 의식적으로 자각되지 않는다는 사실이다. 이 대가는 복음에 대한 적대적인 반작용을 형성한다. 나는 "내가 예수를 따르면 우리 가족이 큰 대가를 치러야할 테니 무슬림으로 남겠다"라고 말하지 않았다. 그보다는 복음을 거절할 온갖 수단과 방법을 무의식중에 찾아냄으로써 내가 치러야 할 대가를 어떻게든 회피하려 했다.

하지만 내 결정에 따르는 대가를 치러야 했던 이는 나 혼자만이 아니었다. 무슬림 공동체가 모두 아는 우리 가족만의 특색이 있다면, 부모님의 쾌활함, 가족 간의 긴밀한 유대, 신실하게 이슬람을 따름으로써 쌓은 명예를 들 수 있다. 예수를 따르겠다는 나의 선택은 이 세 가지 모두를 파괴할 터였다.

나의 결정은 우리 가족에게 이루 말할 수 없는 불명예와 수치를 가져다줄 것이다. 예수에 대한 내 생각이 옳을지언정 가족에게 그처럼 몹쓸 짓을 해도 되는 것일까? 그들이 내게 베푼 모든 은택은 어떻게 하고?

중동에서 많은 이들이 명예 살인을 택할 수밖에 없는 이유가바로 가족에게 돌아오는 이런 종류의 불명예 때문이다. 코란이나하디스 어디에도 "명예 살인"을 시행하라는 명령은 없지만, 과오를 저지른 자를 죽이라는 명령은 코란에 나오고[113] 배교자를 죽이라는 명령은 하디스에 많이 나온다.[114]

중동에서는 이런 유의 살인에 대해 제한을 가하지 않는다. 졸업하고 몇 달 후, 마이크는 내게 전화를 걸어 아랍계 콥트교회 그리스도인 가족 전체가 이슬람의 명예를 실추시켰다는 이유로 뉴저지에서 살해되었다는 뉴스를 전해주었다. 그는 내가 예수를 영접할 경우 안전할지 생각해보았느냐고 물었다. 나는 그의 염려가 고마웠지만 그런 것은 내 걱정거리가 못된다고 말했다. 우리 가족은 그런 일을 할 사람들이 아니며 실제로 살인은 어떤 이들이 염려하는 것만큼 일반적인 일도 아니다. 게다가 내 생각이지만, 그것도 순교라면 명예로운 일 아니겠는가?

내가 가장 걱정한 것은 그런 일이 아니었다. 만일 예수를 주님으로 영접했는데 내가 잘못 판단한 것이라면? 만일 예수가 하나님이 아니라면? 나는 한 인간을 예배하는 셈이 될 것이다. 그것은 알라의 진노를 촉발할 것이며, 다른 무엇보다 그로 인해 지옥에 내 자리를 확실히 확보하게 될 것이다.

당연히 이는 코란이 정확히 가르치는 바다. 이슬람에는 쉬르크(shirk; 이슬람에서 용서받지 못할 죄로서, 어떤 사람이나 사물을 알라와 같은 위치에 두는 우상숭배와 비슷한 죄)라고 하는 용서받지 못할

---

113 5:33; 아랍어 "프사다"는 "부패한", "무질서한"으로 번역되기도 하지만 보통 "과오를 저지른 자"로 번역된다.

114 예컨대, Sahih Bukhari 9.84.57-58, 64, 72을 보라.

한 가지 죄가 있는데, 알라가 아닌 다른 이를 하나님으로 믿는 것이다. 쉬르크는 특히 5:72의 예수와 관련된 상황에서 논의된다. 예수가 하나님이라고 믿는 자는 "하나님께서 그들에게 천국을 금하시고 불지옥을 그의 거주지로 하게 하니."

무슬림은 복음을 고려할 때 이런 대가를 계산에 넣어야 한다. 이생에서 쌓은 모든 관계를 잃고 이생 자체를 잃을 수도 있는데, 그들의 믿음이 틀렸다면 내생의 낙원마저 잃는 것이다. 무슬림이 십자가를 끌어안으려면 종종 모든 것을 걸어야 한다는 말은 결코 과장이 아니다.

하지만 이때 다시 십자가를 기억해야 한다. 예수께서 이렇게 말씀한 이유가 있다. "누구든지 나를 따라오려거든 자기를 부인하고 자기 십자가를 지고 나를 따를 것이니라. 누구든지 자기 목숨을 구원하고자 하면 잃을 것이요 누구든지 나와 복음을 위하여 자기 목숨을 잃으면 구원하리라"(막 8:34-35).

내 십자가를 지고 예수 옆에 못 박히는 게 그만한 가치가 있는 것일까? 만일 그가 하나님이 아니라면 어쩌란 말인가? 거짓 신을 섬기기 위해 모든 것을 잃으라고? 백만 번 생각해도 안 된다!

하지만 만일 그가 하나님이라면, 더없이 다행이다. 영원히 내 주님과 같은 멍에를 메고 그와 함께 고난을 받는다? 백만 번 생각해도 좋다!

이제 어느 때보다 위험이 분명해졌고 나는 그가 누구인지 알아야 했다. 그의 정체성에 모든 게 달려 있었다. 나는 그분께 자신을 계시해달라고 간구하기 시작했다. 서 있을 때나, 걸어갈 때나, 기도할 때나, 침대에 누워 있을 때나 내게 당신의 진리를 보여달라고 그분께 간청했다. 전에도 초자연적인 방식으로 나를 인도하셨으니 다시 한 번 나를 인도하시리라는 확실한 믿음이 있었다.

하지만 기다림의 시간은 고통스러웠다. 나는 여러 모스크를 다니며 이맘과 학자들에게 내 분투를 도와달라고 요청했다. 무함마드나 코란을 변호하는 데 성공한 사람은 아무도 없었다. 그들 모두 문제 있는 전승을 부인하거나 자기 견해와 일치하는 전승만 골라냈다. 도움이 되지 않았다.

그들을 만나 이야기를 나눌 기회를 기다리는 동안, 나는 무슬림 학자들이 하디스 방법론과 시라, 코란의 역사에 관한 쓴 책을 눈이 마를 때까지 읽고 또 읽었다. 그러다가 하나님의 자비를 구하며 간청하는 살라트를 드리던 중 두 눈에서 눈물이 터졌다.

46장

나는 가까이 있으니 구하면 찾으리라

　　나는 하나님 앞에 깨어진 마음으로 무슬림 대기도실에 엎드려 있었다. 나의 세계관 체계와 내가 알고 있던 모든 것이 지난 수년에 걸쳐 천천히 허물어져 버렸다. 나는 폐허 속에 누워 알라께 간구했다. 눈물이 앞을 가렸다. 의례에 따른 기도는 한참 전에 끝났고, 이제 마음의 기도를 드릴 시간이었다.

　　"구하오니 전능하신 하나님, 당신이 누구신지 내게 말씀하소서! 오직 당신만을 구합니다. 당신만이 나를 구하실 수 있습니다. 당신 발 앞에 내가 알고 있는 모든 것을 내려놓습니다. 내 모든 삶을 당신께 드립니다. 나의 기쁨, 나의 친구, 나의 가족, 내 생명까지 당신 뜻대로 취하소서. 하지만 나로 하여금 당신을 갖게 하소서, 오 하나님."

　　"제가 가야 할 길을 밝혀주소서. 그 길에 어떤 어려움이 있더라도, 어떤 역경을 만나 극복해야 할지라도, 얼마나 긴 가시밭을 지나야 할지라도 상관없습니다. 옳은 길로 나를 인도하소서. 그것이 이슬람이라면 그것이 진리임을 보여주소서. 그것이 기독교라면, 이를 볼 수 있는 눈을 주소서. 어느 길이 당신의 길인지 보이사 그 길로 가게 하소서, 오 하나님."

"사랑하는 하나님, 당신께서 내 말을 들으시는 줄 압니다. 당신은 가까이 계시며 내 말에 귀를 닫지 않으시는 분이신 줄 압니다. 속히 내게 응답하소서. 당신은 전에 내게 환상을 보이셨습니다. 내 아버지께 꿈으로 미래를 계시하셨습니다. 그러니 당신의 진리를 보이소서. 다시 한 번 환상을 보여주시고 꿈을 주셔서 당신이 누구신지 알게 하소서."

나는 하나님께서 내 부르짖음을 들으시고 나를 구원할 열쇠를 쥐고 계심을 확신하고 있었다. 그가 언제든 그분의 진리에 이르는 문을 열어주시리라. 나는 기독교를 지지하는 증거가 견고하다는 것을 알고 있었다. 역사적 예수가 자신이 하나님이라 주장했고, 그 후에 십자가에서 죽었다가 죽은 자 가운데서 부활하심으로 자신이 하나님임을 증명했음이 내게 드러났다. 만일 알라가 실은 예수가 성경의 하나님임을 개인적으로 내게 확증해준다면, 나는 예수 그분을 나의 주님으로 받아들이리라. 슬픔 속에서 나는 알라가 자신을 이슬람의 하나님으로 계시해주기를 덧없이 바랐다. 그렇지 않다면, 내가 치러야 할 대가가 어마어마할 것이기에.

매일 기도 시간마다 나는 다음 두 구절을 붙들었다.

수라 2:186 "나의 종들이 내게 구할 때 나는 가까이 있다. 나는 그들이 구할 때 그들의 기도에 응답한다. 그러니 내 부름을 듣고 나를 믿으라. 그러면 빛 가운데로 걸어가리라."

마태복음 7:7-8 "구하라, 그리하면 너희에게 주실 것이요. 찾으라, 그리하면 찾아낼 것이요. 문을 두드리라, 그리하면 너희에게 열릴 것이니 구하는 이마다 받을 것이요 찾는 이는 찾아낼 것이요 두드리는 이에게는 열릴 것이니라."

이 구절들 때문에 나는 하나님께서―그분이 알라이든 예수이든, 코란의 하나님이든 성경의 하나님이든―내 마음의 기도에 응답하실 것이라고 확고히 믿었다. 문제는 시기였고 그때까지 내가 용감히 폭풍에 맞설 수 있는가였다.

다섯 달 후, 그분은 내 기도에 응답해주셨다.

47장

십자가들의 벌판

2004년 12월 19일, 압바와 나는 플로리다 주 올랜도에 있었다. 의과대학 첫 학기를 마친 나는 가족과 함께 지낼 수 있도록 다시 한 번 집에서 가장 가까운 학교를 선택한 터였다. 암미와 압바는 내가 학기 내내 부지런히 공부하는 것을 보았기에 내게 상을 주고 싶어했고, 그래서 내 겨울방학 중 압바가 회의 참석차 플로리다에 갈 일이 생겼을 때 함께 가자며 나를 초대했다. 나는 처음으로 플로리다에 갈 기회가 생겼을뿐더러 압바와 단 둘이 여행을 떠나는 것이기도 했기에 기꺼이 감사하며 따랐다.

우리는 올랜도를 여행하며 농담을 하고 서로 이야기를 나누면서 멋진 시간을 보냈다. 나는 수술실에서 벌어지는 터무니없는 일들을 이야기했고, 압바는 해군 생활 초기에 의무병으로 근무할 때 있었던 우스운 사건을 말해주었다. 9/11 이후 강화된 공항 보안 검색대를 통과할 때만 빼고 우리는 플로리다까지 가는 내내 즐거운 시간을 보냈다. 우리는 아버지와 아들의 우정이라는 새로운 관계를 만들고 있었던 것이다.

그날 밤 호텔 방에서 압바와 나는 이샤 살라트 기도를 함께 드린 뒤 침대에 누워 다음날 아침 계획을 논의했다.

"빌루, 내일 아침은 늦잠을 자고 호텔에서 좀 쉬렴. 나는 아침에 중요한 회의에 참석해야 한단다. 오후에 일이 끝나면, 엡콧(플로리다 주 디즈니월드에 있는 미래 도시)에 함께 가자꾸나."

"저한테 좋은 생각이 있어요, 압바. 제가 압바를 내려다드리고 렌터카를 사용하면 어떨까요? 그러면 엡콧에 개장하자마자 들어갈 수 있을 테고, 압바가 나중에 그리로 오는 거예요."

"좋다. 하지만 나를 내려주려면 아침 일찍 일어나야 할 거다."

"문제없어요, 압바."

"찰로, 베이타. 암송해보거라. 알라후마 비스미카 아무투 와 아히아."[115]

이것은 내가 세 살 무렵부터 압바가 이불을 덮어주시며 종종 암송하게 했던 밤 기도였다. 부모에게 아이는 언제나 아이이기 마련이다.

나는 암송했고 압바의 뺨에 입을 맞추었다. "사랑해요, 압바."

"당연하지, 너는 내 아들이니." 압바는 "나도 널 사랑한다"라는 말을 이런 식으로 대신했다. 그 말을 하고 압바는 등을 껐다.

---

115 "오 알라여, 당신의 이름으로 제가 죽고 제가 삽니다"라는 뜻의 기도.

방 안은 어두웠지만 사물을 분간할 수 있을 만큼의 빛이 커튼 가장자리로 새어 들어왔다. 웃음과 즐거움이 가득한 날이었지만, 내 생각과 마음 깊은 곳은 끊임없이 동요하고 있었다. 버지니아에서 지낸 매일 밤처럼 플로리다에서도 빛이 사라지자 내 생각은 곧바로 하나님에 관한 진리를 알고 싶은 갈망으로 차올랐다.

압바가 깊이 잠든 게 확실해지자 나는 이불에서 빠져나와 침대 가장자리로 자리를 옮겼다. 내 불안정한 운명이 머릿속에 분명히 그려졌다. 나는 눈물을 흘리며 다시 한 번 당신의 모습을 계시해달라고 탄원하며 하나님과 씨름했다. 나는 모든 것을 알고 있다고 생각했으나 실은 아무것도 모르고 있었음을 인정했다. 하나님께서 내게 진리를 보여주셔야 했다. 그분의 도움이 없으면 나는 아무것도 할 수 없었고 이 불확실함을 더는 견딜 수 없었다. 아마도 내 인생에서 가장 겸손한 순간이었을 것이다. 나는 꿈이나 환상을 보이시기를 절박하게 간구했다.

그 순간, 방 안이 칠흑같이 어두워졌다. 나는 내 앞의 흑암을 응시했다. 침대 몇 미터 앞에 있던 벽이 이제 없었다. 그 대신 내 눈에 보인 것은 수백 개의 십자가가 있는 벌판이었다. 나를 감싼 어둠과 정반대로 그 십자가들은 밝게 빛을 발하고 있었다.

눈물이 멈췄다. 온몸이 마비되었고 시간도 멈췄다. 나는 그 십자가들을 둘러보았으나 셀 수 없을 만큼 많았다. 그리고 나타날 때만큼이나 속히 환영은 사라졌다. 다시 호텔 방, 내 침대 가장자리였다.

충격과 침묵 속에 나는 방금 본 것을 곱씹어보았다. 잠시 후 하늘을 바라보며 말했다. "하나님, 이것은 중요하지 않습니다!"

내 마음 한편에서 이렇게 묻고 있었다. "하나님이 방금 내게 자신을 보이신 건가? 마침내 내 기도에 응답하신 건가? 나는 십자가들의 벌판을 보았어. 분명 내가 복음을 영접하기를 그분이 바라신다는 뜻이다."

하지만 반대편에서 악마의 변호인 역할을 맡은 소리는 이렇게 주장했다. "나빌, 네 생각이 틀리면 알라는 너를 영원히 지옥에 보내실 거야. 너를 떨어뜨리려는 사탄의 거짓말일 수 있어. 넌 경솔하게 기독교의 다신론을 거론하면서 쉬르크를 범했잖아."

그리고 내 마음 어딘가에서 좀 더 합리적인 내 일부는 이렇게 생각했다. "어쩌면 네가 시차 때문에 피곤해서 헛것을 본 것일 수 있어. 졸음에 빠져서 감정적인 순간을 근거로 인생에서 가장 중대한 결정을 하겠다는 거야? 이것 때문에 모든 것을 포기할 준비가 된 거야?"

나는 방 한편에서 낮은 소리로 코를 골며 자고 있는 압바를 바라보았다. 결국 스스로 결론을 내렸다. "안 돼, 이것을 근거로 압바를 포기할 순 없어. 하나님도 이해하실 거야. 더 많은 게 필요해."

나는 부끄럽지만 대담하게도 하나님께 이렇게 기도했다. "하나님, 이건 중요하지 않습니다! 이것은 내가 생각했던 게 아닙니다. 내가 무의식의 층위에서는 그리스도인이 되고 싶어하기 때문에 내 생각에 속은 것일 수 있습니다. 제가 환상을 요구하는 게 아

니었습니다. 꿈을 보여주십시오. 꿈이 환상과 일치한다면, 그리스
도인이 되겠습니다."

어쩌면 나는 무의식의 차원에서 불가피한 일을 피하고자 시
간을 끌고 있었는지도 모른다. 하지만 하나님은 그런 것을 허락하
지 않았다. 그날 밤 그분은 내게 꿈을 주셨다.

리버티 대학교 철학 및 신학부 석좌교수이자 특임연구교수인 개리
하버마스 박사의 믿음과 회의에 관한 전문가 기고문(516쪽)을 참조
하라.

10부

하나님의 손에 이끌려

—
볼 수 있는 눈을 주소서.
어느 길이 당신의 길인지 나로 알게 하사
그 길을 가게 하소서, 하나님.

48장

꿈의 해석

압바를 회의 장소에 내려주고 난 뒤에도 사방은 여전히 어두웠다. 엡콧이 문을 열기까지 아직 시간이 있었기에 나는 호텔로 돌아가 조금 더 잠을 자기로 했다. 몇 시간 후, 나는 두 눈을 번쩍 떴고 심장은 두방망이질하고 있었다.

하나님이 내게 꿈을 주셨다. 그리고 나는 그 의미를 알 수 없었다.

그 꿈은 이전에 꾸었던 어떤 꿈과도 질적으로 달랐다. 꿈속이었지만 나는 이것이 하나님의 메시지임을 인지하고 있었다. 어떻게 그럴 수 있는지는 모르겠다. 다만 그냥 알았다. 하지만 그 꿈은 내가 이해하지 못한 상징들로 가득한 수수께끼 같았다.

잠을 깬 뒤에도 생생하게 꿈이 생각났는데, 거기에는 다른 꿈처럼 애매하고 흐릿한 게 하나도 없었다. 그 꿈은 내 머릿속에 각인되었지만 얼마나 기억에 남아 있을지 알 수 없었다. 너무도 분명한 계시로 인해 머릿속은 여전히 어질어질했지만 나는 꿈에 본 것을 일일이 기록으로 남겼다. 다음은 그날 내가 남긴 기록이다.

꿈의 초입에, 붉은색과 검은색 사이로 얇은 흰색 줄의 무늬로 온 몸이 뒤덮인 독사가 나왔다. 사람들이 정원에 발을 들여놓자 뱀은 그들을 향해 쉿쉿 소리를 냈다. 뱀은 멀리 떨어진 돌기둥에서 뻗어 나온 횃대 위에서 바라보고 있었기에 정원의 사람들은 그 뱀을 볼 수 없었다. 이 돌기둥은 깊은 수렁 너머에 있었으며, 횃대는 꿈의 전반부 동안 내가 사건을 조망하는 지점이었다.

　언덕과 무성한 풀과 나무가 우거진 정원 같은 곳에 공룡처럼 거대한 이구아나가 있었다. 녀석은 가만히 누워 언덕과 하나가 되어 숨어 있었다. 그것을 밟고 지나간 이들 중 어느 누구도 그것이 이구아나인 줄 알지 못했다. 알았다면 기겁을 했을 테지만, 이구아나는 아무도 모른다는 사실에 만족했다. 그때 거대한 소년이 나타났다. 이 거대 소년은 이구아나의 정체를 알고 있었고 그래서 그 위로 밟고 올라가 정체를 폭로했다. 이구아나는 화가 났고 그래서 소년을 물기 위해 몸을 뒤로 젖혔다. 소년은 이구아나의 꼬리를 밟고 서 있었다.

　이구아나가 소년을 물려고 하자, 소년이 가지고 있던 거대한 귀뚜라미가 이구아나에게 결투를 신청했다. 이때 나의 조망 지점이 바뀌는데, 이제 나는 횃대를 떠나 이구아나 아래쪽에서 그 머리를 올려다보고 있었다. 이구아나는 고개를 끄덕여 결투를 받아들였다. 귀뚜라미가 결투 장소로 날아가자 이구아나는 나를 향해 고개를 돌리더니 나를 죽이려고 달려들었다. 이구아나가 내게 달려드는 것을 본 귀뚜라미는 돌아와 이구아나의 머리를 물어 목을 끊어버렸다.

아침 내내 나는 이 꿈 생각에 사로잡혔다. 무슨 의미일까? 무엇을 상징하는 것이며 어떻게 들어맞는가?
나는 즉시 조각들을 짜 맞추며 종합해보았다.

돌기둥 위의 뱀은 악을 상징하는 게 분명했다. 달리 무엇이겠는가? 정원은 세상이다. 내가 뱀의 관점에서 세상을 바라보기 시작했다는 것은 세상의 시작 때부터 내 안에 숨겨진 어떤 악이 있다는 게 틀림없다. 이것은 기독교의 개념인 원죄를 떠올린다. 또는 처음부터 내 안에 있던 악한 이슬람을 뜻하는 것일까? 확실하지는 않지만 둘 다 기독교를 가리킨다.
내가 세상을 바라보았을 때 자연스럽게 보였던 풍경은 실은 뱀을 연상시키는 또 다른 파충류였다. 하지만 너무 거대해서 사람들이 그 위를 밟고 걸으면서도 언덕이라 생각했다. 그때 한 소년이 나타나 그 정체를 폭로하며 파충류에 도전했다. 동시에 이 상징들은 오직 한 가지 설명과만 부합한다. 그 소년은 이구아나, 곧 이슬람이 틀렸다고 폭로하는 데이비드였다. 이구아나, 곧 이슬람은 원래부터 기만적이며 사람들을 속여 그것이 세상의 원래 모습이라고 생각하게 했다.

이구아나에 도전한 소년의 귀뚜라미는 기독교가 틀림없다. 귀뚜라미가 말을 할 수 있고 이구아나가 말을 하지 못한 것은, 기독교는 자신을 변호할 수 있음을, 다시 말해 강력한 논거를 가지고 있음을 뜻한다. 이구아나가 말을 못한 것은 자신을 증명할 증거를 제시하지 못함을 뜻한다. 이는 귀뚜라미가 이구아나에게 도전했을 때 이구아나가 그 도전에 응하기보다는 나를 죽이려 한 데서 확인할 수 있다.

이구아나가 나를 죽이려 할 때 귀뚜라미가 나를 구했다. 이는 내 공로와 무관하게 오는 구원을 생각나게 한다. 다시 한 번, 기독교적 개념이다.

나는 머릿속에서 그 꿈을 거듭 뒤집어 생각하며 더 나은 의미를 찾으려 했으나 이것이 생각해낼 수 있는 가장 나은 해석이었다. 하지만 이것이 기독교를 지지하는 입장이다 보니, 나는 자신의 해석에 그다지 확신이 가지 않았다. 그래서 내 내면의 씨름과 연관되지 않는 다른 해석 방법을 궁구하기로 했다.

나는 사람들의 자문을 얻기로 했다. 엡콧으로 걸어가며 "우주선 지구"라는 상징적 구체를 보면서 나는 데이비드에게 전화했다.

"나빌, 잘 지내? 플로리다는 어때?"

시시한 얘기를 나눌 때가 아니었다. "괜찮아. 즐겁게 지내고 있어. 너한테 물어볼 게 있어. 그리스도인들도 하나님이 주시는 꿈을 받아?"

데이비드는 주저 않고 말했다. "왜, 뭘 봤는데?"

"뭘 봤다는 게 아니라. 대답이나 해봐."

데이비드는 잠시 생각하더니 이렇게 답했다. "성경에는 하나님으로부터 꿈을 받은 사람의 이야기가 아주 많아. 이를테면, 요셉이 그렇지."

"예언자 요셉, 아니면 예수의 부친 요셉?"

그는 싱긋 웃었다. "실은 양쪽 다야. 신약에서 예수의 아버지 요셉은 다섯 번인가 꿈을 꾸는데 하나님이 주신 분명한 명령이었어. 하지만 내가 말하고 싶은 건 구약의 요셉이야. 실제로 그는 상징으로 가득한 꿈을 해석할 줄 알았거든. 그렇게 하나님은 감옥에서 그를 꺼내주셨고."

성경이 상징으로 가득한 꿈의 해석에 대해 말한다고? 이것이야말로 내가 찾던 것이었다. "그래서 요셉은 그 꿈을 어떻게 해석했는데? 오늘날 그리스도인은 꿈을 어떻게 해석하지?"

"그는 하나님으로부터 꿈을 해석하는 은사를 받았어. 오늘날 꿈을 해석하는 그리스도인이 있는지는 모르겠지만, 만일 하나님이 해석이 필요한 꿈을 누군가에게 주신다면 그 꿈을 해석할 방법도 주실 거라고 확신해."

그의 말은 내 머릿속 한 구석에 있던 기억을 촉발시켰다. 암미는 이따금 고대의 꿈 해석가인 이븐 시린이 쓴 책을 언급했다. 어쩌면 하나님께서 그 책을 통해 나를 인도할지도 모른다.

암미에게 전화할 생각에 나는 서둘러 데이비드와의 통화를 정리했다.

"알았어, 고마워. 나중에 연락할게."

"좋아, 꿈이든 뭐든 나중에 얘기해줘야 해, 알았지?"

"꿈꿨다고 얘기한 적 없거든."

"나도 네가 얘기했다고 말한 적 없거든요. 하지만 말해줄 거지?"

"물론, 말해야지. 하지만 먼저 생각 좀 하고."

나는 데이비드와의 통화를 끊고 즉시 암미에게 전화를 걸었다. 간단치 않은 대화가 될 터였다. 나는 전체 이야기를 하지 않고 상징들만 얘기할 생각이었다.

"여보세요?"

"아살라모 알라이쿰, 암미."

"와 알라이쿰 살람. 압바와 같이 있니?"

"엡콧에 있어요. 압바는 일 마치고 여기로 오실 거예요. 여기서 최대한 시간을 보내고 싶으니, 길게 얘기는 못할 것 같아요. 지난밤 꿈을 꾸었어요. 이븐 시린의 책 갖고 계세요?"

"이층에 있다. 무슨 꿈이었니?" 암미의 목소리에 근심의 기색이 배어났고 나는 짜증이 났다. 어떻게 모두가 내 속을 꿰뚫어 보는 거지?

"암미, 길고 복잡한 꿈이에요. 걱정할 필요 없어요. 자세한 얘기는 집에 가서 해줄게요. 지금은 다만 좀 생각해볼 수 있게 몇 가지 상징에 대해 알고 싶어요."

"꿈 해석은 그런 게 아니란다. 전체 이야기를 알아야 해석할 수 있는 거란다."

"하지만 암미, 그냥 책에 있는 내용을 읽어주면 안 될까요? 제 힘으로 해석해보고 싶어요."

"베이타, 그 책은 많은 것을 말한단다. 상징은 그것이 처한 상황에 따라 의미가 수만 가지로 달라져. 찰로, 첫 상징을 말해보렴."

"뱀이요."

"아스타그피룰라!" 암미는 숨이 막혔다. "이게 무슨 꿈이란 말이니?!"

"암미!"

"알겠다, 좋아. 뱀이 물속에 있었니? 자고 있었니? 먹고 있었어? 뭘 했니?"

"그게 왜 중요하죠?"

"책은 서로 다른 것을 말하고 있어. 그냥 뱀은 기만적인 불구대천의 원수를 의미하지만, 그 뱀이 누군가를 먹고 있거나 어떤 사람이 뱀으로 변한다거나 하면, 그때는 의미가 달라진단다."

암미의 마지막 말이 내 주의를 끌었다. 뱀이 꿈에 등장한 직후, 나는 뱀의 입장에서 사건을 조망하기 시작했었다. 내가 뱀이 되었던 것인가? 나는 그 문제를 할 수 있는 한 조심스럽게 파헤쳤다.

"그렇다고 '원수'와 의미가 크게 다르진 않겠죠? 예컨대, 누군가 뱀이 되었다면 무슨 뜻이죠?"

암미가 답했다. "그것은 그가 자신의 신앙에 대해 의문을 제기하고 있다는 뜻이란다."

심장이 멎는 듯했다. 내가 정말 암미의 말을 제대로 들은 것인가?

나는 조금 더 캐물었다. "그럼, 뱀이 기둥 위에 있었어요. 무슨 뜻이죠?"

암미가 해당 부분을 찾아서 읽었다. "기둥은 누군가 갖고 있는 신앙의 상징이다." 갈수록 태산이었다. 암미가 지금 내 마음을 읽고 있는 건가? 암미가 말을 이었다. "무슨 기둥이었니?"

"돌이요."

암미는 잠깐 동안 말이 없었다. "이상하구나…내가 예상했던 것과 다르네. 책에서는 돌기둥은 누군가의 신앙이나 세상을 바라보는 방식이 갑자기 바뀐다는 뜻이란다."

내 귀에 들리는 말이 믿기지 않았다. 모든 상징이 정확히 내 상황을 말하고 있는 것 같았다. 하나님이 이 책을 근거로 내가 상징을 해석하도록 의도하셨다는 확신 쪽으로, 내 생각은 급격히 기울고 있었다.

"알겠어요, 암미. 이 정도면 충분해요. 이구아나는 어때요?"

"그게 뭐니?"

"큰 도마뱀이요."

암미는 페이지를 넘기며 상징을 분별하더니 "왕도마뱀" 항목을 찾았다. "매우 크고 두려워 보이는, 잔혹하고 잠복해 있는 원수를 말한다. 하지만 이 원수는 도전을 받으면 증거를 제시할 수 없기 때문에 실패하고 만다."

나는 충격에 휩싸였다. 정말 이 모든 게 거기에 쓰여 있단 말인가? 이것은 내가 이해한 상징인 이슬람에 대한 내 염려와 정확히 일치했다. 또한 꿈에서 이구아나는 숨어 있다가 움직이기 시작했고 궁극적으로 자신을 변호하지 못했다. "소년은요?"

"어떤 소년을 말하는 거니? 갓 태어난 아이, 어린아이, 십 대?"

"어린 소년이요." 나는 허둥대며 말했다. 나는 하나님이 내게 하시려는 말씀을 얼른 종합해보고 싶었다. "외모가 아니라 나이가 어린 소년이요."

"꿈속의 어린 소년은 당신이 원수와 싸워 이기도록 도와줄 친구다. 그는 좋은 소식을 가져오는 사람이다."

좋은 소식? 그것은 정확히 "복음"이란 말의 의미 아니던가! 데이비드는 복음을 전해준 내 친구였다. 그리고 원수와 싸워 이긴다? 꿈에서 그 소년은 나를 도와서 도마뱀을 물리쳤다. 나는 머리가 어찔했다.

"잠깐, 그 소년이 잘생겼었니?" 암미가 덧붙였다.

"네, 아주 잘생겼어요."

"그렇다면 그 친구는 당신이 원수와 싸워 이기도록 도울 뿐 아니라 당신이 찾고 있는 무언가를, 당신에게 풍성한 삶을 선사할 무언가를 당신에게 가져다줄 것이다."

그 순간 나는 말문이 막혔다. "마지막으로 크리켓(귀뚜라미란 뜻 외에 크리켓 경기를 말하기도 한다)이요, 암미."

48장 / 꿈의 해석

"크리켓 방망이나 크리켓 공 말이니?"

"아뇨, 경기가 아니라 귀뚜라미요."

이구아나처럼, 책에 그 상징은 있지 않았다. 하지만 암미는 "메뚜기" 항목에서 관련된 내용을 찾아냈다. "메뚜기는 용사를 뜻한다." 다시 한 번, 해석은 내 꿈과 완벽하게 맞아떨어졌다. "그게 너한테 해를 끼쳤니?"

"아뇨, 내 원수에게 해를 끼쳤어요."

"너에게 해를 끼치지 않았다면, 그것은 네게 기쁨과 행복을 가져다줄 용사를 뜻한다는구나. 아, 여기 또 나오네, 네가 원수와 싸워 이기도록 그게 도와줄 거라는구나. 베이타, 네가 꾼 꿈이 뭔지 모르지만, 상징들은 서로 연관이 있구나. 이 꿈은 알라에게서 온 꿈인가 보다."

"아차, 암미. 꿈을 기록해두었어요. 집에 가면 암미의 해석을 말해주세요. 주차장이 붐비기 전에 가봐야겠어요, 암미!"

"그래, 재미있게 놀아라, 베이타. 압바를 만나면 전화 주렴."

"아차."

"압바가 늦더라도 전화 주고."

"아차."

"알지? 어쨌든 전화해라."

"아차, 암미, 그럴게요! 사랑해요, 코다 하피즈."

전화를 끊었을 때 나는 방금 있었던 일이 실감이 나지 않았다. 상징 하나하나가 정확히 들어맞았는데, 내가 꿈을 꾼 직후 생각해낸 해석과 모두 일치했다. 억지로 맞추기는커녕 거의 완벽하게 맞아들어 갔다.

하지만 악마의 변호인이 속삭이기 시작했다. 완벽하게 맞지 않는 두 개의 상징에 생각을 집중했다. 왕도마뱀이 아니라 이구아나였고, 메뚜기가 아니라 귀뚜라미였다. 나머지 상징은 모두 완벽하게 맞는데 왜 이 두 가지는 근사치일까?

나는 머릿속으로 글자를 돌려보았다. 크리켓, 이구아나. 크리켓, 이구아나. 크리…이…크리…이…크리스채너티. 이슬람.

아니, 이건 지나치다. 모든 게 너무 지나쳤어. 시간을 갖고 생각해봐야 했다.

49장

좁은 문

나는 다음 두 달 동안 그 꿈에 대해 생각했다. 매일 머릿속에서 악마의 대변인의 목소리가 점점 더 커져갔다. 정말 내 삶과 영원한 운명을 꿈에 걸어야 하는가? 단지 꿈 하나에? 너무도 많은 상징이 담겨 있어서 이븐 시린이나 요셉의 해석이 필요한 건 아닐까?

어쩌면 내 잠재의식 속에서 기독교가 진리이기를 바랐기 때문에 기독교에 우호적으로 꿈을 해석했던 것은 아닐까? 혹은 잠재의식 속에서 이슬람이 진리이기를 바랐기에 사탄이 나를 속여 저주에 빠뜨리려고 기를 쓰고 있는 것은 아닐까? 호텔 방에서 본 환상처럼, 그 꿈은 너무 애매해서 여러 방식으로 설명할 수 있었다.

사실, 그런 일이 일어났다. 나는 암미에게 꿈 이야기를 했고, 암미는 그 모든 상징이 어떻게 정확히 들어맞는지 모르겠지만 나의 이슬람 신앙을 공고히 하라는 알라의 신호라고 말해주었다. 데이비드에게 내가 본 환상과 꿈을 이야기하자, 그는 이 꿈이 기독교를 말하는 게 틀림없다고 했다.

이 모든 생각이 내 머릿속에서 뒤죽박죽이 되어 나는 하나님께 또 다른 꿈이나 환상을 보여달라고 요청할 자신이 없었다. 마음속에서 나는 그분이 내게 두 가지를 모두 주셨음을 알았으나 그 의미를 확신하기에는 내가 너무 쇠약해져 있었다. 상반되는 힘들, 불확실함, 잠재적 대가를 생각하면 온몸이 거의 마비될 지경이었다.

거의.

나는 데이비드가 신약의 요셉에 대해 한 말이 생각났다. 하나님께서 그에게 꿈을 통해 "분명한 지시"를 내리셨다고 했다. 바로 그게 내게 필요한 것이었다. 그리고 만일 하나님께서 쇠약한 회의론자인 나를 인도하기 원하신다면, 내게 더 많은 증거가 필요하다는 것을 그분은 분명 아실 것이다.

"셋이야." 나는 마음속으로 말했다. "알라는 홀수를 좋아하고,[116] 기독교의 하나님은 삼위일체야. 세 개의 꿈을 구하지 않을 이유가 뭐겠어?" 그래서 나는 알라에게 돌아가 기도하며 구체적인 요청을 드렸다.

"하나의 꿈이 아니라 세 개의 꿈을 주소서. 그 세 가지가 모두 기독교를 가리킨다면 그리스도인이 되겠습니다. 그러니 주여, 긍휼을 베푸소서. 다음번에는 이해하기 쉬워서 해석이 불필요한 꿈

---

116 Sahih Muslim 35.6475.

을 주소서."

2005년 3월 11일 아침, 나는 새로운 꿈을 꾸었고 그 내용을 종이에 휘갈겨 썼다.

나는 벽돌담으로 들어가는 좁은 출입구에 서 있었다. 출입문 안이 아니라 문 앞에 있었다. 출입구는 아치형인데, 높이는 2.3미터쯤 되었고 양쪽 기둥은 2미터 높이로 곧게 뻗어 있어 아치 부분은 30센티미터 정도였다. 출입구의 폭은 1미터가 안 되고 깊이는 그보다 조금 더 길고, 모두 벽돌이었다. 문을 따라 들어가면 방이 나오는데 많은 사람들이 식탁에 앉아 있고 식탁에는 근사하고 맛있는 음식이 차려져 있었다. 샐러드가 있는 것 같은데 기억이 확실하지 않다. 아직 식사 중이 아니었지만 식사할 준비가 되어 있었고, 모두가 만찬 전 연사를 기다리는 듯 내 왼편을 바라보고 있었다. 방 안쪽 문 저편에 있는 사람들 중 한 명은 데이비드 우드였다. 나는 방 안으로 들어갈 수 없었다. 데이비드가 출입구의 문지방 한쪽을 차지하고 있었기 때문이다. 그는 식탁 앞에 앉아 내 왼쪽을 바라보고 있다. 나는 그에게 물었다. "같이 식사하는 건 줄 알았는데?" 그는 방 앞쪽에 눈을 고정한 채 말했다. "너는 응답하지 않았어."

꿈에서 깨자마자 해석이 되었다. 방은 천국이고, 잔치는 하늘나라의 잔치이며, 혼인잔치 같은 거였다. 그 방에 들어가기 위해 나는 데이비드의 초대에 응답했어야 했다.

그 꿈에서 이해하지 못한 게 하나 있다면, 문이었다. 꿈에서 가장 인상적인 상징이었으나 무슨 의미일까? 왜 가장 생생한 이미지였을까? 그리고 그 문은 왜 그토록 좁았을까?

이즈음 암미는 꿈에 대한 내 질문을 점점 수상쩍게 생각했고, 이번 꿈에 데이비드가 나왔기에 나는 이 꿈의 의미에 대해 암미의 생각을 물어볼 수가 없었다. 나는 데이비드의 생각을 알아보고자 그에게 전화했다.

"나빌, 이 꿈은 해석이 필요 없을 정도로 너무도 분명해." 그의 말을 들으니 며칠 전 하나님께 드렸던 기도가 떠올랐다. 그는 더 알고 싶다면 누가복음 13:22을 읽어보라고 했다.

압바의 흠정역 성경 대신 나는 수년 전 데이비드한테 선물로 받은 학습용 성경을 펼쳤다. 이제까지 한 번도 펼쳐본 적 없는 성경으로 "존더반 NIV 학습용 성경"이었다. 문제의 구절을 찾자 크고 굵은 글씨로 쓰인 단락 제목이 보였다. "좁은 문."

심장이 불규칙하게 뛰었다. 내가 한 번도 본 적 없는 성경 본문이었다. 나는 신중히 읽고 또 읽었다.

예수께서 각 성 각 마을로 다니사 가르치시며 예루살렘으로 여행하시더니, 어떤 사람이 여짜오되 "주여, 구원을 받는 자가 적으니이까?"

그들에게 이르시되 **"좁은 문으로 들어가기를 힘쓰라.** 내가 너희에게 이르노니 들어가기를 구하여도 못하는 자가 많으리라. **집주인이 일어나 문을 한번 닫은 후에 너희가 밖에 서서** 문을 두드리며 '주여, 열어주소서' 하면 그가 대답하여 이르되 '나는 너희가 어디에서 온 자인지 알지 못하노라 하리니….'

너희가 아브라함과 이삭과 야곱과 모든 선지자는 하나님 나라에 있고 오직 너희는 밖에 쫓겨난 것을 볼 때에 거기서 슬피 울며 이를 갈리라. 사람들이 동서남북으로부터 와서 **하나님의 나라 잔치에 참여하리니.**"[117]

나는 읽기를 멈추고 성경책을 내려놓았다. 어찌해야 할지 몰랐다. 하나님은 너무도 분명해서 해석이 불필요한 꿈을 내게 주셨다. 그 해석이 이천 년 동안 성경에 이미 기록되어 있었던 것이다.

좁은 문은 구원의 문이었다. 예수께서는 내게 그 문으로 들어가기를 힘쓰라고 말씀하고 계셨고, 나는 그 문으로 들어가 하나님 나라의 잔치에 참여하려면 데이비드의 초대에 응답해야 함을 꿈을 통해 알았다. 만일 들어가지 않는다면, 나는 그저 구하면서 밖에 선 채로 남을 것이다.

나는 거기, 곧 구원의 좁은 문 밖에 서서 왜 못 들어가는지 궁금해하고 있었다. 감사하게도 집주인은 아직 문을 닫아버리지 않았다.

---

117 눅 13:22-25, 28-29(쿠레쉬 강조).

더 이상 의문은 없었다. 나는 무엇을 해야 하는지 알았다. 초대를 받아들여야 했다.

50장

모스크를 떠나는 계단

나는 세 가지 꿈을 구했고 하나님은 믿을 수 없을
만큼 자비로우셨다. 2005년 4월 24일 새벽, 나는 세 번째 꿈을 받
았다.

나는 이슬람 사원의 길게 이어진 흰색 계단 첫 단에 앉아 있다.
위로 향한 계단의 첫 단에는 화려하게 장식된 기둥이 있고 계단
난간은 왼쪽으로 돌아 위쪽으로 올라간다. 계단의 재질이 대리석
이거나 나무이겠거니 생각해보지만 확실하지는 않다. 나는 계단
꼭대기를 외면하고 있다. 꿈속에서 나는 자신의 모습을 볼 수 있
다. 나는 계단에 앉아 앞을 바라보고 있고, 이런 자신을 나는 오
른편에서 보고 있다. 그곳에서 나는, 확실하지 않지만 갈색 연단
같은 데 서 있는 누군가가 연설하기를 기대하고 있다. 방에는 초
록색 양탄자가 깔려 있고 사람들은 바닥에 앉아야 하건만 나는

계단 첫 단에 있는데 그게 전혀 이상하지 않다. 나는 사람들이 내 왼쪽, 동시에 계단의 왼쪽이기도 한 부분을 채울 것을 기대한다. 방의 오른쪽에서는 아무 일도 일어나지 않는다.

방이 점차 채워지자 이맘은 내 뒤편 왼쪽 바닥에 사뿐히 앉는다. 그는 흰옷을 입고 있고 다른 모든 이들처럼 같은 곳을 바라보고 있다. 나는 그가 연설자라 생각했으며 그렇다면 그는 거룩한 사람이자 이맘이기에 그가 내 뒤쪽 바닥에 있는 게 놀랍고 혼란스럽다. 존경심에 나는 계단에서 내려와 그의 뒤에 앉으려 하지만, 계단에서 내려올 수가 없다. 미지의 보이지 않는 힘에 의해 내가 계단에 붙들린 것 같다. 그 힘이 특별히 쌀쌀맞다든지 친절하다든지 하는 것 같진 않았다. 다만 계단에 나를 붙들어둘 뿐이다.

내가 무슨 일을 할지, 모두가 무엇을 기다리고 있는지, 결국 누가 발언을 할지 알지 못한 채 꿈은 혼란함으로 끝났다.

내가 볼 때 그 꿈은 충분히 분명했다. 나는 모스크를 떠나는 계단에 서 있었다. 내가 항상 존경했던 무슬림들은 이제 내 뒤에, 그리고 내 아래쪽에 앉아 있었다. 나는 그들에게 존경심을 표하고 싶었지만 더 이상 그들 뒤로 가서 자리를 잡을 수 없었다. 이제 나는 그들 앞에 있었고, 모스크를 떠나는 길에 있었다. 하나님께서 그렇게 확인해주고 계셨다.

게다가 사실 이맘은 우리 모두가 기다리는 인물이 아니었다. 우리는 훨씬 높은 권위를 지닌 다른 누군가를 기다리고 있었다.

어쩌면 그는 결국 모스크에 오지 않을 사람일지도 모른다. 이 꿈은 두 번째 꿈처럼 내가 궁극적으로 하게 될 일이 아니라 내가 현재 있는 곳을 보여주며 끝났다. 나는 장차 올 이를 기다리고 있었는데, 이번에는 내가 엉뚱한 곳에 있었기에 혼란스러웠다.

꿈이 모스크와 이맘을 그리고 있었기에 나는 편한 마음으로 암미에게 그 해석을 물어보았다. 암미는 이븐 시린을 다시 인용하여 다음과 같이 말했다. 계단은 이 세상과 오는 세상에서 신분 상승을 의미하고, 내가 서 있던 계단 첫 단은 내가 그 여정을 시작했음을 의미했다. 꿈의 시작에서 모스크가 비어 있던 것은 내가 신앙적 지식을 추구하고 있음을, 마지막에 가서 모스크가 꽉 찬 것은 장차 내가 신앙 지식을 가르치는 현명한 스승과 유용한 상담자가 되리라는 것을, 이맘은 움마의 모든 무슬림을, 그가 흰색 옷을 입었던 것은 무슬림의 선한 마음을 뜻했다.

암미는 왜 그가 내 뒤에, 나보다 아래쪽에 앉아 있었는지, 또한 왜 양탄자에 앉아 있었는지는 설명하지 못했다. 양탄자에 앉아 있는 사람을 본다는 것은 그가 길을 잃고 잘못된 보고를 할 수 있다는 뜻이다. 암미는 이 꿈의 진정한 의미를 자기로서는 알 수 없다고 결론 내리면서, 하지만 분명 내게 좋은 소식인 것은 확실하다고 했다.

데이비드에게 꿈 이야기를 했을 때 그의 반응은 훨씬 간결했다. "모스크를 떠나는 계단이라고? 생각해봐, 나빌. 하나님이 몽둥이로 후려 치셔야 그리스도인이 될 생각이야?"

그의 말에는 일리가 있었다. 이제 나는 뭘 더 기다리는 걸까? 나는 세 번의 꿈과 한 번의 환상을 받았다. 나눠서 말하면, 마지막 두 꿈은 분명했고 네 가지 모두 강렬했다. 갈수록 의문의 여지가 없었다.

이제 나는 진리를 알았다. 하나님께서 복음을 영접하라고 나를 부르고 계신 거였다.

나는 나 자신에게는 그 진리를 인정했지만 다른 누구 앞에서는 인정하지 않았다. 심지어 하나님께도. 당시 내 행동이 납득이 안 된다고, 어쩌면 용서가 안 된다고 말할 사람도 있을 것이다. 그럴지도 모른다. 세 번째 꿈이 내가 그리스도인으로서 나아가기 시작했음을 알리는 신호는 아니었을지 모르나, 갈수록 내 인생에서 가장 괴로운 시간으로 이어질 슬픔의 시기를 알리는 신호인 것은 분명했다.

51장

슬픔의 시간

2005년 여름 내내 나는 계속해서 복음에 저항했다. 더 많은 모스크를 찾아가고 더 많은 이맘과 대화를 나누면서 답을 찾았으나 아무것도 발견하지 못했다. 지난 4년간 내가 깨달은 바를 뒤집어주기를 간절히 바라며 압바와 유럽의 모스크에까지 갔으나 소용이 없었다. 그동안 나는 하나님께 꿈을 더 달라고 구했으나 더 이상 주시지 않았다. 나는 정확히 내게 필요한 것을 이미 받은 터였다.

앞으로 무서운 고통이 덮쳐올 것이다. 나는 내가 치러야 할 대가를 알고 있었으나 그게 어떤 모습일지는 몰랐다. 암미와 압바가 나를 미워하게 될까? 집에서 나를 쫓아낼까? 심장마비로 돌아가실까? 내게는 이 마지막 항목이 가장 가능성 있어 보였다.

솔직히 나는 무슨 일이 일어날지 몰랐다. 다만 앞으로의 삶이 전과 같지 않으리라는 것을 알 뿐.

여름의 막바지에 나는 의과대학 다음 학년을 준비했다. 룸메이트와 함께 생활하러 이사할 계획이었기에 학기 시작 전날은 일종의 가족과의 송별식 같은 날이었다. 한편으로는 내가 25분 떨어진 곳으로 이사하는 것이기에 가족들은 대수롭지 않게 생각했다. 다른 한편으로는 이것이 우리가 가족으로서 나누는 사랑과 친밀감 넘치는 마지막 순간이 될 것임을 알고 있었다. 나는 즐겁지만 쓰라린 웃음을 세밀히 기억했고 한 사람 한 사람과 포옹하며 그 순간을 마음에 새겼다.

암미와 압바는 내가 그들에게 무슨 일을 하려는지 전혀 몰랐으며, 내가 무슨 생각을 하고 있는지도 눈치 채지 못했다. 나는 숨기고 있었지만 죄책감에 사로잡혀 있었다. 이 가족을 내가 어떻게 망칠 수 있단 말인가? 내가 무슨 짓을 하려는 것인가?

다음날 나는 간신히 운전해서 학교에 갈 수 있었다. 눈물이 앞을 가렸다. 나는 의지를 동원해 집을 떠나면서 이날이 아주 중요하며 감정을 추슬러야 함을 스스로에게 계속 상기시켰다. 의과대학 2학년은 장차 의사가 될 사람이 맞이할 학문적으로 가장 힘든 시기가 틀림없으며 그 첫날은 가장 중요한 시간이었다. 나는 마음을 가라앉혀야 했다.

하지만 뜻대로 되지 않았다. 오히려 나는 큰소리로 하나님께 부르짖었다. "야 알라! 오 하나님! 내게 슬퍼할 시간을 주소서. 장차 잃게 될 가족, 내가 늘 사랑해온 삶을 애도할 시간을 더 주소서."

학교에 거의 도착했지만 아직 들어갈 마음의 준비가 안 되어 있었다. 나는 학교로 가는 대신 길 건너편에 있는 새 아파트로 차를 몰았다. 며칠 전 압바와 함께 내 짐을 옮겨놓은 곳이었다. 바로 거기에, 하나님의 위로를 바라는 내게 필요한 책 두 권이 마련되어 있었다.

아파트에 들어서자마자 나는 책장으로 곧장 가서 내 오래된 코란과 학습용 성경을 꺼냈다. 나는 소파에 앉아 코란을 먼저 폈다. 위로의 구절을 찾아 그 주제를 다룬 부분을 한 장 한 장 정성스럽게 읽고는, 재빨리 색인을 살펴 뭔가 위로가 될 만한 것을 찾아 미친 듯이 페이지를 넘겼다.

거기에는 나를 위한 말씀이 전혀 없었다. 코란은 조건부 관심을 기울이는 신, 내가 최선을 다해 그를 기쁘게 하지 않으면 나를 사랑하지 않는 신, 자신의 원수들을 지옥에 보내기를 즐기는 것 같은 신을 묘사하고 있었다. 코란은 하나님의 사랑이 필요한 깨어진 인간에게 직접 말하기는 고사하고, 인간의 타락하고 연약한 본성을 향해 말하지도 않았다. 이것은 7세기에 쓰인 율법 책이었다.

살아 있는 말씀을 찾아, 나는 코란을 내려놓고 성경을 집어 들었다.

그때까지 나는 한 번도 개인적인 인도를 구하기 위해 성경을 읽어본 적이 없었다. 어디서부터 읽어야 할지도 몰랐다. 신약성경이 출발점으로 좋겠다는 생각이 들어 마태복음을 펴서 읽기 시작했다. 몇 분이 못 되어 다음 구절이 눈에 들어왔다.

"애통하는 자는 복이 있나니 그들이 위로를 받을 것임이요."

이 말씀이 전류처럼 내 죽은 심장을 꿰뚫고 지나가면서 다시 맥박이 뛰게 했다. 이게 바로 내가 찾던 것이었다. 마치 구체적으로 나를 염두에 두고 이천 년 전 하나님께서 이 말씀을 성경에 기록하신 것 같았다.

믿어지지 않는 놀라운 일이었다. 오직 무슬림의 눈으로만 세상을 바라보던 한 사람에게 그 메시지는 너무도 강력했다. "애통하는 내가 복이 있다고? 왜? 어떻게? 나는 불완전하고 그분의 법을 행하지도 않았는데. 어떻게 이런 내게 복을 주실 수 있을까? 게다가 애통하고 있는데 복이라니. 왜?"

나는 마음을 다해 계속 읽어 내려갔다. "의에 주리고 목마른 자는 복이 있다? '의로운 자는 복이 있다'가 아니라 '의에 주리고 목마른 자는 복이 있다'고? 나는 의에 주리고 목이 마르지만 거기에 다다를 수는 없다. 하나님께서는 그런데도 내게 복을 내리신다? 내 모든 실패에도 불구하고 이토록 나를 사랑하시는 하나님은 누구신가?"

다시 한 번 눈물이 앞을 가렸다. 하지만 이번에는 기쁨의 눈물이었다. 그동안 내가 두 손으로 내 삶을 꼭 쥐고 있었음을 깨달았다. 이것이야말로 참하나님의 말씀이며, 나는 처음으로 그분을 만나고 있었다.

나는 성경을 탐독하기 시작했다. 말씀 하나하나를, 전에 한 번도 생명의 샘물을 마셔본 적이 없는 메마른 내 영혼을 위해 마련된 물인 양 빨아들였다. 성경을 읽으면서 나는 어느 한 구절의 어느 한 관점도 놓치지 않으려고 매 페이지 하단에 있는 연구를 돕는 주와 여백에 나와 있는 관주까지 숙독했다. 질문들이 머릿속에 떠올랐으나 잠시 후 읽고 있는 본문이나 각주의 내용에서 그 답이 발견되곤 했다. 셀 수 없을 만큼 무수히 그런 일이 반복되었다.

나는 성경을 손에서 내려놓을 수 없었다. 문자 그대로 내려놓을 수 없었다. 그랬다가는 내 심장 박동이 멈추거나 터져버릴 것 같았다. 결국 나는 수업을 모두 제끼고 말았는데, 정말 어쩔 수 없었다. 성경은 내 생명줄이었다.

52장

말씀하시는 말씀

그 후 며칠 동안 내 마음은 하나님을 만난 새로운 기쁨으로 충만했다. 평생 동안 그분을 알아왔다고 생각했는데, 이제 그분이 정말 누구신지 알았으니 비교가 필요 없었다. 그 무엇도 한 분 참하나님과 비길 수 없다.

어떤 이들은 왜 내가 곧바로 죄인의 기도를 암송하지 않았는지 물을지도 모른다. 답은 간단하다. 나는 죄인의 기도를 들어본 적이 없었다. 내가 아는 것은 나 자신이 성경의 하나님을 사랑한다는 것뿐이었다. 그래서 나는 할 수 있는 한 성경을 많이 읽는 것으로 그분을 더욱더 추구했다.

나는 거침없이 성경을 공부했다. 한 단어 한 단어 곱씹었고, 모든 각주와 관주를 따라가며 살폈고, 더 이상 따라갈 흔적이 없을 때 다시 마태복음으로 돌아왔다. 그렇게 마태복음 5장에서 10장까지 읽는 데 한 주가 걸렸다.

하루는 자정을 막 넘긴 시각, 여전히 새로 발견한 영광에 사로잡혀 마태복음을 읽다가 10:32-33을 발견했다. "누구든지 사람 앞에서 나를 시인하면 나도 하늘에 계신 내 아버지 앞에서 그를 시인할 것이요, 누구든지 사람 앞에서 나를 부인하면 나도 하늘에 계신 내 아버지 앞에서 그를 부인하리라."

심장이 철렁했다. 나는 다른 사람들 앞은 고사하고 예수 앞에서도 인정하지 않은 상태였다. 하지만 그분을 인정하면 내 가족을 버려야 했다. 그분은 정말로 그런 일을 하라고 나를 떠미실까?

성경의 살아 있는 말씀이 나와 대화하는 것처럼, 예수께서 내 마음에 한 절 한 절씩 대답하시기 시작했다. "내가 세상에 화평을 주러 온 줄로 생각하지 말라. 화평이 아니요 검을 주러 왔노라. 내가 온 것은 사람이 그 아버지와, 딸이 어머니와, 며느리가 시어머니와 불화하게 하려 함이니 사람의 원수가 자기 집안 식구니라."

하지만 어떻게 그럴 수 있는가? 어떻게 예수께서 나로 암미와 압바에게 등을 돌리라고 하실까? 그분들은 훌륭한 사람들인데. 어떻게 하나님은 그런 일을 하라시는가?

예수께서는 다음 구절에서 답을 주셨다. "아버지나 어머니를 나보다 더 사랑하는 자는 내게 합당하지 아니하고 아들이나 딸을 나보다 더 사랑하는 자도 내게 합당하지 아니하며."

예수께서 내게 부모님께 등을 돌리라고 하시는 게 아니었다. 그 뜻은, 가족에게 등을 돌리는 한이 있더라도 최고는 명백히 하나님이어야 한다는 것이었다. 하지만 어떻게? 그 고통을 어떻게 감당할 수 있을까?

예수께서는 말할 수 없는 고통과 사회로부터 거부당하는 것이 그리스도인의 노정의 일부임을 분명히 말씀하셨다. "자기 십자가를 지고 나를 따르지 않는 자도 내게 합당하지 아니하니." 그리스도인이 된다는 것은 곧 하나님을 위해 진짜 고통을 겪는 것이다. 알라가 그렇게 명령하니 무슬림이 그 명령에 의해 하나님을 위해 고통 받는 게 아니라, 하나님께서 그를 위해 먼저 고난 받으셨으니 그분의 자녀 된 이도 기꺼운 마음으로 감사하며 고난을 받는 것이다.

"하지만 주님, 당신을 향한 내 믿음을 인정하면 내 인생은 끝나고 말 것입니다. 증오에 찬 고문이나 그릇된 열정에 사로잡힌 무슬림의 손에 죽는 일은 없을지 모르나, 적어도 제가 아는 바 제 인생은 송두리째 끝나고 말 것입니다." 나는 애원했다.

"나빌, 내 자녀야." 그분이 말씀하시는 것 같았다. "자기 목숨을 얻는 자는 잃을 것이요, 나를 위하여 자기 목숨을 잃는 자는 얻으리라."

그분의 생명을 얻으려면 내 생명을 잃어야 했다. 이것은 진부한 이야기나 상투적 생각이 아니었다. 복음이 나에게 죽으라고 요청하고 있었다.

이 말씀에 부담을 느낀 나는 그날 밤 늦게까지 잠을 못 자고 누워 있었다. 쉼에 저항한 것이 아니라 부끄러워 잠이 들 수 없었다. 이미 나는 충분히 오랫동안 하나님을 부인했던 것이다. 2005

년 8월 24일 새벽 3시, 나는 침대맡에 머리를 대고 기도했다.

"고백합니다. 예수 그리스도가 하늘과 땅의 주이심을 고백합니다. 그분은 나의 죄 때문에 이 땅에 오셔서 죽으셨고 죽은 자 가운데서 부활하심으로 주님임을 증명하셨습니다. 나는 죄인이며, 나는 그분의 구속이 필요합니다. 그리스도여, 당신을 내 삶에 모십니다."

내 마음에 평화를 주지 않았던 힘든 밤이 속히 사라지고 잠이 나를 덮었다. 마침내 나는 복음의 진리를 선포했다. 마침내 나는 신자가 되었다.

믿기는 했지만 그럼에도 나는 아직 복음의 능력을 알지는 못했다. 그 능력을 알게 하기 위해 하나님께서는 나를 철저히 부수실 터였다.

53장

예수를 만나다

나는 하나님 앞에 떨며 바닥에 쪼그리고 있었다. 주님을 영접하고 두 주 후, 나는 떨리는 입술 사이로 통곡 섞인 말을 더듬거리며 그분께 간곡히 부탁했다.

"왜, 하나님…?" 하지만 더 이상 말을 연결할 수 없었다. 떨리는 입술을 조절할 수 없었다.

전날 밤, 나는 눈물이 괸 압바의 눈을 보았다. 내 귀에 아잔을 처음 속삭여준 날 이래로 나를 사랑스레 돌본 압바의 눈. 매일 밤 압바는 그 눈을 고요히 감고 하나님의 보호를 구하는 기도를 드렸다. 나라와 가족을 섬기기 위해 바다로 떠날 때면 사랑 가득한 눈으로 돌아보곤 했다. 그런 압바의 눈에 눈물이 고이게 하다니, 견딜 수가 없었다.

"왜, 하나님…?"

많은 말을 하지 않았지만 압바가 남긴 말은 그날 이후로 내 머릿속을 떠나지 않았다. 내 인생에서 가장 당당했던 남자, 내가 흠모했던 남자의 전형인 내 아버지가 이렇게 말할 때 그 고통이 내게도 전해졌다. "나빌, 오늘 내 안에서 등뼈가 빠져 나간 것 같구나." 그 말이 나를 완전히 찢어놓았다. 내가 부친 살해자가 된 것 같았다. 예수를 따르고자 내 삶을 내어놓은 것뿐인데 나는 아버지를 죽이고 있었던 것이다.

그날 이후로 압바는 자신만만해 보이지 않았다. 내가 아버지의 자부심을 짓밟아버린 것이다.

"왜, 하나님…?"

암미는 압바보다 말을 아꼈지만 암미의 눈은 더 많은 것을 말하고 있었다. "너는 내 하나밖에 없는 아들이야. 내 배로 낳았지. 네가 태어난 뒤로 나는 너를 '자안 카이 투크라이', 곧 내 삶과 마음의 한 조각이라 불러왔단다. 너를 안고 네게 노래 불러주고 하나님의 길을 가르쳤지. 네가 이 세상에 온 이래로 매일 나는 어느 누구에게도 쏟아본 적이 없는 사랑으로 내 모든 것을 다해 너를 사랑했단다."

"그런데 왜 너는 나를 배반한 거니, 빌루?"

암미의 눈빛은 내 영혼을 뜨겁게 달구며 내 기억 속에 낙인처럼 남았다. 그 모습을 마지막으로 압바는 암미를 이끌고 내 아파트를 떠나 길 건너 병원으로 향했다. 암미가 그날 밤을 무사히 넘길지 우리 중 누구도 자신할 수 없었다.

암미는 버텨냈다. 하지만 그날 이후로 암미의 눈은 더 이상 전처럼 빛나지 않았다. 내가 그 빛을 꺼버린 것이다.

터져 나오는 눈물과 슬픔을 가누지 못한 채, 하나님 앞에 죽을 것 같은 심정으로 나는 마침내 눈물과 콧물 범벅이 되어 씩씩대며 질문을 던질 수 있었다. "왜, 하나님, 제가 당신을 믿은 순간 저를 죽이지 않으셨습니까? 왜 저를 여기 남겨두셨습니까? 왜 이곳에 남겨두셔서 제 가족이 지금껏 겪은 어떤 상처보다 더 큰 아픔을 겪게 하셨습니까? 그들은 이런 괴로움을 당할 이유가 없습니다! 제가 다 망쳤습니다! 아무것도 남지 않았습니다!"

"왜 저를 죽게 하지 않으셨습니까?" 나는 절망에 사로잡혀 하나님께 항변했다. 이제 너무 늦었다. "제가 믿는 순간 저를 죽게 하셨다면 훨씬 좋을 뻔했습니다. 그러면 제 가족이 이런 배신감을 겪지 않아도 되었을 것입니다. 저의 죽음보다 이 배신감이 그들에게는 훨씬 괴로운 일입니다. 제가 죽었다면 적어도 우리 가족의 사랑은 살아남았을 테지요. 적어도 우리 가족이 계속 하나로 남았을 겁니다."

"왜입니까, 하나님?"

그 순간, 내 인생에서 가장 고통스러웠던 그 순간에 내 신학과 상상력을 넘어서는 어떤 일이 벌어졌다. 하나님께서 확성기를 들고 내 양심에다 말씀하시는 것처럼, 나는 내 존재 전체에 울려 퍼지는 다음과 같은 말을 들었다.

"이것은 너를 위한 일이 아니기 때문이란다."

나는 입을 딱 벌리고 얼어붙어 버렸다. 눈물, 흐느낌, 떨림, 모든 게 그쳤다. 마치 전기에 감전되어 온몸이 마비된 것처럼 나는 그 자리에서 꼼짝할 수 없었다. 10분가량 앉은 자리에서 움직일 수 없었고 벌어진 입을 다물 수조차 없었다.

그분이 나를 재작동하고 있었다.

몸을 움직일 수 있게 되었을 때 내게는 슬픔만 느껴졌다. 하지만 내가 드린 분노와 자기 연민의 기도는 마치 이전 삶에서 드린 기도인 것만 같았다. 나는 자리에서 일어나 아파트를 나가면서 모든 것, 나무, 하늘, 심지어 내가 딛고 선 계단까지도 골똘히 바라보았다.

다시 한 번, 나는 새로운 빛 속에서 이 세상의 가능성을 바라보고 있었다. 내가 평생 쓰고 있던 색안경이 이제 벗겨졌던 것이다. 모든 것이 다르게 보였다. 나는 그 모든 것을 더 자세히 살펴보고 싶었다.

그러자 내가 전에 수만 번은 보았을 무언가가 보였다. 한 사람이 의과대학을 향해 걸어가고 있었다.

하지만 그게 전부가 아니었다. 나는 이 사람이 누구인지 알지 못했지만 그에게 기막힌 사연이 있으며 깨어진 관계와 조각난 자존감을 품고 분투하며 살아가고 있음을 보게 되었다. 자신이 맹목적인 진화의 산물이라고 배운 그는 무의식중에 자신이 그날의 삶에서 취할 수 있는 쾌락 외에는 아무런 목적도 희망도 의미도 없는 우연의 부산물 정도밖에 가치가 없다고 여겼다. 이런 쾌락을 좇은 결과 죄책감과 고통에 시달리고, 그로 인해 더 많은 쾌락을 추구하게 되고, 그로 인해 더 많은 죄책과 고통에 빠졌다. 그는 모든 것을 표면 아래 묻고 주어진 하루를 살아가지만 이 쳇바퀴를 벗어나 참회망을 찾을 길에 대해서는 아는 바가 없다.

내가 본 것은 하나님만이 이 사람을 구할 수 있으며 그는 하나님이 이미 자신을 구하셨음을 알아야 한다는 것이었다. 그는 하나님과 그분의 권능에 대해 알아야 했다.

그는 알까?

그는 알까? 하나님께서 이 땅에 오셔서 그를 사랑하셨음을? 그분께서 광대한 우주를 만드신 엄청난 능력으로 그를 창조하시고 "너는 내 자녀다. 내가 너를 사랑한다"라고 선포하셨다는 사실을?

그는 알까? 하나님께서 그분의 바람대로 정확히 그 사람을 만드셨기에 그의 머리카락 하나하나뿐 아니라 그의 인생 매 순간을 알고 계심을? 하나님은 잘 알고 계셨다. 하나님께서 그에게 만들어주신 손이 그분을 거역하는 죄를 짓는 데 쓰였고, 그분께서 이 사람에게 주신 발이 그분을 떠나는 데 쓰였음을. 하지만 이런 선물을 보류하기는커녕 그분은 모든 것 중에서 가장 소중한 선물인 자신의 독생자를 그에게 주셨다.

그는 알까? 하나님께서 그를 위해 이 세상에 들어오셔서 그를 대신해 고난 받으셨음을? 그분은 당신이 구원하러 오신 그 사람들로부터 따귀를 맞고 주먹질을 당하고 살갗이 벗겨지도록 채찍에 맞으시고 맨 몸으로 십자가에 못 박혀 조롱을 당하셨다. 거친

숨을 몰아쉴 때마다 벗겨진 등이 거친 나무에 쓸렸고, 마지막 숨을 내쉬며 우리로 그분과 영원히 함께하는 구원의 사역을 마무리하셨다.

그는 알까?

당연히 모를 것이다. 우리가 그에게 말해주지 않는 한.

내가 자신에게 집중하고 자기 연민에 사로잡혀 있을 때, 온 세상에는 문자 그대로 하나님이 누구시며 그분이 얼마나 놀라우시며 그분이 우리를 위해 얼마나 놀라운 일을 행하셨는지를 모르는 수십억의 사람들이 있었다. 그들은 참으로 고통 받고 있다. 그들은 그분의 희망, 그분의 평화, 그리고 모든 지각을 초월하는 그분의 사랑을 알지 못한다. 복음의 메시지를 알지 못한다.

가장 겸손하게 사심으로, 가장 끔찍한 죽음을 담당하심으로 우리를 사랑하신 예수께서 우리에게 말씀하셨다. "내가 너희를 사랑한 것같이 너희도 서로 사랑하라."

그분이 사셨던 것처럼 살려고 하지 않는다면 어찌 예수의 제자라 할 수 있겠는가? 그분이 죽으신 것처럼 죽지 않는다면? 사랑 받지 못한 자를 사랑하고 희망 없는 자에게 희망을 주지 않는다면?

여기서 중요한 것은 내가 아니다. 중요한 것은 그분과 당신의 자녀를 향한 그분의 사랑이다.

이제 나는 하나님을 따라가는 게 어떤 뜻인지 알았다. 아버지를 선포하고 영화롭게 하려는 영원한 목적을 마음에 품고, 아들을 통해 주신 영원한 삶을 굳게 믿으며, 은혜와 사랑의 성령님을 의

지하여 담대히 걸어가는 것이다.

이제 나는 예수를 만났다.

세계적으로 명망 있는 복음주의자며 공저를 포함하여 130권 이상의 책을 저술한 조쉬 맥도웰이 쓴 꿈과 환상에 관한 전문가 기고문 (523쪽)을 참조하라.

에필로그

2015년 8월 24일.

태양은 영국 보슬비의 마지막 흔적을 공기 중에 남기며 지평선 아래로 흘러가고 있다. 옥스퍼드에서 보낸 첫 여름은 흐릿한 꿈처럼 지나갔다. 지금 내 오른쪽에서 새근새근 자고 있는, 3주 된 딸아이 때문이었다. 오늘은 내가 예수께 무릎을 꿇은 지 정확히 10년이 되는 날이다.

이 책이 처음 출간된 2014년, 나는 후기에 많은 말을 하지 않았다. 『알라를 찾다가 예수를 만나다』는 주로 교훈을 나누기 위한 방편이었기에 내 이야기를 하는 것은 부수적이라고 생각했기 때문이다. 그래서 마무리를 느슨하게 한 채로 남겨두었다. 하지만 많은 독자들이 후기가 너무 짧다며 내가 회심한 후 우리 가족에게 어떤 일이 있었는지, 내가 어떻게 사역을 시작하게 되었는지, 그리고 아내를 만나게 된 과정까지 자세한 내용을 알고 싶어했다. 사람들이 더 알고 싶어한다는 사실이 나로서는 영예였다. 그들의 관심에 적잖이 놀랐지만 말이다. 이제 나누려는 경험과 교훈에서 독자 여러분이 귀한 통찰을 발견하면 좋겠다.

● ━━━ 데이비드에게는 어떻게 이야기했나?

내가 그리스도를 나의 주님으로 영접한 것은 수요일 새벽이었으나 토요일이 될 때까지 아무에게도 그 사실을 말하지 않았다. 토요일에 나는 데이비드에게 그와 마리와 함께 그들이 출석하는 교회에 가도 될지 물어보았다. 내 요청에 데이비드는 놀라지 않았다. 내가 그 전주에도 그들과 함께 교회에 갔었기 때문이다. 내가 회심하기 직전 주일, 데이비드는 그리스도를 영접하라고 하루 종일 나를 종용한 터였다. 내 행동을 고려해보건대, 나는 그를 비난할 수 없다.

코믹한 장면이었을 것이다. 데이비드와 마리는 십 대 몇 명을 위해 산상수훈에 관한 성경 공부를 인도하고 있었는데, 마태복음의 그 장들에 이미 몰입해 있던 나는 무척 끼고 싶었다. 그들이 가르치기를 마치자 학생들이 질문을 시작했고, 데이비드와 마리가 답을 하기도 전에 내가 끼어들어 나름의 답을 내놓았다. 나는 내 학습용 성경에 푹 빠져 있던 터라 관련 주석 및 성경의 다른 책과 연관된 관주를 제시할 수 있었다. 나중에 데이비드가 한 말이 기억난다. "나빌, 이미 그리스도를 영접하셨나! 성경 공부를 인도하려 들다니, 웬만한 그리스도인보다 훨씬 그리스도인 같은 걸!"

그래서 다음 주일, 내가 다시 교회에 가자고 했을 때 데이비드는 대수롭지 않게 여겼다. 우리는 몇 달 전에 그리스도인이 되어 교회에 자리를 잡고 있던 재크와 함께 교회에서 만났다.

신자가 되어 처음 교회를 찾으니 당연히 편안했지만 기분은 아주 묘했다. 예수를 따르기로 결심했다고 사람들에게 어떻게 말해야 할지 나로서는 알 수가 없었다. 가볍게 말해버리기에는 너무 중차대한 일처럼 느껴졌지만 그렇다고 이목을 끌고 싶지는 않았다. 게다가 뭐라고 말해야 하지? "그리스도인이 되었어"라고? 이런 표현은 아직 너무 어색했다.

예배가 끝난 뒤 적절한 기회가 자연스럽게 찾아왔다. 우리 넷은 교회 식구 몇 명과 함께 데이비드의 집에서 멀지 않은 곳에 있는 중국식 뷔페 식당에서 점심을 먹기로 했다. 식사 전 데이비드는 누가 식사기도를 할지 물었다.

내가 기꺼이 자원하자 데이비드는 이렇게 반응했다. "정말? 다수의 그리스도인이 모여서 밥을 먹는데 무슬림이 식사기도를 하겠다고?" 마리는 그의 팔을 찰싹 때렸고, 모두가 고개를 숙였다.

솔직히 내가 무슨 기도를 드렸는지는 기억나지 않는다. 다만 이렇게 마무리했던 것은 기억한다. "아버지와 아들과 성령의 이름으로 기도합니다." 식탁에 둘러앉은 모든 이들이 깜짝 놀라 고개를 들었다. 데이비드가 불쑥 말했다. "이봐, 이제 그리스도인처럼 기도까지 하네! 그래, 언제 그리스도인이 될 건데?"

눈치 빠른 마리가 그의 팔을 잡으며 외쳤다. "데이비드, 모르겠어? 쟤는 **이미** 그리스도를 영접했어!"

데이비드는 사실일 리 없다는 듯 나를 바라보았다. 나는 고개를 끄덕였고, 데이비드는 말을 잇지 못했다. 식탁에 있던 다른 사람들은 기뻐하며 나를 얼싸안았다. 마침내 데이비드는 몇 마디를 겨우 할 수 있었다. "너 마침내 그리스도인이 되었는데 고작 '해피 뷔페'를 고른 거야? 오늘은 어느 식당에 갔더라도, 심지어 브라질 스테이크 하우스에 갔더라도 내가 쐈을 텐데!"

● 암미와 암바는 어떻게 알게 되었나?

우리는 기뻐하며 얼싸안고 나서 식사를 시작했다. 데이비드는 내게 언제 세례를 받고 싶은지 물었고, 나는 당장이라도 받을 준비가 되어 있다고 답했다. 내가 서둘렀던 것은 신학적인 이유가 있어서가 아니었다. 다만 데이비드한테 세례를 받고 싶었는데 그는 곧 뉴욕 시로 이사할 계획이었다. 데이비드는 포드햄 대학교에서 종교철학 박사과정을 이수하기로 결정했고 며칠 후에 떠날 예정이었다.

하지만 데이비드는 내게 세례를 줄 준비가 되어 있지 않았다. 그는 진지한 목소리로 세례가 믿음을 공적으로 선언하는 것이기에 내가 그한테 세례를 받기 전에 회심 사실을 부모님께 말씀드려야 한다고 설명했다. 그는 나를 잘 알았고 그의 말이 맞았다. 나는 예수를 따르기로 한 나의 결정을 부모님께 말하기를 주저하고 있었고, 어쩌면 무기한으로 그럴지도 몰랐다.

우리는 전에 여러 번 그랬던 것처럼 논쟁을 했고 결국 내가 먼저 대화를 끝내기로 했다. "데이비드, 너는 뉴욕으로 가기 전에 나한테 세례를 베풀어야 **하고**, 나는 부모님한테 말하지 **않을** 거야."

"좋아." 데이비드는 단호하게 말했다. "그렇다면 네가 말하지 않아도 너희 부모님이 아시도록 기도하겠어."

하나님이 이 말을 듣고 계셨던 게 틀림없다.

며칠 후, 의사소통에 오류가 있어 암미와 압바가 내가 사는 아파트에 찾아왔는데 마침 내가 집에 없었다. 평소 나는 아파트 문을 잠그지 않은 채 집을 비우지도, (룸메이트 때문에) 내 방문을 잠그지 않은 채 나가는 법도 없었다. 또한 컴퓨터에 패스워드를 걸어놓지 않거나 메신저를 켜놓고 나가는 법도 없었다. 그런데 그날 나는 이 네 단계를 모두 놓쳤다. 암미와 압바가 문을 두드렸을 때 안에서는 아무 인기척이 없었다. 부모님은 문을 밀고 들어와 나를 찾았다.

하지만 부모님이 본 것은 어느 그리스도인 친구가 곧 있을 내 세례식을 축하한다며 컴퓨터에 남긴 메시지였다. 집에 돌아왔을 때 나는 거실에 계신 부모님을 보고 깜짝 놀랐다. 두 분이 말로 표현할 수 없는 내용을 두 분의 얼굴 표정은 내게 말해주었다.

● —— 무슬림에서 새 신자가 된 이들을 위한 조언

내 인생에서 가장 후회되는 일 중 하나는 회심 소식을 부모님께 직접 알리지 못한 일이다. 진실로 나는 부모님께 직접 말씀드렸어야 했다. 과거를 바꿀 수만 있다면, 그 순간을 바꾸고 싶다. 그 후로 지난 10년 동안 나는 세계 각지에서 사역하면서 이슬람을 떠나 예수님을 찾은 수백 명의 사람을 만났다. 무슬림 배경을 가진 이 신자들이 나를 찾아와 조언을 구할 때 내가 그들에게 묻는 첫 질문은 가족들에게 자신의 결정을 알렸는가다. 나는 아무도 나와 똑같은 실수를 범하지 않기를 바란다.

이제 깨닫는 바지만 이것은 흔한 문제다. 명예/수치 패러다임에 더하여 예수를 따를 때 수반되는 대가를 생각할 때 많은 무슬림 회심자들이 자신의 회심 사실을 비밀로 하거나 속인다. 내가 만난 어떤 미국 이주민은 20년 넘게 그리스도인으로 살았지만 아직도 부모님께 이슬람을 떠났다는 말을 하지 않았다.

믿음 안에 있는 이런 형제자매에게 내가 주는 조언은 빛 가운데로 들어가 아무것도 숨기지 말라는 것이다. 예수님은 우리가 솔직하고 자유롭게 행하기를 원하신다. 비밀과 속임수는 마귀의 영역이다. 이 점은 명예/수치 문화 출신의 무슬림에게 특히 중요한데, 그들은 곤란한 문제를 숨기는 경향이 있기 때문이다. 두려움의 속박을 깨고 나올 때만 우리는 참그리스도인으로 담대하게 살아갈 수 있다. 그렇다. 분명 고통스럽고 위험스러울 수 있지만, 그렇게 할 때 성령께서 우리를 만나주시고 예수님의 형상으로 우리를 빚으신다.

내 조언이 실제로는 듣기보다 훨씬 많은 논란을 일으킬 수 있다. 무슬림을 위한 사역의 세계에 들어온 직후에 나는 많은 선교사가 무슬림 배경에서 새로 회심한 이들에게 자신의 회심 사실을 가족에게 알리지 **말라고** 한다는 사실을 알게 되었다. 그들은 새 신자들에게 예수의 하나님 되심과 주 되심을 선포하기보다는 무슬림 교제권과 관계를 유지하라고 제안한다. 이런 사역자들은 무슬림에게 복음을 전하면서 종종 예수가 하나님이시라는 가르침을 빠뜨린다. 이런 관행은 너무 널리 퍼져 있어서 이른바 "내부자 운동"이라고 하는 선교사들 사이에서는 일반적인 접근법으로 자리 잡았을 정도다.

나는 무슬림에게 다가가기 위해 자기 인생을 바치는 그리스도인 형제자매들을 무척 사랑하지만, 이런 접근법은 끔찍할 정도로 진실을 호도한 것이며 신성모독에 가깝다고 단호히 고발한다. 예수의 하나님 되심이 빠진 복음은 복음이 아니다. 좋은 소식은 하나님 자신이 우리를 사랑하셔서 이 땅에 오사 우리를 위해 고난받으시고, 그렇게 하심으로써 스스로를 구할 수 없는 우리 인간을 그분이 구원하셨다는 것이다. 하나님은 다른 누군가를 보내서 그분의 오욕에 찬 일을 하게 하지 않으셨다. 그분은 직접 우리를 구하셨다. 아무도 그 일을 대신할 수 없다. 이것이 복음의 아름다움이다. 복음은 하나님과 그분께서 우리를 향한 사랑 때문에 행하신 일에 관한 것이다. 그리스도의 신성이 빠진 복음은 속이 빈 복음이다.

따라서 나는 내부자 선교사들과 주저하고 있는 무슬림 회심자들에게 이렇게 조언한다. 예수를 따르는 데에는 종종 가족이 갈라지고 신앙 때문에 죽음까지도 감내해야 하는 일이 따른다는 그분의 가르침(마 10:32-39)을 우리는 반드시 받아들여야 한다. 비탄과 고통은 예수를 따를 때 감내해야 하는 위험만이 아니라 예수를 따르는 방편이기도 하다. 예수께서 가족에게 배척을 당하셨고(막 3:31) 십자가형을 마다하지 않으셨다면(막 10:33), 그분의 제자 된 우리가 그분의 본보기를 따르지 않을 수 있겠는가?

그리스도인이 고난을 당하게 되어 있다는 것은 빌립보서 4:6-7, 누가복음 18:1-8, 마태복음 6:25-34 같은 성경 구절과 그리스도인이 된 나의 첫 해에서 확인할 수 있다. 나는 이런 구절들이 주는 위로에 흠뻑 빠졌다. 그 고난의 시간을 거치면서 내가 배운 가장 큰 교훈은, 고난이 우리와 예수님을 하나로 묶어줄 뿐 아니라 다른 무엇보다 위로자이신 성령님의 임재를 분명히 느끼게 해준다는 것이다. 어쩌면 그래서 우리가 그리스도인이 된 다음 처음 하는 행동 중 하나가 이 세상에 대해 기꺼이 죽음을 상징하는 세례인 것이다. 비록 많은 그리스도인이 세례를 단순히 상징적 죽음으로 여기지만, 그 상징에 의미가 없다고 보는 이는 아무도 없을 것이다. 예수를 따르는 것은 살기 위해 죽는 것이다.

●──── 그리스도인이 된 이후

쓸쓸하고도 달콤한 어느 주일, 데이비드는 뒷마당에서 내게 세례를 베풀고 뉴욕으로 떠났다. 그날은 그가 출석하던 교회가 마지막으로 모이는 주일이기도 했으니, 교회의 목회자가 버지니아 주에서 자신의 시간이 다했다고 생각했기 때문이다. 재크와 나는 인도자도 교회도 없이 예수를 따른다는 것의 의미를 스스로 깨쳐야 했다. 우리는 교회에서 최근 그리스도께 삶을 드리기로 한 다른 두 청년과 연결이 되었고, 우리 넷은 함께 예수를 좇기로 마음을 모았다. 우리의 공통점은 예수를 따르기 시작한 지 채 1년이 안 되었다는 것이었다. 우리가 아는 것은 그리스도를 닮고 싶은 염원이 우리에게 있다는 것이었다. 그때 『자, 그리스도를 닮고 싶다고요?』(So, You Want to Be Like Christ?)라는 책을 발견했다.

척 스윈돌(Chuck Swindoll)이 쓴 이 책은 정확히 우리에게 필요한 것이었다. 이 책은 영적 훈련과 예수님의 방식대로 사는 삶에 초점이 맞춰져 있었다. 매주 수요일, 우리 넷은 함께 모여서 열심히 성경을 읽고 각자 읽고 있는 내용을 점검했다. 때로 우리는 하나님과 그분의 진리를 알고자 하는 열심에 다른 의무는 미뤄둔 채 새벽 네 시까지 모임을 이어가기도 했다. 우리는 함께 기도하고 금식하고 성경을 암송했으며, 서로에게 자신의 죄를 고백하고, 4겹줄이 되어 우리가 가진 모든 것으로 주님을 추구했다. 그 시간 동안 우리는 기적, 예언, 환상, 심지어 축귀까지 경험했다. 이렇게 열정적으로 예수를 추구한 일이 이후 10년 동안 내가 그리스도인으로서의 정체성을 견지하는 확신의 토대가 되었음이 분명하다.

안타깝게도 그리스도와 함께 걷는 이 초창기 황금시절은 일곱 달 만에 끝났다. 우리는 교회에 합류했고, 우리의 수요일 밤 모임은 횟수가 줄어들었다. 성경을 마치고 나자 나는 성경보다 학교에 더 관심을 기울이기 시작했다. 다시 내 주위의 세계에 빠져들자 초자연적인 사건들은 대부분 그쳤다.

부모님은 첫 충격에서 회복된 뒤로 두 가지 점을 분명히 하셨다. 즉 당신들이 엄청난 배반감을 느꼈지만 그럼에도 나를 사랑한다는 것이었다. 대개 두 분은 나를 순진한 희생자로 보았고 데이비드가 나를 "세뇌"시켰다고 탓했다. 부모님의 눈에 데이비드는 인간의 몸을 입은 악이었다. 수년간에 걸쳐 신중하게 고심한 끝에 예수를 선택한 것이라고 아무리 주장해도, 부모님은 내 말을 믿지 않았고 내가 데이비드의 통제를 받아 온전한 판단력을 잃었다고 생각했다. 몇 달 동안 감정이 격했고 거친 말이 오갔으며 논쟁이 벌어졌지만, 암미와 압바는 나를 내치지는 않았다. 한편으로 내가 가족의 일원으로 남아 있었던 것은 축복이었다. 다른 한편으로 나는 계속해서 정서적 풍파를 맞으면서 여러 시간씩 이어지는 암미의 꾸지람을 들어야 했기에 무척 괴로웠다. 암미는 거의 2년 동안 나를 볼 때마다 울었고 종종 우리 가족을 망쳐놓은 내 기독교 신앙을 모질게 비난했다.

나의 "세뇌"된 머리를 되돌려놓으려고 부모님은 내게 우리 교단의 이맘과 지도자들을 만나라고 했다. 나와 이야기하기 위해 우리 집까지 수백 마일을 날아온 이맘도 있었고, 우리가 수백 마일을 가서 만나기도 했다. 종종 그들은 내가 이슬람에서 무슨 큰 오류를 발견해서 기독교라는 임시방편을 택했는지 알아야겠다고 주장했고 심지어 지난 수년간 내가 데이비드와 논쟁하며 써먹었던 것과 똑같은 변증과 질문을 내게 주입하려고 했다. 이 모든 주제에서 그들의 공통 주제는 "어떻게 이슬람을 떠나 기독교로 갈 수 있는가? 불가능한 일이다"였다. 오늘날에도 내 이야기를 들은 많은 무슬림이 똑같은 반응을 보인다는 것을 알고 있다. 나를 알지도 못하면서 내가 어떤 개인적 이익을 얻기 위해 회심한 게 분명하다고 확신하기도 한다. 한 택시 운전사는 강한 이집트 억양으로 이렇게 말하기도 했다. "불가능해요. 당신은 매수된 거예요. 그들이 얼마 주던가요?" ("그들"이 누구인지 묻자 그는 미국 정보부라고 했다.)

이들의 반대편에 있는 많은 그리스도인은 왜 헌신적인 무슬림들이 나의 기독교 논증에 곧바로 설복되지 않는지 그 이유를 묻는다. 그러면 나는 많은 헌신적인 무슬림이 세상을 바라보는 렌즈 때문이라고 상기시킬 수밖에 없다. 무슬림의 일반적 생각은 "이슬람은 절대적 진리, 기독교는 절대적 오류"이며, 그들은 이 필터를 통해 모든 정보를 걸러서 받아들인다. 이슬람의 관점과 기독교적 관점의 차이는 어마어마하며, 그 둘을 전환시키려면 엄청난 정신 구조의 전환이 필요하다. 한 번의 대화로 모든 퍼즐 조각이 맞춰지지는 않는다. 이런 이유로 인해 이맘들은 내 대답을 믿지 못했고 내가 하는 말을 이해조차 못한 경우도 드물지 않았다.

암미와 압바도 이해하지 못하기는 마찬가지였다. 내가 이맘들의 질문을 논박하는 것을 본 뒤로 부모님은 내가 어쩌다 그렇게 반항적이 되었고 혹시 내가 일종의 정신장애를 앓는 것은 아닌지 염려했다. 암미는 내 머리에 문제가 있는 게 분명하다며 나를 정신과 의사에게 보내기 시작했다. 암미는 정신과 의사에게, 내가 하나님과 대화를 하고 이따금 하나님의 응답을 받는다고 믿고 있다고 알렸다. 하지만 암미와 압바의 항변에도 불구하고, 정신과 의사는 내게 어떤 약도 처방하지 않았고 오히려 가족 상담을 제안했다. 이 말에 암미와 압바는 서양 정신의학에 정이 떨어졌고 이 일에서 손을 떼버렸다.

●──── 아내와의 만남

당시에 시간은 괴로울 정도로 느리게 흘렀고 나는 기독교 공동체를 간절히 원했다. 한동안은 다른 신자들과 함께하고 싶은 마음에 기독교 서점에 들르곤 했는데 아무도 내게 말을 걸어오지 않아도 상관없었다. 나는 한 주 내내 여러 교회에 출석하기로 결심했고, 그중 한 곳은 대학생 선교에 집중하는 교회였다. 그들은 세계 수준의 강사와 예배 음악을 준비하여 전국에서 이만 명 이상의 기독 대학생이 모이는 나흘간의 "패션"(Passion)이란 수련회를 기획하고 있었다. 내게는 놓칠 수 없는 기회였다! 여기에 참석해서 얼마나 다행인지 모른다. 그 수련회에서 장차 내 아내가 될 여인을 만났으니 말이다.

미셸은 코네티컷 주 코스트 가드 아카데미 3학년에 재학 중이었는데, 그 학교에 다니다가 내가 다니던 올드 도미니언 대학교로

전학 온 그녀의 친구 소개로 나와 알게 되었다. 나는 첫눈에 미셸에게 반해 사랑에 빠졌다고 말하고 싶지만, 솔직히 말하자면 처음에는 그녀가 눈에 들어오지 않았다. 나는 하나님을 예배하기 위해 거기 있었고 다른 일들로 정신이 없었다. 하지만 미셸은 내 이야기와 하나님께서 내 인생에 행하고 계신 일에 관심이 있었고 그래서 서로 연락하고 지내자고 했다.

나흘간의 수련회를 마치고 미셸은 코네티컷으로 돌아갔고 나는 버지니아로 돌아왔다. 우리는 이메일과 메신저로 대화를 이어 갔다. 이메일을 통해 나는 미셸의 마음과 생각을 읽을 수 있었다. 그녀는 내가 만나본 사람 중 가장 진실하고 자기희생적이고 충실하고 정직하고 섬김의 마음을 가진 사람이었다. 그녀가 귀한 보물임을 깨닫기까지 오랜 시간이 걸리지 않았다. 하나님의 유일무이한 이 딸을 놓친다면 나는 바보나 다름없을 터였다. 하지만 그녀에게 다가가기 위해 나는 더 많은 싸움을 치러야 했다.

미셸의 부모님을 만났을 때, 두 분은 모두 친절하고 따뜻하게 나를 맞아주었으나 당신들의 딸에게 접근하는 전직 무슬림인 나에 대해 유보적인 입장을 갖고 있는 게 분명했다. 또한 미셸이 이제 겨우 스물한 살이고 내가 마땅한 수입이나 사회적 지원망이 없다는 것 역시 난관이었다. 그래서 내가 미셸에게 청혼했을 때 그녀의 부모님은 거절하셨다. 두 번이나. 감사하게도 세 번째에는 마법이 통했다.

하지만 암미와 압바도 설득해야 했다. 암미는 내가 서양 여자와 결혼한다는 생각 자체를 기뻐하지 않았다. "나빌, 네가 그리스도인이 되었다면 결혼은 파키스탄 그리스도인 여자와 하면 안 되겠니? 적어도 우리 문화를 아는 여자 말이다!" 암미는 줄곧 그렇게 말했다. 나는 그러기에는 너무 늦었다고 답했다. 나는 하나님의 인도를 구했고 미셸이 내게 꼭 맞는 짝임을 확신했기 때문이었다.

한편 압바는 내 결정에 대해 다소 유연하게 대응했다. 한번은 암미가 좌절감에 눈물을 쏟으며 방을 나가자 압바는 내게 이렇게 말했다. "나빌, 미셸이 우리 집 며느리가 될 거라면, 만나보고 싶구나." 그리고 결혼식이 있기 전 주에 압바는 미셸을 만났고, 이후 미셸도 나와 같은 마음으로 우리의 하나 됨을 준비할 수 있었다. 결혼식을 되돌릴 수 없다고 생각한 암미도 미셸을 만났다.

⏺── 가족 후유증

하지만 부모님은 내 결혼을 축복하지 않았고 결혼식에도 오지 않으셨다. 사랑스런 네 명의 조카와 삼촌 한 분 외에, 우리 가족은 아무도 참석하지 않았다. 이 모든 시련이 너무도 힘들었고 지금 생각해도 마음이 아려온다. 물론 내 부모님, 특히 암미도 마찬가지였을 것이다. 암미는 하나뿐인 아들에 대해 많은 꿈과 희망이 있었다. 그런데 내가 기독교 신앙으로 인해 그 모든 꿈과 소망을 저버렸다. 처음에는 이슬람 신앙을 버리더니, 나중에는 비무슬림 여인, 그것도 서양 여인과 결혼한 것이다.

이렇게 가족의 역학 관계가 변하는 과정에서 누이 바지는 시종일관 평화를 유지하자는 입장에 서려고 했다. 바지는 내가 곧 회심할 것을 알고 있었는데, 2004년 12월 내가 첫 번째 꿈을 받은 직후에 바지에게 마음을 털어놓았기 때문이다. 하지만 바지는 내 신앙적 견해보다 가족의 단합을 항상 더 걱정했다. 서구의 영향을 받은 바지의 이슬람 신앙이니 그럴 만했다. 또한 바지는 내가 기독교의 길을 통해 알라를 따르는 것이 알라의 뜻일 수도 있다고 생각했다.

어쨌든 바지가 가장 염려한 것은 나의 결정이 가족에게 끼칠 영향이었지 내 영혼이나 구원이 아니었다. 내가 기독교 신앙으로 깊이 들어갈수록 바지는 우리 가족의 관계가 점점 더 틀어질까 걱정했다. 바지가 내게 던진 한결같은 조언은 "무엇이든 상황을 개선시킬 만한 일을 하든지, 말하든지 하라"였다. 바지는 우리 가족이 마지막 한계를 넘어서지 않을까 두려워했다.

결국 그렇게 되었다. 2009년 의과대학을 졸업하자마자 나는 의사로 개업을 하는 대신 전임 사역을 하기로 결심했다. 내 결정을 부모님께 알렸을 때 두 분은 이해하지 못했다. 암미의 말이 기억난다. "나빌, 너는 그리스도인이 되었다, 좋아. 미셸과 결혼했고, 그것도 좋아. 그런데 이제 의사가 되지 않겠다고? 그건 내가 자랑스럽게 여길 수 있는, 내게 남은 마지막 한 가지인데! 어느 것 하나 내 뜻을 들어주지 않겠다는 거니?"

나는 내가 사역자로 부름 받았음을 설득하려 했으나 부름이란 개념 자체가 암미에게는 말이 안 되는 이야기였다. 암미는 "아니, 그리스도인 의사도 있어. 네가 원하면 의사가 될 수도 있잖니? 공개적으로 기독교와 이슬람교에 대해 말하고 다닐 필요는 없단다" 하는 말만 되풀이했다. 그 순간 암미는 내가 암미와 압바에게 상처를 주고 반항하기 위해 이 모든 결정을 내렸다고 결론지었다. 결국 두 분은 나와의 모든 연락을 끊기로 했다.

●──── 사역자로의 부르심

이 문제로 내가 부모님과 말다툼을 한 때는 2009년이지만, 의사가 되지 않기로 결정한 것은 늦어도 2006년으로 거슬러 올라간다. 내가 데이비드와 함께 성경과 역사적 예수를 공부한 뒤 그리스도인이 된 것을 알고 있던 우리 교회의 목사님이 우리에게 얼마 전 영화관에 개봉된 "다빈치 코드"에 답하는 연속 설교를 공동으로 해보라고 권유했다. 5월 21일, 데이비드가 여름방학을 맞아 버지니아 비치로 돌아왔을 때 우리는 이인조로 첫 설교를 했다. 설교 끝에 무신론자 두 명이 앞으로 나아와 그리스도를 영접했다. 자기 교회에 와서 강연을 해달라는 요청이 여러 교회에서 들어왔다. 이로써 우리가 사역으로 부름 받았다는 게 분명해졌다.

　이야기를 더 진행하기 전에, 무슬림에서 회심한 신자들이 너무 이르게 그리고 너무 자주 사역으로 돌진한다는 점을 언급하고 싶다. 그리스도인 친구들은 그들이 신자가 되었다는 데 감동하고,

그래서 교회마다 그들에게 간증을 요청한다. 그들의 간증은 종종 이국적이고 강력하게 울려 퍼지고, 그 결과 말씀은 급속히 전파된다. 무슬림에서 갓 회심한 이들이 그리스도 안에서 성장할 시간을 갖지 못한 채 깊은 뿌리나 영적 변화 없이 단상에서 말하고 가르치게 되는 건 시간문제다. 내게도 그런 일이 벌어졌다. 나는 그리스도인이 된 지 1년도 안 되어 교회에서 가르치고 이맘들과 토론하고 수백 명 앞에서 간증을 나눴던 것이다. 나는 이런 일에 강력히 반대하거니와, 사역에 뛰어들기 전에 최소 2년 정도의 제자 훈련과 성숙 과정이 있어야 한다고 제안한다. 하나님과 더불어 말씀을 묵상하며 시간을 보낼 때 임하는 은혜와 지혜가 부족했기에 나는 어린 사역자로서 큰 실수를 적잖이 저질렀다. 비록 소수의 새 신자들이 이런 경로를 밟지 못하고 넘어지는 것을 보았으나, 주님께서는 많은 부족함에도 불구하고 은혜로 나를 지켜주셨다.

데이비드와 나는 우리의 사역에, 우리의 핵심 메시지인 예수의 부활을 시사하는 그리스어를 사용하여 "아나스타시스 변증학"이란 이름을 붙였다. 나중에 우리는 "아나스타시스 변증학"이 발음하기도 쓰기도 어렵다고 판단하여 "사도행전 17장 변증학"으로 이름을 바꿨다. 의과대학을 졸업할 때까지 나는 수십 곳에서 수천 명의 사람들을 섬겼다. 그래서 나는 내가 의사가 아니라 교사와 전도자가 되도록 지어졌음을 알았다. 나는 해외 선교에 내 의학 지식을 사용하겠다고 결심했지만 내 소명은 사역자였다.

데이비드와 내가 함께 사역한 2년 동안 "사도행전 17장"은 복잡한 일련의 사건들을 거치며 언론의 자유, 샤리아, 이슬람교에 주로 집중하게 되었다. 이 사안들도 물론 중요했으나 나는 사역의 초점을 이슬람에 맞추고 싶지 않았다. 나는 삼위일체 하나님의 아름다우심, 사랑, 권능에 마음이 가 있었고, 복음의 좋은 소식과 역사적 진실을 선포하는 데 집중하고 싶었다. "사도행전 17장"은 중요했으나 데이비드와 나 두 사람이 모두 필요한 사역은 아니었다. 데이비드에게 사역을 이어갈 것을 격려하면서 나는 2011년 6월에 "사도행전 17장"과 결별하고 "신조 2:6" 선교회를 시작했다. 하지만 이 선교회는 오래 존속할 운명이 아니었다.

2011년 9월, 나는 복음주의자들과 기독교 사상가들이 세운 국제기구인 "래비 재커라이어스 국제선교회"(RZIM)로부터 전화를 받았다. 강연자 중 한 명이 마지막 순간에 올 수 없게 되어 대신할 사람을 간절히 찾고 있다고 했다. 다른 강연자들은 모두 시간이 안 되었고, 함께 일하는 선교회 동료들 역시 바빴다. 마지막 시도로 그들은 대신할 만한 사람이 없는지 직원들에게 수소문했고 그중 두 사람이 내 이름을 언급했다고 했다.

이 보잘것없는 만남을 인연으로 나는 RZIM과 관계를 맺기 시작했다. 그해 12월에 미셸과 나는 이 조직의 창립자인 래비 재커라이어스 박사를 만났고, 그는 우리에게 그들의 팀에 합류할 마음이 있는지 물었다. 우리는 주저하지 않고 긍정적인 답을 했다.

RZIM의 강사진에 들어감으로써 내 꿈이 이루어졌다. 이 일로 인해 나는 부르심을 수행할 연단을 얻었고 삶을 함께할 그리스도인 가족도 얻었다. 매일 함께 일하는 동료들은 사회 각계각층을 대변하는 놀라운 사상가이자 그리스도를 위한 대의에 열정적인 사람들이다. 그들은 내게 친형제처럼 친밀한 가족이 되었다. 나는 어쩌면 생애 처음일지도 모를 소속감을 느낀다.

● —— 현재

가족과 연락이 끊긴 지 1년쯤 후 압바한테서 갑자기 전화가 왔다. 가족이 긴급히 모일 일이 있으니 우리가 와주었으면 한다고 했다. 미셸과 나는 곧장 자동차를 몰고 가족을 찾아갔다. 그때의 만남 이후로 2014년까지 가족과 관계가 이어졌지만 무척 험난했다. 우리는 비록 정기적으로 얼굴을 보고 이야기를 나눴지만 온전한 가족 같지는 않았다.

하지만 2014년 들어 모종의 변화가 생겼다. 아직 확실하지는 않지만, 나는 꽤 그럴듯한 이유를 하나 추측할 수 있다. 이 책이 출간되자, 직접 만나본 적도 없지만 우리 가족을 위해 헌신적으로 기도하는 세계 각지의 사람들로부터 편지와 이메일이 답지하기 시작했다. 하나님께서 이들의 기도를 들으신 게 분명하다. 그렇지 않다면 우리 가족의 관계가 갑자기 극적으로 개선된 이유를 달리 찾을 수 없기 때문이다. 아직도 암미는 가끔 눈물을 흘리기는 하지만 더 이상 울면서 하루 종일을 보내지는 않는다. 압바와 나는 종교 논쟁으로 번지지 않을 만한 어른들의 대화를 나눈다. 우리는 재미있는 이야기, 살아가는 이야기를 나눈다. 결국 우리는 다시 가족처럼 지내고 있다. 실은 부모님은 손녀 아야를 보러 내일 이곳 영국에 온다. 여기 영국에서 우리의 사는 모습을 부모님께 보여주고 부모 역할에 대해 물어보고 싶은 게 한두 가지가 아니다. 결국 그들은 훌륭한 부모님이다.

우리 가족을 위해 기도했으며 지금도 그 기도를 계속하고 있는 여러분에게 나는 영원히 감사할 것이다.

내가 영국에 머무는 이유는, 내가 이슬람을 떠나 예수를 영접하도록 이끌어준 문제들에 대해 내가 아직 열정을 갖고 있기 때문이다. 나는 그리스도인이 된 직후 바이올라 대학교에서 공부하며 신학 지식의 기초를 다졌고, 이후 듀크 대학교에서 그리스도인 교수 및 무슬림 교수들의 지도를 받아 기독교와 이슬람을 비판적으로 연구했다. 최근에는 옥스퍼드 대학교에서 신약학 박사과정을 밟고 있다. 내 소망은 진리 추구자들과 교회로 하여금 기독교 신앙에 대한 확신을 갖는 데 필요한 견고한 이성을 갖추도록 무장시키는 것이다.

데이비드와 나는 여전히 좋은 친구로 지내고 있다. 그와 마리는 네 아들을 키우며 뉴욕에서 아주 바쁘게 살고 있기에 그들과 자주 만나지는 못한다. 그렇기는 해도 미셸과 나는 올가을 데이비드네 가족을 초청할 계획인데 그러면 그들도 우리의 예쁜 딸 아야를 보게 될 것이다. 그때 나도 그의 아들들을 눈여겨 볼 생각이다.

한 가지 더 언급할 게 있다. 지금 아야가 누운 자리에 깔려 있는 담요는 고등학교 때 내게 복음을 전하려고 했던 그리스도인 친구 벳시가 선물한 것이다. 벳시는 나의 회심 소식을 듣고 연락해 왔으며 이후로도 우리 가족과 여러 번 만나 주님께서 우리의 삶에 행하신 일들을 함께 나누었다. 모든 역경에도 불구하고, 특히 열매가 없어 보일 때 내게 복음을 전해주고 나를 위해 기도한 벳시와 수많은 사람들로 인해 주님께 감사드린다.

● ──── 무슬림에게 다가가기

마지막 두 가지 문제가 남았다. 우선, 내 이야기를 읽고 하나님께서 오늘날에도 꿈과 환상을 통해 무슬림에게 다가가신 것을 의심쩍어하는 그리스도인들이 있다. 성경의 권위 및 능력과 충돌한다고 생각하는 것이다. 나는 성경의 권위와 능력을 분명히 믿지만 동시에 하나님께서 우리가 구하거나 상상하는 것 이상으로 측량할 수 없는 놀라운 일을 행하실 수 있는 자비로운 분이며 선교 현장에 있지 않은 사람이라면 놀랄 만한 방식으로 무슬림들에게 다가오심을 믿는다. 이렇게 말하기는 했지만, 꿈과 환상을 받은 무슬림 중 내가 아는 사람들의 이야기를 종합해볼 때, 하나님은 이런 무슬림들을 성경으로 직접 인도하시거나 성경의 가르침을 해설해줄 그리스도인에게로 인도하셨다. 내 경우에도 꿈과 환상은 결국 나를 마태복음으로 인도했고 나는 성경의 페이지 속에서 살아 계신 하나님을 만났다.

둘째, 내가 만난 사람들 중 내 이야기를 읽고서 무슬림과 접촉하려면 그전에 이슬람에 관한 모든 답변을 준비해야 한다고 생각하는 이들이 있었다. 분명히 말하거니와 그렇지 않다. 나와 대화를 시작할 때 데이비드는 이슬람에 대해 아는 바가 거의 없었다. 사람들이 무슬림과 친구가 되기 전에 갖춰야 할 것은 이슬람에 대한 전문 지식이 아니라, 무슬림 친구가 소중히 여기는 것이 무엇인지 기꺼이 알고자 하는 마음이며, 관계가 진전될수록 시간을 들여 이런 문제를 배우고 토론하려는 열정이다. 반면 기독교의 기본 지식에 대해서는 자신이 믿는 바와 그 이유를 분명히 설명할 수 있어야 할 것이다. 적어도 그것이 그리스도인의 의무라고 베드로 전서 3:15은 말하고 있다.

● 마지막 당부

글을 맺기 전에, 예수를 따르고자 고민하고 있는 이들, 특히 그로 인해 큰 희생을 치러야 할 이들에게 당부하고 싶다. 솔직히 말해, 내가 그리스도인이 되고 맞은 첫 해는 인생에서 가장 괴로운 시기였다고 단언해도 될 만큼 극도로 힘들었다. 하루하루가 고투였고 짐작도 못했던 깊은 괴로움을 맛보았다.

하지만 한 번 더 솔직히 말하자면, 10년이 지난 시점에서 돌아보니 그 시기는 인생에서 가장 강력하고 중요한 시간이었다. 그 시간이 나를 빚고 형성하여 예수의 제자로 변화시켰다. 성령이 나의 위로자였고 그분의 말씀이 나를 지탱해주었다. 그렇기에 나는 다른 무엇과도 그 시간을 바꾸지 않을 것이다. 나를 예수의 참제자로 바꾼 것은 고난이었다. 하나님과 동행하고 아내와 함께하는 지금 내 삶은 더없이 행복하다. 무슬림이었을 때 상상할 수 있었던 그 어떤 삶 이상으로 멋진 삶을 나는 살고 있다.

예수를 따르기 위한 고난은 모두 가치가 있다. 그분은 그토록 놀라우신 분이다.

미국에서 무슬림으로 성장하기

1부 "기도로 부름 받다"에 관하여

압두 머리

압두 머리(Abdu Murray)는 변호자이자 변증가이며 전(前) 시아파 무슬림이다. 이슬람 및 주요 세계관에 관한 두 권의 책을 쓴 저자이며, "진리를 품다 국제본부"(Embrace the Truth International)의 현 대표다.

내가 어린 시절을 보낸 디트로이트 교외의 새하얀 풍경 속에서 우리 가족은 소량의 후추 같았다. 당시 우리 가족은 이국적인 존재, 곧 그 지역에서 몇 안 되는 무슬림 가족 중 하나라는 이유만으로 눈에 띄었다. 게다가 나는 이슬람 신앙을 진지하게 여기는 축이었기 때문에 더욱 눈에 띄었고 친구들은 내 신앙에 대해 수없이 질문을 해댔다. 그 결과 나는 대부분이 그리스도인이던 주위의 많은 비무슬림 친구들에게 내가 이슬람 신앙의 아름다움과 진리라고 믿는 바를 손쉽게 말할 수 있었다.

나는 내가 알고 있던 여느 무슬림과 다를 바 없었다. 비록 나이는 어렸지만 나는 하나님과 내 신앙에 대해 이야기하기를 좋아했다.

내 주위의 비무슬림 친구들이 종교 문제에 관해 이야기하기를 극도로 꺼린다는 것을 알고는 무척 놀라기도 했다. "그리스도인은 자신의 전통을 정말로 믿지 않는 건가? 자신의 메시지가 사실이라면 왜 말하기를 주저하는 거지?" 나는 그리스도인들이 내심 자신의 신앙이 어리석다는 것을 알고 있다고 결론 내리게 되었다. 즉 그들은 이슬람교의 진리를 전해 듣고 진리의 길을 보아야 한다고 여긴 것이다.

어린 시절과 십 대를 거치면서 받은 신앙 교육에서 무슬림은 이런 확신을 얻는다. 그들 대부분이 미국 무슬림 가정이라는 비공식 학교의 학생이다. 우리 부모님과 삼촌, 그리고 나이 많은 친척이 우리를 자리에 앉히고 무슬림 세계관을 방어하는 법 같은 무슬림 변증론을 가르친다. 문맹이었던 무함마드가 자기 힘으로 그토록 아름답고 심오한 언어를 내놓을 수 없는 일이기에 코란은 하나님의 말씀인 것이 분명하다고 우리는 배운다. 이런 비공식 훈련을 통해 우리는 근대에 와서 비로소 발견된 과학적 정보와 사실들이 담겨 있는 코란이 초자연적 책이라고 믿게 된다. 그리고 오늘날 우리가 갖고 있는 코란은 1400년이 흐르는 동안 손톱만큼도 변하지 않은 채 무함마드가 처음 전달받은 형태와 정확히 일치한다고 거듭해서 듣는다. 이슬람교는 도덕적이고 의로운 삶을 살 수 있는 최고의 방법을 제안한다고 배운다. 이렇게 가르침은 이어진다. 무슬림 가정의 저녁 식탁에서 이런 토론은 매일같이 상에 오르는 단골 메뉴다.

우리의 주요 식단 중에는 논쟁술도 있다. 어린 시절부터 나는 그리스도인들이 의도는 좋고 심지어 진심으로 자신의 신앙을 따를지 모르나 그들의 신앙에는 치명적인 오류가 있다고 배웠다. 그들의 성경은 한때 순수한 하나님의 말씀이었으나 그들의 손에 의해 가망 없이 변질되고 말았다. 게다가 그리스도인들은 논리적으로 우습기 짝이 없는 교리를 만들어냈는데, 예수의 신성과 삼위일체 같은 교리가 그렇다. 코란은 변질된 성경과 신성모독적인 기독교의 가르침이 일으킨 해악을 해결하기 위해 7세기 아라비아에서 무함마드에게 계시된 책이다. 무함마드의 사명은 참된 종교를 회복하는 것이었다. 그리고 선한 무슬림으로서 나의 목적은 그 사명을 이어가는 것이었다.

하지만 자신들이 믿고 있는 바가 진리임을 전파하도록 젊은이들을 구비시키는 것이 이런 비공식 훈련을 시행하는 유일한 동기는 아니다. 앞선 세대의 무슬림은 미국 문화의 부정적인 면이 다음 세대의 무슬림을 타락시키는 강력한 영향력을 행사할까 봐 염려한다. 자신의 자녀가 유혹에 굴복하여 부모 세대의 눈에 미국 생활의 특징으로 보이는 마약 복용이나 알코올 중독, 난잡한 성생활을 일상으로 살게 될까 봐 걱정하는 것이다. 그렇지만 만일 젊은 무슬림들이 자신의 이슬람 신앙에 대한 확신을 갖고 성장한다면 이런 유혹에 훨씬 더 잘 저항하도록 무장될 것이다. 이런 생활 방식이 위험하기는 하지만, 이슬람교를 버리는 궁극의 불명예에 비하면 별것 아니다. 특히 그리스도인이 되어 이슬람교를 떠나는 경우라면 더더욱 그렇다. 이슬람교는 단지 종교적 믿음의 체계가 아니다. 삶 전반을 아우르는 정체성이다. 최소한의 신앙생활만 하는 무슬림일지라도 자신의 정체성을 바꾼다는 것은 상상조차 할 수 없는 일이다. 정체성의 변화는 자살과 같다. 그것은 회심자의 정체성을 지울 뿐 아니라 남은 가족도 수치와 슬픔 가운데 버려두는 일이다.

무슬림은 잘 차려진 변증론과 논쟁술 위에 문화적 자부심이라는 소스를 곁들인 식단이라면 그런 재앙을 예방할 수 있다고 믿는다. 그리고 이런 가족을 통해 젊은 무슬림은 무함마드가 예언자이며 코란이 신의 말씀임을 확언하는 동시에, 자신이 무슬림 아닌 다른 신앙인, 특히 그리스도인이 될 수 있다는 생각에 저항하는 것이 곧 무슬림이 되는 것이라고 확신한다.

무슬림의 정체성을 유지한 채 미국 사회 속에 섞이기 위해 긴장하면서 산다는 게 어떤 것인지, 대부분의 그리스도인은 짐작도 못한다. 그래서 무슬림들이 복음이 진리일 수 있다는 생각을 갖는 것조차 얼마나 어려운 일인지, 그리스도인 대부분은 이해하지 못한다. 나는 예수님의 사랑과 배려를 자신의 행동으로 보여줄 뿐 아니라 복음의 아름다움과 진리를 자신의 언어로 사려 깊게 선포하는 귀한 (그리고 너무도 소수의) 그리스도인이 있음으로 인해 하나님께 감사한다. 하나님은 그들을 사용하셔서 영적 토론의 바다에서 좌초하지 않고 (물론 그렇게 될 가능성이 없지 않지만) 항해하게 하신다.

결국 그리스도께 자신의 삶을 드리는 다수의 무슬림과 마찬가지로, 그 진리가 어마어마한 희생을 치르더라도 받아들일 만한 가치가 있음에도 불구하고 내가 진리를 받아들이기까지는 상당한 시간이 걸렸다. 내가 예수 그리스도의 인격과 사역을 전적으로 받아들일 경우 무슬림 공동체의 저녁 식탁에서 나를 위해 마련되었던 그 정체성을 희생해야 함을 나는 알고 있었다. 그리스도가 그만한 가치가 있음을 볼 수 있을 때까지 나는 기꺼이 대가를 치를 수 없었다. 그렇지만 결국 나는 복음을 섬기기 위해 자기 목숨을 버린 저 유명한 짐 엘리엇의 명언, "잃을 수 없는 것을 얻기 위해 영원하지 않은 것을 버리는 자는 바보가 아니다"라는 말의 의미를 이해했다.[118] 엘리엇은 "내가 그를 위하여 모든 것을 잃어버리고 배설물로 여김은 그리스도를 얻고"(빌 3:8)라고 했던 바울의 말을 달리 표현했던 것이다. 하지만 그분을 따르기 위해 우리가 어떤 대가를 치르든 예수께서 우리를 위해 치르신 대가에 비하면 초라할 뿐이다. C. S. 루이스는 우리를 향한 하나님의 사랑이 "그 의지가 결연하여, 우리에게 어떤 대가가 따르고 그분께 어떤 대가가 있더라도 우리를 죄에서 치료하신다"[119]라고 썼다. 이런 하나님을 따르기 위해서라면 우리는 자신의 정체성을 포기할 수 있고, 그렇게 할 때 우리는 조금 더 예수를 닮은 새로운 정체성을 부여받는다.

내 삶을 예수께 드린 후에 내 식탁은 완전히 바뀌었다. 전에 집어삼켰던 피상적 답변은 아무리 먹어도 허기지고 목이 말랐다. 하지만 영원한 만족을 주시는 그리스도 안에서 내 허기는 생명의 떡으로 채워졌고 내 갈증은 생명수로 해소되었다.

---

118 Edyth Draper, *Draper's Book of Quotations for the Christian World* (Wheaton, IL: Tyndale, 1992), 1533.

119 C. S. Lewis, *Mere Christianity* (San Francisco: Harper San Francisco, 2001), 133. 『순전한 기독교』(홍성사 역간).

동양과 서양이 만날 때

2부 "이슬람의 대사"에 관하여

마크 미텔버그

> 마크 미텔버그(Mark Mittelberg)는 베스트셀러 작가이자, 전 세계에서 150만 명이 참여했고 20개 이상의 언어로 번역된 제자훈련 과정인 "예수를 전염시키는 그리스도인 되기"의 원작자다. 윌로크릭 교회의 복음전도 책임자로 10년 넘게 섬겼다.

"알라가 유일한 하나님이며 무함마드가, 그에게 평화가 있기를, 알라의 참예언자임을 아는 게 중요합니다. 하나님은 나눠지지 않으며, 그분에게 아들은 없습니다. 그리고 예수는, 그에게 평화가 있기를, 하나님의 아들이 아닙니다. 그는 무함마드와 마찬가지로 참예언자였으며 우리는 그를 존경하지만 절대로 경배해서는 안 됩니다. 우리는 알라, 오직 알라만을 예배합니다."

이맘, 흰색 옷을 입고 회중 앞에 선 남자, 그날 모스크의 책임자임이 분명한 사내의 입에서 나온 이 담대한 발언은 단지 신학적 내용만 전달하려는 것이 아니었다. 이 선포는 받아들여야 하는 메시지이지, 확인을 요하는 내용이 아님을 분명히 하려는 권위가 그의 말에 실려 있었다.

　이맘이 이렇게 말한 것은 몇 가지 질문에 응답할 마음이 없었기 때문이 아니다. 그보다는 그리스도인 그룹 전체의 생각에 한꺼번에 도전할 기회라고 보았던 게 분명했다. 그래서 짧게 가르침을 끝낸 그는 우리가 제기하는 모든 사안에 대해서 질문을 받았다. 하지만 그때조차도 이맘은 자신의 믿음이 진리이며 그곳에 있는 우리는 그의 믿음을 배워야 한다고 단호한 어조로 응답했다.

　이런 자신만만함은 내가 결국 질문을 던졌을 때 사실로 드러났다. 나는 이맘에게 그를 포함한 무슬림들이 예수가 하나님의 아들이며 그가 십자가에서 죽었다가 3일 만에 죽은 자 가운데서 살아났음을 부인하는 이유를 물었다. 나는 할 수 있는 한 정중하게, 나를 위시해서 그날 모스크를 방문한 우리 교회 사람들은 예수의 제자들의 증언에 기초해서 그렇게 믿는다고 설명했다. 제자들은 3년 동안 그분과 함께 거닐며 대화를 나눴으며 예수가 자신이 하나님의 아들임을 여러 번에 걸쳐 주장한 말을 직접 들었던 이들이었다. 제자들은 예수가 십자가에서 죽는 것을 목격했고 부활한 그를 만나 이야기하고 함께 먹기까지 했다. 그리고 그 모든 내용은 신약 복음서에 기록되어 있었다.

　"내가 궁금한 것은 우리가 실제 역사 기록으로 알고 있는 내용을 저버리고 여러분 무슬림들의 견해를 수용해야 하는 역사적이고 논리적인 이유가 있는가 하는 점입니다." 나는 이런 말로 질문을 마무리했다.

이맘은 나를 쏘아보더니 결심한 듯 이렇게 선언했다. "나는 예언자를 믿겠소." 이 말과 함께 질의응답 시간도 끝났다.

참으로 동양과 서양은 만난다! 그날 모스크를 나오면서 나는 우리가 진리의 문제에 접근할 때 같은 방식으로 나아가지 않음을 다시 깨달았다. 실제로 몇 년 후 나는 지식 습득에 있어 서양과 동양의 접근 방식의 특이점에 관해 비교하는 글을 썼다.[120]

동양에서 특히 이슬람의 경우, 일반적으로 권위자의 말이 진리로 받아들여지며 따라서 당신은 그들의 가르침을 받아들여야 한다. 나는 이런 접근법을 "권위주의적 믿음의 길"이라고 부른다. 실제로, 아랍어 단어 "이슬람"의 원래 의미는 "복종"이다. 현재 무슬림 신앙의 지배적인 경향은 종교의 가르침에 질문하지 말고 복종하라는 것이다.

이는 내 친구 나빌 쿠레쉬가 자신의 책 2부에서 내린 다음과 같은 평가와 일치한다. "동양의 이슬람 문화에서 태어난 사람들은 일반적으로 진리에 접근할 때 개인의 이성적 추론이 아니라 권위의 체계를 통해서 본다. 물론 동양에서도 개인의 비판적 추론이 유효하지만 평균적으로 서구에 비해 그 가치가 낮고 보편적인 방법도 아니다. 지도자들은 비판적 추론을 실천해왔으며 무엇이 최선인지 안다."

나빌이 내비치듯, 이는 서구의 보다 전형적인 접근법, 내가 "증

---

120 Mark Mittelberg, *Confident Faith: Building a Firm Foundation for Your Beliefs* (Carol Stream, IL: Tyndale, 2013), 특히 5, 8장.

거 중심의 믿음의 길"이라 부르는 것과 날카로운 대조를 이룬다. 이 접근법은 권위자의 말이 아니라 논리와 경험에 근거하여 무엇을 진리로 수용할지 말지를 결정한다. 그리고 여기에는 내가 이맘과의 대화에서 인용한 것과 같은 신뢰할 만한 역사 기록에 보존된 경험이 포함된다.

물론 두 접근법 모두 함정이 있다. 증거 중심의 의식구조를 가진 서양인, 이성을 엄격히 적용해 증거를 연구한 뒤에야 그 결과가 이끄는 대로 따라가는 이들은 진리를 사랑하는 사람들(살후 2:10)이 된다는 것이 어떤 의미인지 종종 기억할 필요가 있다. 서구 문화에 속한 이들은 너무 자주 자연주의적 원인에 한정해서 접근하는 우를 범하기에 초자연적 원인에 대해서는 고려조차 하려 들지 않는다. 이런 태도는 결과에 영향을 주고 과학적·역사적 연구를 말 그대로 무신론적인 연구로 변질시켜버린다. 하지만 만일 우리가 가능한 여러 설명 전반에 대해 사람들이 다시 마음을 열게 할 수 있다면, 확신컨대 논리와 증거는 (성령의 내적 역사와 더불어) 그들을 하나님에 대한 믿음뿐만 아니라 기독교 신앙으로 인도하리라고 확신한다.[121]

권위주의적 의식구조를 받아들인 동양인들은 신앙적 권위가 모두 똑같이 생겨나지는 않는다는 점을 기억할 필요가 있다. 어떤 권위는 따를 만하지만 어떤 권위는 그렇지 않다. 지도자의 신빙성이

---

121 앞의 책, 특히 10-12장에서 나는 기독교의 진리성에 대해 스무 가지 논거를 제시했다.

검증되지 않았고 그들이 전하는 메시지가 평가되지 않는다면, 어떤 것을 따라야 할지 어떻게 알겠는가? 성경은 우리에게 "모든 것을 분간하고 좋은 것을 굳게 잡으십시오"(살전 5:21; 새번역)라고 권면하고 "어느 영이든지 다 믿지 말고 그 영들이 하나님에게서 났는가를 시험하여보십시오. 거짓 예언자가 세상이 많이 나타났기 때문입니다"(요일 4:1; 새번역)라고 경고한다.

정말 중요한 질문은, 동양인이 용기를 내어 자신에게 필요한 검증과 평가를 끈기 있게 적용할 것인가 하는 것이다. 이 질문이 도전인 것은 나빌이 일깨워주듯이 "권위가 이성보다 지위에서 기원할 경우, 지도력에 의문을 제기하는 행위는 체제를 뒤집을 가능성이 있기에 위험하다. 의견 차이는 책망받고 복종은 보상받"기 때문이다.

감사하게도 점점 더 많은 무슬림이 진리를 찾기 위해서뿐 아니라 궁극적으로 자신이 진리라고 말하신 분(요 14:6)을 찾는 작업에 내재된 위험과 불편을 기꺼이 감내하고 있다. 나빌은 이런 도전에 영감을 주는 좋은 사례이며 나는 다른 많은 이들이 그의 본을 따르리라 믿는다.

신약성경

3부 "신약성경을 시험하다"에 관하여

대니얼 B. 월러스

대니얼 B. 월러스(Daniel B. Wallace) 박사는 댈러스 신학대학원 신약학 교수다. 영어 새번역 성경(NET)의 신약 편집 책임을 맡았고, 다른 네 가지 성경 역본의 감수를 맡았다. 그리스어 문법을 다룬 그의 책 『중급 그리스어 문법: 신약성경 주해 구문론』(*Greek Grammar beyond the Basics: Exegetical Syntax of the New Testament*)은 영어권에서 표준 교과서로 사용되며 다른 수많은 언어로 번역되었다.

대학 2학년 때 나는 남캘리포니아에 소재한 기독교 인문대학인 바이올라 대학교로 학적을 옮겼다. 그곳에서 성경을 배우기 위해서였다. 거기서 명실상부한 본문 학자인 해리 스터즈(Harry Sturz) 박사 문하에서 그리스어를 배웠으니 정말 운이 좋았다. 첫 학기 몇 주가 지난 어느 무더운 금요일 오후, 스터즈 박사는 신약성경의 모든 사본이 똑같지는 않다고 간단히 알려주었다. "사실, 사본들 간에는 본문상 수십만 개의 차이점이 존재하지요." 한 시간의 강의 끝자락에 스터즈 박사는 차분하게 이렇게 진술했다. 그런 다음 더 이상의 설명 없이 수업을 끝냈다.

　　그날 오후 나는 집으로 돌아가며 혼란하고 당황스러운 기분을 느꼈다. **그렇다면 오늘날 우리가 갖고 있는 게 하나님의 말씀이라고 어떻게 확신할 수 있는가? 성경이 우리도 모르는 사이에 변질되지 않았다고 어떻게 알 수 있는가?** 나는 불과 몇 년 전 그리스도께 내 삶을 드린 터였다. 이제 내가 신화에 내 삶을 드린 것은 아닌지 알아야 했다.

신약성경 본문의 신빙성을 탐구하는 내 평생에 걸친 연구는 그렇게 시작되었다. 스터즈 박사는 자신이 가르치는 학생들이 자신만의 확신을 갖고 그 증거를 스스로 연구하기를 바랐다. 그래서 이따금 자신이 아끼는 제자들을 신앙의 존재론적 위기에 빠뜨렸던 것이다. 나는 그의 본보기에서 영감을 받아 지금까지 40년이 넘는 세월 동안 신약성경을 연구했다. 그리고 도달한 결론은 막대한 숫자의 이형(異形)은 이야기의 일부이며 복음의 활력을 증거하는 중요한 부분이라는 것이다.

나는 영적·학문적 여정을 걸어오면서 그리스도인은 어떤 대가를 치르더라도 반드시 진리를 추구해야 한다고 배웠다. 또한 그리스어 신약성경과 수백 개의 개별 원고를 살펴보면서 보낸 40여 년 동안 이형 본문과 그것이 기독교 신앙에 끼친 영향에 관해 배운 바는, 내가 미처 생각하지 못했던 방식으로 내 믿음을 굳건하게 해주었다.

이 짧은 에세이에서 나는 이형 본문과 그것이 기독교 신앙에 끼친 영향에 관해 세 가지 중요한 사실을 개괄해보겠다.

이형 본문의 수

가장 믿을 만한 추산에 따르면 오늘날 신약성경 사본들 간에는 약 400,000개의 본문 간 차이점이 존재한다. 하지만 이 믿기 어려운 숫자가 나온 이유가 믿기 어려운 사본의 수보다 훨씬 믿기 어렵다. 고대 그리스-로마 세계에서 사본의 수나 그 연대를 기준으로 볼 때 신약성경에 비견할 만한 문헌은 절대로 없다. 그리스-로마 시대의 저작의 경우 현재까지 남아 있는 사본의 수는 평균 20개를 넘지 않는다. 신약성경은 그리스어 사본만도 5800개가 넘는 수를 자랑한다. 하지만 신약성경은 초기부터 라틴어, 시리아어, 콥트어, 조지아어, 고트어, 아르메니아어, 아랍어 등 다양한 언어로 계속해서 번역되었다. 모두 합쳐서 20,000개 이상의 신약성경 사본이 존재한다. 물론 그중 일부는 자그마한 파피루스 조각이며 대부분은 온전한 신약성경이 아니다. 그럼에도 이 사본들의 평균 길이는 450쪽에 달한다.

만일 눈 깜박할 사이에 모든 사본이 파괴된다 할지라도 우리에게는 여전히 증인이 남아 있을 것이다. 그 이유는 1세기 후반부터 13세기까지 교부들이 자신의 설교와 주석, 신학 논문에 신약성경을 인용했기 때문이다. 게다가 그들은 간결성이란 재능이 없었다. 교부들에 의해 인용된 신약성경 구절은 현재까지 백만 개가 넘게 수집되었다. 사실상 이 교부들의 인용만 가지고도 신약성경 전체의 재생산이 가능한 셈이다.

사본의 연대는 또 어떤가? 첫 천 년 동안 쓰인 신약성경 사본의 수가 무척 적다는 주장이 종종 제기된다. **상대적으로** 말하면 그 주장은 사실이다. 신약성경 사본의 15퍼센트만이 천 년 이전에 만들어졌다. 하지만 그렇다 해도 여전히 800개의 사본이 존재한다. 이천 년이 넘는 시간 동안 필사된 평균적인 고전 작가의 사본 수의 40배가 넘는 수다! 평균적인 고전 작가의 경우 그의 작품이 창작되고 500년 안에 재생산되어 오늘날까지 현존하는 사본은 하나도 없다. 신약성경은 최소한 그리스어로 쓰인 것만 250개의 사본이 있는데 그것들은 신약성경이 집필되고 나서 500년 안에 만들어진 것이다. 300년이 지나기 전에 시나이 사본이라고 하는 첫 온전한 신약성경이 만들어졌고, 그에 더하여 100개 이상의 다른 사본이 오늘날까지 전해지고 있다. 그리고 비록 단편으로 존재하는 일부 사본들도 신약성경이 완성된 후 몇 십 년 안에 만들어졌다.

그리스도인들이 "t"에 삐침을 긋거나 "i"에 점을 찍는 일보다는 그 뜻을 전하는 데 더 관심을 기울였다는 사실은 기독교 신앙의 활력의 증거다. 하지만 이런 복음의 열정이 결국 메시지를 **바꾸어**버렸는가?

이형 본문의 성격

이형 본문의 70퍼센트 이상은 아무런 영향을 끼치지 못하는 단순한 철자 차이다. 또한 일부는 그리스어의 내적 구문과 관련된 것으로 영어(또는 다른 대부분의 언어)로 번역할 수 없는 것들이다. 그리고 "예수"와 "그리스도" 같은 동의어를 포함하는 이형이 있다. 의미가 같고 신학적으로 의미가 갈리지 않는 사안이다. 그리고 의미가 없진 않으나 성립 가능성이 없는 이형이 있다. 즉 발견된 사본이 속한 계보가 부실하여 (대개 없거나 아주 후대의 사본인데) 원문의 단어를 반영한다고 주장할 만한 타당한 근거가 거의 없는 경우다. 놀랍게도 모든 이형 본문에서 1퍼센트 미만만이 의미가 있고 성립 가능하다.

의미가 있으면서 성립 가능한 한 예는 요한계시록 13:18에서 짐승의 수를 가리키는 ("666"이 아닌) "616"이다. 하지만 의미가 있고 성립 가능하다 해도, 이 이형은 기독교 신앙의 핵심 가르침에 영향을 줄 정도로 중요하지는 않다.

단연코 본문적으로 의심이 가는 두 개의 가장 긴 구절은 마가복음 16:9-20과 요한복음 7:53-8:11이다. 이 구절들은 각각 열두 절을 담고 있다. 다음으로 가장 긴 이형 본문은 겨우 두 절이다. 겨우 스물네 개의 이형만이 한 절에서 두 절 길이이다. 신약학자들은 이 절들이 후대에 신약성경에 덧붙여진 것이라고 의견 일치를 보았다. 왜냐하면 그 구절들이 가장 이르고 가장 완결성이 높은 사본에는 나오지 않을뿐더러 저자의 알려진 구문과 어휘, 문체와 맞아 떨어지지 않기 때문이다. 이 이형들에 의해 교리가 영향을 받지는 않는다. 분명 이 구절들은 많은 사람이 가장 좋아하는 절을 담고 있지만 기독교 신앙의 기본 교리를 조금도 위협하지 않는다.

기독교 신앙에 끼친 이형 본문의 영향

이런 이형 본문이 제기하는 근본적인 문제는 기독교 신앙이 신약성경의 저자가 원래 기록한 데서 근본적으로 달라졌는가 하는 것이다. 예수의 부활이 사본학상 의심되는 구절에 의존하는가? 예수의 신성이 의심이 가는 절에서만 나타나는가? 이런 질문들은 분명 기독교의 진리를 추구하는 이들에게 심대한 근심거리임이 틀림없다. 나는 신약성경 본문의 변질과 관련해서 많은 무슬림과 무신론자들이 의존하고 있는 권위를 인용하는 것으로 이 에세이의 결론을 내리고자 한다.

바트 어만의 『성경 왜곡의 역사』(*Misquoting Jesus*, 청림 역간) 부록에는 책의 편집자와 저자 간의 대화가 실려 있다.

"이와 같은 정통 기독교의 핵심 교리가 당신이 성경 사본들에서 발견한 필사 오류로 인해 위험에 빠진다고 믿는 이유가 무엇입니까?"

어만의 대답은 시사하는 바가 있다. "기독교의 본질적인 신앙은 신약성경의 사본 전통에 나오는 이형 본문에 의해 영향을 받지 않습니다."

명실상부한 신약성경 학자인 동시에 회의주의자인 어만조차도 이형 본문 때문에 기독교 신앙의 핵심 교리가 위협받지 않음을 인정할 수밖에 없었다. 어만의 길을 따라온 많은 무신론자와 무슬림들은 그가 실제로 발설한 내용에 비해 그의 주장을 지나치게 과장했던 것이다.

신약성경 본문비평의 역사는 강건하고 매혹적이다. 사태가 진정되고 나면 우리는 오늘날 우리가 갖고 있는 성경이 그 본질뿐 아니라 어마어마한 양의 세부 사항에 이르기까지 처음 저자들이 기록한 것과 같다는 사실을 확신할 수 있다.

내 친구 나빌 쿠레쉬는 혼자 힘으로 이런 진리를 발견했다. 회심 직후 그를 만난 이래로 나는 그에게서 진리를 향한 열정과 명철한 지성, 그리고 이제껏 한두 사람에게서밖에 목격하지 못했던 하나님을 향한 마음을 보았다. 나는 어떤 희생을 치르더라도 진리를 추구하여 하나님을 깊이 알고자 하는 그의 열정과 열심에, 그리고 점점 가중되는 가족과 친구들의 반대에 직면해서 그가 보여준 용기에 박수를 보낸다. 성령께서 이 책을 사용하셔서 많은 사람에게 다가가시기를 간구한다.

결정의 순간

4부 "핵심에 다가가다"에 관하여

마이클 리코나

마이클 리코나(Michael Licona)는 휴스턴 침례대학교 신학과 조교수이며 역작『예수의 부활: 역사기록학적 접근』(*The Resurrection of Jesus: A New Historiographical Approach*)의 저자다. 그는 많은 대표적 불가지론자 및 무슬림 학자들과 공개 토론을 벌였고 전 세계 50개 이상의 대학 캠퍼스에서 강연했다.

우리에게는 각자 어떤 결정을 내려야 하는 순간들이 있다. 우리의 성품이 드러나고 우리 인생의 경로가 정해지는 결정 말이다. 우리는 이 순간을 "결정의 순간"이라 부른다. 카이사르는 자신의 행동이 로마의 내전이라는 결과를 낳을 것을 알면서도 루비콘 강을 건너기로 결정했다. 디트리히 본회퍼는 자신의 행동이 도덕적으로 정당하지만 그로 인해 목숨을 잃게 될 수 있음을 알면서도 히틀러 암살 계획에 동참하기로 결정했다.

겟세마네 동산에서 예수는 임박한 고난과 잔혹한 처형을 앞두고 씨름했다. 예수는 시련을 맞설 것인지 외면할 것인지 결정해야 했다. 비슷한 처지에 있는 누구라도 피하고 싶었을 테고 예수도 이런 자신의 바람을 내비쳤다. 하지만 예수께서는 자신이 이 세상에 온 목적이 이런 시련을 감내하는 것임을 또한 아셨다. 그래서 고난에 맞서기로 결정하셨다(막 14:32-15:39; 요 18:1-19:30). 이것은 예수의 삶에서 결정의 순간이었거니와 이 결정이 우주의 질서를 바꾸어놓았다.

처음 나빌을 만났을 때, 그도 나도 인생에서 결정의 순간을 맞이하게 되리라고는 예상하지 못했다. 우리 각자가 시작하려는 여정은 무척 닮아 있었다. 출발점부터 우리는 둘 다 종교적 신념을 중시하는 가정에서 자랐다. 유소년기에 우리는 둘 다 하나님을 알고 그분을 기쁘게 하고픈 열망을 지녔다. 우리 둘 다 그 끝이 어디든 관계없이 헌신적으로 진리를 추구했다. 우리 둘 다 우리가 이미 진리를 따르고 있으며 다른 진리는 없다고 진심으로 믿었다.

나의 여정은 2003년 내가 박사과정 연구를 시작하면서 막이 올랐다. 나는 예수의 부활을 다른 각도에서 보겠다는 목표, 즉 역사 조사의 표준 방법을 이용해서 예수가 죽은 자 가운데서 부활했음을 보이겠다는 목표를 가지고 시작했다. 그리하여 역사철학 및 역사 방법론에 관한 문헌을 읽는 것으로 연구를 시작했다. 머지않아 나는 나 자신의 편견의 도전에 대면했다. 나는 예수의 부활이 사실임을 입증하고 싶었다. 하지만 내가 읽은 문헌들은 내 목표가 이 연구의 충실성을 심각하게 저해할 수 있음을 일러주었다. 물론 회의주의자들도 비슷한 도전에 직면한다. 그들은 예수의 부활이 거짓임을 입증하고 싶어한다. 어떤 조처를 취하지 않는 한, 우리의 편견이 우리의 역사

연구 방법을 인도하여 언제나 우리가 찾고자 하는 결론에 이르게 하는 것이다.

　1년의 연구 후 박사과정 연구에서 내 동기가 바뀌었다. 나는 예수의 부활을 증명하겠다는 생각 대신, 가능한 한 내 편견을 선반 위에 올려두었을 때 사실 연구가 밝혀줄 수 있는 내용을 발견하겠다는 마음으로 불타올랐다. 나는 "예수가 죽은 자 가운데서 부활했는가?"라는 문제를 두고 저명한 회의주의자 학자들과의 공개 토론에 수없이 참여했다. 각 토론에 앞서 나는 하나님께 진리를 밝혀달라고 구했다. "내가 잘못된 길에 서 있다면, 부디 내 실수를 보여주소서. 필요하다면 내가 창피를 당하게 하소서. 진리를 보지 못하게 가로막는 나의 어떤 조건이든 깨부수소서. 다만 주님 당신을 따르기 원합니다. 설령 당신이 내가 생각하던 분이 아니더라도 말입니다."

　내 토론 상대자들은 대부분 박식하고 저명한 학자였기에 나로서는 게으름을 피울 여지가 없었다. 어쩔 수 없이 나는 자료뿐 아니라 각각의 상대가 그 자료에 대해 어떻게 설명하는지에 능통해지는 수밖에 없었다. 토론에서 그들의 논지가 설득력이 없다고만 답변할 수는 없는 노릇이었다. 나는 그들의 논지가 효과적이지 못한 이유, 그것도 납득할 만한 이유를 제시해야만 했다. 그러므로 토론은 나로 하여금 예수의 부활 문제에 있어 사실상 모든 요소를 충분히 숙고하게 만들었다. 나의 여정은 고단했고, 내 편견을 억누르는 일은 종종 괴로웠다. 5년 하고도 반이 지났을 때, 예수가 죽은 자 가운데서 부활했다는 사실이 다른 어떤 경쟁 가설보다 훨씬 우월한 방식으로 역사적 자료와 부합한다는 결론에 도달하며 내 여정은 마무리되었다.[122] 그 끝이 어디일지라도 진리를 찾아 진리가 이끄는 대로 따라가겠다고 결정한 것과, 연구 과정 동안 할 수 있는 한 최선을 다해 편견을 제어하는 노력을 끊임없이 경주하겠다고 결심한 것은 내 인생의 결정적 순간이었다. 나는 내가 받으며 자란 교육 때문이 아니라 예수가 죽은 자 가운데서 부활한 일이 역사상 실제로 일어난 사건이었음을 강력히 지시하는 역사적 증거 때문에 예수의 제자로 남아 있다.

나빌은 증거가 자신의 이슬람 신앙을 입증해주리라는 확신을 가지고 여정을 시작했다. 그의 여정은 강렬했고 내가 아는 한 정직하고 편견이 없었다. 나빌은 조금도 거리낌 없이 이슬람교가 진리이기를 바랐다. 그는 이렇게 배우며 성장했고 그 자신도 무슬림인 것을 자랑스러워했다. 또한 그는 부모님을 무척 사랑했고 그들을 슬픔에 빠뜨리거나 이슬람 공동체에서 수치를 겪게 하고 싶지 않았다. 나빌이 가족에게 배운 신앙을 떠나 예수의 제자가 된다면 이런 어려움이 분명 따라올 터였다. 무슬림이 아닌 서양인들은 이런 점을 좀처럼 염두에 두지 못하는데 이런 수치는 우리 문화에서 일반적이지 않기 때문이다. 하지만 내가 그랬던 것처럼 나빌도 진리를 찾아 나서는 과정에서 달갑지 않은 결말에 이르더라도 진리를 찾는 일에 마

---

[122] 관심 있는 독자는 내가 참여한 다수의 토론을 다음에서 볼 수 있다. http://www.vimeo.com/licona. 내 박사 논문을 약간 개정한 책도 볼 수 있다. Michael R. Licona, *The Resurrection of Jesus: A New Historiographical Approach* (Downers Grove, IL: InterVarsity, 2010).

음이 더 있었다. 하지만 우리가 예수로 뜻을 정할 때 이것이 곧 우리의 영원한 운명을 결정하는 일일 가능성이 아주 높음을 고려한다면, 진지하게 진리를 추구하는 일 외에 그 무엇이 우리 영혼을 만족시킬 수 있겠는가? 나빌의 여정은 내 여정보다 시간이 덜 걸렸지만 결코 그에게 덜 고통스러운 일이 아니었다. 예수의 하나님 되심―자신이 하나님의 아들이라는 주장, 그분의 십자가 죽음, 죽은 자 가운데서 부활하심―을 지지하는 강력한 증거가 회의주의자와 이슬람 학자들 양쪽 모두의 맹렬한 비판적 조사를 이겨낼 수 있음을 발견했을때, 나빌은 진리의 인도를 받아 예수의 제자가 되기로 결심했다. 이는 나빌에게 있어 참으로 결정적 순간이었다.

예수 그리스도의 신성

5부 "예수: 인간 메시아인가 하나님의 아들인가?"에 관하여

J. 에드 코모저스키

J. 에드 코모저스키(J. Ed Komoszewski)는 노스웨스턴 칼리지의 성경신학 교수이자 "조쉬 맥도웰 선교회" 선임 연구원으로 다년간 섬겼다. 영향력 있는 두 권의 책 『예수 재발견』(*Reinventing Jesus*)과 『예수의 마땅한 자리』(*Putting Jesus in His Place*)를 공저했다.

예수의 이름이 나오면 긴장이 고조된다. 항상 그랬다. 요즘 시대에 경건한 무슬림인 나빌이 갈릴리에서 온 도발적인 랍비와 타협해보려고 고투했던 것처럼, 예수 당시에도 유대 당국은 자신이 하나님이라는 그의 주장에 수상쩍은 눈길을 던졌다. 예수가 자신이 아브라함보다 큰 자라고 주장하는 것을 보고 그들은 이렇게 물었다. "너는 너를 누구라 하느냐?"(요 8:53) 서기관과 바리새인들은 예수의 그 주장을 거듭해서 직접 들었기에 (이슬람이 나빌에게 똑같이 가르쳤던 것처럼) 그 주장이 후대에 변질된 것이라고 간단히 일축해버릴 수 없었다. 아주 분명하게 그들이 드러낸 표현은 네 복음서 모두에서 보도하듯 예수가 귀신에 씌었다는 것이었다(마 9:34; 12:24; 막 3:22; 눅 11:15;

요 7:20; 8:48).

이슬람교는 예수의 신발끈을 풀기 위해 몸을 그리 깊이 굽히지 않는다. 사실 이슬람교는 그 신학이 허용하는 한도에서 여느 인간 존재 중 가장 높은 이로 예수를 존경한다. 이슬람교에서는 예수를 무함마드 다음가는 중요하고 위대한 예언자로 여긴다. 예수가 (무함마드와 달리) 동정녀에게서 태어났다는 신약성경의 주장에 동의한다. 또한 예수가 (다시 한 번 무함마드와 달리) 죽지 않고 육신으로 낙원 혹은 천국에 올라갔다고 가르친다. 물론 이런 가르침이 신약성경과 일치하지는 않지만 이슬람교는 무슬림의 관점에서 예수에 관해 고결한 견해를 표명한다.

물론 그리스도인도 예수가 인간인 동시에 위대한 예언자였음을 인정하지만 우리는 그분이 그보다 훨씬 크신 분임을 알고 있다. 유감스럽게도 우리는 예수가 성육신하신 하나님임을 믿는 믿음이 요한복음에서만 나온 것이라는 인상을 줄 때가 종종 있다. 이런 이유로 "요한복음은 중요하지 않다"라는 주장이 틈을 비집고 들어오는 것이다. 나빌이 네 번째 복음서의 증언을 그렇게 넘겨버렸던 것처럼 말이다. 사실 나빌이 곧 발견했듯 신약성경의 다른 부분들도 요한복음과 마찬가지로 예수 그리스도를 높이 추켜세운다. 다음의 예는 그중 일부에 불과하다.

사도 바울은 49년에서 65년 사이에 여러 서신을 썼다. 예수가 30년 혹은 33년에 죽었으니, 바울의 서신은 모두 예수 사후 스무 해에서 서른다섯 해 사이에 집필된 셈이다. 바울 서신은 일반적으로 가장 이른 기독교 문헌으로 여겨진다. 놀랍게도 바울은 두 번에 걸쳐서 예수를 "하나님"이라 칭한다(롬 9:5; 딛 2:13). 하지만 바울이 애용하는 표현은 "주"인데, 이는 첫 세기에 유대인들이 하나님을 일컫는 히브리어 YHWH("야웨" 또는 "여호와")를 말하거나 쓸 때 사용하던 호칭이었다. 예를 들어, 구약에서 "여호와의 날"(욜 2:31)이라고 한 것을 바울은 "주 예수의 날"(고전 5:5; 고후 1:14 등)이라고 언급한다. 구약에서 "여호와의 이름을 부르는"(욜 2:32)이라고 한 것을 바울은 "주 되신 예수 그리스도의 이름을" 부른다고 말했다(고전 1:2; 롬 10:12-14도 보라). 구약에서 한 분 하나님이신 "오직 유일한 여호와"(신 6:4)만 계시다는 고백 위에 이스라엘 신앙의 기초를 세운 것을, 바울은 예수가 "한 주"이시며 만물이 그로 말미암았다고 단언한다(고전 8:6; 엡 4:5도 보라). 구약에서 야웨 앞에 모든 무릎이 꿇고 모든 혀가 맹세하리라 했던 것을(사 45:23) 바울은 모든 무릎이 꿇고 예수 그리스도를 주라 시인한다고 말한다(빌 2:10-11). 이런 예들은 요한과 마찬가지로 바울이 예수를 예언자보다 크신 분으로 보았음을 분명히 보여준다.

하지만 만일 요한이 "중요하지 않다"면 바울도 중요하지 않기는 마찬가지다. 나빌은 무슬림으로서 자신이 배운 바 바울의 가르침에 의문을 제기하는 논쟁적 주장들을 일부 묘사한다. 이런 접근의 문제는 초기 기독교 문헌이 모두 중요하지 않다는 말이 되기 때문이다. 하지만 요한복음(1:1, 18; 20:28)과 바울 서신(롬 9:5; 딛 2:13)뿐 아니라 사도행전(20:28), 히브리서(1:8), 베드로후서(1:1)에서도 예수를 하나님이라고 한다. 예수는 바울 서신뿐 아니라 사도행전(1:24; 2:21, 36),

베드로전서(2:3; 3:13-16)에서도 주(야웨)로 높임을 받는다. 히브리서 (1:6)와 요한계시록(5:12-13) 모두 하늘의 천사들이 예수 그리스도께 예배한다고 가르친다. 예수가 영원히 높임을 받으신다는 믿음은 신약성경 저작 곳곳에 스며 있다.

대부분의 학자들이 가장 먼저 쓰인 복음서로 여기는 마가복음을 보자. 마가는 이사야 40:3을 인용하여 자신의 복음을 시작한다. "너희는 주의 길을 예비하라. 그의 오실 길을 곧게 하라"(막 1:3). 하지만 "주"의 길을 예비하라고 할 때 주는 예수 그리스도이며, 세례 요한은 그가 능력이 많으셔서 자신은 굽혀 그의 신발끈을 풀기도 감당하지 못한다고 말한다(막 1:7-8). 마가복음 전체에서 예수가 말하고 행동하는 방식은 그가 위대한 예언자라고 하기에는 훨씬 높임을 받는 방식으로 드러난다. 사람들을 치료하고 귀신을 내쫓고 다른 기적을 행할 때 예수는 이런 일을 행하게 해달라고 하나님께 기도하지 않았다. 그가 말하면 이루어졌다(1:25-27, 41 등). 그는 누군가의 죄를 용서했는데 서기관들은 이것은 하나님만이 하실 수 있는 일임을 인정했다(2:5-7). 예수는 자신이 율법 준수를 초월하는, 안식일의 주인이라고 주장했다(2:28). 제자들과 함께 갈릴리 바다를 건너는 도중 거센 폭풍에 배가 가라앉으려 할 때 예수가 폭풍을 향해 "잠잠하라"고 명령하자 그렇게 되었다(4:39). 대제사장의 심문을 받을 때 예수는 인자가 하늘에서 권능자의 우편에 앉을 것이라고 답했다(14:62). 즉 예수는 하나님의 보좌에서 아버지와 함께 다스리실 것이다.

네 복음서 중 가장 유대적이라고 여겨지는 마태복음은 어떤가?

마태복음은 마가복음에서 살펴본 것과 같은 요소들 외에도 그리스도의 신성을 증거하는 추가 증언들까지 담고 있다. 마태의 이야기는 예수를 "하나님이 우리와 함께 계시다"(마 1:23)라는 소개로 시작해서 부활하신 예수가 제자들에게 "내가 세상 끝 날까지 너희와 항상 함께 있으리라"(28:20)라고 약속하는 데서 절정에 이른다. 달리 표현하면, 예수는 신의 임재를 형상화하는 분, 육신을 입은 하나님이신 것이다. 같은 의미의 또 다른 진술이 마태복음 중간 즈음에 등장한다. "두세 사람이 내 이름으로 모인 곳에는 나도 그들 중에 있느니라"(18:20). 아무리 위대할지라도 예언자는 이런 주장을 하지 않을 것이며 할 수도 없다. 부활하신 예수를 보았을 때 제자들은 그를 경배했고 그분은 자신이 하늘과 땅의 모든 권세를 가졌다고 말씀했다(28:17-18). 마태 역시 예수를 다름 아닌 온전한 신의 현존으로 보았던 게 분명하다.

마가, 누가, 바울, 베드로, 그리고 무명의 히브리서 저자까지 신약성경의 주요 저자 모두가 예수의 신성과 그 주장 및 권능을 증언한다. 위의 저자들은 예수 사후 서른 해에서 예순 해에 걸쳐 기록을 남겼다. 누가를 제외하고 이들은 모두 자신의 인생 일부를 유대와 갈릴리에서 보낸 유대인이었다. 그들은 모두 예수를 개인적으로 알았거나 개인적으로 예수를 알았던 이들을 알았다. 반면 무함마드는 예수를 알지 못했고 예수를 보았던 이들 중 어느 누구도 알지 못했다. 그는 500년 후의 다른 문화와 다른 나라(아라비아)에서 살았다. 이슬람교가 예수를 위대한 예언자로 여기되 하나님으로는 보지 않는 것은 오직 무함마드의 가르침에 기초한 것이다. 엄격한 역사적 관점으로 볼 때, 예수가 누구였고 그가 어떤 주장을 했는가를 이해하고자 할 때 1세기 신약성경 저자들의 다중 증언이 우위에 선다. 결국 나빌은 신약성경 저작들이 누려야 할 마땅한 지위를 인정했다. 그리고 하나님이신 예수는 그분의 마땅한 자리, 즉 나빌의 마음속 보좌에 영원히 자리를 잡으신 것이다.

삼위일체와 복음

6부 "복음을 옹호하다"에 관하여

로버트 M. 보우먼 2세

로버트 M. 보우먼 2세(Robert M. Bowman Jr.)는 미시건 주 그랜드래피즈에 본부를 둔 "종교 연구소"(Institute for Religious Research)의 선임 연구원이다. 바이올라 대학교와 코너스톤 대학교에서 변증론, 성경학, 새로운 종교 운동에 관해 가르쳤고 60여 편의 논문과 『왜 삼위일체를 믿어야 하는가?』, 『말씀-믿음 논쟁』을 포함한 열세 권의 책을 집필했다.

나빌은 무슬림이었을 때 기독교의 삼위일체 교리 및 예수 그리스도의 죽음으로 구원을 받는다는 교리에 격렬히 저항했다. 하지만 무슬림과 비기독교적 배경을 가진 사람들만이 이런 신앙을 받아들이는 데 어려움을 겪는 것은 아니다. 나는 기독교적 배경에서 태어났지만 그 교리뿐 아니라 기독교의 여러 가르침과 관련해서 대학생활 여러 해 동안 의심하며 탐구하는 격렬한 시간을 보냈다. 다른 많은 이들과 마찬가지로, 나는 특히 삼위일체 교리 때문에 애를 먹었다. 이해가 안 되었을 뿐 아니라 성경이 그 내용을 지지하는지조차 불분명했다. 한번은 주일학교 선생님과 토론을 한 적이 있는데, 그는 예수가 성부 하나님이라 주장하며 삼위일체를 옹호하려고 했다. 하지만 삼위일체의 의미가 그런 게 아니라는 것을 나는 알았다.

성경을 연구하고 이 사안과 씨름하면서 나는 실제적 의미에서 사도신경에 포함된 이 교리가 비록 오류가 있는 인간에 의해 작성된 것이기는 하지만 인간의 창작물이 아님을 이해하게 되었다. 솔직히 삼위일체는 사람이 생각해낼 수 있는 교리가 아니다. 교리를 만들어낼 때 사람들은 대개 다른 이들이 따라올 수 있는 명쾌하고 간단한 생각을 제시하려고 노력한다. 이 과정에서 그들은 역사상 수많은 종교 속에서 발견할 수 있는 생각을 제시하는 게 일반적이다. 한편으로는 이런 이유 때문에 만물이 신성하고 만물에 신성이 깃들어 있다는 종교적 가르침이 다양하게 존재하는 것이고, 이런 이유 때문에 다른 신보다 위대한 신들이 많이 있다고 가르치는 종교가 다수 있는 것이며, 이런 이유 때문에 우주 밖에서 우주 안에 있는 우리를 바라보는 유일한 인격이 하나님이라고 주장하는 이들이 소수인 것이다. 다른 한편으로, 외적으로 세 개의 다른 인격으로 존재하는 한 하나님, 인간의 본성을 입었으나 여전히 하나님이신 분, 이처럼 복잡하고 도전적인 생각은 세계 모든 종교와 구분되는 독특한 사상인 것이다. 역사적 기독교 안에서만 이런 교리를 찾을 수 있다.

그렇다면 이 교리는 어디서 기원한 것인가? 그리스도인들이 삼위일체의 하나님, 즉 세 인격으로 존재하는 한 하나님을 믿는 것은 예수가 하나님을 그렇게 계시했기 때문이다. 예수는 무엇보다 우리의 하늘 아버지에 대해 가르치셨다. 가장 유명한 기도문인 주기도문은 이런 말로 시작한다. "하늘에 계신 우리 아버지." 그리스도인들은 하나님을 자기 아버지로 생각하는데 이는 예수 자신이 그렇게 생각하라고 우리에게 가르쳐주셨기 때문이다. 동시에 우리는 복음서에서 예수 자신이 하나님의 "아들"이라고 주장하는 것을 보는데, 그분은 이런 식으로 자신이 절대적으로 유일한 분임을 보이셨다. 예를 들어 유대 교사들이 예수께서 안식일에 (중풍병자를 고침으로써) 일하는 것을 두고 도전했을 때, 예수는 아버지께서 안식일에 일하시니 아들도 일한다고 설명했다(요 5:17). 그렇다면 예수는 유일한 성자이시되 그분은 자비하셔서 아버지와의 친밀한 관계에 "함께하자"고, 하나님의 "자녀"가 되자고 우리를 초청하신다. 또한 예수는 자기가 하늘로 돌아간 뒤에 자기 대신 누군가를 보내어 제자들과 영원히 함께 있게 하겠다고 약속하셨다(요 14:16-17; 15:26-27). 이 다른 누군가는 성령이셨다(요 14:26). 성경에서 성령은 하나님과 동일시되지만(행 5:3-4), 여기와 다른 많은 본문에서 드러나는 것처럼 성부와 성자와는 구분되는 분이다. 이처럼 예수께서는 우리에게 삼위일체를 드러내시되, (1) 예수를 보내어 우리를 당신의 자녀로 초대하시는 아버지, (2) 아버지의 유일한 아들이신 예수 자신, (3) 예수께서 하늘로 돌아가신 뒤 아버지와 아들이 보내신 하나님의 영인 성령을 계시하셨다.

나로서는 이것을 이해하기 위한 관건이 "예수는 누구인가?"라는 질문에 답하는 것이었다. 만일 예수가 정말로 아버지께로부터 온 아들이며 우리를 구원하기 위해 죽으시고 부활하셨고 하늘에 오르셔서 성령을 보내사 당신의 백성 안에 살게 하신 분이라면, 삼위일체 교리는 사실이다. 성경을 연구할수록 예수가 인간의 몸을 입은(그리스도인이 성육신이라 일컫는) 하나님의 영원한 아들임이 점점 밝혀졌다. 일단 삼위일체를 거칠게나마 이해하고 거기에 반대하는 입장을 넘어서자, 나는 그 진리가 성경 전반에 스며들어 있음을 깨닫기 시작했다.

또한 나는 삼위일체 교리가 구원의 복음과 얼마나 밀접하게 연결되어 있는지 이해하게 되었다. 복음 혹은 "좋은 소식"은 하나님이 마귀뿐 아니라 인간의 반항, 타락, 죽음을 이기셨다는 소식이다. 그것은 내가 하나님을 위해 한 일이 아니라 그분께서 나를 위해 행하셨고 지금도 행하고 계신 일과 관련된다. 예수는 우리에게 똑바로 살고 올바로 처신하라고 말하기 위해 창조주가 보내신 어떤 인물이 아니다. 예수는 겸손하게 우리 곁에 오셔서 우리의 약함을 경험하시고 우리의 절망적인 인간 조건에서 우리를 건지시는 창조주다.

예수가 우리의 죄를 대속하신 것은 우리를 구원하시는 방법의 한 면일 뿐이다. 그분은 우리의 악행으로 인한 형벌을 대속하여 우리로 아무렇게나 하나님께 계속 불순종할 수 있도록 하신 것이 아니다. 그는 십자가에서 죽으심으로써 우리의 영적 빚을 청산하셨을 뿐 아니라 우리의 영적 질병까지 치유하셨다. 우리가 그리스도를 믿을 때 그분은 우리의 죄를 사하시는 동시에 우리를 안에서부터 바꾸셔서 그분과 하나님 아버지처럼 거룩하고 사랑스러운 존재가 되게 하신다. 예수께서는 그분이 보내신 성령을 통해 이 일을 행하신다. 은혜로 얻은 구원은 우리가 더러운 죄인으로 영원히 있다는 뜻이 아니다. 오히려 구원의 의미는 하나님께서 우리의 모든 죄를 사하시고 대속하시고 우리 삶에서 죄를 제거하심으로써 우리 스스로 할 수 없는 일을 행하신다는 뜻이다. 그분은 두 단계에 거쳐서 이 일을 행하신다. 우리가 유한한 존재일 때 비록 우리가 아직 죄를 짓고 있지만 성령께서 우리 마음을 바꾸셔서 우리로 하나님을 기쁘시게 하는 삶을 시작하게 하신다. 그런 다음, 역사의 끝에 부활을 통해 우리는 도덕적으로나 영적으로 완전한 존재로 만들어질 것이다.

이처럼 삼위일체의 세 인격이 우리의 구원에 모두 관여한다. 아버지는 당신이 보내신 아들을 통해 우리를 당신과의 관계로 부르신다. 아들은 자신의 죽음을 통해 아버지와 우리를 갈라놓던 반역의 장벽을 무너뜨리심으로써 그 관계를 창설하신다. 그리고 성령은 우리 속에서 일하셔서 복음의 진리를 따라 아들을 믿고 아버지를 예배하게 하신다. 그래서 우리는 기독교 신앙에 입문할 때 "아버지와 아들과 성령의 이름으로" 세례를 받는다(마 28:19). 이는 우리를 불쌍히 여기사 죄에서 우리를 구하시고 영원한 생명의 선물을 우리에게 주신 한 분 하나님의 세 인격을 인정하는 고백인 것이다.

역사적 무함마드

7부 "무함마드에 관한 진실"에 관하여

• 데이비드 우드 •

> 데이비드 우드(David Wood)는 무신론과 기독교, 이슬람의 핵심 주장을 검
> 토하는 "사도행전 17장 변증" 선교회 대표다. 북미와 중동 전역에 정규 방
> 송되는 위성 텔레비전 쇼 "예수인가, 무함마드인가?"의 진행을 맡고 있다.
> 무슬림 및 무신론자들과 20여 차례에 걸쳐 토론했으며 포드햄 대학교에서
> 철학 박사학위를 받았다.

코란에 따르면 무함마드는 무슬림들의 행동 규범이자 이상이며
(33:21) 믿음이 있는 자는 그의 결정에 의문을 제기할 수 없다(33:36).
따라서 나빌과 내가 무함마드의 인물됨과 가르침에 관한 토론을 시
작했을 때 종종 열띤 논쟁이 된 것은 이상한 일이 아니었다. 무슬림
친구에게 그들의 예언자가 아홉 살짜리 어린 여자아이와 맺은 관계
에 대해 이야기하는 것은 듣기 좋은 소리일 리 없었다.

그때 우정은 요긴했다. 토론 중 나빌과 나는 화를 내기도 했지만
결국 우리는 성을 가라앉히고 서로의 마음을 염두에 두고 이해할 수
있었다. 나빌이 기독교를 비판한 것은 그가 기독교를 미워해서가 아
니라 기독교가 틀렸으며 그의 가장 가까운 친구가 중요한 점을 놓치

고 있다고 확신했기 때문이었다. 비슷하게 내가 무함마드에 대해 불평했던 것은 9/11 공격 때문이 아니라 나의 가장 친한 친구가 예수를 알기를 바랐기 때문이었다.

무슬림이든 아니든, 무함마드의 생애에 대한 평가를 내리고자 할 때면 우리는 어려움에 봉착한다. 한편으로, 이슬람의 역사 자료는 자료가 보도하는 실제 사건으로부터 시간적으로 너무 떨어져 있어 그 신빙성에 엄청난 의구심을 일으킨다. 다른 한편으로, 무슬림 자료를 진지하게 취할 경우 무함마드에 호의적이지 않은 (그리고 때로는 불편한) 그림이 그려진다. 그러므로 이슬람의 자료를 의심하든 신뢰하든 관계없이, 무슬림들이 전하는 흠잡을 데 없는 인물을 찾기란 요원한 일이다.

이 난점을 좀 더 자세히 보기 위해 나빌과 내가 무슬림 자료를 검토하면서 발견한 내용을 개략적으로 살펴보겠다.

역사적 문제

가장 이른 이슬람 자료는 코란이다. 하지만 코란은 원래 전기체의 글이 아니다. 그보다는 무함마드가 천사 가브리엘에게서 받은 알라의 영원한 말씀이라고 한다. 사정이 그렇다 보니, 코란이 제공하는 무함마드에 대한 직접적인 정보는 아주 적으며 그의 이름도 고작 네 번 언급될 뿐이다. 무함마드의 생애에 비추어 코란의 단락을 해석하려면 코란 밖의 자료를 의지할 수밖에 없다.

무함마드에 관한 가장 이른 상세한 전기적 자료는 무함마드 사후 100년이 훨씬 넘어서 이븐 이샤크가 쓴 "시라트 라술 알라"다. 하지만 오늘날의 무슬림 학자 대부분은 이븐 이샤크가 사용한 역사적 방법론에 결함이 있다고 확신하며 그래서 예언자에 관한 훨씬 후대의 정보에 의지한다. 무함마드에 관한 한 이슬람에서 가장 신뢰받는 서술 모음집("사히 부카리", "사히 무슬림", "수난 아부 다우드")은 그 기록들이 보도하는 실제 사건에서 대략 두 세기(혹은 그 이상) 후에 기록되었다.

두 세기는 윤색과 조작이 충분히 가능한 시간이다. 특히 여러 분파가 정치적·신학적 권력을 두고 경쟁할 때라면 더더욱 그렇다. 무함마드에 관한 이야기들을 수집·편찬해야 했던 가장 중요한 이유는, 거짓 이야기와 서로 모순되는 이야기들이 너무 많이 만들어지고 있었기 때문임이 분명하다. 초기 이슬람의 역사 자료에 관한 최근의 연구에서 새로 밝혀진 바는 거의 없으며, 지난 한 세기 동안 이슬람을 연구하는 학자들 간의 전반적인 움직임은 더 강한 회의주의 쪽을 향했다.

무함마드 약사

무슬림 자료를 최소한 어느 정도 믿을 만하다고 가정할 때 우리는 무함마드의 생애에 관해 윤곽을 짜 맞춰볼 수 있다. 무함마드는 기원후 570년경 메카(현재의 사우디아라비아)에서 태어났다. 아직 젊을 때부터 무함마드는 메카의 대상 무역 일을 시작했는데, 그로 인해 다양한 종교 전통을 접하게 되었다. 스물다섯 살에 그는 열다섯 살

많은 카디자라는 부유한 미망인과 결혼했다. 자기 부족의 많은 이들처럼 무함마드는 히라 산 동굴에 들어가 기도와 명상을 하는 습관을 들였다.

마흔 살이 되었을 때 무함마드는 동굴에서 신비 체험을 하게 되는데 나중에 코란이 될 다섯 절(96:1-5)을 낭송하며 나왔다. 그는 곧 친구와 가족에게 이슬람교를 전했고 후에는 대중에게 전파했다. 메카 사람들의 다신교를 신랄하게 정죄한 탓에 무함마드와 그의 추종자들은 박해를 받았다. 아내 카디자와 (그를 보호해주던) 삼촌 아부 탈립이 죽고 나자, 무함마드는 메카에서 도망쳤다.

메디나에서 여러 비무슬림 그룹과 동맹을 형성한 무함마드는 메카의 대상들을 약탈하기 시작했다. 이 공격은 결국 메카와의 일련의 전투로 이어졌다. 하지만 전리품이 쏟아져 들어오자 새로운 개종자들이 몰려들었고, 무함마드는 확장 일로에 있던 무슬림 군대를 이끌고 메카뿐 아니라 나머지 아라비아 반도를 진압했다. 그는 632년 계속된 질병으로 사망하게 되는데, 그 자신은 유대 여인에 의한 독살이라고 언급했다.

무함마드와 폭력

무함마드의 생애에서 가장 심란한 면 중 하나는 그가 목적을 성취하기 위해 폭력을 사용한 점과 관련된다. 현대의 무슬림들은 종종 무함마드가 오직 자기 방어를 위해서만 살인을 했다고 주장하지만, 역사는 그가 자신에게 비판적인 시를 썼던 사람들을 죽이라고 추종자들에게 명령했음을 보여준다. 배교자에 대한 처우도 더 나을 게 없었다. 무함마드는 "자기 신앙을 바꾸는 자는 누구를 막론하고 죽일지어다"라고 명령했다(Sunan An-Nasa'i 5.27.4069).

무슬림들이 소수일 때 무함마드가 평화와 관용을 설파했다 할지언정, 그의 추종자가 원수보다 많아지자 그의 계시는 갑자기 바뀌었다. 코란의 마지막 주요 장에 나오는 다음 세 구절을 살펴보자.

1. "하나님과 내세를 믿지 아니하며 하나님과 예언자가 금지한 것을 지키지 아니하고 진리의 종교를 따르지 아니한 자들에게는 비록 그들이 성경의 백성이라 하더라도, 그들이 항복하여 인두세를 지불하고 진압당했다고 느낄 때까지 성전을 수행하라"(9:29 Ali).
2. "예언자여, 불신자와 위선자들에게 성전을 수행하며 그들에게 대항하라. 지옥이 그들의 안식처이며 종말이 저주스러우리라"(9:73 Shakir).
3. "믿는 자들이여, 너희 가까이에 있는 불신자들과 투쟁하고 그들로 하여금 너희가 엄함을 알게 하라. 하나님은 항상 정의로운 자들과 함께하시니라"(9:123 Shakir).

이 구절들에서 사람들과 전쟁하는 주요 기준이 단순히 저들이 이슬람을 믿는지 아닌지의 여부라는 데 주목하라. 이처럼 추종자들을 향한 무함마드의 마지막 진군 명령은 주로 비무슬림들을 폭력으로 복속시키라는 명령이었다.

무함마드와 여성

여성에 대한 무함마드의 태도만큼 골치 아픈 것도 없다. 코란은 무슬림에게 최대 네 명까지 아내를 두어도 된다고 허락하고 있지만, 무함마드는 (네 명의 아내 규정을 무시해도 되는 특별 권한을 계시로 받은 후) 최소 한 번에 아홉 명까지 아내를 두었다. 무함마드의 아내 중 한 명 (아이샤라는 소녀)은 고작 아홉 살 때에 신방에 들었다. 또 다른 아내인 자이나브는 원래 무함마드의 양자인 자이드의 아내였다. 하지만 무함마드가 자이나브에게 끌리는 것을 안 자이드는 무함마드가 그녀와 결혼할 수 있도록 자신은 이혼했다.

적어도 한 번, 무함마드는 거짓말을 했다는 이유로 아내 아이샤에게 물리적 폭력을 행사했다. 이는 반항하는 아내는 물리적으로 훈육하라는 코란의 명령에 따른 것이었다. "남성은 여성의 보호자라. 이는 하나님께서 여성보다 남성에게 강한 힘을 주었기 때문이라. 남성은 여성을 그들의 모든 수단으로써 부양하나니 건전한 여성은 헌신적으로 남성을 따를 것이며 남성이 부재 시 남편의 명예와 자신의 순결을 보호할 것이라. 순종치 아니하고 품행이 단정치 못하다고 생각되는 여성에게는 먼저 충고를 하고 그다음으로는 잠자리를 같이 하지 말 것이며 셋째로는 가볍게 때려줄 것이라. 그러나 다시 순종할 경우는 그들에게 해로운 어떤 수단도 강구하지 말라. 진실로 하나님은 가장 위대하시니라"(4:34).

무함마드에게는 마리아라는 이름의 첩이 있었는데 그녀는 콥트교회 그리스도인이었다. 무함마드는 추종자들에게 원하는 만큼 성 노예를 가질 수 있도록 허락했다(코란 23:5-6; 70:22-30을 보라). 초기 무슬림들은 ("무타"라고 하는) 일종의 매춘을 하는 것도 허락되었는데, 무타에 따라 무슬림은 성관계의 대가로 돈을 지불하고 그녀와 잠깐 동안(어쩌면 몇 시간 동안) 결혼했다가 끝나면 그녀와 이혼하면 되었다.

영적 문제

폭력과 여성에 관한 무함마드의 가르침이 완벽한 역할 모델로서의 그의 지위에 의문을 제기한다면, 그의 생애에 나타난 영적 문제는 그의 예언자 됨에 대한 우려를 자아낸다. 예를 들어, 무함마드 자신이 받은 계시의 첫 인상은 악마적이었다. 결과적으로 그는 자살을 고려할 정도가 되었고 절벽 너머로 몸을 던지려고까지 했다. 무함마드의 아내 카디자와 그녀의 조카 와라카―이 둘은 무함마드와 함께 동굴에 있지 않았고 그가 무엇을 경험했는지 알지 못했는데―가 결국 그를 설득했는데 그가 귀신에 썬 것이 아니라 하나님의 예언자임을 설득하는 데 성공했다.

더욱 놀라운 일은, 초기 무슬림 자료에 따르면 무함마드는 한때 악마의 계시를 전달하기도 했다(저 악명 높은 "사탄의 시"). 무함마드가 먼저 코란의 53장을 암송하면(이야기에 따르면 이런데) 사탄이 그를 속여 다신교를 진작하도록 했다. 나중에 무함마드는 모든 예언자가 종종 이런 책략에 걸려 넘어진다는 말을 천사 가브리엘로부터 들은 것으로 추정된다.

수많은 무슬림 자료가 보고하는 바, 무함마드는 흑마술의 희생자였다. 이 진술들에 따르면, 유대인 마법사가 무함마드의 빗을 훔쳐서 거기 묻어 있던 머리카락 한 가닥을 사용해 그에게 주문을 걸었다. 주문은 반년 동안 효험이 있어서 무함마드의 기억력에 영향을 주었고 그에게 망상을 심어주었다.

평가

무슬림 자료의 신빙성에 의심이 가고 그 자료 안에 묘사된 무함마드의 초상이 호의적이지 않음을 고려할 때, 현대의 무슬림은 어떻게 자신의 예언자에 대한 이슬람교의 견해를 변호할 수 있을까? 여러 달에 걸쳐 나빌은 가장 일반적인 노선을 취했다. 즉 본문을 꼼꼼히 살펴 무함마드에 관한 모든 호의적인 이야기에 주의를 기울이는 한편, 호의적이지 않은 이야기는 달리 해석하거나 무시해버렸다. 하지만 결국 나빌은 깨달았다. 그런 방법으로는 **어느** 역사적 인물이라도 신뢰할 만한 인물로 보이게 만들 수 있음을. 더 주의 깊게 증거를 검토하면서 (그리고 무함마드에 대한 비판을 삼가려는 무슬림의 자동적인 경향에 저항하면서) 나빌은 진퇴양난에 처했다. 즉 우리는 무함마드에 대해 거의 모르고 있거나, 그게 아니면 무함마드는 무슬림이 말하는 그런 존재가 아닌 것이다.

신약성경과 코란

8부 "코란의 신성"에 관한 기고문

키스 스몰

> 목사이자 박사인 키스 스몰(Keith Small)은 옥스퍼드 대학교 보들리 도서관
> 에서 코란 사본과 관련하여 책임을 맡고 있다. 또한 런던 신학교의 방문교
> 수이자 협동 연구원이며, 코란과 신약성경 본문의 역사에 관해 세계 여러
> 곳에서 가르치고 있다. 저서로는 『본문비평과 코란 사본』(*Textual Criticism
> and Quran Manuscripts*)이 있다.

우리 시대에 모든 종교는 세속주의와 다른 여러 신앙의 경쟁적인 주
장들 사이에서 자기 주장을 펼쳐야 한다. 나빌은 뜨겁게 믿어야 한
다고 배웠던 동전의 양면 같은 주장을 아주 감동적으로 이야기하다
가 마침내 질문을 하기에 이른다. 즉 성경은 그렇지 않지만 코란이
완벽하게 보존되었으며, 그 사실이 곧 코란이 하나님의 책이라는 것
을 보증한다는 확신에 대해서 말이다.

　만일 이것이 학문적 질문이거나 과장된 신앙적 미사여구라면
그렇게 설득력 있게 다가오지 않을 것이다. 하지만 나빌 자신이 고
백하는 경험에서 보듯이, 이는 그의 신앙의 기초를 이루는 주요 질
문이었다. 이는 무슬림으로서 그의 정체성을 말해줄 뿐 아니라 죄

용서에 대한 관점, 하나님께 대한 개인적인 종교적 의무에 대한 견해, 그리고 구원과 영원에 대한 그의 소망까지 알려주는 질문이었다. 신성불가침의 코란은 전 세계 무슬림에게는 참으로 영원한 생명과 죽음이 달린 사안인 것이다.

개인, 공동체, 그리고 종교적 명예와 관련된 감정 및 사안이 진리의 문제를 가리우는 경우가 너무 많다. 이런 상황에서 학문적 연구는 감정에 좌우되지 않은 정보를 제공함으로써 개인으로 하여금 사안의 모든 면을 평가할 수 있도록 해줄 것이다.

어떤 책이 진실을 말하고 있는지 어떻게 결정하는가? 하나의 방법은, 그 책의 내용이 가용한 역사적 증언과 잘 맞아떨어지는지를 보는 것이다. 코란은 완벽하게 전승되었고 성경은 타락했다는 주장은 중요하며 예수를 바라보는 한 가지 견해의 기초를 이룬다. 무슬림들은 자신의 신앙의 신적 권위를 일러주는 한 가지 표식이 신약성경은 타락했지만 그들의 경전은 온전하게 지켜진 것이라고 보고, 결과적으로 예수에 대한 그들의 견해가 더 정확하다고 본다. 이는 엄청나게 중요한 역사적 주장으로 검증이 가능하다.

지난 300년 동안 신약성경은 초기 그리스어 사본에서부터 오늘날에 이르기까지 본문이 얼마나 제대로 전승되었는지를 연구하는 엄격한 문헌 연구의 과정을 거쳤다. 코란은 이런 조직적인 검토를 거치지 않았다. 가장 이른 사본과 전체 코란 전승을 비교해보지도 않았다. 이는 문헌 연구 작업의 시작일 뿐인데도 말이다.

문헌 연구의 결과는 무척 중요하다. 우선, 연구 결과에 따르면 신약성경 저작들의 전승은 원형태로부터 현재까지 성실하게 이루어졌기에 기독교 신앙의 핵심 교리에 대해 의구심을 가질 만한 이유가 없다. 수정 사항에 대한 연구 결과 역시 누군가의 정치적·신학적인 목적—예컨대 콘스탄티누스 대제와 300년대 초에 열린 니케아 공의회에 대해 종종 제기되는 공허한 비판—을 도모하기 위해 수정된 바 없음을 보여준다.

코란 사본에 관한 문헌 연구의 초기 결과는 이슬람의 역사 자료 전체를 통틀어서 (나빌이 하디스에서 인용한 것과 비슷하게) 이슬람의 첫 세기에 정확한 코란 본문을 확정하려는 공식적인 프로젝트가 있었음을 확증한다. 초기 가용 사본들에 대한 교정 작업은 정확한 본문을 확정하려는 관심사를 보여준다. 그리고 이슬람 초기 몇 십 년 동안에는 코란 본문 확정 작업을 수행하여 점점 더 확장되어가는 이슬람 제국에 이 공식 본문을 널리 정착시켜야 할 정치적·사회적·종교적 조건들도 있었다. 코란 본문은 무함마드 시대 때와 동일하게 완벽하게 보존되기보다는 무함마드 사후에 성장한 기성 정치세력 아래서 정치적·종교적으로 하나 될 것을 명령하는 문서로 다듬어졌다.

하지만 신약성경에는 이런 역사적 조건들이 작동할 자리가 없었다. 이름 있는 학자든 대중 소설 작가든, 신약성경의 본문을 변개하려는 음모가 있었다고 주장하는 회의주의자들은 자신이 내세우는 주장의 근거에 대해 묵묵부답하거나 본문의 사소한 차이를 근거로 논쟁적인 가정의 성을 쌓는다. 본문 전통에 이미 존재하는 크고 넓은 흐름을 무시한 채 작은 개울 같은 지류가 본류라고 주장하는 격이다.

신약성경의 사본 증거는 복음서가 예수에 관해 가장 역사적인 정보를 전달함을 강력하게 지지하고, 최근의 연구는 예수가 1세기 팔레스타인의 상황과 사상 양쪽에 모두 부합하는 동시에 거기에 도전하고 있음을 확증해준다. 코란에 대한 유사한 연구는, 코란이 그려내는 예수가 1세기의 모습보다는 6-7세기의 신학적 논쟁에서 그려진 형상에 더 가까움을 보여준다.

본문의 변질 대(對) 완벽한 보존이란 사안이 중요한 이유는, 무슬림이 이 문제를 이용해서 기독교 같은 세계 신앙보다 자신의 신앙이 우월하다며 그 권위를 정당화하기 때문이다. 하지만 코란이 온전히 전승되었다는 주장은 사실 미사여구로 꾸며진 쇼에 불과하다. 그보다 의미 있는 것은 코란과 신약성경의 가르침, 예수에 대한 둘의 역사적 증언을 두고 이슬람과 기독교의 차이는 항상 있었고 앞으로도 계속 있으리라는 점이다.

신약성경이 역사적으로 신뢰할 만하다는 사실은 개인적으로 기독교를 믿기 위한 든든한 근거가 될 뿐 아니라, 종교적이든 아니든 간에, 어떤 배경을 가진 사람들에게 복음 메시지를 전달하기 위한 견고한 기초가 되기도 한다. 그들도 죄 용서를 받을 수 있고, 헛되고 수치스러운 삶의 습관에서 벗어나 자유해질 수 있으며, 인격적으로 하나님을 알고 자기 인생을 향한 그분의 목적을 찾을 수 있고, 말로 다할 수 없는 그분의 임재 속에서 영원한 의와 기쁨을 확신할 수 있으며, 이 모든 것을 그분의 아들 예수께서 십자가에서 죽으시고 부활하심으로 이루셨다는 복음의 메시지 말이다. 만일 기독교의 성경이 역사에 근거하지 않는다면 우리는 사람들에게 우리 자신의 의견을 전파하는 것에 불과할 것이다.

부록 1 전문가 기고문

믿음과 의심

9부 "의심하며 믿으며"에 관하여

개리 하버마스

> 개리 하버마스(Gary Habermas) 박사는 리버티 대학교의 특훈연구교수이자
> 철학과 학과장이다. 주요 연구 분야는 예수의 부활과 관련되지만 신앙에서
> 의심이란 주제와 관련하여 여러 편의 글을 출간하기도 했다. 집필, 공저, 편
> 저한 책이 서른여섯 권이며 100편 넘는 논문과 서평을 여러 저널과 출판물
> 에 기고했다.

두 명의 신앙 회의자가 고통스러운 질문 앞에 섰다. 한 명은 그리스
도인으로서 탐색을 시작했고 다른 한 명은 그러지 않았다. 둘은 교
육, 종교, 인종에 대해 아주 다른 관점을 가진 환경에서 자랐다. 두
사람 모두 각자의 의심이 수년간에 걸친 탐색과 연구를 거치면서 해
결되었다. 둘 다 다수의 똑같은 학문적 사안에 집중했다. 그리고 똑
같은 하나님이 둘을 모두 만나주셨다.

　　최근 그리스도인들은 신앙적인 회의에 대해 이전보다 기꺼이
목소리를 내고 있으며 비신앙인들도 마찬가지다. 제대로 된 상황이
라면 그러지 못할 이유가 있겠는가? 성경에서도 비슷한 반응을 찾
아볼 수 있으니 말이다. 인간은 늘 자신의 깊은 신앙마저 의심하고

질문한다. 왜 그런가? 어쩌면 우리가 모든 것을 알지 못하기 때문일 것이다. 우리의 지식은 제한적이고 한계가 있다. 더군다나 영원히 반복되는 이런 신앙의 문제는 종종 우리의 마음 깊은 곳을 건드린다. 그리고 신학적인 면에서 볼 때 우리는 죄인이다. 설상가상으로 이런 조건들은 마음의 평화를 바라는 우리를 뒤흔들어놓는다.

나는 가까운 친구인 마이크와 데비 리코나 가정과 함께 연례 휴가를 보내기 위해 버지니아 비치를 방문했다가 나빌 쿠레쉬를 만났다. 나빌은 마이크의 집에서 정기적으로 만나 과학, 철학, 신학의 문제를 토론하는 추구자 모임에 이미 참여하고 있던 터였다. 거기서 나는 한때 다소 전투적인 무신론자이자 철학도였던 데이비드 우드를 만났다. 같은 대학교에서 온 또 다른 참석자는 마찬가지로 철학도이자 불가지론자이며 불교신자인 재크였다. 그리고 열정적인 무슬림 신자인 나빌이 있었다. 의심할 여지없이 나빌은 무척 지적이었고 사려 깊고 탐구심이 강했으며 보기 드물 정도로 예의 바른 사람이었다. 나빌이 자신의 신앙을 변호했지만 아무도 여기에 대해 불편해하지 않았다. 참석자 모두가 자유롭게 발언했다.

마이크가 그 지역 대학에서 무슬림 학자인 샤비르 앨리와 토론을 할 때, 나빌과 나도 함께 참석했다. 토론회가 끝난 뒤 우리는 데이비드와 마이크까지 합류한 자리에서 그날의 대화에 대해 평가했다. 바로 그날 밤, 나빌은 다음과 같은 놀라운 의견을 제시했다. 기독교 변증이 무슬림 변증보다 우월한 점이 하나 있다면, 그것은 예수의 부활에 대한 증거라는 것이었다. 나중에 나는 이런 결론이 나빌에게 계속해서 깊은 인상을 남겼던 게 분명하다고 마이크에게 말했다.

그 후에 마이크의 집에서 나빌과 그의 아버지가 참석한 모임이 있었다. 다시 한 번, 공평하고 예의 바른 조건에서 의견을 교환하는 대화가 이어졌다. 마이크는 나빌의 아버지에게 모임 시작 기도를 해 달라고 요청하기까지 했다.

나중에 나빌이 해외에까지 가서 이맘들을 만나 여전히 자신을 괴롭히는 질문을 했다는 이야기를 듣고서 나는 다시 놀랐다. 어려운 질문 던지기를 두려워하지 않는 젊은 학자가 여기 있었던 것이다. 결국 그의 회의는 그의 추구를 완성하는 핵심 요소가 되었다.

비록 기독교 가정에서 자랐지만 나는 점점 더 강렬해지는 회의로 점철된 세월을 10년 이상 보냈다. 내 개인적 연구는 예수의 부활에 집중되었는데, 그 이유는 만일 부활이 역사적 사건이라면 기독교 메시지의 무게를 지탱할 수 있으리라는 나 나름의 결론 때문이었다. 하지만 수년을 보낸 후 내 연구는 교착상태에 이르렀고 부활의 역사성을 보여줄 수 없다는 결론을 내리고 말았다.

좀 더 후에 박사학위 논문을 쓰면서 같은 주제로 돌아간 나는 전에 내가 빠졌던 교착상태를 뚫고 나갈 수는 있었지만 내 의심이 진정된 것은 아니었다. 내가 아직 더 많은 시간을 씨름해야 한다는 것을 그때는 몰랐다.

의심의 사실적 요소가 내 씨름을 해결할 열쇠임을 인식하기 한참 전에, 나는 기독교뿐 아니라 유신론 일반에도 몇 가지 핵심 증거가 있다고 믿고 있던 터였다. 하지만 그렇다면 왜 나의 의심은 남아 있으며 종종 전보다 훨씬 더 강력해진 것인가?

머지않아 나는 누군가 내게 훨씬 더 일찍 설명해주었다면 정말 좋았을 것을 배웠다. 즉 흔히 의심에는 감정적 요소가 있지만 이것이 연구 과정에서 자각되는 경우는 드물다는 점이었다. 이 감정적 요소는 불확실성의 지배적인 요소일 뿐 아니라 대개 훨씬 고통스러우며 종종 사실의 요소보다 더 강고하다.

한 가지 전적으로 명백한 것이 있었다. 나는 매일 매 시간 나를 괴롭히는 고통을 이겨내기 위해 그저 무엇이든 해야만 했다. 사실의 증거만으로는 이 연구를 해결하기에 불충분한데 어떻게 기독교의 소망에 근거가 있다고 확신할 수 있을까?

그 시점에서 나는 이후 내 인생을 바꿔놓는 연구 영역과 조우하게 되는데, 바로 심리적 확신 및 이와 연관된 사안들에 관한 연구였다. 핵심 개념은 이렇다. "인지적" 또는 "인지 행동적 방법"이란 일반법칙 아래에서는 우리가 자신에게 말하고 생각하고 행하는 것이 우리가 어떻게 느끼고 향후 어떤 행동을 하는가까지 결정한다는 것이었다. 그뿐 아니라 인생에서 가장 고통스러운 일들은 대개 실제로 일어나는 사건이 아니라 그 사건에 대해 우리가 어떻게 생각하고 자신에게 그것을 어떻게 말해주는가에 달려 있다는 것이었다. 따라서 최소한의 고통과 스트레스를 갖고 삶에 적응하면서 평화롭게 살 수 있는가의 여부는 우리 인생에서 벌어진 사건 자체보다는 우리가 그 사건을 어떻게 해석하고 거기에 어떻게 반응할 것인가에 달려 있는 셈이다.

나는 인지 방법론의 핵심이 우리가 믿고 생각하고 자신에게 말하는 잘못된 진술을 뽑아내 그것들에 저항하는 데 있음을 배웠다. 믿는 자들은 이런 생각, 예컨대 "성경이 하라는 대로 다 했지만 나는 아직 그리스도인이 아닐 수 있다"거나 "나중에 천국에 갔는데 예수님이 나를 모른다고 하실지도 몰라" 같은 생각을 반박해야 한다. 심지어 명백한 증거가 있는데도 **"만약에** 기독교가 진리가 아니면 어떡하지?" 하는 생각은 여전히 고통스러운 파장을 일으킬 수 있다.

　그러므로 나는 이런 개념들에 곧장 반박하는 법을 배워야 했고, 더 강력하게 반박할수록 결과는 더 나았다. 나는 복음 메시지의 모든 면(예수 그리스도의 신성, 죽음, 부활)을 연구하기 시작했고 그런 다음 그 빛 아래서 주님을 믿고 신뢰했는지를(롬 10:9-10) 자문했다. "확신하지 않았다"라는 답이 나오면 나는 정확한 자료를 근거로 그 점을 나 자신에게 강조했다. "사실 너는 수십 번도 더 그 사실을 믿었잖아"라거나 "너도 믿고 있잖아. 먼젓번에 누군가 그것에 반대했을 때 너는 그 진리를 변호하려고 했잖아" 같은 말로 말이다. 구원받은 뒤에 자기 삶에 드러나는 어떤 "열매"가 있는지 의아해하는 사람을 만날 때면, 나는 그에게 검토해야 할 항목이 무엇인지 찾아 나열한 다음 가까운 친구에게 그들의 삶에서 그중 어떤 것을 볼 수 있는지 물어보면 도움이 될 거라고 권했다.

　수십 개의 성경 본문 역시 우리 자신에게 우리가 하는 말을 바꿈으로써 걱정과 "낙심"하기를 그치라고 가르친다. 대신 우리는 하나님의 진리, 그분의 약속, 예배, 기도로 우리의 생각을 대체해야 한다.[123] 또 다른 구절들은 무책임하고 부주의한 말, 근심, 질투, 그 밖에 우리를 근심으로 이끄는 감정들을 피하라고 명령한다. 대신 우리는 우리 자신과 다른 이들에게 진리를 말하고 치유와 평화를 만들어내야 한다.[124]

내 생각의 대부분을 차지하고 있는 핵심 구절을 하나 들라면 빌립보서 4:6-9이다. 거기서 바울은 신자들에게 근심을 제어하라고 권하는데(6절) 근심은 종종 심각한 감정적 의심을 불러일으키기 때문이다. 나는 걱정을 제어하는 것이 내 감정적 의심을 처리하는 데 엄청난 유익이 됨을 알게 되었다.

바울은 네 단계의 치료법을 제시했다. 그는 기도로 하나님께 우리의 필요를 알리라고 명령했다. 베드로는 자기 편지를 읽는 걱정에 쌓인 사람들에게 모든 염려를 하나님께 맡기라고 상술한다(벧전 5:7).

바울은 거기에 감사(빌 4:6)와 찬양(빌 4:8)을 함께 드려야 한다고 말한다. 감사와 찬양의 실천이 근심과 낙심의 때에 우리의 근심과 두려움을 줄여주는 놀랍도록 자유로운 행동임을 증언한다.

성경에서 아마 가장 강력한 "인지적인" 구절에서 바울은 그들의 근심을 하나님을 높이는 진리로 바꾸라고 가르친다. 바울의 독자들은 신실하고 진지한 한 가지 마음으로 하나님의 진리를 묵상하여 끝

---

123 시 37:7-8; 42:5-6, 11; 55:4-8, 16-17, 22; 56:3-4; 143:4-7; 마 6:19-34; 빌 3:18-21; 골 3:1-17; 살전 5:14-18; 벧전 5:7.
124 잠 4:23-27; 12:18, 25; 15:13-15; 17:22; 18:21; 애 3:19-24; 엡 5:15-20.

없는 걱정에 이르는 상념 대신 이런 것들을 생각해야 한다(빌 4:8).

마지막으로 바울은 행동의 요소를 덧붙인다. 그가 이제까지 나열한 행동들을 실천하라는 것이다(빌 4:9). 이는 앞의 네 단계를 매번 똑같이 복사하듯 해야 한다는 뜻이 아니다. 다른 본문들도 똑같은 단계를 권하되, 다른 실천을 함께 권하기도 한다.

이 과정을 어떻게 보다 구체적으로 실천할지를 설명해주는 유명한 저작이 많이 있지만, 나는 윌리엄 바쿠스와 마리 채피언이 쓴 『너 자신에게 진리를 말하라』라는 베스트셀러를 오랫동안 애용해왔다.[125] 비록 무척 고통스러울 때가 많지만, 정서적 의심으로 인한 결과는 제거되거나 적어도 상당 부분 감소될 수 있다.[126] 치료법은 우리의 잘못된 생각과 행동을 바로잡을 기술을 습관적으로 단호하게 적용하는 것이다.

---

[125] William Backus and Marie Chapian, *Telling Yourself the Truth*, 20th ed. (Minneapolis: Bethany House, 2000).

[126] 신앙적 회의에 관해 내가 쓴 책 세 권을 다음 사이트 http://www.garyhabermas.com의 "책" 항목에서 무료로 볼 수 있다. 세 권 중 『도마 요소: 회의를 활용해서 하나님께 가까이 다가가기』(*The Thomas Factor: Using Your Doubts to Grow Closer to God*)는 일차적으로 정서적 회의를 다루고 있다.

꿈과 환상

10부 "하나님의 손에 이끌려"에 관하여

조쉬 맥도웰

조쉬 맥도웰(Josh McDowell)은 지난 쉰다섯 해 넘도록 세계적으로 저명한 복음주의자이자 변증가로서 세계 125개국에서 26,000번이 넘는 강연을 통해 2,500만 명이 넘는 사람들에게 메시지를 전했다. 기독교 신앙의 본질을 일상의 언어로 전하는 책을 수십 권 펴내기도 했다. 130권이 넘는 책을 쓰거나 공저했으며, 그중에는 여든다섯 개 언어로 번역되어 1,500만 부 이상 팔린 『누가 예수를 종교라 하는가?』(More than a Carpenter)가 있다.

하나님이 꿈과 비전을 사용하셔서 무슬림들에게 자신을 강력하게 계시하고 계심을 이해하지 못하는 서구인이 많이 있다. 이사야 65:1은 이렇게 말한다. "나는 나를 구하지 아니하던 자에게 물음을 받았으며 나를 찾지 아니하던 자에게 찾아냄이 되었으며."

요엘은 선언했다. "너희 늙은이는 꿈을 꾸며 너희 젊은이는 이상을 볼 것이며"(욜 2:28). 요엘의 시대에 하나님께서는 이스라엘에 "내가…너희 하나님 여호와가 되고 다른 이가 없는 줄을"(욜 2:27) 알게 하려 하실 때 꿈과 환상을 사용하셨다.

나는 하나님께서 오늘날 무슬림들에게도 같은 일을 행하신다고 믿는다. 하나님은 당신의 무한한 지혜와 열정으로 자신을 계시하시되 서로 다른 사람들에게 문화적으로 적합한 방식으로 하신다. 그리하여 그들로 그분이 누구신지 알게 하시고 그분을 영접하고 따를 수 있게 하신다. 많은 무슬림 문화에서 꿈과 환상은 사람의 인생에서 중요한 역할을 한다. 무슬림이 성경이나 기독교 선교사와 접촉하는 일은 극히 드물지만, 하나님께서는 여러분과 내게 다가오신 것처럼 무슬림에게도 다가가시기를 열정적으로 원하신다(출 34:14).

하나님께서 꿈과 환상으로 자신을 드러내시는 현상을 어느 한 민족이나 언어 혹은 나라에 국한해서는 안 된다. 인도네시아에서 사우디아라비아 그리고 그 너머에 이르기까지 사람들은 계시적 꿈을 경험하고 있다. 페르시아어와 터키어를 사용하는 나라들과 아프리카와 아시아 전역의 많은 문화에서는 이런 꿈에 높은 가치를 부여한다.

꿈과 환상이 사람을 회심시키지는 않지만 복음에는 그런 힘이 있다. 이런 추구자들은 절대적 진리를 찾기 위해 개인적이거나 영적인 여정에 나선다. 나빌의 경우처럼, 그들은 꿈을 통해 자신에게 예수를 전해줄 성경과 신자들을 만나게 된다. 그리고 복음은 성령의 역사를 통해 그들을 회심시킨다.

「선교의 최전선」(Mission Frontiers)의 보도에 따르면, 무슬림 회심자 600명 중 25퍼센트 이상이 꿈을 통해 영적인 영향을 받았다고 한다.[127] 아프리카의 한 선교사는 "그리스도께 나아오는 새 신자 중

---

127 Christine Darg, "The Jesus Visions Signs and Wonders in the Muslim World Introduction," 2013년 1월 7일 접속, http://www.jesusvisions.org/intro.shtml#top.

42퍼센트가 환상과 꿈, 천사의 등장, 하나님의 음성을 듣고 나아온다"라고 보고한다.[128]

어떤 꿈도 똑같은 꿈은 없지만 내 경험으로 볼 때 꿈에 예수께서 그들을 향해 두 팔을 벌리고 서 계시면서 "왜 진리를 받아들이지 않느냐?"라고 하거나 "진리를 구하라"고 말하는 꿈을 꾸었다는 이들이 많다. 그때 평범한 무슬림들은 "진리가 무엇입니까?" 혹은 "진리를 보여주소서"라고 반응한다는 것을 나는 알게 되었다.

이것이 "내게 진리를 전해주기까지 왜 그토록 오랜 시간이 걸렸습니까?"라고 묻는 독자들의 편지가 우리에게 많이 답지하는 이유다.

다음은 한 선교사가 전하는 이야기다.

나는 경건회를 인도하기로 했던 어느 성경 대학에서, 파키스탄 서남부 지역인 발루치스탄에서 온 남자를 만난 적이 있다. 그는 예수님이 그에게 나타나셨으며, 글자 그대로 죽기 직전에 그를 고쳐주셨고 카라치로 가서 말씀을 공부한 뒤에 발루치스탄으로 돌아와 복음을 전하라고 말씀하셔서 그곳에 왔다는 것이었다.[129]

---

128 "Accounts Multiply of Muslims Who Have Encountered YAHUSHUA (Jesus Christ) in Unusual Dreams," AMightyWind. com, 2013년 1월 7일 접속, http://www.amightywind.com/fastfood/dreams/040723muslimdreams.htm.

129 2013년 1월 7일, 조쉬 맥도웰 앞으로 당도한 이메일에서 발췌.

또 다른 선교사가 전하는 이야기다.

파리에서 함께 작업하던 이란인 학생이 갑자기 종적을 감췄는데 열성적인 무슬림 형으로부터 엄청난 압박을 받았기 때문이다. 6개월 후 그는 얼굴에 희색이 만면하여 돌아왔다. 그는 엄청난 뉴스라며 이제 자신은 성경이 진리임을 확신한다고 말했다. 함께 자리에 앉아 이야기를 나누는 동안 그는 형한테 얼마나 자주 얻어맞았으며 어떻게 억지로 라마단을 지켜야 했는지를 이야기했다. 그러던 어느 밤, 그가 "성경과 코란 중 어느 것이 진리입니까?"라고 질문하며 씨름하고 있을 때 예수께서 그의 꿈에 나타나셨다고 한다. 그는 예수께 온갖 질문을 던졌으며, 그분의 답변이 얼마나 만족스러웠는지 아직도 생생히 기억하고 있었다. 자신이 던진 질문 중 마지막 한 가지를 그는 기억하고 있었는데, 놀랍게도 그것은 우리에게는 이상하게 보일지 모르나 무슬림인 그에게는 당연한 질문이었다. 그는 예수께 이렇게 물었다. "이제 제가 당신의 제자가 되었으니, 무엇을 먹어야 합니까?" 나는 예수께서 그에게 "내 말을 먹으라"고 했다는 말을 듣고 기뻤다. 나는 예레미야서를 펼쳐 예언자가 말한 다음 구절을 그에게 보여주었다. "내가 주의 말씀을 얻어먹었사오니"(렘 15:16). 그는 기뻐 뛰며 내게 말했다. "예수님이 진리 맞습니다."[130]

다음은 꿈의 영향력에 관한 믿을 만한 몇 편의 이야기다.

---

130 앞의 글.

아프리카의 어느 무슬림 국가에서 한 청년이 소책자 성경을 사납게 찢고, "모든 집에 그리스도를"(Every Home for Christ, EHFC) 선교회 사역자로서 가가호호 방문하여 성경 소책자를 전하던 콜로라도스프링스 출신인 딕 이스트먼의 생명을 위협했다. 다음날 오후 집에 혼자 앉아 있던 딕은 그 청년이 집 문을 두드리는 것을 보고 기겁했다. "다른 책이 있어야겠습니다." 무슬림 청년이 딕에게 말했다. 청년의 설명에 따르면, 전날 밤 두 손이 자신을 깨우기에 불을 켜고 누구인지 물으니 한 목소리가 "네가 진리를 찢어버렸다"라고 했다. 그 목소리가 그에게 소책자를 다시 구하라며 선교회 사역자의 집을 알려주었다는 것이다. 그 자리에서 무슬림 청년은 성경 소책자를 읽고 신자가 되었다. 이후로 그는 부유한 자기 집에서 쫓겨났고 현재 EHFC 아프리카 대표와 함께 생활하면서 무슬림 사역을 준비하고 있다.[131]

다른 사건. EHFC 사역자 몇 명이 시장에서 쪽복음을 나눠주고 있었다. 딕이 전한 바에 따르면, 한 남자가 쪽복음을 받더니 숨이 턱 막혀서 말하기를 지난밤 꿈에서 사람이 그려진 표지를 환상 중에 보았다고 했다. 꿈에서 그는 깊은 구덩이 속에 있었는데 밧줄 하나가 그에게 던져졌고 강한 두 손이 그를 꺼내주었다. 구덩이를 벗어나고 나서 자신을 구한 사

131 "Dreams and Visions Move Muslims to Christ (an excerpt from National and International Religion Report," Eternal Perspective Ministries Resource Library, accessed January 7, 2013, http://www.epm.org/resources/1996/Sep/12/dreams-visions-move-muslims-christ/.

람의 얼굴을 바라보니 예수님이었다. 사역자들은 그 꿈의 의미를 설명했고 그 남자는 그 자리에서 회심했다. 나중에 다른 세 명의 사람도 같은 꿈을 꾸었다고 말했고 그중 두 명이 그리스도인이 되었다. 하나님께서 무슬림을 준비하고 계시고 기독교 사역자들은 따라갈 뿐이라고 딕은 전한다.[132]

"열린 문" 선교회의 앤드류 형제에 따르면, 나이지리아 카우리에서 어느 그리스도인이 이슬람교를 떠났다는 이유로 부족원들에게 구타를 당해 사경을 헤매고 있었다. 죽기 직전 그는 자기를 공격한 이들을 용서해 달라고 하나님께 간구했는데 옆방에서 그들이 자기 말을 듣고 있는 줄은 몰랐다. 그날 밤, 그를 폭행하는 데 가담했던 이슬람 사제 두 명이 환상을 보았다. 한 명은 예수께서 가장 크고 은밀한 죄 세 가지를 그에게 보여주셨다고 했다. 다음날 이 두 명의 물라(이슬람 율법학자)는 회개하며 여든 명의 신자들을 이끌고 교회로 왔다고, 캘리포니아 주 산타애나에 소재한 한 그룹이 전한다.[133]

무슬림인 카리마는 꿈에서 차를 타고 가다가 사고가 났다. 그녀가 기절했다가 눈을 떠 보니 (꿈에서) 예수님이 운전사였다. "이리 오렴." 예수께서 그녀에게 말했다. "나는 너와 함께 있단다. 사랑한다." 이 꿈으로

---

132 앞의 글.
133 앞의 글.

인해 그녀는 기독교 교회를 찾아갔고 거기서 복음에 응답했다.[134]

오마르는 독재자가 통치하는 국가에서 여러 해 동안 수감되어 고문을 당했다. 어느 날 밤, 꿈에서 사자가 그를 찾아와 곧 풀려날 것이라고 전했다. 며칠 후 그는 감옥에서 풀려나 미국으로 갔고 거기서 새로운 친구들을 알게 되었다. 표지에 예수 그림이 그려진 책을 받았을 때 그의 눈이 빛났다. "이분이 누구인지 알아요." 그가 말했다. "꿈속에서 내게 오셨던 분입니다."[135]

어느 밤 "예수 영화" 팀이 상영을 마치고 돌아가는 길이었다. 목자들이 양을 치는 산에 불이 지펴져 있는 게 보였다. 팀원 몇 명이 예수 영화 DVD와 『누가 예수를 종교라 하는가?』 책 몇 권을 들고 산으로 올라갔다.

　　짧은 인사를 마친 뒤 그들은 목자들에게 각각 DVD와 책을 건넸다. 한 목자가 흥분하여 외쳤다. "지난밤 꿈에 이 책을 보았고 이 책을 읽으라는 말을 들었습니다." 말할 필요도 없이, 목자들 모두 열정적으로 그 책을 받았다![136]

---

134 Audrey Lee, "Why Revival Is Exploding among Muslims," Charisma Magazine, 2012년 12월 7일 접속, http://www.charismamag.com/spirit/evangelism-missions/14442-when-muslims-see-jesus.

135 앞의 글.

136 조쉬 맥도웰이 개인적으로 전해 들은 이야기.

개인적으로 아는 한 형제가 무슬림이었다가 회심한 열일곱 명의 이야기를 해주었다. 그들 모두 각자 예수 환상이나 꿈을 보았다. 그중 한 사람이 환상 중에 예수를 본 적이 있는지 이 형제에게 물었다. 형제는 없다고 답했다. 그는 내 친구를 얼싸안더니 이렇게 말했다. "얼마나 복됩니까! 그분을 보지 않고서도 사랑하고 섬기니 말입니다." 그런 다음 이렇게 덧붙였다. "우리는 변명할 수 없습니다. 그분과 얼굴을 대면했으니 말입니다!"

우리 하나님은 믿는 자뿐 아니라 아직 진리를 찾고 있는 자들까지 돌보신다. 그분이 손수 만드신 피조물을 포기하는 일이 없으시다는 것은 나빌의 이야기가 증명하는 바다. 나빌의 여정은 수많은 질문과 좌절과 실망으로 점철되어 있었지만 하나님의 사랑이 그에게 찾아오기까지 4년 동안 친구들은 그를 위해 기도하기를 멈추지 않았다.

"우리가 선을 행하되 낙심하지 말지니 포기하지 아니하면 때가 이르매 거두리라"(갈 6:9).

꿈이나 환상을 통해서든, 성경 읽기를 통해서든, 친구의 개인적 증언을 통해서든, 또는 그 밖의 방법을 통해서든 하나님은 자기 백성에게 다가오신다. 나는 다음과 같이 분명하게 말할 수 있다. "여호와는 질투라 이름하는 질투의 하나님임이니라"(출 34:14).

내용의 구성과 목차

머리말에서 언급한 것처럼, 이 책은 교재로 사용할 수 있도록 기획되었다. 본문에는 명시되어 있지 않지만, 이 책은 세 부분으로 나뉘며 각 장마다 구체적인 목적을 담고 있다.

단원 1: 이슬람교와 서구의 무슬림 이해하기

1부는 내부자의 관점, 즉 공동체 안에서 성장한 아이 및 십 대 무슬림의 눈에 비친 이슬람교의 모습을 제시함으로써 무슬림에 대한 이해를 돕고자 한다.

1부 기도로 부름 받다

1장	조상들의 기도	나의 가족 배경
2장	어머니의 신앙	진실한 이슬람 신앙
3장	네 사람의 공동체	무슬림 가족의 친밀한 관계
4장	완벽한 책	코란 개요
5장	예언자 이야기	무함마드 소개

단원 2: 기독교와 이슬람교의 증거 견주어보기

서로 다른 종교의 여러 길들이 다양한 이유로 추구자들의 마음을 끌지만 그렇다고 해서 그 모든 길이 진리인 것은 아니다. 이슬람교와 기독교는 많은 종교 중에서 유일하게 스스로에 대한 진위의 기준을 제시한다. 예를 들어 무함마드가 하나님의 예언자가 아니거나 코란이 하나님의 말씀이 아니라면, 이슬람교는 거짓이다. 기독교의 경우, 예수가 자신이 하나님임을 주장하지 않았거나 인류의 죄를 위해 십자가에서 죽지 않았거나 죽은 자 가운데서 부활하지 않았다면 참이 아니다. 흥미롭게도 코란은 예수의 죽음과 신성을 부인하기에 기독교를 옹호하는 주장은 결국 이슬람교에 반대하는 주장이 되고 만다. 이 단원에서는 26장에 설명된 것처럼 이 문제를 광범위하게 고찰한다. 보다 자세한 논의는 내 책『알라인가, 예수인가?』를 보라.

단원 3: 회심에 따르는 대가

회심을 일으키기에 충분한 증거 같은 게 없는 것은 사람들이 사회적 맥락 속에서 움직이기 때문이다. 회심에 따르는 대가가 우리로 그 증거를 분명히 바라보지 못하게 방해할 수 있다. 이 단락에서 나는 마침내 성경 속에서 하나님을 만나기 전에 내가 복음의 진리와 초자연적 인도하심을 붙들고 분투하는 과정을 묘사한다. 나 자신에 대해 죽음으로써 나는 세상을 변화시키는 복음의 능력을 마침내 이해하게 되었다.

아흐마드파는 무슬림인가?

_내가 전에 속했던 이슬람 교단에 대해 우려하는 시선에 답하며

7장에서 나는 이슬람교 내부의 다양성 문제를 다루면서 내가 아흐마드파라고 하는 이슬람 교단에 속했으며 많은 무슬림이 이 교단을 이슬람교 집단 밖에 있는 그룹으로 본다고 말한 바 있다. 나는 그들의 논증에 어떤 문제가 있으며 아흐마드파가 참무슬림이라는 점을 내 인생 이야기를 통해 설명했다. 7장은 내 이야기의 배경으로 제시되었기에 여기서 나는 좀 더 분명하게 내 생각을 제시하고자 한다.

내 입장은 복잡하지 않다. 아흐마드파는 무슬림이며 그것은 그들이 샤하다, 곧 "알라 외에 다른 신은 없으며 무함마드는 알라의 사자"임을 믿고 선포하기 때문이다. 무함마드의 전승에 기록된 바, 샤하다 고백은 무슬림이 되는 데 있어 필요하고 충분한 요건이었으며 오늘날에도 무슬림이 따르고 있는 기준이다. "수난 아부 다우드"의

2526번 하디스에 따르면, 무함마드는 누구든 샤하다를 말하는 자는 어떤 경우에도 이슬람 공동체에서 내쳐서는 안 된다고까지 말했다. 하지만 필요하고 충분한 요건을 충족시키는 것 외에도 아흐마드파는 이슬람교의 다섯 기둥을 실천하고 있고 신앙의 여섯 신조를 믿기에 정통 수니파와 매우 유사해 보이거니와 심지어 수피교도 같은 다른 무슬림보다 훨씬 수니파와 가깝다.

안타깝게도 아흐마드파가 무슬림이 아니라는 이야기를 들어본 이들이 많은 게 사실이며 그래서 그들은 이 책이 과연 이슬람교를 얼마나 잘 대변하고 있는지에 대해 우려를 표명한다. 또 다른 이들은 내가 아흐마드파의 주장을 논박하는 어떤 말도 하지 않았다고 우려를 표명한다. 다음은 이런 우려에 대한 내 나름의 답변이다.

1. 『알라를 찾다가 예수를 만나다』는 이슬람교의 공통 경험에 관한 이야기이며 따라서 이 책에서 제시하는 논증은 사실상 모든 무슬림에게 공히 적용된다. 아흐마드파에 관한 다양한 견해는 이 책에 제시된 이슬람교에 관한 논증과는 아무 관계가 없으며 그것을 무효화하지도 못한다.

2. 아흐마드파 교인이 무슬림이 아니라는 비판은 편파적이고 근본주의적 입장으로, 시아파를 무슬림이 아니라고 하는 수니파나, 개신교는 기독교가 아니라고 하는 가톨릭 교인과 다를 바 없다.

3. 아흐마드파 교인이 무슬림이 아니라는 단순한 견해는 개인들

의 순진한 이해라 할 수 있다. 내 삶은 이런 단색의 견해보다 훨씬 다양한 면모를 보여주는 한 사례다. 비록 나는 아흐마드파 교인이 무슬림의 하위 집단이라 믿고 이슬람을 떠남으로써 아흐마드파까지 떠났지만, 내가 궁극적으로 조사를 하지 않은 이 특정 교단에 대해 내 우려가 없었던 것은 아니다.

1. 이 책은 무슬림 일반의 경험에 관한 이야기다

책을 읽으며 감지했을 테지만, 나는 성장 과정에서 내가 속한 특정 이슬람 교단의 교육을 받았으나 그 대부분이 내 관점의 주변부에 자리했다. 내 세계관을 형성한 것은 알라 외에 다른 신은 없으며 무함마드가 알라의 사자라는 이슬람교의 핵심 교리였다. 아흐마드파 교인인 내게 무함마드는 최상의 권위를 갖는 사람이었고 알라는 최고의 권위를 갖는 신이었다.

그래서 내 신앙에 대해 데이비드와 토론할 때 우리는 교단마다 다른 구체적인 교리를 두고 논하지 않고 무함마드의 생애와 코란에 집중했던 것이다. 나는 데이비드에게 아흐마드파 교인이 되라고 권유한 적은 한 번도 없지만 이슬람교를 받아들이라고는 수십 번도 더 권했다. 이슬람교의 핵심, 그것이 우리가 항상 나눴던 이야기의 주제였다. 결과적으로 이 책도 모든 무슬림의 공통 사안이란 주제에 집중하게 되었다.

저명한 수니파 무슬림 학자인 샤비르 앨리 박사는 이 점을 인지하고, 적어도 이 책이 아흐마드파를 구체적으로 다룬 책이 아니라 이슬람교 보편에 관한 책이라는 데 동의해주었다. 이 책을 검토하는 과정에서 앨리 박사는 다음과 같은 질문을 받았다. "나빌이 아흐마드파 이슬람교와 기독교를 비교하고 있다고 보십니까?" 앨리 박사의 답변은 이렇다. "이 책에서 나빌은 그러지 않습니다.…그저 보다 일반적으로 알려진 이슬람교와 기독교를 비교하고 있죠." 검토 과정에서 앨리 박사는 내가 아흐마드파에 집중하지 않는다는 사실에 놀랐다. 하지만 그 이유는 간단했다. 무슬림으로서 나는 개별 교단 특유의 가르침보다는 이슬람교 전반에 관심을 기울였기 때문이다.

그런 이유로 인해, 설령 아흐마드파 교단이 무슬림이 아니라 할지라도 그것이 이 책에 제시된 이슬람교에 반대하는 논증을 무효화하지는 못할 것이다. 나는 코란이 신의 영감을 받은 책이라고 여길 만한 충분한 근거가 없으며, 신중하게 생각할 때 무함마드가 신의 예언자였다고 결론 내릴 수 없다고 주장한다. 이는 이슬람교 모든 분파에 대한 비평이지 아흐마드파 교단만을 향한 비판은 아니다.

2. 지엽적인 논쟁

종교 내부의 수사법은 격렬할 수 있다. 예컨대 기독교 내부에서 가톨릭과 개신교 간의 논쟁은 종교개혁 시대 이후로 맹렬했다. 이슬람교 내부의 사정도 다르지 않으며, 전 세계 무슬림들이 너무 쉽게 서로에 대해 무슬림이 아니라고 비판한다는 증거가 나와 있다.

2012년 8월 "퓨 리서치 센터"(Pew Research Center)에서 발행한 설문조사 결과인 "세계 무슬림: 통일성과 다양성" 보고서에 따르면,

누구를 무슬림으로 볼 것인가 하는 문제에 대해 무슬림들 간의 견해 차이는 상당하며 지역 및 근접성에 좌우될 만큼 주관적이라고 한다. 일례로 수피교도를 같은 집단으로 볼 것인가 하는 문제에 있어서 동남아시아 무슬림은 24퍼센트만이 그들이 무슬림이라고 생각한 반면, 남아시아의 무슬림은 77퍼센트가 그렇다고 보았다.

물론 이슬람교 내부의 불화 중에서 가장 잘 알려진 사례는 수니파와 시아파 무슬림 간의 갈등이다. 같은 조사에 따르면, 수니파가 다수인 중동과 북아프리카의 다섯 개 무슬림 국가에서 설문조사를 시행했는데 다섯 나라가 모두 시아파가 무슬림인가 하는 문제를 두고 의견이 크게 나뉘었다. 이집트, 요르단, 모로코, 팔레스타인 자치지구, 튀니지에서 수니파 무슬림의 40퍼센트 혹은 그 이상이 시아파는 무슬림이 아니라고 생각했다.

하지만 다수의 시아파 가운데서 살아가는 수니파 무슬림의 생각은 달랐다. 조사 결과에 따르면, "오직 상당수 수니파와 시아파가 나란히 살고 있는 레바논과 이라크에서만 대다수의 수니파 무슬림이 시아파 무슬림을 같은 무슬림으로 생각한다."

나는 아흐마드파 무슬림으로 살아오면서 이와 비슷한 모습을 발견했다. 우리 가족이 새로운 지역으로 이사해 개인적으로 아흐마드파 교단을 모르는 무슬림들을 만났을 때, 처음에 그들은 외부인을 대하듯 우리를 대했다. 하지만 우리와 친해지고 나면 아흐마드파 교단에 대한 그들의 견해는 대개 바뀌었다. 우리는 그들처럼 살고 행동했으며 그들처럼 공동체에 봉사했다. 교단은 달랐지만, 우리와 인격적 관계를 맺게 된 이들은 예외 없이 우리를 무슬림으로 받아들였다.

자신의 종교 공동체에 포함할지 배제할지를 결정하는 이유가 많은 경우 주관적이기에, 우리는 종교적 포용의 문제가 특히 오늘날 이슬람 세계에서 무척 다면적임을 인정해야 한다. 종교적 포용이 사람들이 실제로 믿고 생활하는 바와 관련된 경우는 드물고 그보다는 가족 관계와 근접성에 좌우된다. 우리는 지엽적 논쟁에 휘말리지 않도록 주의해야 한다.

아흐마드파 교단에 반대하는 지엽적 논쟁의 한 예로 내가 종종 듣는 이야기가 있는데 아흐마드파 교단을 모르몬교에 빗대는 것이다. "모르몬교도는 스스로를 그리스도인이라고 하지만, 사실 그들은 그리스도인이 아니다. 마찬가지로 아흐마드파 교단은 스스로를 무슬림이라 하지만, 사실 그들은 무슬림이 아니다." 이것은 잘못된 비교다. 모르몬교는 일반적으로 기독교에서 제외되는데, 다신교적 신앙 및 예수가 여러 신 중 하나라고 가르치기 때문이다. 이는 유일신이라는 기독교의 중심 교리에 위배된다. 반면에 아흐마드파 교단은 이슬람교의 중심 교리 중 어느 것도 부정하지 않는다.

7장에서 설명했듯이, 아흐마드파 교단이 종종 이단으로 비난받는 이유는 창립자인 미르자 굴람 아흐마드가 스스로 예언자라고 주장했기 때문이다. 코란에 따르면 무함마드가 "예언자들의 봉인"(마지막 예언자)이기 때문에 정통 무슬림은 아흐마드파를 이단으로 보고 무슬림이 아니라고 간주한다. 하지만 아흐마드파 교인인 우리는 아흐마드가 하위 예언자로서 무함마드의 수위성에는 미치지 못한다고 배웠다. 아흐마드파 교인들은 무함마드가 예언자들의 봉인이라 믿으며 무함마드가 율법을 받아 보내진 마지막 예언자이기 때문에 아흐마드에게 주어질 수 있는 예언자적 권위란 그가 자신의 추종자들을 무함마드께로 인도했다는 정도가 고작이다.

이에 대한 반론으로, 나는 아흐마드 자신이 다른 가르침을 펼쳤다는 이야기를 무슬림들에게서 들었다. 하지만 그게 사실이라 할지라도, 우리는 다른 가르침을 받아본 적이 없다. 우리는 무함마드가 우리에게 궁극적 권위를 행사하는 인간이며, 아흐마드는 다만 우리를 그에게로 이끌 뿐이라고 믿었다. 따라서 나는 아흐마드의 예언자직에 관한 모든 사안이 의미론적 문제라고 보았다. 그럼에도 불구하고 이런 것들은 한 구절에 대한 정확한 해석이 일치하지 않는다고 해서 곧 무슬림의 핵심 교리를 위배하는 것은 아니기에 핵심 사안이 아니다. 아흐마드파는 의심할 나위 없이 이슬람교의 핵심 관례와 가르침을 믿고 따른다.

나는 수십 년 전 인도의 상급 법원이 나와 거의 똑같은 이유로 아흐마드파가 무슬림이라는 결정을 내렸음을 최근에 알게 되었다. 1970년, 쉬하부딘 임비치 코야 탕갈 대(對) K. P. 아흐메드 코야 사건에서 판사는 이렇게 판결을 내렸다. "하나 됨의 끈은, 이렇게 말해도 된다면, 그 핵심이자 그것을 구별해주는 교리와 신조, 의식, 선서의 동일성에 있다. 감정과 열정을 배제하고 냉정한 법의 빛 아래서 이 사안을 볼 때 나는 아흐마드파 교단이 이슬람교에 속하며 외부 교단이 아니라고 조금도 주저 없이 말할 수 있다."

이런 판결이 인도의 케랄라 법정에서 내려졌다는 점에 주목할 필요가 있다. 케랄라는 인도에서도 가톨릭의 비중이 높은 지역이며, 인도는 힌두교가 압도적으로 다수인 나라다. 이 법원은 어느 쪽에든 사심이 없는 듯하고 아흐마드파 교단이 무슬림이라고 "주저 없이" 결론을 내렸다.

이 판결은 아흐마드파 교단과 관련하여 비슷한 판결을 내린 인도의 J. 올드필드라는 또 다른 전임 판사의 판결에 일부 기초해 있었다. 올드필드의 추론 역시 또 다른 사건, 곧 주류 무슬림 교단이 와하비스 교단을 무슬림이 아니라고 고발했던 일에 기초했다. 이런 고발 사건은 과거에 무슬림들이 지나온 이슬람교 내부의 종교 토론의 한 사례였던 셈이다.

진실은 이렇다. 지난 수백 년 동안 전 세계 무슬림들은 상대방에 대해 무슬림이 아니라고 선포해왔다. 이는 아마 무슬림이 이슬람교 안에서 허용되는 다양성에 대해 매우 협소한 입장을 취하기 때문일 것이다. 앞서 인용한 "퓨" 설문조사가 밝혀낸 바 "조사를 실시한 39개 나라 중 32개 나라에서 절반 혹은 그 이상의 무슬림들이 이슬람교의 가르침을 이해하는 올바른 방법은 단 하나밖에 없다고 했다." 그 필연적 귀결은 분명하다. 즉 이런 무슬림들은 이슬람교의 어떤 차이도 무슬림이 아니라고 보는 것이다.

최근 아흐마드파 교인들은 많은 지역에서 주시를 받고 있지만 이미 인식이 바뀐 지역도 몇 곳이 있다. 예를 들어 "퓨 포럼"이 발견한 바에 따르면, 방글라데시에서는 수니파의 40퍼센트가 아흐마드 파 교파를 무슬림이라고 인정한다고 한다. 그들이 어떤 추론을 했든 간에, 그들의 결론은 옳다. 아흐마드파 교인들은 무함마드에게서 받은 이슬람교에 속하는 기준을 이행하고 있고 역사를 통틀어 이를 준수해왔기 때문이다.

3. 삶의 복잡한 질감

사람의 일을 칼로 무 자르듯 하는 질문을 받을 때가 종종 있지만 삶은 그렇게 간단하지 않다. 예를 들어, 가톨릭교도를 그리스도인으로 생각하는지 내게 묻는 개신교인들이 많다. 내 답변은 이렇다. "일부는 그렇고, 일부는 그렇지 않습니다. 침례교인도, 감리교인도, 성공회교인도, 제칠일안식교 교인도 마찬가지입니다." 교파는 개인에 대해 말해주는 바가 거의 없으며 두터운 붓으로 모두를 똑같이 칠해버리는 일은 위험하기 짝이 없다.

내 경우를 말하자면, 나는 아흐마드파 교단에 속한 무슬림이었지만 무슬림으로 살아온 시간의 상당 부분을 버지니아 주 노포크의 수니파 모스크에 출석하며 보냈다. 하지만 그곳이 수니파 모스크였다고 말하기 주저되는 것은 그곳에 여러 교단이 함께 있었기 때문이다. 나는 그 모스크에서 신앙 교육을 받았고, 내게 코란을 가르친 선생은 시아파에 속하는 자이드파 교인이었다. 이처럼 나는 아흐마드파 교인으로서 수니파 모스크에서 시아파 선생한테 코란을 배웠던 것이다. 이것이 미국 이슬람교의 모습이며 세계 어느 곳보다 훨씬 포용적이고 다양한 특색을 보인다. 우리는 교단의 차이에 집중하지 않았다.

열 살 때부터 스물한 살에 회심할 때까지 나는 그 모스크에서 수니파 사람 및 시아파 사람들과 함께 금식하고, 이드(무슬림의 전통 명절)를 즐기고, 그들의 집에서 모이고, 한 공동체로 지냈다. 내가 무슬림 공동체에 편입되었음을 알려주는 가장 큰 표지는 보통 그들이 인도하는 대로, 가끔은 내가 이맘이 되어 그들의 집에서 기도를 인도하며 그들과 함께 살라트 기도를 드렸다는 사실일 것이다. 아흐마드파 교인들은 아흐마드파 교인이 아닌 이들과 함께 기도하지 않는 경우가 대부분이지만 나는 어른이 되어서야 그런 관습을 알았으며 이것이 매우 문제라고 생각했다. 나는 다른 무슬림들과 함께 기도하거나 나 자신을 그들과 같은 무리로 여기는 데 아무 거리낌이 없었고 그래서 대개 그렇게 했다.

4. 무슬림이던 시절 아흐마드파 교단에 대한 나의 평가

친구 데이비드와 함께 이슬람교 및 기독교에 대한 조사를 하고 있을 때 내 입장은 다소 간단했다. 아흐마드파 교단은 이슬람교의 하위 집단이니 이슬람교의 증거를 먼저 조사한 뒤 그 증거를 조사해보리라. 이슬람교를 믿는 마땅한 이유가 있다면 그 아래 속한 다양한 교단에 대해서도 조사해보리라. 하지만 만일 이슬람교가 역사적으로 문제가 있는 것으로 드러난다면 거기 속한 교단들에 대해 더 고려할 필요는 없을 것이다. 나중에 밝혀진 것처럼, 내 결론은 후자였다. 증거 때문에 나는 샤하다를 거절했고 그렇게 해서 아흐마드파 교단도 거절했다.

그렇기는 하지만, 이슬람을 떠나기 전에도 나는 아흐마드파 교단과 관련하여 난처한 문제에 부딪친 적이 있었다. 데이비드와 함께 이슬람교와 기독교에 관해 조사하고 있을 때, 어릴 적 가까운 친구가 아흐마드파 교단을 떠나 수니파 이슬람교로 가버렸다. 호기심이 발동한 내가 그 이유를 물었을 때, 그는 만일 사실이라면 아흐마드파 교단에 심각한 문제를 제기할 법한 여러 주장을 말해주었다.

예를 들어, 그는 미르자 굴람 아흐마드가 여러 번 잘못된 예언을 했다고 주장했다. 그가 제시한 사례는, 아흐마드가 자신이 여든 살까지 살 것이라고 예언했으나 10년 일찍 죽었다는 것이다. 또 다른 틀린 예언의 예는, 어느 여인이 자신과 결혼할 것이라고 예언했는데 그녀가 거절하자 아흐마드는 협박을 했고 자신의 거짓 예언을 합리화하려 했다는 것이다. 또한 내 친구는 아흐마드가 수백 명을 사취했다고 했다. 그가 쉰 권의 책을 써주기로 약속하고 선불로 돈을 모두 받고는 다섯 권만 써주었다는 것이다. 아흐마드는 이런 말로 자신의 행위를 정당화했는데, 본질적으로 "쉰과 다섯의 차이는 동그라미 하나일 뿐, 영은 곧 없음이니 나는 약속한 바를 다 전달했다"는 것이다.

이 이야기들은 내 친구가 아흐마드파 교단을 떠나 수니파 이슬람교로 가게 된 수십 가지 이유 중 세 개에 불과하다. 내 친구 외에도 나는 다른 이유로, 예컨대 아흐마드파 교단이 지나치게 중앙집권

적이어서, 또는 결혼식에서 음악을 연주하는 것 같은 작은 실수조차 용납하지 않고 사람들을 파문하는 경향처럼 그 작동 방식이 이교와 같다며 아흐마드파 교단을 떠난 소수의 사람들을 알고 있었다. 하지만 나는 이슬람교가 참인지 결정한 연후에야 이런 문제를 좀 더 자세히 알아보기로 결심한 터라, 이것을 더 이상 건드리지 않았다.

결론

결국, 신앙의 소속과 정체성의 경계를 확정하기 어렵게 만드는 회색 지대를 인식하는 게 중요하다. 만일 어떤 신앙의 소속 여부가 다수의 견해에 좌우된다면 아흐마드파 교단은 무슬림이 아닐 것이다. 이경우 수피교도와, 어떤 면에서는 시아파 무슬림도 무슬림이 아닐 것이며, 수니파도 다른 이들에 의해 배제되고 말 것이다. 이런 기준은 궁극적으로 부조리하다.

그래서 나는 신앙의 발생 단계부터 주변 환경과 그 공동체를 구별해주는 믿음의 내용 및 실천으로 신앙의 정체성을 결정해야 한다고 제안하는 것이다. 이슬람교 발생 초기에 한 사람이 무슬림인지 아닌지를 결정하는 기준은 그가 무함마드의 예언자적 권위에 동의하고 오직 한 분 알라만을 예배하는가였다. 나는 오늘날에도 그렇게 믿고 실천하는 모든 이가 곧 무슬림이라고 믿는다. 아흐마드파 교단을 포함해서 말이다.

하지만 내 의견에 동의하든 동의하지 않든, 『알라를 찾다가 예수를 만나다』는 이슬람교에 관한 조사이며 무슬림 일반의 공통 경험에 관해 말하는 책이다. 이 책을 읽는 독자들이 지엽적인 논쟁에 마음을 빼앗기지 않기를 기도한다.

살짝 엿보기: 『알라인가, 예수인가?』

다음은 나빌 쿠레쉬의 『알라인가, 예수인가?』(*No God but One: Allah or Jesus?*, 새물결플러스 근간)에서 발췌한 것이다.

<u>프롤로그</u>

파티마의 딜레마

"회개해! 그러지 않으면 신성모독죄를 지은 거야!"

파티마의 오빠는 분노로 이글거렸다. 오빠의 말이 파티마의 마음에 여전히 울리고 있었다. "회개해! 신성모독죄를 지었어!" 위협으로 가득한 말이었다. 신성모독의 형벌은 죽음이다. 그녀는 정말 신성모독을 범했을까? 의도한 것은 아니었다. 열띤 토론 중이었고, 파티마는 무심코 몇 마디를 내뱉었을 뿐이다. 이제 어쩔 것인가? 어떻게 이런 일이 일어났을까? 그녀는 명료하게 생각하려고 애썼다. 그녀의 생명이 위험에 처해 있었다.

손에 얼굴을 묻고 있던 파티마는 이윽고 고개를 들고 컴퓨터에 눈길을 주었다. 그녀의 컴퓨터! 컴퓨터는 그녀가 자신의 가장 개인적인 생각과 내면의 갈등을 털어놓는 곳이었다. 그곳에서 그녀는 새로운 생각에 대해 토의하며 연민을 가지고 들어주는 사람들과 의견을 나누었다. 컴퓨터는 그녀를 친구와 자유로 안내하는 창문이었다.

하지만 오늘은 아니다. 오늘은 컴퓨터가 배신을 했다. 그 결과로 몇 시간이나 방에 갇혀 죽지는 않을까라는 두려움에 떨었다. 오빠가 돌아올 시간이 다가왔다. 만약 파티마가 회개하지 않는다면 이로써 마지막이 될 것이다. 그녀는 생각을 해야 했다. 그것도 빠르고 명료하게.

비록 컴퓨터가 배반을 행하긴 했지만, 이 기계는 여전히 그녀가 의지할 수 있는 유일한 창구였다. 수없이 그랬던 것처럼, 오늘도 파티마는 상황을 정리하려고 컴퓨터를 열었다. "아라비아 포럼"에 로그인을 한 후, 글을 시작했다.

시간: 2008년 7월 24일 오전 5시 15분
글쓴이: 라니아

파티마는 오랫동안 라니아라는 가명으로 활동했다. 하지만 포럼에 있는 사람들은 그녀를 잘 알고 있었다. 그들은 라니아가 실제로는 26세의 사라 파티마 알무타이리이고, 젊고 활발한 여성이자 열정적인 교사이며, 최근에 기독교로 개종한 애국적인 사우디아라비아인임을 알고 있었다.

그녀는 카심이라는 지방에서 태어났고, 그녀의 가족은 유명한 베두인족 출신이었다. 그녀는 조상 대대로 믿어온 이슬람 아래서 양육을 받았다. 자기 딸이 신실한 무슬림이 되기를 원했던 어머니는 어린 파티마를 코란 학교에 보냈고, 거기서 그녀는 이슬람 신앙을 진지하게 받아들이기 시작했다. 코란을 배우기 시작하고 늘 히잡으로 머리를 가렸을 뿐 아니라 일주일에 두 번 금식도 했다. 파티마의 종교적 열심은 가족보다 앞서기 시작했다. 그녀는 텔레비전과 세속적인 음악을 멀리하고 결국 친구들까지도 포기했다.

파티마의 어머니는 그런 딸이 걱정되기 시작했다. 신실한 자녀를 원했지 광신도를 원한 것은 아니었다. 어머니가 아는 이슬람은 그런 것이 아니었다. 그녀는 자신의 결정을 후회하며 파티마를 코란 학교에서 공립학교로 옮겼다.

시간의 흐름과 함께 파티마는 일상으로 돌아왔지만, 자기 종교에 대한 열정은 여전했다. 온라인상에서 불가지론자 및 배교자들과 논쟁하면서 그녀는 자신이 사랑하는 예언자와 종교를 그들의 공격으로부터 지켜냈다. 파티마는 이슬람 역사와 신학을 세세히 살폈고, 자신의 신앙이 철저한 검증을 통과할 수 있으리라고 확신했다. 그러나 논쟁을 하면서 그녀는 더 이상 이슬람을 따를 수 없음을 깨닫고 괴로움과 절망에 빠졌다. 며칠 동안 먹지도 않고 우울증 상태에 빠졌다. 결국 그녀는 무신론자가 되었다.

하지만 파티마의 마음 한켠에서는 이것이 답이 아니라는 생각이 들었다. 그래서 새롭게 신을 찾아 나서기 시작했으며, 도움을 달라고 외치게 되었다. 그때 그녀는 복음서, 그중에서도 마태복음을 접하게 되었다. 마태복음은 그녀를 사로잡았으며, 파티마는 이 책을 네 번이나 읽었다. 특히 그녀를 감동시킨 것은 산상수훈이었다. 많은 조사와 숙고 끝에, 파티마는 그 메시지를 받아들였다. 파티마가 가입한 기독교 공동체는 그녀의 새로운 신앙을 비밀로 하라고 조언했다. 아라비아에서는 이슬람을 떠나는 것이 죽음을 의미했기 때문이다. 열정적이고 거침없는 파티마에게 이는 힘든 일이었다. 하지만 그녀는 자신의 개종 사실을 모두에게 숨겼고, 개인적인 생각은 컴퓨터와 온라인 기독교 공동체에서만 표현하고 나누었다.

오빠와의 사건으로 절망하던 파티마가 달려간 곳도 바로 그 온라인 공동체였다. 그녀는 잠깐 생각한 후에 제목을 기입하고 글을 써 내려갔다.

———

시간: 2008년 7월 24일 오전 5시 15분
글쓴이: 라니아
제목: 큰일 났어요
본문: 우리 주와 하나님 그리고 메시아 예수님의 평화가 함께하길.
　　　큰일이 났어요. 제 가족이 절 의심하기 시작했어요

파티마는 오빠와 논쟁한다는 것이 얼마나 위험한지 포럼에 굳이 설명할 필요가 없었다. 오빠도 파티마와 같은 가정에서 비슷한 방식으로 생을 시작했지만, 그의 삶은 아주 다르게 진행되었다. 이슬람에 대한 그의 열정은 점점 더 커져갔고, 이제 그는 광신도였다. 오빠는 결국 "덕 촉진 및 악덕 예방 위원회"(Commission for the Promotion of Virtue and the Prevention of Vice)라고 불리며 엄격한 이슬람법을 적용하는 사우디아라비아의 종교 경찰이 되었다. 많은 무슬림이 이 위원회와 사우디아라비아의 엄격한 형태의 이슬람에 반대하지만, 그런 종교적 엄중함은 파티마의 오빠와 같이 열정적인 젊은이들에게는 매력적이었다.

파티마의 손가락이 키보드 위를 날아다녔다. 저녁에 있었던 끔찍한 일을 보고하는 말들이 손끝에서 쏟아져 나왔다. 바로 어제 저녁 그녀는 한순간 마음이 약해져, 이슬람에 종교적 자유가 없음을 불평했다고 썼다. 가족이 파티마가 한 말의 의미에 대해 재차 물어오자, 그녀는 다음과 같이 불쑥 내뱉고 말았다. "메시아의 길이 예언자의 길보다 더 순결하고, 둘 사이에는 큰 차이가 있어요!" 분노한 오빠는 그녀를 위협했다. "회개해! 그러지 않으면 신성모독죄를 지은 거야!" 파티마는 사과하려고 했지만, 오빠는 그녀의 방에 들어가 컴퓨터를 뒤졌다. 그리고 거기서 파티마의 일기와 기독교 신앙고백, 그리고 십자가 그림까지도 찾아냈다. 그의 의혹이 사실로 확정되는 순간이었다. 그의 눈에 악의가 차올랐다. 오빠는 나가면서 그녀가 한 일에 대해 재고할 네 시간을 주겠다고 했다.

글을 마무리하며 그녀는 간단한 부탁을 했다. "오빠의 눈빛이 무서워요. 오빠를 신뢰할 수 없습니다. 제발 저를 위해 기도해주세요." 어느덧 네 시간이 흘렀고 중차대한 순간이 왔다. 오빠가 곧 돌아올 것이다. 그녀는 결단해야 했다. 회개하고 이슬람으로 돌아갈 것인가? 아니면 목숨을 잃을 위험을 무릅쓰고 기독교 신앙에 굳게 설 것인가? 어느 것인가? 이슬람인가, 기독교인가?

이슬람인가, 기독교인가?

바로 이 질문에 파티마의 모든 것이 달려 있었다. 강한 신념에도 불구하고, 죽음의 위협과 맞닥뜨렸을 때 그녀는 자신이 얼마나 확신하고 있는지에 대해 다시 숙고했다. "메시아의 길이 예언자의 길과 정말 다른가? 두 종교 중 하나가 진리라고 정말 확신할 수 있을까? 그렇다고 해도 진리를 위해 죽는 것이 가치 있는 일일까?"

매년 수백만 명이 파티마와 같은 질문에 직면한다. 이슬람을 따를 것인가, 기독교를 따를 것인가? 알라를 섬길 것인가, 예수를 섬길 것인가? 무슬림 구도자가 명목상의 이슬람이나 세속적인 환경 속에서 살고 있지 않다면, 파티마의 경우처럼 위험이 크다. 가족, 친구, 직장, 심지어 생명도 잃을 수 있다. 이런 이들에게 앞의 질문은 무엇이든 올바르게 보이는 것을 믿으면 되는 단순한 문제가 아니다. 확신이 있어야 하고, 희생할 가치가 있는지 확답할 수 있어야 한다.

내가 이슬람을 떠난 지 10년이 되었지만, 내 결정으로 인한 결과가 매일 머릿속에 맴돌고 있다. 개종하기 전에도 이럴 줄 잘 알고 있었다. 하지만 나는 나 자신이 확신하고 있다는 사실도 알고 있었다. 나는 이슬람과 기독교가 같은 신으로 인도되는 두 가지 길에 불과하지 않으며, 신에 대해 아주 다른 내용을 가르치는 아주 다른 두 길이라고 확신한다. 나는 복음을 믿을 만한 훌륭한 역사적 이유들이 있다고 확신한다. 비록 이슬람을 사랑했지만, 나는 이 종교의 뿌리를 뒤흔드는 문제들을 무시할 수 없었다.

무엇보다 나는 참되신 하나님 한 분을 따르는 것이 모든 시련과 고통을 겪을 만큼 가치 있다고 믿었다. 나는 그 대가가 얼마나 크든지, 증거와 진리를 따라야 했다.

나는 22년 동안 헌신했던 종교를 버리고 2005년에 예수의 추종자가 되었다. 2009년에는 기독교의 메시지인 복음에 대해 배운 것을 나누기 위해 의료계를 떠나기로 결심했다. 나는 복음의 메시지가 마음을 변화시키고 세상을 바꿀 힘이 있다고 진심으로 믿고 있다. 복음이 선포하는 하나님은 다른 신과 같지 않다. 우리가 그분의 이야기에 참여하고 사람들에게 그분을 소개하는 일은 가늠할 수 없는 영광이다.

이 메시지를 나누면서 종종 두 종류의 사람들을 만나게 된다. 이슬람을 비판하기 좋아하는 그리스도인과, 논쟁을 좋아하지만 배우려는 마음은 없는 무슬림이 바로 그들이다. 이 책은 그런 사람들을 위한 책이 아니다. 나는 파티마나 나처럼 다음과 같은 질문에 대한 답을 찾으려 하는 이들을 위해 이 글을 썼다.

1. 이슬람과 기독교는 정말 다른가?
2. 우리는 두 종교 중 하나가 진리라고 확신할 수 있는가?
3. 진리를 위해 모든 것을 희생하는 일은 가치가 있는가?

나는 이런 질문에 답하는 데 4년이 걸렸다. 그리고 이 문제는 내게 정말 중요한 문제이기에 10년을 더 공부했다. 이 책은 나의 짧은 답변이다. 내가 찾아낸 것을 나눈 후, 파티마는 그 질문들에 어떻게 답했는지 살펴보고, 그녀의 이야기가 어떻게 끝맺는지 알아볼 것이다.

용어 정리

http://www.nabeelqureshi.com에서 추가 자료를 볼 수 있다.

공관복음(synoptics) 마태복음, 마가복음, 누가복음을 함께 일컫는 용어.

구원론(soteriology) 구원의 교리 혹은 그 학문.

기독론(christology) 예수의 본성, 정체성, 역할에 대한 해석을 다루는 신학의 한 분과. 예컨대 예수가 인간이었다가 나중에 신으로 격상되었다고 보는 코란은 요한복음에 비해 저기독론 입장을 취한다.

나플(*nafl*) 알라의 도움을 구하거나 그분께 가까이 다가가려는 예배자가 드리는 선택 기도.

다수 증언의 기준(criterion of multiple attestation) 다수의 독립된 문헌에 기록된 사건을 역사적으로 좀 더 정확하다고 보는 역사 방법론의 원칙.

다와(*dawah*) 사람들을 이슬람으로 초청하는 행위.

대속(substitutionary atonement) 예수가 인간의 죄를 지고 그 값을 대신 치른다는 교리.

두아(*du'aa*) 예배 기도인 살라트와 반대로 특정한 상황에서 드리는 무슬림의 기도로, 암송 혹은 즉흥 기도로 드린다.

라마단(*Ramadhan*) (이슬람력으로 9월, 천사 가브리엘이 무함마드에게 코란을 가르친) 신성한 달.

라카트(*rakaat*) 일어서고 절하고 머리를 땅에 조아리고 무릎 꿇고 앉음으로 이어지는 살라트의 횟수를 일컫는 단위.

마스지드(*masjid*) 무슬림의 예배처를 일컫는 말로 모스크라고도 한다.

무프티(*mufti*) 이슬람 율법 전문가.

뷔카이유주의(Bucailleism) 코란의 신적 기원을 옹호하기 위해 코란에 나타난 과학적 진리를 언급하는 기술.

사드카(*sadqa*) 주로 불운을 피하기 위해 드리는 자원 예물.

사본(manuscript) 일부든 전체든 관계없이, 성경 본문의 필사본을 말한다.

사히 부카리(Sahih Bukhari) 수니파에서 무함마드의 생애를 다룬 가장 신빙성 있는 기록으로 간주하는 고전적인 하디스 모음집.

사히 싯타(Sahih Sittah) 수니파 무슬림이 가장 권위 있는 것으로 여기는 여섯 권의 하디스.

살라트(*salaat*) 무슬림의 예배 기도.

삼위일체 교리(doctrine of the trinity) 하나님이 세 인격이되 한 존재라는 믿음.

샤리아(*sharia*) 이슬람의 율법.

샤하다(*shahada*) "알라 외에 다른 신은 없으며 무함마드는 알라의 사자입니다"라는 이슬람의 핵심 신앙고백.

세리(*sehri*) 무슬림이 금식 전에 먹는 식사.

셰이크(*sheikh*) 대학원 수준의 이슬람 신학을 교육받은 무슬림 지도자.

수라(*surah*) 코란의 장(章).

쉬르크(*shirk*) 이슬람에서 용서받지 못할 죄로서, 어떤 사람이나 사물을 알라와 같은 위치에 두는 우상숭배와 비슷한 죄.

시라(*sirah*) 무함마드의 삶을 기록한 전기.

시아파(*Shia*) 이슬람의 양대 교파 중 하나로 시아파의 교리를 따르는 사람들을 말한다.

아살라모 알라이쿰 와 라흐무탈라 와 바라카아투 무슬림식 인사의 확장형으로 "알라의 평화와 그의 자비와 은총이 당신에게 있기를"이라는 뜻이다.

아스밥-안-누줄(*asbab-an-nuzul*) 코란 계시의 구체적 정황을 상술하는 이슬람 문서들.

아잔(*adhan*) 무슬림의 기도 시간을 알리는 소리.

아키다(*aqeedah*) 이슬람 신앙의 근간을 이루는 신조.

알함도릴라(*alhamdolillah*) 무슬림이 "알라를 찬양하라"는 뜻으로 사용하는 문구로, "할렐루야"의 이슬람식 표현이다.

에이드 알피트르(*eid al-fitr*) 라마단의 종료를 알리는 무슬림의 양대 축일 중 하나.

여섯 가지 교리(six articles of faith) 무슬림의 기본 교리.

역사 방법론(historical method) 역사학자들이 과거를 체계적으로 조사할 때 사용하는 기준과 방법.

우두(*wudhu*) 살라트 전에 행하는 정결 예식.

우르두어(urdu) 파키스탄의 공용어.

울레마(*ulema*) 무슬림 신학자.

이맘(*imam*) 일반적으로 모스크에서 기도를 인도하는 무슬림 지도자.

이사(*Isa*) 예수의 아랍어 이름.

이스나드(*isnad*) 특정 하디스가 전승된 경로.

이슬람의 다섯 기둥(five pillars of islam) 모든 이슬람에게 요구되는 기본
실천 사항들.

이프타르(*iftar*) 무슬림이 금식을 끝내고 여럿이 모여서 먹는 저녁 식사.

인격(person) 어떤 사람을 그 본연의 모습이게 하는 성질이나 본질.

인샬라(*inshallah*) "알라의 뜻이라면"이라는 의미로 무슬림이 가장 흔히
사용하는 관용구.

인질(*injil*) 이슬람에서 신약성경의 복음서를 일컫는 말로, 무슬림은 알라
가 예수에게 이 책을 주었다고 믿는다.

자마트(*jamaat*) 모임, 회합을 일컫는 아랍어로 대개 "단체" 혹은 "교단"을
뜻할 때 사용된다.

자카트(*zakat*) 자선의 의무.

존재(being) 어떤 사물을 그 본연의 모습이게 하는 성질이나 본질.

주마(*jumaa*) 무슬림의 안식일에 드리는 기도.

진(*jinn*) 흔히 악마와 동격으로 간주되는 영적 존재들.

초기 증언의 기준(criterion of early testimony) 다른 조건이 같을 경우 초기
문헌이 이후 문헌보다 정확하다고 보는 역사 방법론의 원칙.

카피르(*kafir*) 불신자, 비무슬림.

칼리프(*khalifa*) 무슬림의 최고 지도자를 일컫는 말로, 대개 무함마드를 승
계한 네 명의 후계자를 가리킬 때 사용된다.

타라위(*taraweeh*) 라마단 기간 중 자원해서 드리는 밤 기도.

타우히드(*tauheed*) 알라의 유일성과 자존성에 관한 이슬람 교리.

토리노의 수의(shroud of Turin) 예수의 모습이 남아 있어 예수를 덮었던
진짜 수의라고 여겨지는 논쟁적인 유물.

파트와(*fatwa*) 무슬림 권위자의 결정 사항 혹은 판결.

폐기론(doctrine of abrogation) 코란의 앞선 가르침과 구절이 나중 계시에
의해 폐기된다는 믿음.

피크흐(*fiqh*) 이슬람 법학.

하디스(*hadith*) 전승으로 기록되어 내려오는 무함마드의 언행록.

하즈라트(*hazrat*) "귀하신"이라는 의미의 존칭.

하지(*haji*) 매년 행하는 메카 순례.

하피즈(*hafiz*) 코란 전체를 암송하는 사람.

후트바(*khutba*) 대개 무슬림이 금요일에 행하는 안식일 설교.

알라를 찾다가 예수를 만나다

Copyright © 새물결플러스 2016

1쇄 발행 2016년 12월 24일
8쇄 발행 2023년 8월 14일

지은이 나빌 쿠레쉬
옮긴이 박명준
펴낸이 김요한
펴낸곳 새물결플러스

편 집 왕희광 정인철 노재현 이형일 나유영 노동래
디자인 황진주 김은경
마케팅 박성민
총 무 김명화 이성순
영 상 최정호 곽상원
아카데미 차상희

홈페이지 www.holywaveplus.com
이메일 hwpbooks@hwpbooks.com
출판등록 2008년 8월 21일 제2008-24호
주 소 (우) 04114 서울시 마포구 신촌로28가길 29
전 화 02) 2652-3161
팩 스 02) 2652-3191

ISBN 979-11-86409-87-9 03230

책값은 뒤표지에 있습니다.